Stylistique différentielle, textologie et traduction

Stylistique différentielle, textologie et traduction

DEUXIÈME ÉDITION

Egan Valentine et Marie-Christine Aubin

CANADIAN
SCHOLARS

Toronto | Vancouver

Stylistique différentielle, textologie et traduction, Deuxième édition
By Egan Valentine and Marie-Christine Aubin

First published in 2017 by
Canadian Scholars
425 Adelaide Street West, Suite 200
Toronto, Ontario M5V 3C1
www.canadianscholars.ca

Library and Archives Canada Cataloguing in Publication

Valentine, Egan [Stylistique différentielle et traduction]
     Stylistique différentielle, textologie et traduction / Egan Valentine et Marie-Christine Aubin. — Deuxième édition.

Première édition publiée sous le titre: Stylistique différentielle et traduction. Comprend des références bibliographiques. Publié en formats imprimé(s) et électronique(s). Comprend du texte en anglais. ISBN 978-1-55130-982-8 (couverture souple).—ISBN 978-1-55130-984-2 (EPUB).—ISBN 978-1-55130-983-5 (PDF)

1. Français (Langue)—Traduction en anglais. 2. Anglais (Langue)—Traduction en français. 3. Français (Langue)—Stylistique. 4. Anglais (Langue)—Stylistique. I. Aubin, Marie-Christine, auteur. II. Titre. III. Titre: Stylistique différentielle et traduction.

PC2498.V35 2017   448'.0221   C2017-904333-1

Cover design by Elisabeth Springate
Cover image, painting by Denis Mazaleyrat, *Contre-jour au port du Lude*
Interior design by John van der Woude, JVDW Designs

Printed and bound in Canada by Marquis

Table des matières

Préface

« Celui qui ne connaît pas de langue étrangère, ne sait rien de la sienne », écrivait Goethe[1] pour bien montrer qu'une bonne connaissance de sa langue maternelle dépendait de la connaissance d'autres langues. En effet, les ressemblances et les divergences, les lacunes et les richesses des langues rendent la possession de la langue maternelle plus exacte, plus nuancée, plus profonde, plus sapide au fond, et prouvent encore une fois, comme l'écrivait Mario Wandruszka[2], que les langues sont des « outils et des œuvres d'art de l'esprit et non l'esprit lui-même » et que « l'esprit de l'homme se forme dans la langue, se sert de la langue, passe par la langue et la dépasse. C'est pour cela qu'il peut aussi traduire d'une langue dans une autre ».

Le monde n'est pas tel qu'il est mais bien tel que nous le percevons en développant une représentation linguistique ancrée dans un cadre social, une intégration dans la « tribu » en quelque sorte, permettant ainsi la reconnaissance de son appartenance et aussi celle des autres membres. Bien évidemment, la réalité en elle-même ne change pas, elle existe, mais sa perception humaine se fait dans une perspective particulière et sa dénomination est gouvernée par des règles spécifiques. La réalité n'a pas de signification en soi, elle ne l'acquiert que par une perception interprétative qui l'inscrit dans un cadre du savoir collectif et assure un lien avec d'autres connaissances du réel pour créer un réseau significatif cohérent reliant l'actuel au passé, au vécu déjà acquis.

Mais tout n'est pas obligatoirement rationnel et cela explique que dans la formation des mots, le logique ne l'emporte pas infailliblement. Par exemple, nous utilisons encore le système vigésimal en disant « quatre-vingts » et toute la série jusqu'à « quatre-vingt-dix-neuf ». Pour nous, les « septante, octante, huitante et nonante », bien que beaucoup plus logiques, restent cependant quelque peu amusants, parce que marqués ailleurs sociologiquement. La valeur d'un mot dans sa puissance de suggestion est toujours liée à son ordre symbolique dans le système linguistique comme le prouvent les quelques expressions choisies parmi d'innombrables attestations : « être soûl comme une grive (un Polonais); rendre quelque chose efficace; mettre la charrue devant les bœufs; tourner en ridicule quelqu'un », qui correspondent de manière fort différente à l'anglais « to be as drunk as a lord; to put teeth in something, to put the cart before the horse; to make a fool of somebody ».

La comparaison des langues fait découvrir les dimensions historiques, culturelles, structurelles et sociales, et même idéologiques, des langues, et alimente donc la traduction qui, comme toute lecture d'ailleurs, est interprétation déterminée par l'expérience et le savoir acquis, ainsi que par la connaissance linguistique et la compréhension, situés dans un cadre défini par la culture, l'espace et le temps.

Rebaptisée *Stylistique différentielle, textologie et traduction*, la nouvelle édition par Egan Valentine et Marie-Christine Aubin propose un ouvrage rénové, enrichi par l'intégration de la dimension textuelle ainsi que par la mise à jour et l'approfondissement des contenus théoriques et pratiques. Savamment et consciemment choisis, organisés de façon réflexive, les présentations théoriques concises et les exercices pratiques ciblés favorisent la prise de conscience et l'acquisition d'automatismes indispensables, tant sur le plan sémantique ou lexical que syntaxique, mais également sociologique et culturel, et ouvrent ainsi la voie préparatoire et indispensable à une activité professionnelle langagière fascinante et constamment vivifiante.

Universitaires, pédagogues et praticiens de la traduction, les auteurs savent avec une formidable justesse dynamiser l'apprentissage et illustrent brillamment l'affirmation de Victor Hugo[3] qui avait noté qu'« Un homme qui ne sait pas de langues, à moins d'être un homme de génie, a nécessairement des lacunes dans ses idées ».

André Clas, MSRC
Professeur émérite, Université de Montréal

Notes

1 (notre traduction) „Wer fremde Sprachen nicht kennt, weiß nichts von seiner eigenen," écrivait Johann Wolfgang von Goethe dans *Maximen und Reflexionen* (1833).

2 (notre traduction) Mario Wandruszka (1991), *Wer fremde Sprachen nicht kennt…* Munich : Piper, p. 223 : „Sprachen sind Werkzeuge und Kunstwerke des Geistes, sie sind nicht selbst Geist. Der Geist des Menschen bildet sich in der Sprache, bedient sich der Sprache, geht durch die Sprache hindurch und über sie hinaus. Daher kann er auch aus einer Sprache in eine andere übersetzen."

3 Victor Hugo (© 1887, 1972). *Choses vues 1830-1846*. Paris : Gallimard, p. 290.

Remerciements

La rédaction de cet ouvrage a pris beaucoup plus de temps que prévu. Nous aimerions remercier tous ceux et toutes celles, professeurs et étudiants, qui ont pris la peine de nous communiquer leurs commentaires sur la précédente édition, lesquels ont enrichi nos discussions et nous ont mis sur la voie de cette nouvelle édition.

C'est avec une grande émotion que nous avons reçu l'autorisation de Marie Le Neveu d'utiliser le tableau de Denis Mazaleyrat en page de couverture. Cette illustration qui symbolise l'inconnu vers lequel on s'embarque dès qu'on aborde une nouvelle discipline, montre au premier plan les écueils qu'il faudra éviter afin de parvenir à la maîtriser. Mais notre émotion vient des liens que nous avons toujours eus avec l'auteur de ce tableau, maintenant décédé.

Nous aimerions aussi remercier les auteurs des divers textes publiés ici qui ont généreusement donné leur accord pour l'utilisation de leurs écrits.

Ce travail aurait pris encore plus de temps sans l'aide précieuse de Paul Smits pour la préparation de la copie finale du manuscrit, y compris des tableaux et de la bibliographie finale. Nous lui sommes reconnaissants, non seulement de la qualité de son travail mais aussi de sa disponibilité.

Nous aimerions aussi remercier l'équipe des éditions CSPI de son soutien à toutes les étapes de production de cet ouvrage.

Pour leur aimable contribution à la réalisation de cet ouvrage, des remerciements particulièrement chaleureux à Kathryn Radford, Sandra Miller Sanchez, Jacques Lethuillier et Marie-Hélène Gauthier s'imposent.

Et enfin, last but not least, avec beaucoup d'émotion et de gratitude nous adressons des remerciements tout particuliers à Jean-Paul Aubin et à Elize Yorke, pour leur magnifique soutien, permanent et inaltérable, tout au long de cette vaste entreprise qu'a été la nouvelle édition de *Stylistique différentielle et traduction*.

Les auteurs.

Avant-propos

Stylistique différentielle, textologie et traduction vous convie à un parcours riche en réflexions, rencontres et découvertes à travers la comparaison des usages en anglais et en français. Cette nouvelle édition, sous un titre renouvelé, propose non seulement une réorganisation de la matière mais aussi, de façon plus importante, l'étude des textes, l'étoffement des présentations théoriques ainsi que la réactualisation des exercices pratiques.

Conçu comme outil pédagogique pour l'apprentissage de la traduction, axé sur le développement des compétences prétraductionnelle et traductionnelle, le manuel a pour but d'amener l'étudiant à procéder à une étude différentielle du fonctionnement de l'anglais et du français sur divers plans.

L'ouvrage comporte trois grandes parties. La première, qui renferme deux chapitres, porte sur la macrostructure du texte, c'est-à-dire le texte et ses attributs (type, organisation, particularités) et les considérations textuelles initiales qui président à l'élaboration d'une traduction (niveaux de langue, structure des phrases). La deuxième, répartie en quatre chapitres, traite de la microstructure textuelle. Y sont abordés, d'un point de vue différentiel, le système verbal des deux langues, certains éléments de syntaxe et de sémantique (formes composées, faux comparatifs, prépositions, déterminants), les figures de style, les formes figées ainsi que des problèmes d'interférence et de transfert. La troisième est consacrée, d'une part, à l'analyse de traductions à partir de schémas d'analyse inspirés des travaux de théoriciens de la traduction et, d'autre part, à des exercices d'application. À la fin de chacun des chapitres est présentée une orientation bibliographique visant à permettre d'identifier facilement les sources consultées et surtout d'approfondir les éléments traités.

Les éléments retenus pour l'ensemble de l'ouvrage examinent « des points de rencontre » entre l'anglais et le français et mettent en évidence les contraintes et les choix qui interviennent dans le processus de traduction.

Empruntés à une variété de sources (médias, Internet et réseaux sociaux, publications web et imprimées), les exemples et les exercices s'inscrivent dans les contextes nord-américain et international. Il s'agit de textes authentiques qui sont représentatifs du type de textes que l'on retrouve en situation réelle de traduction.

De par son organisation, l'ouvrage se prête facilement à une utilisation non linéaire. Étudiants, professeurs et autodidactes pourront y puiser un vaste choix d'exercices et de textes « riches et motivants » qui sauront répondre à leurs intérêts et à leurs préoccupations.

Nos choix ont été guidés par les deux grandes préoccupations pédagogiques à l'origine de cet ouvrage : la mobilisation et la consolidation des ressources linguistiques de l'étudiant et son initiation à la traduction.

L'accueil réservé à l'édition précédente ainsi que les remarques des collègues et des étudiants nous ont incités à entreprendre l'aventure d'une nouvelle édition complètement rénovée. Nous espérons que celle-ci constituera un outil encore plus utile pour ceux et celles qui ont choisi de s'engager dans une activité de communication comme la traduction.

Les auteurs

Table des textes

Stylistique différentielle, culture et production de textes en situation de traduction

À l'ère de l'information et de l'Internet, il se produit sûrement encore plus de textes que jamais auparavant. Une telle production sera, on peut bien s'en douter, de qualité très variable. Selon que l'on s'adresse à des amis dans un forum ou une page Facebook, ou que l'on rédige pour un employeur exigeant, toute la gamme des ressources de la langue, peu importe laquelle, sera mise à contribution. Dans ce fouillis communicationnel, nous aimerions mettre un peu d'ordre, de manière que nos lecteurs, futurs traducteurs et probablement linguistes, parviennent à classifier ces ressources et les utilisent à bon escient selon les circonstances dans lesquelles ils produisent leurs textes. **Du texto au récit littéraire, il n'existe pas de mauvaise façon d'écrire et de communiquer, mais il faut veiller à utiliser les ressources qui conviennent dans chaque contexte de production de textes.**

L'anglais et le français sont des langues internationales, c'est-à-dire que ce sont des langues qui se parlent dans d'autres pays que leur pays d'origine. L'anglais se parle en Angleterre mais c'est aussi une des langues officielles du Canada; on le parle aux États-Unis, en Nouvelle-Zélande, en Australie et dans de nombreux pays d'Afrique et d'Asie. Le français de même se parle dans tous les pays qui composent la « francophonie », parfois comme langue unique, parfois à côté d'une ou de plusieurs autres langues comme en Belgique, au Canada ou en Suisse.

En situation de traduction, la sensibilité aux variations linguistiques, mais aussi culturelles, associées aux pays dans lesquels nos langues de travail sont parlées, est d'une importance considérable. En effet, les variétés linguistiques sont souvent les témoins de particularités propres aux divers pays ou régions considérés, ou plus précisément, comme l'a dit Georges Matoré (1953, p. 66), les variétés linguistiques identifiées au moyen de mots-témoins sont « des faits de civilisations » et leur étude s'apparente plus à la sociologie (étude des phénomènes sociaux) et à la sémiotique (étude des signes) qu'à la linguistique comme telle.

Ces faits de civilisation dénotent une culture, c'est-à-dire un ensemble de traits spécifiques d'une communauté particulière. Ces traits spécifiques peuvent ne se retrouver que dans un pays donné, mais ils peuvent aussi, par la mobilité qui caractérise notre époque, en côtoyer d'autres, notamment dans des pays d'immigration comme le Canada, et plus généralement dans les villes multiculturelles et multilingues modernes comme celles décrites par Sherry Simon (2006) et Reine Meylaerts (2011).

Dans ce contexte de croisement des cultures, l'étude de la stylistique comparée ou différentielle se révèle d'une grande richesse dans toutes les situations de production textuelle, mais particulièrement pour la traduction. En préambule, examinons quelques concepts clés.

Stylistique comparée, **stylistique différentielle** ou **stylistique contrastive**, en lien avec l'apprentissage de la traduction, désignent un même objet : **l'étude des ressemblances et des divergences des langues sur divers plans** (sémantique, sémiotique, culturel aussi bien que syntaxique ou lexical), et ce, afin de guider le traducteur dans les choix à faire lorsqu'il navigue entre les langues lors du processus de traduction.

Dans son ouvrage sur les relations discursives et la traduction, Ballard (1995, p. 287) nous dit : « Si on ne peut prédire à coup sûr ce que sera la traduction (d'un message), on peut quand même baliser les possibles à l'intérieur desquels s'exerceront les choix du traducteur. » C'est ce que la stylistique différentielle nous permettra précisément de faire : baliser les possibles qui se présentent au traducteur. On peut en conclure que la stylistique différentielle constitue une base pédagogique pour l'apprentissage de la traduction.

Le premier ouvrage traitant de la stylistique comparée de l'anglais et du français date de 1958. Il s'agit de *Stylistique comparée du français et de l'anglais* de Jean-Paul Vinay et Jean Darbelnet dont la version anglaise, réalisée par Juan C. Sager et M.-J. Hamel, n'a été publiée qu'en 1996.

Dans la préface de l'ouvrage original, les auteurs, deux linguistes français installés en Amérique, font des observations sur le fonctionnement de l'anglais et du français en se fondant sur les écrits des panneaux de signalisation rencontrés sur la route entre New York et Montréal. Ils soulèvent le problème que pose le choix du mot juste **dans son contexte** et montrent à quel point la traduction et la stylistique sont intimement liées. Inspiré du *Traité de stylistique française* de Charles Bally (1909) et de l'ouvrage d'Alfred Malblanc sur la stylistique comparée de l'allemand et du français (1944), l'ouvrage met en évidence la nécessité de systématiser l'enseignement et l'apprentissage de la traduction. Issue de la nouvelle science du langage créée par Saussure sous le nom de linguistique, la stylistique telle que pensée par Bally (1909), Malblanc (1944), Vinay et Darbelnet (1958) est un des premiers apports à la réflexion dans le domaine du contact des langues et de la traduction que l'on appelle aujourd'hui **traductologie** (*Übersetzungswissenschaft*, ou *Translation Studies*). La traductologie s'intéresse en effet à l'étude de tous les aspects de la traduction : processus, concepts, approches, enseignement, évaluation.

Avant d'aborder les concepts clés de la stylistique différentielle, il convient donc de présenter quelques notions de base sur l'étude de la langue et de la linguistique. En effet, la notion de langue est inséparable de celle de stylistique, puisqu'en stylistique les considérations portent en grande partie sur le fonctionnement de la langue et sur les choix qui s'offrent au rédacteur pour exprimer sa pensée au mieux.

Alors qu'est-ce donc que **la langue**?

On a beaucoup écrit sur la langue qui a été définie de diverses manières. Pour le linguiste Hall (1964), la langue est une institution sociale. Le linguiste Chomsky (1957, p. 13) décrit la langue comme « a set of finite or infinite sentences ». Dans l'ouvrage *The Cambridge Encyclopedia of Language* de Crystal (2010, p. 451), on relève la définition suivante : « the systematic, conventional use of sounds, signs or written symbols in a human society for communication and self-expression ».

Quant à Brauns (1981, p. 7), il décrit le système de la langue comme un « code d'échange verbal ou écrit dans tous les rapports sociaux » et il ajoute :

> [E]lle peut prendre un caractère spécialisé et devenir le jargon spécifique d'un métier, d'un sport ou d'une quelconque activité, elle peut être l'argot d'un groupe, une langue technique ou scientifique [...] Enfin, elle peut être un moyen d'expression artistique, une langue littéraire, fertile en néologismes et en combinaisons de mots.

Enfin, pour reprendre les mots de Guiraud (1970, p. 40), la langue « est composée de formes (temps de verbes), pluriels, singuliers, de structures syntaxiques (ellipse, ordre des mots), des mots qui sont autant de moyens d'expression ».

Ce qu'on doit retenir ici, c'est que la langue est un code, un système de significations, un ensemble de sons et de signes conventionnels codifiés, utilisé par les humains pour la communication. Selon Bourdieu (1982, p. 49), la langue a aussi une « fonction sociale de distinction ».

Pour le traducteur, la langue est en quelque sorte « la matière première » **de ses traductions.** Ainsi, le traducteur doit être capable de jongler avec divers sujets abordés dans divers types de textes : textes spécialisés, textes de sites Internet, textes littéraires, textes procéduraux (mode d'emploi, recette de cuisine), textes dramatiques ayant pour fonction d'être dits. D'où la nécessité pour le traducteur de se familiariser avec les multiples aspects de la langue et des textes (type, fonctions, organisation). Ce sera l'objectif de notre première partie.

Mais si la langue est la matière première de la traduction, le style, lui, est l'actualisation de la langue dans un but bien défini : artistique, humoristique ou autre. **Le style, c'est la manière de dire, d'exprimer la pensée.** Le mot style peut aussi désigner « la manière propre à un écrivain, à un genre, à une époque » (Guiraud, 1970, p. 38). Certains auteurs l'ont qualifié ainsi :

- « The dress of thought » (Wesley, cité par Crystal 2010, p. 68);
- « Proper words in proper places » (Swift, 1898, p. 201);
- « A situationally distinctive use of language » (Crystal, 2010, p. 68).

Le style ne s'exprime pas uniquement par des mots : on le retrouve dans l'habillement, dans le dessin; dans les manières de présenter la nourriture, de manger, de marcher... et comme l'affirmait Balzac : « Le mouvement humain est comme le style du corps, il faut le corriger beaucoup pour l'amener à être simple. » (*Théorie de la démarche*, © 1833; 1981, vol. XII, p. 298) De même, le style est présent dans l'illustration et la publicité comme le montre la figure ci-dessous.

> Style is seen as the (conscious or unconscious) selection of a set of linguistic features from all possibilities of a language. The effects these features convey can be introduced only by intuitively sensing the choices that have been made (as when we react to the linguistic impact of a religious archaism, a poetic rhyme scheme, or a joke), and it is usually enough simply to respond to the effect in this way. Here when we need to explain our responses to others, or even advise others how to respond (as in the

Source : Natsuki Atagi, November 23, 2011.
50, 100, 1000 words for snow: does the language we speak affect how we think? URL: www. psychologyinaction.org/2011/11/23/50-100-1000-words-for-snow-does-the-language-we-speak-affect-how-we-think/. Accessed July 3, 2016.

teaching of literature) our intention needs to be supplemented by a more objective account of style. It is this approach which is known as stylistics (Crystal, 2010, p. 68).

L'étude des manières de dire et des possibilités qu'offre la langue pour s'exprimer se nomme *stylistique*.

Sous la rubrique « Linguistic style », dans l'ouvrage *The Oxford Companion to the English Language* (Walesh, in McArthur et al., 1992, pp. 992–993), on lit :

It can be convenient in synchronic terms, to think of linguistic style as an aspect of style in general: someone may write in an ornate style, speak in a laconic style, live in a Tudor-style mansion, dress in a youthful style and have an aggressive style when playing squash. In all such cases, the way in which people do things can be seen to vary: from one medium to another (speech to writing), from one situation to another (formal to informal, legal to journalistic) and from one period to another (Elizabethan to Romantic) … The definition of linguistic style as a "way" or "manner" implies distinctiveness, that there are phonetic, grammatical, and lexical features which mark out a text, register, genre or situation.

De façon plus succincte, Verdonk (2002, p. 4) nous dit : « Stylistics, the study of style, can be defined as the analysis of distinctive expression in language and the description of its purpose and effect. »

Mais il ajoute :

How such analysis and description should be conducted, and how the relationship between them is to be established are matters on which different scholars of stylistics or stylisticians, disagree.

Quant à Bourdieu (1982, p. 15), il va encore plus loin en affirmant que le style est un « écart individuel par rapport à la norme linguistique, [une] élaboration particulière qui tend à conférer au discours des propriétés distinctives ».

La manière de dire touche non seulement aux tours de phrase (tournures) mais aussi aux règles qui régissent la langue : stylistique et grammaire, au sens large du terme et non au sens normatif, sont donc complémentaires.

Selon Riegel, Pellat et Rioul (1994, p. 13), « la grammaire se présente comme un ensemble mixte d'observations, de procédures de découvertes et de généralisations selon leur objet spécifique [...] La grammaire générale se propose de dégager les règles générales qui président à l'économie et au fonctionnement du langage humain ».

Dans *La grammaire d'aujourd'hui*, Michel Arrivé, Françoise Gadet et Michel Galmiche (1986, p. 298) définissent la grammaire comme les « moyens dont dispose la langue pour combiner les mots de la langue afin d'obtenir des segments [...] [qui rendent] compte des variations que les mots sont amenés à subir au cours de ce processus de combinaison ». Pour Crystal (2010, p. 92), la grammaire est « an account of the language's possible sentence structures organized according to certain general principles ».

Vue sous ces angles, la notion de grammaire recouvre non seulement les éléments structurels de la langue (selon la définition traditionnelle du terme), mais tous les aspects de son fonctionnement. Nous aborderons les particularités syntaxiques de l'anglais et du français dans les chapitres 3 et 4.

En revanche, « la grammaire ne définit que très partiellement le sens, et c'est dans la relation avec un marché que s'opère la détermination complète de la signification du discours » (Bourdieu, 1982, p. 15). Il faudra donc que le traducteur tienne compte du contexte de production de sa traduction.

Ainsi, le style d'une critique littéraire sera différent de celui d'un rapport administratif, de celui du rapport annuel d'une banque ou encore de celui d'un reportage d'un événement sportif. Tout d'abord, à l'étape de la pré-traduction, le lecteur-traducteur doit pouvoir identifier les éléments stylistiques du texte à traduire. Ces éléments comprennent également la tonalité du texte, c'est-à-dire l'attitude (affective) : subjectivité, tristesse, indignation, etc. Entrent en ligne de compte aussi les procédés rhétoriques (figures de style) que nous examinerons au chapitre 5.

Quant au concept de **traduction**, signalons tout d'abord que celui-ci désigne à la fois un processus, c'est-à-dire une opération intellectuelle, et un produit, le texte fini. Acte de communication interlinguistique et interculturel, la traduction présente de nombreux défis issus du contact des langues. Elle a été définie de plusieurs manières et les définitions proposées par divers auteurs – théoriciens et praticiens – mettent en évidence la nature de ces défis.

À l'aide d'une métaphore, Bell (1991, p. 57) évoque les étapes du processus de traduction :

> During the process of translation, the cube is melted. While in its liquid state, every molecule changes place; none remains in its original relationship to the others. Then begins the process of forming the work in a second language. Molecules escape, new molecules are poured in to fill the spaces, but the lines of moulding and mending are virtually invisible. The work exists in the second language as a new ice cube—different, but to all appearances the same.

D'un point de vue général, Newmark (1991, p. 25) décrit la traduction ainsi :

> Translation can be described as filling up the gaps between languages. Many words are profoundly affected by their contexts, both linguistic, cultural and situational and cannot be translated in isolation.

De façon plus pragmatique, Tatilon (2003, p. 118) souligne la démarche qui doit être mise en œuvre pour produire une « bonne » traduction. Ainsi, il dit :

> Traduire, c'est alors : 1) opérer, d'un texte de départ à un texte d'arrivée, une sorte de transvasement de l'information au profit d'un nouveau public qui n'y a pas accès directement; 2) tout en conservant au texte d'arrivée la même finalité que celle du texte de départ. Et cette opération consiste à fabriquer, sur le modèle du texte de départ, un texte d'arrivée dont l'information soit – dans chacun de ses aspects : référentiel, pragmatique, dialectal et stylistique – aussi proche que possible de celle contenue dans le texte de départ.

Pour sa part, Eco (2007, p. 90) souligne la dimension culturelle de la traduction, lorsqu'il affirme :

> On a déjà dit, et l'idée est établie, qu'une traduction ne concerne pas seulement un passage entre deux langues, mais entre deux cultures, ou deux encyclopédies. Un traducteur tient compte des règles linguistiques, mais aussi d'éléments culturels, au sens le plus large du terme.

Sous la plume d'autres auteurs, le terme traduction s'énonce comme suit :

- *equivalent textual material* (Catford, 1965, p. 20)
- *closest natural equivalent* (Nida and Taber, 1969, p. 12)
- *communicatively equivalent translation* (Neubert, 1981, p. 143)
- *transferring the meaning of the source language into the receptor language* (Larson, 1984, p. 3)
- *optimally equivalent written target text* (Wilss, 1985, p. 14)
- *changing of an original written text (the source text or ST) in the original verbal language (the source language or SL) into a written text (the target text or TT) in a different verbal language (the target language or TL* (Munday, 2012, p. 8)

Notons les idées clés qui en ressortent : **transferring meaning**, **text**, **context**, **équivalent du texte**, **traits stylistiques**, **éléments culturels**. On voit facilement que la traduction touche à divers domaines : la sémantique, la textologie, le lexique, la syntaxe et l'analyse stylistique. Opération complexe, il s'agit d'une activité carrefour qui met en jeu les démarches intellectuelles où se rencontrent analyse et synthèse, compréhension, et production et problèmes de transfert interlinguistique et interculturel (Valentine, 1996, p. 60).

Dans un ouvrage récent, *Found in Translation: How Language Shapes our Lives and Transforms the World*, Kelly et Zetzsche (2012, p. xiii) soulignent et démontrent l'omniprésence de la traduction :

> Translation affects everything from holy books to hurricane warnings, poetry to Pap smears. It's needed by both the masses and the millionaires. Translation converts the words of dictators and diplomats, princes and pop stars, bus drivers and baseball players. Translation fuels the global economy, prevents wars, and stops the outbreak of disease. From tummy tucks to terrorist threats, it's everywhere.

Pour conclure nous pouvons donc dire avec *JobBank USA*, site réalisé par le Département du commerce et du travail des États-Unis :

> Translating involves more than replacing a word with its equivalent in another language; sentences and ideas must be manipulated to flow with the same coherence as those in the source document so that the translation reads as though it originated in the target language. Translators also must bear in mind any cultural references that may need to be explained to the intended audience, such as colloquialisms, slang, and other expressions

that do not translate literally. Some subjects may be more difficult than others to translate because words or passages may have multiple meanings.

Les concepts abordés relèvent, en grande partie, de la linguistique mais ils s'inscrivent, comme la citation précédente le souligne, dans des contextes culturels dont le traducteur doit impérativement tenir compte. Loin d'édicter comment la traduction doit se faire, la linguistique sert à observer et à décrire un certain nombre de facteurs dont on doit tenir compte pour produire une traduction; souvent elle peut expliquer pourquoi certaines stratégies ou certains choix sont à privilégier.

Les défis issus du contact des langues seront étudiés au chapitre 6. Toutefois, même si la linguistique sous-tend l'activité du traducteur, comme le souligne Baker (2011, p. 5) :

> Linguistics is a discipline which studies language both in its own right and as a tool for generating meanings. It should therefore have a great deal to offer to the budding discipline of translation studies; it can certainly offer translators valuable insights into the nature and function of language. This is particularly true of modern linguistics, which no longer restricts itself to the study of language *per se* but embraces such sub-disciplines as text linguistics (the study of text as a communicative event rather than as a shapeless string of words and structures) and pragmatics (the study of language in use rather than language as an abstract system).

C'est la réflexion du traducteur qui doit lui permettre de faire le bon choix :

> Most translators prefer to think of their work as a profession and would like to see others treat them as professionals rather than as skilled or semi-skilled workers. But to achieve this, translators need to develop an ability to stand back and reflect on what they do and how they do it. Like doctors and engineers, they have to prove to themselves as well as others that they are in control of what they do; that they do not just translate well because they have a "flair" for translation, but rather because, like other professionals, they have made a conscious effort to understand various aspects of their work (Baker, 2011, p. 4).

En effet, en plus des connaissances des langues, ce sont des compétences à proprement parler traductionnelles que l'apprenti-traducteur doit acquérir, compétences qu'il renforcera tout au long de sa carrière.

Les discours sur la **compétence traductionnelle** sont nombreux également. Ils mettent tous en évidence l'importance des diverses habiletés qui sous-tendent l'apprentissage de la traduction. Dans le modèle de compétence qu'elle a dégagé, pour l'enseignement de la traduction espagnol-anglais, Beeby (1996, p. 94), dans son ouvrage *Teaching Translation from Spanish to English: Worlds Beyond Words*, identifie des sous-compétences qui sont, de toute évidence, généralisables :

- the meta-language for talking about translation (theory)
- understanding of the cognitive process of translating (theory)
- expert reading skills in the SL (grammatical, sociolinguistic, and discourse competence)
- expert writing and composition skills in the TL (grammatical, sociolinguistic, and discourse competence)
- documentation techniques essential for translating (sociolinguistic competence)
- work habits (essential for developing competence)
- knowledge of typographical differences between the SL and the TL and transfer competence (grammatical and transfer competence)
- knowledge of lexical differences between the SL and the TL (grammatical, sociolinguistic, discourse, and transfer competence)
- knowledge of syntactic differences between the SL and the TL (grammatical, sociolinguistic, discourse, and transfer competence)
- familiarity with text types in the SL and the TL (sociolinguistic, discourse and transfer competence)
- knowledge of discourse differences between the SL and the TL: textual coherence and textual cohesion (sociolinguistic, discourse, and transfer competence)
- knowledge of pragmatic and semiotic differences between the SL culture and the TL culture (sociolinguistic and transfer competence)

La stylistique différentielle touche à un grand nombre de ces compétences (le groupe PACTE a consacré de nombreux travaux à l'étude des compétences traductionnelles). Nous verrons comment celles-ci s'incarnent dans les textes traduits en en faisant l'analyse dans la troisième partie de cet ouvrage. Mais observons tout d'abord comment la stylistique s'inscrit dans l'étude de la langue et la préparation à la traduction.

L'observation de la langue de tous les jours, dans tous les contextes, notamment en publicité, permet d'identifier certains traits de style, de relever les moyens mis en œuvre par l'auteur (l'émetteur) pour exprimer le message véhiculé. En voici quelques exemples.

Observons les énoncés suivants :

TITRES ET RAISONS SOCIALES

Salons de coiffure
- Split Ends
- Hair 2 dye 4
- Short Cuts
- Tifs en 4
- Tiff Mode

Notons les jeux de mots en contexte; dans le cas de *dye*, le jeu homonymique (*dye/die*) et, en français, l'utilisation humoristique de l'expression « couper les cheveux en quatre ».

Cordonneries
- Heel it
- Heart and sole
- Soles4souls
- La bottinière
- À la petite semelle

D'autres exemples de jeux de mots. Notons également la déformation voulue d'une expression toute faite : (*heart and soul → heart and sole*; et en français « à la petite semaine » → « à la petite semelle ») et le jeu sur l'homophonie (*sole et soul*), *Soles4souls* étant un organisme de bienfaisance qui récupère des chaussures peu usées et les redistribue aux pauvres partout dans le monde.

Atelier de couture
- De fil en aiguille

Service de remorquage
- Dr. Hook

Humour là encore, puisque *hook* signifie « crochet » en français.

Titres de revues de compagnies aériennes
- *enRoute* (Air Canada)
- *Hemispheres* (United)
- *SkyWritings* (Air Jamaica)
- *Attaché* (U.S. Airways)

Encore des exemples de jeux de mots. Notons que les titres ici font appel au contexte (le voyage, le vol, etc.).

Avis aux passagers
This is a non-smoking flight, for your security the lavatories are equipped with smoke detectors.

L'emploi de l'euphémisme, figure de style qui sert à atténuer les propos. *For your security*, tournure employée pour formuler un avertissement.

Publicité
À vos risques et plaisirs (Biodôme de Montréal).

Déformation d'une expression toute faite. Aspect humoristique.

Avis destinés aux automobilistes
- *Arrive alive, don't drink and drive.*
- *Running the red light might put out your light.*

Jeux de mots; phrases qui jouent sur les sonorités. Notons le jeu fondé sur le sens (la sémantique) dans l'exemple *run a light/put out a light*.

Ce qu'on observe ici, c'est l'utilisation de traits stylistiques ou de procédés langagiers dans le but de chercher à produire des effets particuliers sur le lecteur. Le traducteur doit être capable d'identifier ces traits ou procédés afin d'essayer de les reproduire, dans la mesure du possible, dans le texte traduit. L'expérience a montré, cependant, qu'il n'est pas toujours possible de transposer, intégralement ou en partie, les effets stylistiques surtout lorsque les systèmes des deux langues diffèrent.

Pour terminer cette partie introductive, observons le slogan ci-après et sa traduction. Rappelons que le slogan est une formule concise et frappante utilisée par la publicité, la propagande politique, etc. Dans l'exemple cité, il s'agit d'un message publicitaire, affiché dans un centre commercial à Montréal, il y a quelques années, faisant la promotion de la Hollande et de ses produits horticoles comme les plantes printanières à bulbes :

Oh la la la Hollande!

Hello Holland!

Dans les deux langues, ce message attire l'attention en jouant presque exclusivement sur les sonorités.

Notons qu'à la différence des proverbes et maximes (figures de rhétorique), les slogans ou devises qu'utilise la langue publicitaire ont un caractère distinctif qui permet d'identifier un groupe, une société commerciale ou un parti politique et constituent des formules de publicité ou de propagande. Ils peuvent être éphémères comme les produits qu'ils annoncent ou les circonstances qu'ils illustrent. Généralement, ils usent de procédés langagiers (grammaticaux et stylistiques), qui, comme les allusions (autre figure de rhétorique ou de style), servent à frapper ou à persuader. D'habitude, ils sont accrocheurs et invitent le lecteur à lire à différents niveaux.

Nous analyserons le fonctionnement des procédés stylistiques tels qu'ils s'inscrivent dans les traductions dans la troisième partie de cet ouvrage.

Orientation bibliographique

ARRIVÉ, Michel, Françoise GADET et Michel GALMICHE (1986). *La grammaire d'aujourd'hui*. Paris, France : Flammarion.

BAKER, Mona (2011). *In Other Words. A Coursebook on Translation*. Second edition. Abingdon & New York: Routledge.

BALLARD, Michel (dir.) (1995). *Relations discursives et traduction*. Lille, France : Presses Universitaires de Lille.

BALLY, Charles (1909). *Théorie de stylistique française*. Paris : Klincksieck.

BALZAC, Honoré de (© 1833; 1981). *Traité de la démarche*. Paris : Gallimard. Collection Pléiade, vol. XII.

BEEBY LONSDALE, Allison (1996). *Teaching Translation from Spanish to English: Worlds beyond Words*. Ottawa: Presses de l'Université d'Ottawa.

BELL, Roger (1991). *Translation and Translating: Theory and Practice*. London/New York: Longman.

BOURDIEU, Pierre (1982). *Ce que parler veut dire*. Paris : Fayard.

BRAUNS, Jean (1981). *Comprendre pour traduire, perfectionnement linguistique en français*.

Paris : la Maison du dictionnaire.

CATFORD, J. C. (1965). *A Linguistic Theory of Translation*. Oxford: Oxford University Press.

CHOMSKY, Noam (1957). *Syntactic Structures*. The Hague/Paris: Mouton.

CRYSTAL, David (2010). *The Cambridge Encyclopedia of Language*. New York: Cambridge University Press.

ECO, Umberto (2007). *Dire presque la même chose–Expériences de traduction*. Paris : Grasset.

GUIRAUD, Pierre (1970). *La stylistique*. Paris, France : Presses Universitaires de France.

HALL, Robert Anderson (1964). *Introductory Linguistics*. Lyndhurst, New Jersey: Chilton Books.

JobBank USA. *Job Descriptions, Definitions, Roles, Responsibility: Interpreters and Translators*. www.jobbankusa.com/career_employment/interpreters_translators/job_descriptions_definitions_roles_responsibility.html. Accessed March 3, 2017.

KELLY, Nataly and Jost ZETZSCHE (2012). *Found in Translation: How Language Shapes our Lives and Transforms the World*. New York: Penguin Group.

LARSON, Mildred L. (1984). *Meaning-Based Translation: A Guide to Cross-language Equivalence*. Lanham: University Press of America.

MALBLANC, Alfred (1944). *Pour une stylistique comparée du français et de l'allemand : essai de représentation linguistique comparée*. Paris : Didier.

McARTHUR, Thomas Burns and Feri McARTHUR (1992). *The Oxford Companion to the English Language*. Oxford: Oxford University Press.

MATORÉ, Georges (1953). *La méthode en lexicologie*. Paris : Didier.

MEYLAERTS, Reine (2011). *Multilingualism as a challenge for translation studies*. Conference presented at Glendon College, York University, Toronto.

MOUNIN, Georges (1978). « La traduction ». Dans Louis GUILBERT, René LAGANE et Georges NIOBEY (dir.), *Grand Larousse de la langue française* (Vol. 7, pp. 6167–6172). Paris, France : Librairie Larousse.

MUNDAY, Jeremy (2012). *Introducing Translation Studies: Theories and Applications*. London and New York: Routledge.

NEWMARK, Peter (1982). *Approaches to Translation*. Oxford: Pergamon Press Ltd.

NEWMARK, Peter (1991). *About Translation*. Clevedon: Multilingual Matters.

NIDA, Eugene A. and Charles R. TABER (1969). *The Theory and Practice of Translation*. Leiden: E. J. Brill.

RIEGEL, Martin, Jean-Christophe PELLAT et René RIOUL (1994). *Grammaire méthodique du français*. Paris, France : Presses Universitaires de France.

SIMON, Sherry (2006). *Translating Montreal. Episodes in the Life of a Divided City*. Montreal: McGill-Queen's University Press.

SWIFT, Jonathan (1898). "Letter to a young Clergyman." In Temple Scott (ed.) *Writings on Religion and the Church*. London: George Bell & Sons, vol. 1, ch. 7.

TATILON, Claude (2003). « Traduction : une perspective fonctionnaliste ». *La linguistique*.

Vol. 39, nº 1, pp. 109–118.

VALENTINE, Egan (1996). *Traductologie, traduction et formation : vers une modélisation de la formation en traduction–l'expérience canadienne*. Thèse de doctorat inédite : Université de Montréal.

VINAY, Jean-Paul et Jean DARBELNET (1958). *Stylistique comparée du français et de l'anglais*. Montréal : Beauchemin.

VERDONK, Peter (2002). *Stylistics*. Oxford: Oxford University Press.

WILSS, Wolfram (1985). "The Role of the Translator in the Translation Process." In G. M. Rose, (ed.) *Translation Perspectives II: selected Papers 1984–1985*. Binghamton, New York: Translation Research and Instruction Program.

PREMIÈRE PARTIE

La macrostructure du texte

CHAPITRE 1

Contextualisation de la production des textes

1. Qu'est-ce que la textologie?

Le *Dictionnaire Larousse* en ligne définit la textologie comme « [l']étude scientifique du texte littéraire ». Cette définition est déjà une prise de position par rapport à un domaine où plusieurs écoles se côtoient et s'affrontent.

Historiquement parlant, le terme est créé par le critique littéraire russe Boris Tomachevski en 1928 mais c'est Roger Laufer qui, en 1972, l'introduit en français en lui donnant un sens très restreint de « vérification, établissement, édition des textes ». Depuis, les discussions vont bon train, enrichies des recherches effectuées sur l'analyse du discours, notion issue du monde anglo-saxon. C'est à Zellig S. Harris (1952), linguiste américain, que l'on doit le terme *discourse analysis* repris en français sous le vocable d'« analyse du discours » par Dominique Maingueneau (1991) qui, dans son ouvrage *L'analyse du discours: introduction aux lectures de l'archive*, en aborde les fondements théoriques. Les travaux de Harris ouvriront la voie à la grammaire du texte (van Dijk, 1972) qui, lui, étend la notion de grammaticalité pour englober la microstructure (les propositions – mots et phrases) et la macrostructure (ensemble des propositions – paragraphes et textes). Cette évolution n'est toutefois pas sans introduire une certaine confusion entre ce que l'on entend par texte ou discours et leur rapport avec la textologie.

Nous aimerions donc clarifier ces diverses notions et tâcher, comme Eddy Roulet (2001), de l'école de Genève, en avait le projet, de « rendre compte de l'organisation de tout discours, qu'il soit oral ou écrit, monologique ou dialogique, littéraire ou non littéraire » (Momha, 2011, p. 8). Comme l'explique Martin Momha :

> L'hypothèse scientifique qui sous-tend la démarche rouletienne est fondée sur le fait que la construction et l'interprétation du discours sont soumises à trois types de contraintes : *situationnelles* (liées à l'univers de référence et à la situation d'interaction); *linguistiques* (liées à la syntaxe et au lexique de la (ou des) variété(s) de langue(s) utilisée(s)) et *textuelles* (liées à la structure hiérarchique du texte). Ce postulat permet à Roulet d'élaborer un dispositif de cinq modules définissant cinq types d'informations de base qui peuvent être décrites de manière indépendante : les modules *interactionnel* et *référentiel* (qui relèvent de la composante situationnelle), le module *hiérarchique* (qui relève de la composante textuelle), et les modules *syntaxique* et *lexical* (qui relèvent de la composante linguistique) (Roulet et al., 2001, p. 44).

Une telle approche de la textologie permet d'intégrer la dimension culturelle dans tous ses aspects à l'étude scientifique du texte, qui n'est plus alors uniquement littéraire. Comme le précise encore Momha (2011, p. 2) :

> Dans l'analyse systémique, nous la définissons comme une discipline, mieux une science, dont l'objet est le texte ou les structures de texte. En effet, la textologie étudie la nature, la composition, les propriétés, le fonctionnement, les conditions de production et les mécanismes d'interprétation des typologies textuelles.

À cette étape de la réflexion, une définition de ce que l'on entend par « texte » s'impose.

2. Qu'est-ce qu'un texte?

Le mot texte vient du latin *textus* qui s'applique à quelque chose qui est tissé; le verbe *textere* signifie d'ailleurs tisser. Roland Barthes aussi parle du texte comme d'un « tissu » (1973, p. 100). Le tissage lui-même ne se fait pas au hasard, il est dicté par des règles strictes, de la même manière que l'organisation des mots de la phrase : l'enchaînement des phrases d'un paragraphe et des paragraphes d'un texte obéit à des critères de formulation textuelle. La connaissance des mécanismes d'organisation des textes peut contribuer à la mise en place de ce que van Dijk (1972, p. 5) appelle la « **compétence textuelle** » c'est-à-dire l'**appropriation des règles qui permettent de produire un texte approprié au contexte de communication.**

Notre but principal dans cette partie n'est pas d'étudier dans le détail les différentes théories du texte. Nous voulons plus modestement cerner quelques problèmes liés au fonctionnement des textes afin de fournir des repères qui permettent d'envisager des stratégies d'analyse et d'établir les grandes lignes d'une grammaire du texte. « Une grammaire de texte pose un certain nombre de conditions, tant linguistiques que pragmatiques qu'un texte doit satisfaire pour être admis comme bien formé (pour un récepteur dans une situation donnée). » (Charolles, 1978, p. 33) Abordant le concept de texte écrit, Vigner (1979, p. 29) nous dit : « Tout écrit est réponse à une sollicitation, intérieure (tension psychologique, réaction émotionnelle, affective, volonté d'accomplissement de soi) ou extérieure (contrainte de la vie sociale). » De Beaugrande et Dressler (1981, p. 11) définissent le texte comme « un événement de communication » qui doit satisfaire sept critères de textualité :

- la cohésion : les relations en surface entre les éléments (de nature grammaticale);
- la cohérence : les relations de référence entre ce que dit le texte et le monde (relations inférentielles);
- l'intentionnalité : la visée du texte (attitude de l'auteur);
- l'acceptabilité (recevabilité) : la perception du lecteur d'une suite de signes comme texte (critères de cohésion et de cohérence);
- le statut informatif : la quantité d'information nouvelle que le texte apporte;
- la situation : l'environnement qui donne un sens au texte (pragmatique);
- l'intertextualité : la relation de parenté entre différents textes (typologie).

On peut donc considérer le texte tout d'abord comme une « image » qui correspond à une intention de communication précise ayant comme objectif d'agir sur le lecteur. En effet, le texte n'est pas une simple suite de mots, un réservoir à phrases et à paragraphes, « a bag of words » (Harris, 1952, p. 13) ni « a piling up of lexations » ou « a shapeless string of words and structures » (Baker, 2011, p. 4). C'est au contraire une entreprise dynamique de création du sens qui possède sa cohésion et sa cohérence, comme un tableau se construit à partir des formes, des couleurs et des sujets qui le composent. C'est un ensemble cohérent qui répond à une intention de communication, laquelle possède des objectifs particuliers, par exemple, produire un certain effet sur le destinataire du texte.

Il vise à transmettre une information particulière à une personne bien définie dans une situation elle aussi bien définie. Cette intention de communication entraîne une hiérarchie particulière du contenu. En effet, certains faits ou arguments seront considérés comme primordiaux tandis que d'autres ne joueront qu'un rôle subalterne. L'analyse du discours et la linguistique textuelle ont pour objet d'analyser et de décrire les modes d'organisation et de cohésion des textes. Quant aux grammairiens du texte, ils s'intéressent surtout au texte écrit dont ils cherchent à définir les éléments de cohésion et l'architecture sémantique.

Lors du processus de compréhension, particulièrement dans une optique de traduction, il faut évaluer le texte dans toutes ses dimensions afin de retrouver les éléments qui le composent. Comme le signale Wilss dans *La revue de phonétique appliquée* (1983, p. 147) : « Text analysis, if it wants to achieve untrivial results, must envisage the total constitution of a text, in its thematic, functional and in its stylistic dimension [... and] deal with the syntactic, the semantic and pragmatic levels... »

De plus, selon Vigner (1979, p. 29) :

> Il y a réalisation, par le moyen du texte, d'une intention de communication liée à la production d'un effet sur le lecteur, toutes données qui dépendent du lieu social, géographique, historique d'insertion du scripteur, de ses dispositions psychologiques, de sa compétence linguistique et discursive, de sa culture, de ses connaissances, etc., sans omettre bien entendu l'image qu'il se fait de son lecteur.

Car, en effet, il faut un lecteur pour que le texte prenne vie et sens, comme l'explique Jean-Paul Sartre (1948, p. 48) : « L'objet littéraire est une étrange toupie qui n'existe qu'en mouvement; pour la faire surgir, il faut un acte concret qu'on appelle la lecture. » Ce qui est vrai dans le domaine littéraire l'est également dans toutes les situations de production textuelle.

Lire un texte, c'est appréhender le vouloir-dire de l'auteur. C'est observer le texte, l'examiner afin d'en déterminer toutes les particularités : le niveau ou les niveaux de langue, le ton, le type ou la catégorie, la spécificité du vocabulaire, la présence de tours ou de tournures spéciales. Autrement dit, c'est dégager les détails qui contribuent à construire l'image qu'est le texte. Toutes nos connaissances linguistiques et extralinguistiques sont alors mises en œuvre.

Comme l'expliquent Neubert et Shreve (1992), le texte tient une place centrale dans la définition de ce qu'est la traduction. En effet, les textes et leurs situations de production déterminent le processus de traduction. On ne saurait faire de généralisations sur l'activité de traduction sans mentionner des textes spécifiques et les circonstances qui leur ont donné naissance (p. 5). La traduction se trouve au croisement de plusieurs conditions : une certaine situation, la compétence du traducteur, le texte source, le texte cible à venir. Le texte source est ancré dans un contexte linguistique, culturel et textuel. C'est toute une tâche que d'extraire un texte de son milieu naturel et de le recréer dans un environnement culturel et linguistique étranger (p. 1).

La traduction comme la production de textes exigent du savoir-faire, mais ils demandent aussi d'avoir des réponses aux questions suivantes : pourquoi doit-on les produire, quand et à quelle fin? De plus, il faut être capable d'en identifier les allusions, les fameuses « culture bumps » ou figures de culture, de Ritva Leppihalme (1997); les renvois, les expressions idiomatiques, les termes spécialisés, les figures de rhétorique (métaphores, jeux de mots, etc.), le registre de langage, les concepts liés au domaine auquel appartient le texte puisque, en effet, les textes ne fournissent pas nécessairement des explications de ces concepts dont pourtant le lecteur/traducteur est censé comprendre la signification.

Peter Newmark (1982, p. 20) nous rappelle que le premier travail du traducteur est de comprendre le texte, de l'analyser et d'en avoir une vue générale avant même de décider d'une quelconque manière de le traduire.

3. Typologie textuelle et traduction

L'on s'entend donc sur le fait que l'un des attributs du texte est son type. Ainsi, l'une des premières questions que doit se poser le traducteur, c'est à quelle catégorie son texte pourrait appartenir. Associer des textes à des catégories textuelles, c'est s'intéresser à la typologie des textes. En fait, Longacre (1976) suggère que c'est une chose que l'on fait automatiquement dès que l'on prend connaissance d'un texte.

La connaissance des types de textes et de leur mode de fonctionnement joue un rôle fondamental dans la compréhension et fournit les critères applicables à la réécriture. À chaque type de texte correspond une structure particulière (de l'ordre de la macrostructure) qu'il est important de reconnaître. Dans un article sur la compréhension et le rappel des textes, Kintsch et van Dijk (1975) font remarquer que ces deux opérations sont difficilement envisageables sans référence à **la macrostructure textuelle**. La structure du texte favorise la mémorisation, la récupération et la reproduction. Plus la structure est évidente, plus facile sera l'acte de compréhension. Certaines études montrent que lors du rappel des histoires, c'est surtout la structure de l'événement qui est retenue.

On peut classer les textes selon diverses perspectives. Ces classifications, ou types, genres ou catégories, se fondent sur diverses caractéristiques et sur divers critères. La classification la plus commune consiste à répartir les textes dans cinq catégories selon leur fonction : les textes argumentatifs, les textes narratifs, les textes descriptifs, les textes informatifs et les textes didactiques. Toutefois ces catégories se chevauchent souvent.

Newmark (1988) identifie trois types de textes : les textes expressifs dont l'essence est la forme et qui font ressortir les sentiments de l'auteur ou une certaine attitude, les textes informatifs dont l'essence est le contenu du texte, et les textes injonctifs axés sur le récepteur et sur ses réactions au texte. Quant à Reiss (2002), elle propose une classification en trois axes : les textes à dominante informative (centrés sur le contenu), les textes à dominante expressive (centrés sur la forme) et les textes à dominante incitative (destinés à agir sur le destinataire, à produire un effet extralinguistique). D'autres classifications prennent en compte des facteurs externes fondés sur des critères autres que linguistiques. Anna Trosborg (1997, p. 3) écrit en effet :

> We may distinguish between political texts, legal texts and medical texts; fairy tales, novels and short stories differ from newspaper reports, essays, and scientific papers; recipes, instructions booklets and advertisements may display similarities but they are not identical; expository texts are different from argumentative texts, etc. All these types of text differ in ways that are somewhat obvious, intuitively, but which nevertheless invite detailed analysis.

Armstrong (2005, pp. 27–28), quant à lui, considère les types de textes selon leur distribution (là où on les trouve), l'intention ou les objectifs de l'auteur et le sujet traité. Pour analyser les textes, il porte son attention sur les divers aspects résumés ci-dessous :

Guidelines for analysis
- *distribution: typical location*
- *author's intention: purpose of text*
- *subject matter*
- *linguistic features*
- *function of text (expose, explain, etc)*

À la suite de sa discussion sur les types de textes, Armstrong (2005) précise que ceux-ci sont intimement liés aux types de traductions, et aussi au lecteur : « the writer who has a clear notion of who s/he is writing for will provide a text that will lend itself to straightforward translation. » (p. 37) Puis il explique le rôle du *skopos* pour interpréter et traduire le texte, ce sur quoi nous reviendrons plus en détail dans la troisième partie de cet ouvrage.

Si la notion de texte est inséparable de la notion de type, elle l'est aussi de celle de structure interne du texte. La structure interne, c'est l'organisation du texte de telle manière qu'il ne ressemble pas à un assemblage aléatoire de paragraphes n'ayant aucun lien entre eux mais soit au contraire une construction cohérente d'arguments bien choisis et convaincants. On l'appelle également « architecture du texte » ou « composition » du texte, ce qui est plus vague. La structure du texte se divise en deux axes d'analyse : la macrostructure qui considère le texte dans son ensemble et relève les différentes parties significatives de la composition du texte; et la microstructure du texte qui se situe plutôt au niveau de la phrase et même de parties de phrases. Ainsi, lorsqu'on étudie la macrostructure d'un texte, on en cherche les connecteurs, les éléments qui lient les paragraphes entre eux, ou les phrases entre elles, ainsi que les thèmes généraux des paragraphes en question. Quand on étudie la microstructure du texte, on observe les syntagmes au sein de la phrase, ce qui les compose et ce qu'ils mettent en relief. On a ainsi une bonne idée de ce sur quoi l'auteur veut que nous portions notre attention. L'étude du lexique appartient normalement à la microstructure du texte.

Les textes peuvent aussi être classés selon leur contenu thématique, leur fonction discursive (persuader, convaincre, informer, etc.) et la présence ou la fréquence de certaines marques de surface. Longacre (1983) fait remarquer que tout lecteur attribue de façon instinctive un type au texte qu'il lit et ce grâce à certaines marques extérieures. Cela met en évidence l'importance de la typologie dans l'interprétation des textes. Bien qu'il ne propose pas de « portrait-robot » des textes, la classification des textes mérite qu'on s'y arrête à cause des applications auxquelles elle peut donner lieu. Il s'agit d'une question complexe car les critères de typologisation sont très variés.

Dans l'analyse, il est nécessaire de répondre à certaines questions :

- À quel type de texte avons-nous affaire?
- Comment le texte est-il organisé?
- Quelles sont les marques lexicales et syntaxiques qui permettent de le situer?

La macrostructure du texte

La macrostructure du texte

Christiane Nord (2005) fonde, quant à elle, son analyse textuelle sur le contexte traductionnel. Il s'agit d'analyser le texte en fonction d'une traduction future, c'est donc la fonction communicative du texte – dans tous ses aspects – qui doit être considérée. Pour ce faire, elle nous propose une liste de points à prendre en compte :

1. What is the text function intended by the sender? Are there any hints as to the intended function in the text environment such as text-type designations?
2. What clues as to the function of the text can be inferred from other extratextual dimensions (motive, medium, receiver, intention)?
3. Are there any indications that the receiver may use the text in a function other than that intended by the sender?
4. What conclusions can be drawn from the data and clues obtained about text function as regards:
    a. other extratextual dimensions (sender, intention, receiver, medium, time, place, and motive), and
    b. the intratextual features? (p. 82–83)

Par ailleurs, quelques pages plus loin, elle précise en quoi consistent ces caractéristiques intratextuelles en tenant compte de la variabilité des types et des fonctions des textes :

> When we analyse the linguistic features of a particular text, we soon realize that they all have to be evaluated in a different way, depending on the function they have in the text. There are features that depend on situational conditions which cannot be controlled or modified by the sender (e.g. pragmatics of time and space, geographical or socio-cultural background of the sender himself) or features that may have been determined by a decision taken prior to text production (e.g. choice of medium or addressee orientation). Then, there are other features which are dictated by social norms (text-type or genre conventions and so on). During the process of analysis, therefore, the translator constantly has to go back to factors which have already been analysed (= principle of recursiveness). Lastly, there is a type of feature which depends on the sender deciding on one out of several alternative means of expression, a decision determined by the intention to produce a certain effect on the receiver. (p. 91)

C'est précisément l'objet de la stylistique différentielle de mettre en lumière ces divers moyens d'expression et la manière dont le choix de l'un ou de l'autre permettra d'obtenir des effets différents sur le récepteur. Mais commençons par élucider quels types de textes s'offrent le plus fréquemment au traducteur dans le cadre de sa pratique professionnelle.

4. Types de textes fréquents en situation de traduction

Tout type de texte peut un jour ou l'autre faire l'objet d'une traduction. Toutefois, dans le monde professionnel, certains domaines sont plus fréquemment requis. Plutôt que de nous concentrer sur les types de textes tels qu'identifiés plus haut, nous avons choisi d'avoir recours à des textes des différents domaines répertoriés comme des spécialités en traduction professionnelle et d'en observer l'organisation, les spécificités lexicales et syntaxiques, ainsi que les procédés de cohésion (connecteurs et charnières).

Nous considérerons donc ici quelques échantillons de textes des domaines suivants : textes administratifs, textes financiers, textes journalistiques, textes médicaux, textes juridiques mais aussi textes généraux, blogues et réseaux sociaux, textes littéraires, textes publicitaires. D'aucuns remarqueront sans doute la présence de textes littéraires au cœur d'une liste de domaines que l'on a coutume de qualifier de « pragmatiques ». Les méthodes de traduction, au Canada du moins, ne sont généralement appliquées qu'à des textes pragmatiques. Certes, si la majorité des traducteurs devra incontestablement se consacrer aux textes que leur fourniront les différents paliers de gouvernement, lesquels produisent pour ainsi dire exclusivement des textes pragmatiques, il n'en reste pas moins que la traduction littéraire est une activité qui occupe de nombreux traducteurs, au Canada comme ailleurs, et que la richesse des textes littéraires ne saurait être mise de côté lorsqu'on souhaite, comme nous en avons le projet, présenter une analyse approfondie des langues en contact qui nous intéressent ici, et suggérer des solutions créatives aux problèmes que ce contact pose souvent. L'énumération dans cet ordre est voulue et pourrait être perçue comme progressive d'un point de vue pédagogique. Toutefois, il apparaîtra bientôt que le degré de difficulté des textes est variable dans toutes les catégories. En effet, il existe des textes relativement simples dans le domaine médical alors qu'on y trouve aussi très probablement les textes les plus ardus qui soient pour des traducteurs non issus des formations médicales. Nous tâcherons, dans les pages qui suivent, de présenter quelques exemples appartenant à

La macrostructure du texte

divers niveaux de difficulté pour chacun des domaines annoncés. Nous tâcherons également de solliciter la réflexion du lecteur sur les différences d'écriture qui peuvent exister au sein d'un même domaine ou d'une même intention de communication entre le texte rédigé en anglais et celui, rédigé en français, qui s'adresse à un lecteur francophone.

LES TEXTES ADMINISTRATIFS

On trouve, sur le site du gouvernement français, une définition complète et appropriée de ce qu'est un document administratif :

TEXTE 1 : DÉFINITION D'UN DOCUMENT ADMINISTRATIF

Un document administratif est un document élaboré ou détenu :

- par une administration (État, collectivité territoriale, établissement public),
- par un organisme privé gérant un service public (caisses de Sécurité sociale, Pôle emploi, office public de HLM, etc.),
- dans le cadre de missions de service public.

Exemples :
- dossiers, rapports et études,
- comptes rendus et procès verbaux,
- statistiques,
- directives, instructions et circulaires,
- notes et réponses ministérielles,
- avis et décisions.

Ne sont pas des documents administratifs :

- l'ensemble des actes de l'Assemblée nationale ou du Sénat (y compris les actes relatifs à leur organisation et fonctionnement),

- les documents à caractère juridictionnel (jugements, décisions de l'ordre judiciaire ou administratif, documents établis pour les besoins et au cours d'une procédure).

Source : Direction de l'information légale et administrative (DILA), Service public. *Accès aux documents administratifs : Définition.* URL : www.service-public.fr/particuliers/ vosdroits/F2467. Date de consultation : le 6 juillet 2016.

Cette définition aussi est en elle-même un texte administratif puisqu'elle provient d'un site d'information du gouvernement français. Tous ces documents visent à la communication entre les membres d'une même administration ou avec des personnes ou organismes de l'extérieur de l'entreprise.

La communication avec les clients se fait le plus souvent au moyen de lettres mais la communication interne se fait plutôt au moyen de « notes de services » ou de « circulaires » adressées à l'ensemble des employés ou à un groupe spécifique, ce que les anglophones regroupent sous l'appellation de « *memo* ».

TEXTE 2 : MEMO

To: Faculty Deans
From: XXXXXXX, Vice-President Research & Innovation
Date: April 23, 2014
Subject: Task Force on Sustainability Research

As part of ongoing strategic research planning, for the 2014-15 academic year the VPRI plans to sponsor an interdisciplinary academic taskforce to develop ideas and examine options for highlighting and further building York University's research strengths in the broad area of sustainability. Identified within York's Strategic Research Plan, *Building on Strength*, this research area holds considerable opportunity for further developing York's rich cross-disciplinary mix of research strengths. The Task Force will help us explore how we can continue to leverage and further advance research opportunities in this area, including the development of organized research units.

As highlighted in the Strategic Research Plan, *Public Engagement for a Just and Sustainable World* includes research programming that informs and addresses a range of challenges in urban environments

La macrostructure du texte

that includes governance, planning, land use, infrastructure, economy, security, educational engagement, transportation energy and quality of life. More information on this area of opportunity can be found in the Strategic Research Plan.

In the coming weeks, the Division of VPRI will invite expressions of interest from colleagues interested in volunteering to join the Task Force. I welcome your feedback on any suggested Task Force members and look forward to engaging your Faculty leadership in the conversation as it develops.

La note ci-dessus a pour but d'informer la communauté universitaire d'une orientation décidée par l'administration centrale pour laquelle on sollicite des collaborations. Les éléments de présentation sont minimaux (date, origine, destinataires, sujet). Le corps du texte pourrait être une simple ligne ou bien avoir, comme ici, la longueur d'une lettre. Quoi qu'il en soit, en anglais, on va chercher à être aussi bref que possible.

La bureaucratie française, en revanche, encombre ses circulaires de codes et références de toutes sortes qui nuisent à la lisibilité du message lui-même :

TEXTE 3 : CIRCULAIRE

Liberté • Égalité • Fraternité
RÉPUBLIQUE FRANÇAISE

MINISTERE DE L'AGRICULTURE,
DE L'AGROALIMENTAIRE ET DE LA FORET

CIRCULAIRE
DGPAAT/SDPM/C2013-3041, Date: 16 avril 2013

Direction Générale des Politiques Agricole,
Agroalimentaire et des Territoires

Sous-direction des produits et des marchés

Bureau des viandes et des productions animales spécialisées
Adresse : 3, rue Barbet de Jouy - 75349 PARIS

Suivi par: XXXX

Tél : 01 49 55 46 13 / Fax : 01 49 55 80 26

xxxx@agrjculture.gouv.fr

Le Ministre de l'agriculture, de l'agroalimentaire et de la forêt

à

(cf. destinataires)

NOR: AGRT1309708C

Date de mise en application : 15 avril 2013

Avenant à la circulaire DGPAAT/SDPM/C2012-3018 du 29 février 2012, modifiée par la circulaire DGPAAT/SDPM/C2012-3073 du 4 septembre 2012

Nombre d'annexe(s) : 0

Objet: mise en œuvre du programme apicole français 2011-2013

Texte(s) de reference :

- règlement (CE) n°1234/2007 du Conseil du 22 octobre 2007 portant organisation commune des marchés dans le secteur agricole (articles 105 a 110),
- règlement (CE) n°917/2004 du 29 avril 2004 de la Commission portant modalités d'application du règlement (CE) n°797/2004,
- décision de la Commission du 14 septembre 2010 portant approbation du programme d'amélioration de la production des produits de l'apiculture présenté par la France au titre du règlement(CE) n° 1234/2007 et fixant la contribution de l'Union au titre du présent programme.

Résumé : cet avenant a pour objet de reporter la date de clôture de depôt des dossiers d'assistance technique déposés dans le cadre programme apicole européen 2011-2013

Mots-clés : apiculture - programme apicole

Destinataires

Pour exécution :

M. le Directeur Général de FranceAgriMer

Pour information :

Mmes et MM. les Directeurs régionaux de l'alimentation, de

l'Agriculture et de la Forêt
l'agriculture et de la forêt (DRAAF)
Mmes et MM. Les Directeurs, départementaux des territoires (et de la mer) (DDT(M))
M. le Vice-Président du CGAAER
M. le Directeur Général de l'Alimentation
Mmes et MM. les Préfets de région
Mmes et MM. les Préfets de département
Mmes et MM. les Présidents des Conseils Régionaux et Conseils Généraux.

La date limite de dépôt des dossiers de demande d'aides aux actions d'assistance technique indiquée au point 5.3.1 de la circulaire DGPAAT/SDPM/C2012-3018 du 29 février 2012 est modifiée pour l'exercice 2013.

Pour l'exercice 2013, les demandes d'aide peuvent être déposées par les organismes, à FranceAgriMer, jusqu'au 30 avril 2013.

Le directeur général
XXXX

Source : DILA, Légifrance, avril 2013. URL : circulaires.legifrance.gouv.fr/pdf/2013/04/cir_36832.pdf. Date de consultation: le 5 juillet 2016.

Toute administration de quelque importance doit répartir les responsabilités afin de mener à bien ses activités. Elle doit donc avoir un service qui s'occupe des finances, un autre des relations avec les employés, un autre des commandes et des relations avec les clients, etc. Toutefois, pour que le système fonctionne bien, chaque service doit savoir ce que fait l'autre, d'où la nécessité d'organiser des réunions. Ces réunions existent au niveau de la direction de l'entreprise mais aussi au niveau des syndicats, ou de groupes qui souhaitent proposer qui de nouvelles activités, qui un nouveau produit ou service à l'entreprise ou à l'administration.

Or ces réunions ne mèneraient à rien si on ne conservait pas quelque document qui permette de retracer les activités du groupe, même en l'absence du responsable ou du président. Ces écrits constituent également des écrits administratifs : ce sont les procès-verbaux, *minutes* en anglais, qui permettent de suivre le cheminement d'une idée ou d'une action au sein d'un groupe ou comité. Pour que ce groupe se réunisse, il faut le convoquer. C'est la responsabilité du président de convoquer la réunion et d'en proposer l'ordre du jour. L'ordre du jour dresse la liste des points à discuter à l'occasion de la réunion. Il y aura donc un rapport direct entre l'ordre du jour et le procès verbal qui fera suite à la réunion : les mêmes points devraient s'y retrouver, mais, dans le second cas, les décisions prises seront indiquées. De cette manière, même si les personnes composant le comité ou groupe devaient changer, les activités de celui-ci pourraient se poursuivre. Les archives des grandes administrations contiennent un très grand nombre de ces écrits.

TEXTE 4 : MINUTES OF A MEETING

Minutes of the 20th Executive Committee, held at the Space Hotel, New York, USA

Friday April 25, 2015

ATTENDANCE
Government Committee Members
Private Sector Committee Members
Countries/Organizations
Other delegates

1. CALL TO ORDER
   The meeting was called to order at 8:00 a.m. The Chairman thanked his colleagues for their warm welcome.
2. ROLL CALL
   There being the required three government members present, the meeting commenced with a quorum.
3. APPROVAL OF THE AGENDA
   The Agenda was approved as circulated.
4. APPROVAL OF THE MINUTES OF THE 38TH MEETING
   The minutes of the 38th meeting of the Executive Committee were approved as circulated on a motion moved by Helen Brown and seconded by George Barnes.
5. MATTERS ARISING

The Secretary General noted that:

- The Membership Committee had met and that its report would be presented to the Ministerial Caucus.
- With regard to consultations referred to under item 10, Canada had expressed interest in further collaboration.

6. APPROVAL OF THE AUDITED FINANCIAL STATEMENTS

The Director of Finance presented the Audited Financial Statements for the year ended December 31, 2014. He noted the positive opinion expressed by the Auditors. It was further noted that:

- The General Fund had increased to $5,556,000.
- There was a surplus of Revenue over Expenses of $125,000.
- Contributions in arrears were reported at $998,575, an increase compared to 2013, but that efforts were being made to collect outstanding amounts.

7. OFFICE SPACE

The Secretary General reported that the Washington staff was expanding and more office space was needed. He said that discussions were under way to procure new premises in the same vicinity.

Si les PV suivent une présentation assez semblable d'une institution à une autre, il y a des différences en ce qui concerne le partage des détails de la réunion. Tandis que certaines institutions rapportent les discussions en grand détail dans des PV qui peuvent faire vingt pages, d'autres se limitent aux décisions prises. C'est le cas de la ville de Montréal dont les PV sont accessibles au public sur le site de la municipalité.

TEXTE 5 : PROCÈS-VERBAL : VILLE DE MONTRÉAL

Montréal ✿

Procès-verbal de la séance extraordinaire du comité exécutif
tenue le lundi 23 mars 2015 à 8 h
Salle Peter-McGill, Hôtel de ville

Présences :

M. Denis Coderre, Maire

M. Pierre Desrochers, Président du comité exécutif

Mme Anie Samson, Vice-présidente du comité exécutif

M. Harout Chitilian, Vice-président du comité exécutif

M. Dimitrios (Jim) Beis, Membre du comité exécutif

M. Richard Bergeron, Membre du comité exécutif

M. Russell Copeman, Membre du comité exécutif

Mme Manon Gauthier, Membre du comité exécutif

M. Réal Ménard, Membre du comité exécutif

Mme Chantal Rouleau, Membre du comité exécutif

M. Aref Salem, Membre du comité exécutif

Mme Monique Vallée, Membre du comité exécutif

Absence :

M. Lionel Perez, Membre du comité exécutif

Autres Présences :

Me Jean-François Milot, Chef de division - soutien aux instances

Me Yves Saindon, Greffier de la Ville

M. Marc Blanchet, Directeur général adjoint - Développement

Mme Chantal Gagnon, Directrice générale adjointe - Qualité de vie

Mme Mary Deros, conseillère associée

M. Jean-Marc Gibeau, conseiller associé

M. Jean-François Parenteau, conseiller associé

Cette séance du comité exécutif est tenue avec avis préalable.

CE15 0503

Il est RÉSOLU :

d'adopter l'ordre du jour de la séance extraordinaire du comité exécutif du 23 mars 2015.

Adopté à l'unanimité. 10.001

CE15 0504

Il est RÉSOLU :

de recommander au conseil d'agglomération :

1 - d'accorder au seul soumissionnaire, Degrémont limitée, ce dernier ayant présenté une soumission conforme, le contrat pour la fabrication, la livraison et la mise en service de l'unité d'ozonation de la Station d'épuration des eaux usées Jean-R.-Marcotte, au prix de sa

La macrostructure du texte

La macrostructure du texte

soumission, soit pour une somme maximale de 98 950 000 $, taxes incluses, conformément aux documents de l'appel d'offres public 12-12107;

2 - d'imputer cette dépense conformément aux informations financières inscrites au dossier décisionnel.

Adopté à l'unanimité. 20.001 1153334001

CE15 0505

Il est RÉSOLU :

1 - d'approuver le projet de lettre d'entente entre Hydro-Québec et la Ville de Montréal relativement au versement d'une aide financière à la Ville pour soutenir les initiatives de verdissement dans le cadre d'un nouveau volet du projet de Plan d'action canopée, couvrant la période du 20 mars 2015 au 20 mars 2017;

2 - d'autoriser la réception d'une aide financière d'un montant de 1 500 000 $ provenant d'Hydro-Québec pour la réalisation des projets issus de ladite Entente;

3 - d'autoriser un budget additionnel de dépense équivalent au revenu additionnel de 1 500 000 $ à affecter pour la réalisation de ladite Entente, conformément aux informations financières inscrites au dossier décisionnel;

4 - de mandater le Service des grands parcs, du verdissement et du Mont-Royal pour gérer la mise en œuvre de ladite Entente.

Adopté à l'unanimité. 20.002 1156620006

CE15 0506

Il est RÉSOLU :

de prendre acte du rapport de la Commission permanente sur l'examen des contrats dans le cadre du mandat SMCE153334001 - Accorder un contrat à la firme Degrémont Ltée, pour la fabrication, la livraison et la mise en service de l'unité d'ozonation de la Station d'épuration des eaux usées Jean-R.-Marcotte, pour une somme maximale de 98 950 000 $, taxes incluses – Appel d'offres public 12-12107 (2 soumissionnaires, un seul conforme).

Adopté à l'unanimité. 60.001 1153624007

Levée de la séance à 8 h 11

Les résolutions CE15 0503 à CE15 0506 consignées dans ce procès-verbal sont considérées signées comme si elles l'avaient été une à une.

Pierre Desrochers   Yves Saindon
Président du comité exécutif   Greffier de la Ville

Source : Ville de Montréal. *Procès-verbal de la séance extraordinaire du comité exécutif tenue le lundi 23 mars 2015 à 8 h.* URL : ville.montreal.qc.ca/documents/Adi_Public/CE/ CE_PV_EXTRA_2015-03-23_08h00_FR.pdf. Date de consultation le 6 juillet 2016.

Régulièrement, les comités ou groupes de travail des grandes entreprises ou administrations sont appelés à faire rapport de leurs activités. Au Canada, ces rapports sont souvent publiés en anglais et en français. Ces rapports sont écrits et distribués dans les réunions de comités de direction habituellement. D'autres rapports peuvent être réalisés de façon ponctuelle afin de proposer une manière de résoudre un problème. Dans ce cas, on crée un groupe de travail qui va se pencher sur ce problème et va proposer des solutions. Ces rapports contiendront nécessairement un résumé, le détail de l'étude et des recommandations. Une fois déposé le rapport, le groupe de travail a terminé ses activités et il est dissous. C'est ce qu'on appelle un groupe de travail ou un comité *ad hoc*, c'est-à-dire ponctuel et temporaire.

Tous ces écrits retracent la « vie » de l'entreprise ou de l'organisation. Ils occupent une bonne partie du personnel, notamment tous ceux qui travaillent dans le domaine de la gestion d'entreprise (*management*), des ressources humaines et des communications. Les associations à but non lucratif n'échappent pas à ces activités. Elles aussi doivent rendre des comptes à leurs membres et à leurs commanditaires; elles doivent donc tenir des réunions régulières, normalement une assemblée générale par an et plusieurs réunions du bureau de direction (président, vice-président, secrétaire, trésorier, conseillers). Ces réunions ainsi que les décisions qui y sont prises sont également documentées pour ces associations.

Cela fait donc beaucoup d'occasions de rédaction et de traduction d'écrits administratifs et il convient par conséquent de se familiariser avec eux, tant en anglais qu'en français, les deux ne suivant pas toujours les mêmes conventions.

Les rapports, quoiqu'ils se trouvent aussi dans d'autres domaines que l'administration, sont particulièrement fréquents dans toutes les administrations, qu'il s'agisse des gouvernements ou d'organismes à but non lucratif. Les rapports, notamment les rapports annuels, rendent compte des activités de tous ces organismes, qu'ils soient publics, privés ou humanitaires. Voici, à titre d'exemple, un extrait d'un rapport annuel de Greenpeace.

La macrostructure du texte

TEXTE 6 : ANNUAL REPORT (GREENPEACE)

Greenpeace's Long-Term Global Programme sets out our view of the global crisis and how we will respond to it. But the Programme is more than a collection of campaigns, it also contains our fundamental and enduring values, our overall vision and mission, and the unique ways of working that underpin our campaigns. Taken together, the different components of our Programme enable us to influence the course of events in favour of a planet able to nourish life in all its diversity.

Because it exists in different operational time frames, our Programme allows us to respond to immediate campaigning opportunities while maintaining overall direction towards our long-term aims. It describes those aspects of Greenpeace that endure through time: our vision, mission and identity, the most fundamental descriptions of "who" Greenpeace is and what it believes in. It also provides our analysis of the global crisis and then describes our long-term campaigning direction—to 2050—in response to the crisis. Finally the Programme looks in more detail to 2020, and sets out critical campaign goals that must be reached by that date if our long-term aims are not to be compromised. These critical goals are our Programme priorities.

Our Programme priorities
Our climate and forest goals are the priority for Greenpeace, on the basis of urgency. Our goal is that greenhouse gas emissions peak by 2015 and decline thereafter. To achieve this we need to ensure a global energy revolution—moving away from fossil fuels and nuclear energy to renewable energy and energy efficiency; to see zero deforestation globally; and to ensure that an effort-sharing framework exists for tackling climate change that is both equitable and has environmental integrity.

Our goal for our oceans campaign is that global marine diversity recovers from a history of overexploitation. Substantial progress needs to be made towards achieving a global network of effectively implemented, no-take marine reserves covering 40% of the oceans. We also need to bring about an end to overfishing in the world's oceans, and ensure that there is no commercial whaling, including its equivalent under the guise of so-called "scientific" whaling.

Our goal for our sustainable agriculture campaign is to see a halt to the expansion of genetically modified organisms (GMOs) into the environment. As a priority in Asia and the Global South, we need to catalyse a paradigm shift from chemical-intensive agriculture to sustainable agriculture, by shifting policies and significantly reducing the use of chemical pesticides and fertilisers.

And our goal for our toxics campaign is to reduce by half by 2020 the releases of hazardous chemicals of industrial origin into water resources in the Global South, with a view towards elimination of these chemicals within one generation.

Our campaigns and projects

To achieve our goals we work through short-term, two-to-three year campaigns and projects; short-term initiatives and objectives that are designed to achieve these strategic goals. Our campaign and project objectives are agreed and reviewed annually, as well as on a rolling basis.

The following pages describe our campaigns and projects over the course of 2011, and how these have contributed towards the attainment of our critical mid-term goals.

Of course external events can impact our Programme at any level. Rapid response to such unforeseeable circumstances has been and will remain a hallmark of Greenpeace's work. For an example of a Greenpeace rapid response in 2011, please see the section describing the events of the Fukushima nuclear reactor disaster.

Source: Greenpeace. *Annual Report 2011*. URL : www.greenpeace.org/international/ Global/international/publications/greenpeace/2012/AnnualReport2011.pdf, p. 9. Accessed July 6, 2016.

Les rapports, qui ont une fonction informative, peuvent être de nature argumentative aussi, particulièrement lorsqu'ils débouchent sur des recommandations adressées à un organisme décisionnaire. Autre exemple, en français cette fois, cet extrait de la page de présentation du CTTIC (Conseil des traducteurs, terminologues et interprètes du Canada).

La macrostructure du texte

TEXTE 7 : PAGE WEB DE PRÉSENTATION DU CCTIC

Notre vision

Le Conseil des traducteurs, terminologues et interprètes du Canada est généralement reconnu comme étant l'organisme national représentant les traducteurs, terminologues et interprètes professionnels. Il contribue à garantir une communication de grande qualité entre locuteurs de langues et de cultures différentes.

Notre mission

Le Conseil des traducteurs, terminologues et interprètes du Canada établit et maintient des normes nationales dans les domaines de la traduction, de la terminologie et de l'interprétation, et en fait également la promotion, afin d'assurer la qualité de la communication entre communautés de langues et de cultures différentes.

Nouvelle :

Le 11 juin 2012, l'OTTIAQ, l'Ordre des traducteurs, terminologues et interprètes agréés du Québec, s'est retiré du CTTIC.

Sachez que les membres de l'OTTIAQ ne sont plus des membres par affiliation du CTTIC et ainsi n'ont plus droit aux avantages et aux reconnaissances associés au statut de membre du CTTIC.

La traduction automatique : Mise en garde

Le CTTIC, qui suit de près les progrès technologiques dans le domaine des outils d'aide à la traduction, notamment en traduction automatique, tient à faire la mise en garde suivante :

Même si les nouveaux systèmes de traduction automatique donnent des résultats qui commencent à être intéressants, par exemple pour permettre à un lecteur d'avoir une idée générale du contenu d'un document rédigé dans une langue qu'il ne connaît pas, *la traduction produite par un système de traduction automatique n'est pas de qualité suffisante pour communiquer correctement un message dans une autre langue* et doit être revue par un traducteur professionnel.

Comme le reconnaissent les concepteurs de logiciels de traduction automatique, « même les logiciels actuels les plus perfectionnés ne peuvent maîtriser une langue aussi bien qu'une personne de langue maternelle ou posséder les compétences d'un traducteur professionnel. La traduction automatique est un domaine extrêmement complexe, car la signification des mots dépend du contexte dans lequel ils sont utilisés. La mise en place d'un service de traduction automatique rapide et efficace risque de prendre encore un certain temps. »*

Dans le cadre de leur mandat de protection du public, les organismes membres du CTTIC vous recommandent donc la plus grande prudence et vous invitent à faire affaire avec un traducteur agréé pour tous vos besoins de traduction.

* FAQ, Google Translate
Source : Conseil des traducteurs, terminologues et interprètes du Canada. URL : www.cttic.org/mission.asp?lang=F. Date de consultation : le 6 juillet 2016.

EXERCICE 1 : QUESTIONS DE RÉFLEXION

À la manière proposée par Christiane Nord (2005), posez-vous, pour chacun des textes *1 à 7, les questions suivantes* :

- Quelle est la finalité du texte? Qui est l'expéditeur (donneur d'ouvrage/ commissionnaire)? Qui sont les destinataires?
- Où et quand ce texte a-t-il été écrit?
- Par quel medium l'expéditeur s'adresse-t-il aux destinataires (discours enregistré, texte rédigé sur papier (quel type de texte?), écrit en ligne ou sur papier)?
- Pourquoi le texte a-t-il été écrit? Pourquoi devrait-il être traduit?
- Quel est le sujet principal du texte? Résumez-le en deux lignes.
- Comprend-il des éléments culturels immédiatement identifiables?
- Que faut-il <u>savoir</u> pour comprendre le texte?
- Répond-il à un genre ou type soumis à des conventions strictes? Si tel est le cas, expliquez quelles sont ces conventions.
- Quelle est l'architecture du texte? (le texte est-il bien composé? possède-t-il des charnières explicites? est-il cohérent?)
- Comprend-il des illustrations ou autres éléments non verbaux (taille ou choix de police)?
- Le texte est-il écrit dans une langue reconnaissable : dialecte, registre, terminologie technique ou spécifique?

La macrostructure du texte

La macrostructure du texte

- Les phrases possèdent-elles des éléments rhétoriques (questions, parenthèses, ellipses)?
- Possèdent-elles des traits suprasegmentaux, ou prosodiques (à l'oral, intonation, accent, durée ou en anglais, pitch, stress, juncture) ou quelque procédé de style utilisé comme une ponctuation (emploi répété de « donc » par exemple)?
- Si l'on devait traduire ces textes, à quel style d'écriture devrions-nous recourir? Style documentaire informatif, proche de la culture du TD ou opérationnel, orienté vers la culture d'arrivée?

Remarque : Certaines de ces questions anticipent le contenu de cet ouvrage. Si vous ne pouvez répondre immédiatement à toutes ces questions, gardez-les en réserve. Vous y reviendrez après vous être familiarisé avec le contenu de ce manuel.

EXERCICE 2

Appliquez cette même méthode d'analyse aux autres types de textes qui vous sont présentés ci-dessous.

LES TEXTES FINANCIERS

Les textes financiers peuvent être de nature très variée. Ils peuvent provenir de n'importe quelle entreprise, de quelque nature qu'elle soit, à visée commerciale ou à but non lucratif, puisque toutes doivent se soumettre chaque année à un exercice financier, que ce soit pour les gouvernements des pays où elles sont implantées, pour leurs actionnaires si elles sont cotées en bourse, ou pour leurs donateurs s'il s'agit d'œuvres de charité. Nous prendrons ici des exemples issus de banques car, dans ce cas, c'est pour ainsi dire la totalité de leurs communications qui traitent de finances : même leurs communications avec leurs clients visent à les sensibiliser aux moyens d'améliorer leur santé financière.

Comme ces textes s'adressent à des personnes très différentes, certaines n'ayant peut-être que très peu d'éducation, tous les registres de langage sont susceptibles d'être utilisés (voir le chapitre 2 de la première partie) et l'on trouvera un style courant mais simple dans les brochures d'information, tandis qu'on pourra avoir des analyses très pointues des performances de la banque dans les rapports annuels. Le texte ci-dessous appartient à la première catégorie; il provient d'une brochure réalisée par Jeanne Gobat pour le Fonds monétaire international.

TEXTE 8 : WHAT IS A BANK?

Institutions that match up savers and borrowers help ensure that economies function smoothly

You've got $1,000 you don't need for, say, a year and want to earn income from the money until then. Or you want to buy a house and need to borrow $100,000 and pay it back over 30 years. It would be difficult, if not impossible, for someone acting alone to find either a potential borrower who needs exactly $1,000 for a year or a lender who can spare $100,000 for 30. That's where banks come in. Although banks do many things, their primary role is to take in funds—called deposits—from those with money, pool them, and lend them to those who need funds. Banks are intermediaries between depositors (who lend money to the bank) and borrowers (to whom the bank lends money). The amount banks pay for deposits and the income they receive on their loans are both called interest. Depositors can be individuals and households, financial and nonfinancial firms, or national and local governments. Borrowers are, well, the same. Deposits can be available on demand (a checking account, for example) or with some restrictions (such as savings and time deposits).

Source: Jeanne Gobat (March 2012). *What Is a Bank?* URL: www.imf.org/external/pubs/ft/fandd/2012/03/pdf/basics.pdf. Accessed July 6, 2016.

Comparez le texte ci-dessus avec celui de la Caisse d'épargne en France :

TEXTE 9 : DÉVELOPPEMENT DES ACTIONS DE MICROFINANCE (CAISSE D'ÉPARGNE)

La Caisse d'Epargne Normandie propose aux personnes en situation de fragilité bancaire un accompagnement individualisé. Il comprend : une offre de microcrédit à des conditions de montant et de taux adaptées et avantageuses; un soutien pédagogique.

La macrostructure du texte

La macrostructure du texte

Pionnière, dès le début du XIXᵉ siècle, de la microépargne avec un livret qui, des années plus tard, prendra le nom Livret A, la Caisse d'Epargne Normandie est aujourd'hui, sur son territoire, la première banque du microcrédit accompagné.

Avec Parcours Confiance Normandie, elle propose un dispositif destiné à celles et ceux, clients ou non, dont les moyens sont souvent insuffisants pour obtenir un financement bancaire classique. Il s'agit principalement de personnes sans emploi, de bénéficiaires de minima sociaux, de travailleurs modestes ou bien confrontés à un accident de la vie (chômage, maladie, divorce).

Véritable plateforme de services, Parcours Confiance Normandie leur apporte un accompagnement individualisé qui comprend : un microcrédit personnel de la Caisse d'Epargne Normandie à des conditions de montant adaptées et avantageuses, un suivi individualisé, un soutien pédagogique.

Parcours Confiance Normandie s'appuie sur des partenariats locaux noués avec les acteurs clés de l'accompagnement social (collectivités, caisses d'allocations familiales, associations...). Parcours Confiance Normandie compte deux antennes, l'une basée à Caen, l'autre au Havre.

Source : Caisse d'Epargne. URL : www.societaires.caisse-epargne.fr/normandie/ ma-banque-sengage/developpement-des-actions-de-microcredit-et-de-pedagogie-financiere#. Date de consultation : le 16 juillet 2016.

EXERCICE 3

Identifiez les termes techniques dans les textes 8 et 9, cherchez-en les définitions et les équivalents dans l'autre langue. Comparez ces deux textes avec l'extrait du texte 10 tiré du Rapport annuel de la Banque royale du Canada.

TEXTE 10 : ROYAL BANK OF CANADA ANNUAL REPORT

Our confidence comes from the strength of the franchise we have built. Our longstanding leadership in our home market of Canada has provided us with a strong foundation to build on, both domestically and selectively in the U.S. and international markets. Our dedicated employees earn the right every day to be our clients' first choice by delivering trusted advice to help them achieve their financial goals.

We delivered record earnings of $7.5 billion this year, up $1.1 billion or 17 per cent from the prior year. On a continuing operations basis, our earnings of $7.6 billion were up 9 per cent, demonstrating the earning power of our diversified business model. These results reflect record earnings in Personal & Commercial Banking, Capital Markets and Insurance.

Diluted earnings per share (EPS) were $4.93 ($4.96 on a continuing operations basis), and return on common equity (ROE) was 19.3 per cent (19.5 per cent on a continuing operations basis), up from 18.7 per cent. Our Tier 1 capital rate ratio remained strong at 13.1 per cent.

This year, we extended our leadership position and executed our long-term growth strategy while maintaining prudent risk management and disciplined cost control. Across our businesses we gained market share, deepened client relationships, added new clients and invested in building strong franchises in Canada and globally.

We have been aggressively managing our costs (1) relative to our revenue growth to improve our efficiency, so we can reinvest savings in our businesses to strengthen financial performance and resilience in **a lower growth economic environment** (2).

We have a very strong capital position today, thanks to our conservative approach to managing capital over the past few years through an environment of challenging market condition and regulatory change, including the new Base III requirements that become effective for Canadian banks in January 2013.

Source: Royal Bank of Canada Annual Report 2012. URL: www.rbc.com/investorrelations/pdf/ar_2012_e.pdf, p. 4. Accessed July 7, 2016.

Ce dernier texte soulève un certain nombre de questions. En effet, même s'il s'agit d'un texte qui se présente comme factuel (il rapporte les résultats chiffrés d'un exercice financier), il vise à faire ressortir la bonne gestion réalisée par les responsables de la banque. Le but réel est que le lecteur (les actionnaires, sûrement, mais aussi le gouvernement et le public en général) soit impressionné par une telle réussite et une telle efficacité. Son caractère est nettement laudatif.

EXERCICE 4

Tâchez d'expliciter les particularités du texte 10 en répondant aux questions ci-dessous :

1. Si la source du texte identifie le type de texte auquel on a affaire, comment caractériseriez-vous la tonalité du texte?
2. Nous avons vu que le texte avait deux objectifs : transmettre des faits, et louer la bonne gestion de la banque. Relevez 4 expressions pour chacun de ces objectifs.
3. Pouvez-vous identifier les figures de style utilisées en (1) et (2)?
4. Résumez le texte en français en 50 mots au maximum.

Le fait de résumer un texte anglais en français, ou un texte français en anglais est un bon moyen de vérifier sa compréhension générale du texte tout en étant un bon exercice préliminaire à la traduction puisqu'il est nécessaire de trouver dans l'autre langue les équivalents des termes techniques. Le résumé, en langue 1 comme en langue 2, est un bon moyen de perfectionner ses compétences stylistiques, car il s'agit de reproduire non seulement l'essentiel du message mais aussi une tonalité équivalente à celle inscrite dans le texte de départ. D'un point de vue professionnel, cet exercice vous prépare aussi au sous/sur-titrage (pour le cinéma, la publicité, le théâtre).

TEXTE 11 : MARKET ANALYSIS SUMMARY— VIKING GROCERY STORES

Company History

…

For the fiscal year ending March 25, 2000, Viking Stores and Morgan Food Town had combined revenues of $3.8 billion, $1.2 billion of which was retail grocery sales.

…

Market Analysis Summary

By household size, grocery spending ranges from an average of $51 per week in one-person households to $130 per week in households of five or more. Per-person spending is inversely correlated with household size: per-person weekly expenditures are only $23 in households with five or more members but $35 in one-person homes, according to the Food Marketing Institute.

Market Segmentation
Seventy-three percent of our shoppers are female head of the households, 11 percent are male head of the households, 15 percent are both and 1 percent are other. Household Income: Average weekly household spending ranges from $68 for shoppers earning under $15,000 to $118 for those earning more than $75,000 per year. Spending on groceries at the consumer's primary store also increases with income from $57 per week for those families earning $15,000 or less per year to $95 per week for those earning over $75,000.

...

Personnel Plan	FY2002	FY2003	FY2004
Other	$0	$0	$0
1 Manager @ $22/hour	$45,760	$45,760	$45,760
1 Assistant Manager @ $18/hour	$37,440	$37,440	$37,440
4 Cashiers @ $9/hour	$74,880	$74,880	$74,880
4 Administrative Workers @ $9/hour	$74,880	$74,880	$74,880
4 Laborers/Stockers @ $7.50/hour	$62,400	$62,400	$62,400
Total Payroll	**$295,360**	**$295,360**	**$295,360**
Total Headcount	**15**	**15**	**15**
Payroll Burden	**$44,304**	**$44,304**	**$44,304**
Total Payroll Expenditures	**$339,664**	**$339,664**	**$339,664**

Source: www.referenceforbusiness.com/business-plans/Business-Plans-Volume-09/Grocery-Store.html#ixzz3WGT9sR21. Accessed July 7, 2016.

Un point important à remarquer lorsqu'on traduit un texte contenant de nombreux chiffres et des symboles de monnaie : les conventions de présentation sont différentes en anglais et en français! La virgule représente des décimales en français alors qu'en anglais, elle sépare des séries de 3 chiffres. Le symbole de dollar se place à gauche du chiffre en anglais mais à droite en français : $339,664 se traduit par 339 664 $. En anglais, la décimale est un point, alors que c'est une virgule en français : $3.8 billion se traduit par 3,8 milliards de dollars. Dans les textes économiques et financiers, il importe donc de prêter une attention toute particulière à ces conventions d'écriture et de présentation.

LES TEXTES JOURNALISTIQUES

En principe, un texte journalistique est relativement aisé à définir puisqu'il s'agit d'un texte susceptible d'être publié dans un journal. Toutefois, comme il existe des journaux spécialisés dans le domaine des affaires, en politique, etc., il s'agit de distinguer ici l'article journalistique du rapport d'entreprise, par exemple, ou de la brochure d'information sur une maladie. L'article de journal ou de revue peut présenter la même matière qu'un rapport ou qu'une brochure tout en y intégrant des procédés qui accrochent le lecteur et lui donnent envie de lire l'article jusqu'au bout. Il faut donc un titre accrocheur, de l'humour ou quelque autre sentiment qui va impressionner le lecteur – ça pourrait aussi être un sentiment de terreur! – et une utilisation créative des ressources langagières et des images associées au sujet. Dans le texte ci-dessous, notez le rôle des constructions binaires qui soulignent les oppositions.

TEXTE 12 : TEXTING

During boring classes, texting is the new doodling

When professors drone, students whip out their phone.

A recent survey by two Wilkes psychology professors found that more than 90 percent of students at the university admit to sending text messages during class.

It's no surprise that high school and college students are obsessive texters. What alarms Wilkes psychology professors Deborah Tindell and Robert Bohlander is how rampant the practice has become during class: Their recent study shows that texting at the school has surpassed doodling, daydreaming and note-passing to become the top classroom distraction. The anonymous survey of 269 Wilkes students found that nine in 10 admit to sending text messages during class—and nearly half say it's easy to do so undetected. Even more troubling, 10 percent say that they have sent or received texts during exams, and that 3 percent admit to using their phones to cheat.

Almost all the students surveyed by Tindell and Bohlander said they should be allowed to have their phones in class. And a clear majority—62 percent—said they should be allowed to text in class as long as they're not disturbing those around them. About one in four said texting creates a distraction.

Tindell instituted a no-texting policy as a result of the study, which has been presented at a pair of academic conferences. She tells students that if she even sees a cell phone during a test, its owner gets an automatic zero. One Syracuse University professor has taken an even harsher stand. Laurence Thomas, a popular philosophy professor whose courses have waiting lists, walked out on his class of nearly 400 students last week when he caught a couple of students fiddling with their phones instead of paying attention to him.

While Thomas keeps his eyes peeled for illicit texters, Tindell said most professors are likely as clueless as she used to be about the ubiquity of in-class cellphone use. Many of the surveyed students said their professors would be shocked if they knew about their texting habits.

Tindell and Bohlander advise professors to have clear, written policies on texting, to circulate around the classroom and make frequent eye contact, and to avoid focusing all their attention on their lecture notes or PowerPoint presentations. Tindell does allow students to text before class starts—and almost all of them do. "If they are going to go through withdrawal," she quipped, "they might as well get their fix."

Source: UCLA Faculty Association (November 27, 2010). URL: uclafacultyassociation. blogspot.ca/2010/11/this-couldnt-be-happening-at-ucla-could.html. Accessed July 7, 2016.

Le texte journalistique s'approprie des sujets qui vont, selon le journaliste, intéresser le lecteur. Donc toutes les activités de la vie courante (école ou université, mais aussi utilisation du portable ou d'autres objets à la mode) de même que les problèmes du quotidien, qu'ils soient financiers ou relationnels, sont susceptibles de se retrouver sous la plume des journalistes, comme c'est le cas du texte ci-dessous. Notez encore cette tendance à opposer deux attitudes, deux conceptions, deux interprétations du sujet abordé, comme nous l'avons vu déjà dans le texte 12.

TEXTE 13: WORK ON YOUR RELATIONSHIP, NOT YOUR HOUSE

Why do we spend a fortune on house improvements? Perhaps because it gives meaning to our lives. It doesn't make us happier.

House improvements are like any other consumer durable: only briefly satisfying. The designer kitchen is very quickly just a place to cook and eat, the taps that you agonised over choosing are just devices for the delivery of water. Eventually, you realise that all the money you have invested in "self-expression" and "individuality" leaves you with a house that looks pretty much like the interior of everybody else's house in the area.

Perhaps we spend all this money because the house stands in for meaning. If you are working on your house, you don't have to work on your relationship; you don't have to think about the purpose of getting up in the morning to go to work, because the purpose is clear—to buy an Eames chair for the lounge. You end up with a beautiful home you can be at ease in, whose value you've increased by your "investment." The only trouble is, I don't remember being any happier than when I first moved into our house. It looks nicer, has more space and is more functional.

We justify to ourselves that the house will be worth much more once we've "finished" it, but the truth is that most incomers rip out all the improvements anyway. And that money that's locked into your house? You can't get at it.

House improvement is really a branch of shopping with the added bonus: though it costs money, it also (theoretically) produces money. But if I had to start over, I would doubt that it was worth it. A wise man would be free of worry, and work on their relationship instead.

Source: Adapted from Tim Lott (April 3, 2015). "Work on your relationship, not your house." *The Guardian*. URL: www.theguardian.com/lifeandstyle/2015/apr/03/working-on-house-means-dont-have-to-work-on-relationship#img-1. Accessed July 7, 2016.

Même constat en français, où l'on oppose dans les textes ci-dessous l'écriture « sérieuse » des écrivains et celle, beaucoup plus spontanée, des textes quotidiens de Twitter ou du courrier électronique.

TEXTE 14 : LES GAZOUILLIS DE TWITTER SONT-ILS DIGNES DES ÉCRIVAINS?

Par Delphine Peras, publié le 18/07/2012 à 08h30, mis à jour le 19/07/2012 à 09h55

Happés par le réseau social à la mode, les écrivains balancent entre séduction et détestation, dans une querelle revisitée des Anciens et des Modernes. Avis tranchés!

« Tweeter ou ne pas tweeter, telle est la question » : ce commentaire de David Foenkinos, posté le 3 juillet, résume le dilemme de l'écrivain français tenté à son tour de « gazouiller » – traduction en français de *to tweet* – sur le réseau de micro-blogging aux 383 millions d'utilisateurs, dont 5,7 millions en France, créé en 2006 à San Francisco. D'emblée pris d'assaut par les auteurs étrangers les plus célèbres (Patricia Cornwell, Salman Rushdie, Gabriel Garcia Marquez, Tracy Chevalier, Margaret Atwood, Haruki Murakami, Bret Easton Ellis, Paulo Coelho, etc.), avec plus ou moins de bonheur, Twitter semble encore rebuter nos « gens de lettres ». Comme s'ils craignaient d'y laisser leur plume. Comme s'ils flairaient quelque danger à s'exhiber dans cette vitrine, ô combien tentante, pour flatter facilement n'importe quel ego : annoncer la sortie de son prochain livre, la parution d'un article louangeur sur le précédent, un passage à la télévision, sa présence dans une librairie, une séance de dédicace… Bref, la moindre actualité du « moi ». C'est, du reste, l'usage limité qu'en font aussi bien Marc Levy, plus porté à poster des photos via Instagram – un nouveau réseau très branché – que Bernard-Henri Lévy, qui n'a jamais tweeté mais dont le compte (comme le blog) est tenu à jour par la très dévouée Liliane Lazar, une de ses anciennes élèves. Plus étonnant, les jeunes écrivains Maxime Chattam ou Henri Lœvenbruck, auteurs à succès de polars tendance « geek », sont peu présents sur Twitter. David Fœnkinos, qui y fait ses premiers pas, se défend, quant à lui, de l'utiliser « comme un outil promotionnel » et ne jure que par les échanges avec ses followers (abonnés). Tout au plus signalera-t-il, le 20 juin : « Très belle couverture de *La Délicatesse* au Japon. »

Source : Delphine Peras (18-19 juillet 2012). « Les gazouillis de Twitter sont-ils dignes des écrivains? ». *L'express*. URL : www.lexpress.fr/culture/livre/les-gazouillis-de-twitter-sont-ils-dignes-des-ecrivains_1139270.html. Date de consultation : le 7 juillet 2016.

TEXTE 15 : TATIANA DE ROSNAY, 20 000 TWEETS AU COMPTEUR

La pionnière Tatiana de Rosnay, « connectée » dès 2009, est sur le même registre : « Twitter est une fenêtre sur le monde. Il faut juste savoir ce que l'on veut regarder et ce que l'on veut donner à voir de soi. » L'auteur du best-seller mondial *Elle s'appelait Sarah*, suivie par 7 000 followers, a signé à ce jour quelque 20 000 tweets. Son père, le célèbre scientifique Joël de Rosnay – qui vient d'ailleurs de publier *Surfer la vie. Comment sur-vivre dans la société fluide* – la surnomme « Miss Tweet »!

« Ces 140 signes impartis par Twitter sont du sur-mesure pour un écrivain, un exercice de style merveilleux. Nous, les Anglo-Saxons, y sommes plus à l'aise. » Britannique par sa mère, cette « Franglaise », comme elle s'est baptisée, argue précisément de sa double culture pour justifier sa pratique décomplexée et dépassionnée de Twitter : s'informer, réagir, tisser un lien avec ses lecteurs. Avec quelque 60 000 fidèles, Bernard Pivot, 77 ans, l'inoubliable animateur d'*Apostrophes*, est devenu la star française du réseau, témoignant d'un art de la conversation qui vaut à ses commentaires d'être régulièrement « retweetés », c'est-à-dire retransmis en l'état par ses abonnés. A commencer par le désormais fameux : « Les tweets sont des télégrammes décachetés. » Bernard Pivot goûte « la concision et la brièveté exigées par ce média », nous confie-t-il; elles lui rappellent ses premiers pas dans le journalisme. A ses yeux, Twitter offre trois avantages. Il lui permet de s'exprimer – en mettant un point d'honneur à ne jamais écrire en abréviations – sur ses sujets de prédilection : le football, la gastronomie, le vin, la grammaire, les livres bien sûr. De se tenir informé de la vie de l'édition via des comptes spécialisés. De discuter avec des « twitteurs » et des « twitteuses » – Pivot préférant ce terme à celui de « twittos », retenu par l'édition 2012 du *Larousse*. Et, aussi, malgré tout, à faire un peu de « promo », ne serait-ce que pour annoncer le thème de sa chronique à paraître dans *Le Journal du dimanche*.

Source : Delphine Peras (18-19 juillet 2012). L'Express. www.lexpress.fr/culture/livre/les-gazouillis-de-twitter-sont-ils-dignes-des-ecrivains_1139270.html. Date de consultation : le 7 juillet 2016.

La macrostructure du texte

TEXTE 16 : YANN MOIX DÉNONCE DU « VENT COMMENTÉ »

Frédéric Beigbeder, bel indifférent

« Twitter permet de rendre publics des SMS bâclés, rédigés à la va-vite, ou des réactions émotives, parfois des injures qu'aucun magazine n'aurait le droit de publier. Lorsque j'écris un article de journal, j'ai le temps de le mûrir, de le corriger. J'écris seul mais je ne travaille pas seul : j'ai un rédacteur en chef, et même plusieurs! Presque toutes les semaines, je rappelle le *Figaro Magazine* pour corriger un mot trop méchant, une phrase excessive. Il est normal de regretter un propos écrit à chaud, il est nécessaire qu'une publication ne soit jamais instantanée. « Tout ce qui est excessif est insignifiant », disait Talleyrand. C'est le bon adjectif pour décrire Twitter : insignifiant. Je pense que le mieux à faire avec ces nouveaux médias est de les snober. Si tout le monde m'imitait, Twitter cesserait d'exister en deux heures. Cela nous laisserait du temps pour lire des textes profonds. »

Mais s'exposer, c'est aussi offrir une cible. Nul n'est épargné, pas même l'ancien Monsieur Loyal des élégances littéraires, visé par le tweet d'un certain Dr Trollamoure : « Prendre Bernard Pivot pour une référence littéraire c'est comme penser qu'Alain Gillot-Pétré décide du temps qu'il fera demain. » Telle est la nouvelle règle du jeu, sans pitié. Certains la refusent. L'écrivain et chroniqueur au *Figaro littéraire* Yann Moix a fini par fermer son compte. « Twitter? Du vent commenté. Une manière d'être présent au monde sans y participer et d'entériner une société du caquetage, du commérage », fulmine-t-il. Frédéric Beigbeder est plus radical. Pas question de céder aux sirènes gazouilleuses. Alexandre Jardin, qui a cessé de tweeter quelques mois, le temps d'écrire un nouveau roman, est partisan de la voie médiane : « Twitter est un flux : cela n'a rien à voir avec l'écriture qui engage l'être. Mais c'est délicieux. » Tatiana de Rosnay abonde dans ce sens. Positive, elle voit même dans certains tweets de « véritables haïkus ». Régis Jauffret excelle dans l'exercice et s'en joue, pas dupe.

Ce n'est pas pour rien que Félix Fénéon (1861–1944), journaliste français et directeur de revues, fait figure de référence, lui qui n'a « jamais été très prodigue de sa prose », selon la formule de Guillaume Apollinaire, mais qui, en cela, est justement devenu un modèle. D'où ce compte Twitter ouvert à son nom, reprenant moult de ses aphorismes…

Le romancier Fabrice Colin, bien vivant lui, fait aussi le bonheur de ses followers avec ses « Microfictions ». Extraits : « Parmi toutes les interprétations concernant l'origine du *Cri* de Munch, celle de l'orteil cogné contre le pied du lit est fort mésestimée »…

Comme le montre l'initiative de l'Américain Bret Easton Ellis enjoignant ses abonnés d'imaginer une suite à son sulfureux roman *American Psycho*, Twitter peut se révéler comme un formidable « laboratoire littéraire ». C'est la thèse de Yann Leroux, docteur en psychologie, auteur du blog Psy et geek : « Voilà un espace à même de stimuler la fibre expérimentale des artistes. Je ne doute pas que les écrivains vont mélanger les codes théoriques de l'écriture et les codes numériques. » C'est précisément le credo de François Bon, écrivain très actif sur Twitter depuis quatre ans. Sur son formidable blog (www.tierslivre.net), il confie sa vision et cite en exemple l'expérience de l'écrivain Thierry Crouzet, autre pionnier français du réseau, qui a posté son roman *Croisade* à raison de 5 200 tweets entre décembre 2008 et avril 2010… Alors, progrès ou régression? Twitter ne serait-il pas, à l'inverse, « un mode d'expression déculturé, sommaire, créant une classe moyenne universelle », comme l'affirme Marc Lambron? Dans le landerneau littéraire, les positions sont tranchées. Radicales. Seule certitude : la nouvelle bataille d'Hernani passe par la technologie.

Source : Delphine Peras (18-19 juillet 2012). L'Express. www.lexpress.fr/culture/livre/les-gazouillis-de-twitter-sont-ils-dignes-des-ecrivains_1139270.html. Date de consultation : le 7 juillet 2016.

En dehors des sujets eux-mêmes qui traitent du quotidien du lecteur ou des tendances de la mode, il faut noter les particularités du style de ces textes : les phrases ne sont pas trop longues (faciles à lire), le vocabulaire est actuel et peu recherché, on a recours – ici encore – aux oppositions, mais surtout le style est enlevé, rapide, faisant une grande utilisation des expressions idiomatiques : y laisser une plume, *whip out*, etc.

EXERCICE 5

Relevez dans les textes 12 à 16 les expressions idiomatiques et les clichés de la vie moderne, un cliché étant un « lieu commun, [une] banalité qu'on redit souvent et dans les mêmes termes ». (Larousse en ligne)

La macrostructure du texte

LES TEXTES MÉDICAUX

Les textes médicaux sont de toutes natures. Ils peuvent être très simples à comprendre (brochures d'information sur les maladies à l'intention des patients) ou très complexes (articles de recherche). Cela peut être des textes procéduraux (modes d'emploi des médicaments), informatifs (comme les brochures ou les sites d'information), ou argumentatifs (fiches soumises à un organisme gouvernemental pour l'approbation des médicaments). La terminologie peut y être très générale ou, au contraire, très pointue, selon le degré de complexité des textes.

EXERCICE 6

Dans les textes 17 à 20, relevez la terminologie spécifique au domaine médical. Évaluez le degré de complexité de chacun de ces textes.

TEXTE 17 : MEDICAL RECORDS

The medical record is a powerful tool that allows the treating physician to track the patient's medical history and identify problems or patterns that may help determine the course of health care.

The primary purpose of the medical record is to enable physicians to provide quality health care to their patients. It is a living document that tells the story of the patient and facilitates each encounter they have with health professionals involved in their care.

In addition to telling the patient's story, complete and accurate medical records will meet all legal, regulatory and auditing requirements. Most importantly, however, they will contribute to comprehensive and high quality care for patients by optimizing the use of resources, improving efficiency and coordination in team-based and interprofessional settings, and facilitating research. This is achieved in the following ways:

- **Quality of care:** Medical records contribute to consistency and quality in patient care by providing a detailed description of patients' health status and a rationale for treatment decisions.

- **Continuity of care:** Medical records may be used by several health practitioners. The record is not just a personal memory aid for the individual physician who creates it. It allows other health care providers to access quickly and understand the patient's past and current health status.
- **Assessment of care:** Medical records are fundamental components of:
  - external reviews, such as those conducted for quality improvement purposes (*e.g.*, the College's Peer Assessment Program and Independent Health Facilities Program),
  - investigations (such as inquiries made by the Coroner's Office, and College investigations),
  - billing reviews (records must be properly maintained in order for physicians to bill OHIP for services), and
  - physician self-assessments, whereby physicians reflect on and assess the care they have provided to patients (for instance, through patterns of care recorded in the EMR).
- **Evidence of care:** Medical records are legal documents and may provide significant evidence in regulatory, civil, criminal, or administrative matters when the patient care provided by a physician is questioned.

Source: College of Physicians and Surgeons of Ontario, Policy Statement #4–12. "Medical Records." *Dialogue*. Issue 2, p. 2. URL: www.cpso.on.ca/uploadedFiles/policies/policies/policyitems/medical_records.pdf. Accessed July 7, 2016.

TEXTE 18 : MODE D'EMPLOI—LYSANXIA

LYSANXIA 10 mg Comprimé Boîte de 40
Mis à jour le 01 février 2016

LYSANXIA : ses indications
- Traitement symptomatique des manifestations anxieuses sévères et/ou invalidantes.
- Prévention et traitement du delirium tremens et des autres manifestations du sevrage alcoolique.

LYSANXIA : pathologies pour lesquelles il peut-être prescrit

- Manifestation anxieuse sévère et/ou invalidante
- Delirium tremens et autres manifestations du sevrage alcoolique

Classe thérapeutique	Neurologie-psychiatrie
Principes actifs	Prazépam
Excipients	Lactose, Cellulose microcristalline (E460), Amidon de maïs, Magnésium stéarate (E572), Indigotine (E132), Silice (E551)
Statut	Médicament soumis à prescription médicale
Prix de vente TTC	2,41€
Tx de remboursement SS	65 %
Laboratoire	Sigma Tau (Italie)

Présentation

LYSANXIA : sa posologie

L'utilisation du prazépam n'est pas recommandée chez l'enfant. De plus, le comprimé n'est pas une forme adaptée à l'enfant de moins de 6 ans (risque de fausse route).

Dose :

Dans tous les cas, le traitement sera initié à la dose efficace la plus faible et la dose maximale ne sera pas dépassée.

La posologie habituelle chez l'adulte est de 10 à 30 mg par jour répartis en plusieurs prises au cours de la journée. En psychiatrie : 20 à 60 mg par jour.

Chez l'enfant, le sujet âgé, l'insuffisant rénal ou l'insuffisant hépatique : il est recommandé de diminuer la posologie, de moitié par exemple.

Durée :

Le traitement doit être aussi bref que possible. L'indication sera réévaluée régulièrement surtout en l'absence de symptômes. La durée globale du traitement ne devrait pas excéder 8 à 12 semaines pour la majorité des patients, y compris la période de réduction de la posologie (voir rubrique mises en garde et précautions d'emploi).

La macrostructure du texte

Dans certains cas, il pourra être nécessaire de prolonger le traitement au-delà des périodes préconisées. Ceci suppose des évaluations précises et répétées de l'état du patient.

Prévention et traitement du delirium tremens et des autres manifestations du sevrage alcoolique : traitement bref de l'ordre de 8 à 10 jours.

LYSANXIA : aspect et forme
Comprimé rond biconvexe sécable bleu.

LYSANXIA : comment ça marche
ANXIOLYTIQUES. Code ATC : N05BA11.
(N : système nerveux central).
Le prazépam appartient à la classe des 1-4 benzodiazépines et a une activité pharmacodynamique qualitativement semblable à celle des autres composés de cette classe :

- myorelaxante
- anxiolytique
- sédative
- hypnotique
- anticonvulsivante
- amnésiante

Ces effets sont liés à une action agoniste spécifique sur un récepteur central faisant partie du complexe « récepteurs macromoléculaires GABA-OMEGA », également appelés BZ1 et BZ2 et modulant l'ouverture du canal chlore.

Source : Doctissimo. *Guide des médicaments.* URL : www.doctissimo.fr/medicament-LYSANXIA.htm. Date de consultation : le 7 juillet 2016.

TEXTE 19 : DETERMINANTS OF QUALITY OF LIFE IN ALZHEIMER'S DISEASE: PERSPECTIVE OF PATIENTS, INFORMAL CAREGIVERS, AND PROFESSIONAL CAREGIVERS

Abstract
BACKGROUND
Alzheimer's disease (AD) is a chronic medical condition with symptoms that compromise patients' quality of life (QoL). The identification of the factor predicting QoL in AD is essential to develop more effective interventions. Recent research suggests that these factors could

La macrostructure du texte

be different for the distinct informants. This study explores the QoL predictors considering three different sources of information: patients, caregivers, and healthcare staff.

METHODS

In this cross-sectional study, a sample of 102 patients, their primary caregivers, and 15 members of the healthcare staff evaluated patients' QoL (QoL-AD Scale). Patients' and caregivers' demographic and clinical data (cognitive function, neuropsychiatric symptoms, depression, and caregivers' burden) were considered as QoL predictors.

RESULTS

In multivariate-adjusted linear regression analyses, we observed that patients' ratings were mainly affected by their mood whereas caregivers' ratings were also negatively influenced by patients' irritability and burden. According to staff ratings, both psychotic symptoms and neuroleptics were associated with lower QoL.

CONCLUSIONS

Our findings suggest that depression is the main variable related to patients' QoL and that more careful management of neuropsychiatric disorders is necessary. Both proxies' ratings are not equivalent to patients' reports in terms of predictors but they are complementary. Thus, a thorough QoL assessment should consider separately the perspective of the different informants.

Source: M. Gómez-Gallego, J. Gómez-Amor and J. Gómez-García (2012). "Determinants of quality of life in Alzheimer's disease: perspective of patients, informal caregivers, and professional caregivers." *International Psychogeriatric*. URL: www.ncbi.nlm.nih.gov/pubmed/22697366. Accessed March 28, 2015.

La macrostructure du texte

TEXTE 20 : LEUKEMIA DRUG MAY STOP PROGRESSION OF MS SYMPTOMS

CTV.ca News Staff. Published Thursday, October 23, 2008 11:46AM EDT

There is new hope for patients who suffer from multiple sclerosis, as a drug initially developed to treat a form of leukemia may stop the progression of the debilitating neurological disease.

Researchers from the University of Cambridge have found that alemtuzumab not only halts the advancement of multiple sclerosis (MS), but it may also restore some function lost by patients.

MS is an autoimmune disease that causes the immune system to attack the insulation that covers nerve fibres in the central nervous system.

This causes the nerves to malfunction and then die off, which results in a number of physical and intellectual disabilities.

In the study, the drug reduced the risk of developing disabilities by 71 per cent compared to the common drug treatment for MS, interferon beta-1a.

The study also found that many patients had fewer disabilities three years after the beginning of the study.

The researchers found that the drug shuts down the immune system and destroys a type of white blood cell that causes damage associated with the disease.

"The ability of an MS drug to promote brain repair is unprecedented," Alasdair Coles, one of the study's authors and a lecturer at the University of Cambridge department of clinical neurosciences, said in a statement.

"We are witnessing a drug which, if given early enough, might effectively stop the advancement of the disease and also restore lost function by promoting repair of the damaged brain tissue."

The study's findings are published in the *New England Journal of Medicine*.

While MS can occur at any age, it is most often diagnosed between the ages of 15 and 40 and is three times more likely to occur in women than in men, according to the MS Society of Canada.

Between 55,000 and 75,000 Canadians suffer from MS.

There is no cure for the disease, though patients can expect to have a normal lifespan.

"Alemtuzumab is the most promising experimental drug for the treatment of multiple sclerosis," Alastair Compston, lead study author and professor of neurology at the University of Cambridge, said in a statement. "We are hopeful that the phase three trials will confirm that it can both stabilize and allow some recovery of what had previously been assumed to be irreversible disabilities."

Source: CTV.ca News Staff (October 23, 2008). URL: www.ctvnews.ca/leukemia-drug-may-stop-progression-of-ms-symptoms-1.336241. Accessed November 9, 2009.

TEXTE 21: LET ME PRESCRIBE YOU A VIDEO GAME FOR THAT

by Diana Kwon

Adults with amblyopia, or lazy eye, have long been told that their condition might be untreatable. A group of McGill researchers, in collaboration with the gaming company Ubisoft, have now developed an unexpected remedy: a video game.

They created a tablet game, "Dig Rush," where players control moles digging for gold. It works as a treatment for amblyopia by harnessing adult brain plasticity.

"We always thought the brain was plastic as a child and not as an adult. But now we know that it's still quite changeable as an adult," explains Robert Hess, the director of the McGill Vision Research Unit and the project's lead researcher. "That means we should be able to develop new ways of recovering function that's been lost, either in childhood or as a consequence of some vascular accident or trauma."

Amblyopia affects about three per cent of the North American population. It is the leading cause of visual impairment among children and, if unsuccessfully treated, a leading cause of blindness for adults. It results from poor processing in the brain that leads to one eye being favoured over the other.

Currently, the primary treatment for amblyopia involves placing an eye patch over the stronger eye to force the weaker eye to work. It is available only to children and is moderately effective; about 60 per cent of individuals improve, but 25 per cent regress once the patch is removed.

Dig Rush involves a completely new approach for treating amblyopia. Rather than attempting to improve vision in one eye, it gets the two eyes to work together. This is accomplished by showing different stimuli

La macrostructure du texte

to each eye. Reducing signal strength to the good eye by showing it weaker stimuli alleviates suppression in the weaker eye and encourages both eyes to function collaboratively.

Physicians can adjust the contrast of blue and red in the game using stereoscopic glasses, so that one eye sees some images better than the other. As the patient's vision improves, game settings can be modified to promote further progress. Unlike patching, this treatment is effective in both children and adults.

Patients in trial runs saw dramatic improvement after playing an hour a day for about six weeks, and the improvement persisted even after they stopped playing the game. The long-lasting effects provide evidence of the treatment's ability to promote plasticity in the brain.

Hess and his research team began working on this treatment almost 10 years ago, developing the scientific foundation and testing preliminary versions of the game. The prototype used an adaptation of the popular puzzle game, *Tetris*, where the weaker eye would see the falling blocks while the stronger would see the ground blocks. The strength of the signal to each eye was varied, but both inputs were needed to play the game.

"We found that not only were the two eyes working together again, but vision in the poor eye had also improved. Some people even had 3D vision for the first time," says Hess.

Once the treatment was developed, it was patented by McGill and licenced to Amblyotech, a startup. Ubisoft, the gaming powerhouse behind such bestsellers as *Assassin's Creed* and *Far Cry*, was recruited to translate the McGill team's research findings into an engaging game that patients would want to play daily. Once Health Canada and the FDA approve the game, it will be distributed as a prescribed medical treatment.

"As a game producer, it's exciting to work on such a product," says Ubisoft senior producer Mathieu Ferland. "Knowing that *Dig Rush* has the potential to improve the sight of millions is quite satisfying."

Source: Diana Kwon. "Let me prescribe you a video game for that." *McGill News*. URL: publications.mcgill.ca/mcgillnews/2015/03/18/let-me-prescribe-you-a-video-game-for-that/. Accessed July 7, 2016.

LES TEXTES JURIDIQUES

Tous les textes juridiques ne sont pas nécessairement des chefs-d'œuvre du point de vue de la qualité de la rédaction. Ce qui fait qu'un texte est considéré comme « juridique », c'est qu'il a un caractère officiel et est enregistré chez un notaire, un avocat ou tout autre organisme juridique. Bien ou mal écrit, leur contenu n'en a pas moins une valeur légale.

La traduction de textes juridiques peut donc avoir des implications pour le traducteur. S'il s'éloigne un tant soit peu du texte de départ, ou que sa traduction crée une ambiguïté d'interprétation, le traducteur pourrait être poursuivi soit par son client, soit même par l'État si le document considéré avait des effets à ce niveau.

Il faut donc, dans ce domaine, se montrer très prudent et éviter la créativité verbale. Nous ne les mentionnons ici que par leur existence comme spécialité de traduction, mais du point de vue stylistique, ce sont des textes qui ont peu d'intérêt : le vocabulaire spécialisé est déterminé par les lois et règlements s'appliquant au domaine considéré, et le vocabulaire général doit rester aussi neutre que possible.

EXERCICE 7

Dans le texte 22, relevez les termes qui appartiennent au domaine juridique. Pouvez-vous identifier à quel sous-domaine du droit canadien ils appartiennent plus précisément? Enfin, relevez les expressions du langage courant pouvant poser problème, soit du point de vue de la langue, soit du point de vue juridique (problème d'ambiguïté).

TEXTE 22 : DÉCISION – COMMISSION DES LÉSIONS PROFESSIONNELLES

Nous portons à votre attention deux décisions récentes rendues par la Commission des lésions professionnelles sur ces questions :

- Dans *Bond et OTJ Rivière-au-Renard*, 2009 QCCLP 5988, C.L.P.E. 2009LP-98, le 2 septembre 2009, le travailleur a déjà été président du conseil d'administration de l'entreprise. Il a démissionné, mais sa démission n'a pas été inscrite au Registre des entreprises. Au moment de l'accident du travail dont il fut victime, il n'exerce aucune fonction au sein du conseil d'administration. La CSST refuse de l'indemniser, il ne sera pas considéré comme un travailleur car inscrit comme président du conseil d'administration au Registre des entreprises. À la CLP, le juge administratif en chef Jean-François Clément n'est pas du même avis. D'abord, il précise que le statut de travailleur doit être déterminé au moment où survient la lésion professionnelle. Même si à ce moment, la victime est toujours inscrite au Registre des entreprises comme président du conseil d'administration, il est clair selon la preuve qu'il n'exerce plus cette fonction. La définition de dirigeant contenue à la loi implique non seulement que la personne soit membre du conseil d'administration de la personne morale mais également qu'elle exerce dans les faits les fonctions de président, de vice-président, de secrétaire ou de trésorier de cette personne morale.

- Dans *Tremblay et Florent & Gilbert Tremblay inc.*, 2009 QCCLP 6482, C.L.P.E. 2009LP-99, le 25 septembre 2009, la Commission des lésions professionnelles devait aussi décider si la victime d'un accident du travail survenu le 7 novembre 2008 était un travailleur au sens de la loi, alors qu'il était inscrit à titre d'administrateur et secrétaire de l'entreprise dans le Registre des entreprises du Québec. Contrairement à l'affaire Bond, bien qu'il ne s'occupait que très peu de l'administration de l'entreprise, il posait certains actes d'administration, tels signatures des documents de la compagnie. Dans le cas de M. Tremblay, il n'est pas question de démission. En plus, son salaire est exclu de la masse salariale cotisable.

Le juge administratif Jean Grégoire a conclu que M. Tremblay est un dirigeant exclu de la définition de travailleur. Contrairement au juge administratif Clément, pour le juge Grégoire, l'inscription au Registre des entreprises est liante. Il est publiquement et officiellement désigné comme étant un dirigeant au Registre des entreprises. Il est d'avis que suivant l'article 62 de la *Loi sur la publicité légale des entreprises individuelles, des sociétés et des personnes morales*, les informations contenues au Registre des entreprises du Québec font foi de leur contenu face au tiers de bonne foi, dont la CSST.

Les indemnités versées par la CSST sont saisissables par la Commission de l'assurance-emploi

Malgré que l'article 144 de la *Loi sur les accidents du travail et les maladies professionnelles (Latmp)* prévoit que les indemnités versées en vertu de cette loi sont insaisissables, dans l'arrêt Canada *(Ministère des Ressources humaines et Développement social) c. Bruyère*, 2009 QCCA 2246, le 18 novembre 2009, la Cour d'appel a déclaré que ledit article 144 est inapplicable dans le cadre d'une saisie en mains tierces effectuée conformément au paragraphe 126 (4) de la *Loi sur l'assurance-emploi* (L.C. 1996, c. 23).

Source : Me Murielle Drapeau (décembre 2009, Janvier 2010). URL : www.cch.ca/bulletins/travail/articles/buct1209_st1.html. Date de consultation : le 7 juillet 2016.

Tout ce qui a trait aux lois du Canada doit être disponible en anglais et en français puisque le pays est officiellement bilingue. Les textes de lois se présentent sous forme de textes parallèles. Les textes français et anglais se doivent d'être un miroir l'un de l'autre, ce qui, du point de vue linguistique, entraîne parfois des emplois peu conformes à l'usage (par exemple des calques, des néologismes ou des mots inventés).

EXERCICE 8

Dans le texte 23, relevez les formulations qui vous surprennent (répétitions, évidences, lourdeur stylistique, par exemple). Expliquez en quoi ces formulations sont surprenantes.

TEXTE 23 : LABOUR CODE OF CANADA

Labour Code, Canada – April 22, 2015	Code canadien du travail – 22 avril 2015
Duties of Employees Health and safety matters	Obligations des Employés Santé et sécurité
126. (1) While at work, every employee shall:	**126.** (1) L'employé au travail est tenu :

(*a*) use any safety materials, equipment, devices and clothing that are intended for the employee's protection and furnished to the employee by the employer or that are prescribed;

(*b*) follow prescribed procedures with respect to the health and safety of employees;

(*c*) take all reasonable and necessary precautions to ensure the health and safety of the employee, the other employees and any person likely to be affected by the employee's acts or omissions;

(*d*) comply with all instructions from the employer concerning the health and safety of employees;

(*e*) cooperate with any person carrying out a duty imposed under this Part;

(*f*) cooperate with the policy and work place committees or the health and safety representative;

(*g*) report to the employer any thing or circumstance in a work place that is likely to be hazardous to the health or safety of the employee, or that of the other employees or other persons granted access to the work place by the employer;

(*h*) report in the prescribed manner every accident or other occurrence arising in the course of or in connection with the employee's work that has caused injury to the employee or to any other person;

(*i*) comply with every oral or written direction of the Minister or an appeals officer concerning the health and safety of employees; and

a) d'utiliser le matériel, l'équipement, les dispositifs et les vêtements de sécurité que lui fournit son employeur ou que prévoient les règlements pour assurer sa protection;

b) de se plier aux consignes réglementaires, en matière de santé et de sécurité au travail;

c) de prendre les mesures nécessaires pour assurer sa propre santé et sa propre sécurité, ainsi que celles de ses compagnons de travail et de quiconque risque de subir les conséquences de ses actes ou omissions;

d) de se conformer aux consignes de l'employeur en matière de santé et de sécurité au travail;

e) de collaborer avec quiconque s'acquitte d'une obligation qui lui incombe sous le régime de la présente partie;

f) de collaborer avec le comité d'orientation et le comité local ou le représentant;

g) de signaler à son employeur tout objet ou toute circonstance qui, dans un lieu de travail, présente un risque pour sa santé ou sa sécurité ou pour celles de ses compagnons de travail ou des autres personnes à qui l'employeur en permet l'accès;

h) de signaler, selon les modalités réglementaires, tout accident ou autre fait ayant causé, dans le cadre de son travail, une blessure à lui-même ou à une autre personne;

i) de se conformer aux instructions verbales ou écrites du ministre ou de l'agent d'appel en matière de santé et de sécurité des employés;

(*j*) report to the employer any situation that the employee believes to be a contravention of this Part by the employer, another employee or any other person.	*j*) de signaler à son employeur toute situation qu'il croit de nature à constituer, de la part de tout compagnon de travail ou de toute autre personne – y compris l'employeur –, une contravention à la présente partie.

Source: Canada Labour Code/Code canadien du travail. URL: laws-lois.justice.gc.ca/eng/acts/L-2/page-24.html and http://laws-lois.justice.gc.ca/fra/lois/L-2/page-24.html. Accessed July 7, 2016.

LES TEXTES GÉNÉRAUX (NON SPÉCIALISÉS)

Cette partie va commencer par une lapalissade : dans de nombreux cabinets de traduction, sont considérés comme généraux tous les textes qui ne sont pas considérés comme spécialisés. En effet, si l'organisme a une division spécifique pour la traduction médicale ou pour la traduction juridique, mais n'en a pas pour le domaine de l'éducation ou des finances, ces deux dernières spécialités seront regroupées avec la division de « traduction générale ». On peut donc trouver sous cette appellation des textes de tous domaines, mais généralement, des textes dont la difficulté est considérée comme moyenne, du fait d'un niveau de spécialisation accessible à tout traducteur capable de faire une recherche documentaire sur le domaine dans un temps relativement restreint.

À titre d'exemple, nous vous présentons ci-dessous un texte qui touche au domaine médical puisqu'il s'agit de la prise en charge des personnes âgées, mais aussi publicitaire puisqu'on fait l'apologie d'une résidence en particulier, dans un texte de nature argumentative, puisqu'on veut vous convaincre que c'est le meilleur endroit que vous trouverez jamais si vous cherchez une maison de retraite pour les personnes âgées de votre connaissance.

TEXTE 24 : GOLDEN YEARS: LIVING THE GOOD LIFE

Hotels and senior homes can be remarkably similar. Yet residence life can combine all the amenities of a top-flight hotel with the comforts of home and the attention of health-care professionals. When the physical

La macrostructure du texte

and emotional well-being of residents is met, it can mean longer years of happy, autonomous life.

No one likes to imagine a lonely person whiling away the hours between meals. That's why superior residences provide a wide range of social activities to interest their "guests." At Résidence du Parc in St-Lambert, program director Denise Beauséjour's motto is quality, not quantity—but both are there in abundance.

At Résidence du Parc, a bazaar is held twice a year and attended by people from the neighbourhood. The money raised is donated to a community cause, also determined by the seniors. Regular visits from groups of pre-school children several times a year are also much-anticipated events… there's nothing like a toddler to set people cooing!

Interestingly, the residents themselves decide many of these activities. Each spring and fall, they meet for a "welcome tea" to meet new residents and discuss past and future activities: they decide what worked well before and what they'd like to change. They also meet with the administration regularly to discuss concerns that can range from undercooked potatoes to the taste of the tap water.

Getting out of doors is essential: some residents even make it a point to take a bus tour to see the autumn leaves in the country. Les Jardins Intérieurs, also in St-Lambert, boasts its own bit of nature. One of its outstanding features is a spectacular atrium garden, complete with fish pond, real birds and a park where residents can play golf.

Source : Résidences, Vol. 1, nov–déc. 1990.

Le texte suivant, texte 25, pourrait être perçu comme appartenant au domaine juridique puisque le mariage est réglementé par la loi. Toutefois, un tel texte aurait peu de chances de se retrouver dans un cabinet de traduction juridique. On le trouverait plutôt dans une salle de rédaction d'un journal ou dans un manuel de sociologie.

TEXTE 25 : MARRIAGE

It is a well-documented fact that in free societies where nubile persons choose their marriage partners, half of all marriages end in divorce. And it is fair to postulate that a significant percentage of the marriages which endure are not happy, satisfying unions. The institution of marriage in such societies, then—at least in its present expression—is significantly flawed, for a success rate of less than 50% would qualify most other things as in need of "improvement" or "major overhaul."

Many people would agree that the concept of marriage—of two people officially and legally joining forces and resources to build a life together—is a good thing. After all, "life is hard," so why "go it alone"? Besides, everyone needs someone to drop him off at the airport or pick him up off the bathroom floor if he falls and hurts himself. But one of the fundamental flaws of marriage as presently defined is that it must endure for life in order to be regarded as "successful." And it is that premise—codified in the "until death do us part" clause commonly found in religion-based marriage ceremonies—which generates much of the grief associated with the dissolution of marriages. Another fundamental flaw of marriage is the notion that spouses are self-contained, self-sufficient, autonomous units, capable of providing for all the needs and wants—emotional, sexual, financial, social—of each other for life. But that is simply too tall an order for many people.

While there is something sublime about two people meeting and falling in love in their 20s, getting married, building a life together, then walking off, hand-in-hand, into the sunset of their lives, that is not always or even typically the case. And while such a scenario may be regarded as the ideal expression of marriage, it should not, in a free society, be regarded as the institution's only valid expression. What reasonable person would insist that a Rolls-Royce is the only valid automobile, or that the Gucci loafer is the only legitimate loafer, or that filet mignon is the only cut of beef worth eating, or that the only ice cream worthy of that delicious appellation is Häagen-Daz? If graduating *summa cum laude* were the only acknowledged way to graduate from college, very few people would have acknowledged college degrees. In other words, in many facets of life, "good enough" is good enough. So why not apply that same standard when assessing the success or failure of a marriage?

Source: An excerpt from Wayne James (2016). *Manly Manners: The Cultivation of the Inner, Spiritual Gentleman* (Vol. II), iUniverse Division of Penguin-Random House.

La macrostructure du texte

EXERCICE 9

Pourquoi peut-on considérer les textes 24 et 25 comme des textes généraux? Pensez-vous qu'ils seraient difficiles à traduire? Justifiez vos réponses.

BLOGUES, TEXTOS ET RÉSEAUX SOCIAUX

L'expansion de l'Internet depuis vingt ans a fait naître de nouveaux modes de communication de formes et de qualités très variables : blogues, forums, courriels, pourriels, « tweets » ou gazouillis, sites web de toutes natures : commerciale, informative… encarts publicitaires et bien d'autres choses encore.

Pour tous ces modes de communication, des textes, parfois très courts (les 140 caractères maximum des gazouillis) mais parfois aussi très longs. Ainsi les blogues, qui peuvent être créés à l'initiative personnelle d'un auteur (comme celui de Martin Momho : « Le but de ce blog [*sic*] est de vulgariser mes travaux et recherches sur la méthode systémique en textologie. » – Blog sur le modèle structuro-modulaire en textologie), ou bien par des institutions, comme *L'éducation en langue française en Ontario*, voire des journaux ou des chaînes de télévision, proposent des points de vue, des prises de position argumentés dans des articles ou des essais. On y trouve donc des articles de toutes longueurs, généralement contrôlés par un modérateur (d'habitude le créateur du blogue), si bien que la qualité tant de la langue que de l'information y est généralement bonne. Le blogueur s'engage d'habitude à alimenter son blogue de textes sur une base régulière. L'Office québécois de la langue française en donne la définition suivante :

> Site Web personnel tenu par un ou plusieurs blogueurs qui s'expriment librement et selon une certaine périodicité, sous la forme de billets ou d'articles, informatifs ou intimistes, datés, à la manière d'un journal de bord, signés et classés par ordre antéchronologique, parfois enrichis d'hyperliens, d'images ou de sons, et pouvant faire l'objet de commentaires laissés par les lecteurs. (Grand dictionnaire terminologique, article « blogue », 2009)

En revanche, les forums visent la discussion sur un sujet d'intérêt commun à tous ses utilisateurs (par exemple la santé ou une maladie en particulier). Ils pullulent d'informations très subjectives avec plus ou moins de bonheur en matière d'orthographe et de conventions de l'écriture. À titre d'exemple, voici une conversation sur les assurances-vie.

TEXTE 26 : FORUM IMMIGRER.COM : L'ASSURANCE VIE

Question :

Hello tout le monde

Quelqu'un pourrait peut etre me conseiller sur une compagnie d'assurance pour une assurance vie. Je n'y connais pas grand chose donc je ne sais pas trop quoi chercher.

merci deja de m'orienter si possible.

Réponse 1 :

Avez-vous des enfants ou des personnes à charge ? Parce que sinon, l'assurance-vie n'est pas vraiment un besoin même si les agents d'assurance voudraient vous faire croire le contraire… Si vous y tenez, ce site vous permet de comparer les prix : https://www.kanetix.ca/assurance-vie.

Réponse 2 :

il faut déjà voir dans quel but tu veux prendre une assurance vie, et quel type de placement tu veux… le terme assurance vie regroupe quand même pas mal de produits financiers différents.

Réponse 3 :

Laisse-moi te dire que j'étais contente en s'il-vous-plaît quand j'ai constaté que mon père avait une (petite) assurance-vie, avec tout ce que j'ai eu à payer par après... moi je trouve ça important.

Réponse 4 :

Rien de contradictoire avec ce que je dis. Ton père avait (manifestement) un ou des enfant(s)…

Réponse 5 :

Ouin dans le fond j'ai juste complété ce que tu disais mais j'ai fait ça tout croche

Réponse 6 :

je n'ai pas d'enfant, mais j'ai de la famille a ma charge
merci pour le lien, je vais voir cela

Réponse 7 :

il faut déjà voir dans quel but tu veux prendre une assurance vie, et quel type de placement tu veux... le terme assurance vie regroupe quand même pas mal de produits financiers différents tout ce que je sais de ce type d'assurance c'est que ceux sont les survivants qui en beneficient. du coup je ne sais pas trop quoi te repondre.

Réponse 8 :

deja cotiser ton reer ou un compte épargne et investissement c'est de l'assurance en vie...

Source : www.forum.immigrer.com/topic/141283-assurance-vie/. Date de consultation : le 6 juillet 2016.

EXERCICE 10

Faites un exercice de révision grammaticale à partir du texte 26.

Les textos, produits au moyen des téléphones dits « intelligents », sont aussi un type de texte qui a ses particularités, ses codes et ses conventions et qui tend aujourd'hui à se substituer à l'appel téléphonique. Ils font un grand usage d'abréviations, dont certaines sont déjà passées dans l'usage : LOL (laugh out loud) qui se traduit par MDR (mort de rire), par exemple. L'emploi de la langue dans les textos est cependant l'objet d'une grande controverse parmi les linguistes. Beaucoup s'indignent de cette nouvelle codification, tel, par exemple John Humphrys dans son article « I h8 txt msgs: How texting is wrecking our language » (*DailyMail*, 2007), y reprochant notamment les problèmes d'ambiguïté qui en découlent :

> *With my vast knowledge of text language I had assumed* LOL *meant 'lots of love', but now I discover it means 'laugh out loud'. Or at least it did the last time I asked.*
> *But how would you know? Instead of aiding communication it can be a barrier. I can work out* BTW *(by the way) but I was baffled by* IMHO U R GR8. *It means: "In my humble opinion you are great." But, once again, how would you know?*

À cela, il faut ajouter que les textes entraînent souvent toutes sortes d'erreurs. L'outil utilisé propose des mots au fur et à mesure que l'on tape sur le clavier. Certains utilisateurs aux pouces particulièrement agiles choisissent ainsi trop vite parmi les mots proposés, si bien que les textos font parfois penser à des « mots tordus » plutôt qu'à des communications réelles, et peuvent être aussi étranges que les traductions de *Google Translate* : si l'on est très fatigué, on peut annoncer sans vergogne qu'on va « se *toucher* comme des poules » ou quelque autre contrepèterie...

Pour sa part, le linguiste Crystal souligne qu'il s'agit d'un phénomène tout à fait conforme à l'évolution des langues et affirme, dans un article du *Guardian* intitulé « 2b or not 2b: David Crystal on why texting is good for language » :

> People think that the written language seen on mobile phone screens is new and alien, but all the popular beliefs about texting are wrong. Its graphic distinctiveness is not a new phenomenon, nor is its use restricted to the young. There is increasing evidence that it helps rather than hinders literacy. And only a very tiny part of it uses a distinctive orthography. A trillion text messages might seem a lot, but when we set these alongside the multi-trillion instances of standard orthography in everyday life, they appear as no more than a few ripples on the surface of the sea of language. Texting has added a new dimension to language use, but its long-term impact is negligible. It is not a disaster. (Crystal, 2008).

En effet, à toutes les époques on a utilisé des abréviations, que ce soit en anglais ou en français. On ne pense même plus que des mots comme « auto » ou « bus » en sont; ou « *fridge* », « *vet* », etc. Celles toutefois créées pour les textos sont d'une grande créativité :

> What novelty there is in texting lies chiefly in the way it takes further some of the processes used in the past. Some of its juxtapositions create forms which have little precedent, apart from in puzzles. All conceivable types of feature can be juxtaposed—sequences of shortened and full words (hld-mecls "hold me close"), logograms and shortened words (2bctnd "to be continued"), logograms and nonstandard spellings (cu2nite) and so on. There are no less than four processes combined in iowan2bwu "I only want to be with you—" full word + an initialism + a shortened word + two logograms + an initialism + a logogram. And some messages contain unusual processes: in iohis4u "I only have eyes for you," we see the addition of a plural ending to a logogram. One characteristic runs through all

these examples: the letters, symbols and words are run together, without spaces. This is certainly unusual in the history of special writing systems. (Crystal, 2008)

Le phénomène est d'ailleurs si curieux qu'il a retenu l'intérêt des membres de l'Académie française qui se sont penchés sur la recherche d'équivalents pour certaines de ces créations verbales. Ils ont par exemple créé « sexto » et « texto pornographique » comme équivalents de *sex message* (JORF n°0282 du 5 décembre 2013).

Nous croyons donc qu'il faut observer ce phénomène avec intérêt, comme une manifestation de la vitalité des langues qui ont le pouvoir constant de se régénérer. S'il est bien évident que certaines de ces créations disparaîtront après quelques années, voire quelques mois, d'autres s'intègreront progressivement au langage accepté par le plus grand nombre.

Les blogues, quant à eux, sont écrits de façon conventionnelle, selon le sujet traité. Les textes que nous avons choisis ci-dessous à titre d'illustrations sont tirés de blogues sérieux.

TEXTE 27 : BLOGUE DE L'ÉDUCATION FRANÇAISE EN ONTARIO : LES CLOM

Vie et mort des CLOM

Il y a trois ans à peine, les CLOM (cours en ligne ouverts aux masses), mieux connus sous l'expression anglaise MOOC (Massive Online Open Courses) ne promettaient rien de moins qu'une révolution de l'enseignement universitaire!

Les CLOM ont d'abord été conçus comme une vitrine promotionnelle des grandes universités, qui espéraient ainsi recruter plus d'étudiants conventionnels, payant leur inscription au prix fort. On remarquera, par exemple, que les grandes universités américaines ne reconnaissent pas les crédits qu'elles émettent en ligne pour l'admission à leurs programmes réguliers.

Les CLOM misaient souvent sur des enseignants et enseignantes vedettes, dont la vraie valeur était en recherche ou en enseignement supérieur. Ces vedettes voyaient les cours en ligne comme une perte de temps, surtout que la pédagogie ne faisait pas partie de leur évaluation.

La macrostructure du texte

Les CLOM ne permettaient pas la socialisation entre étudiants et l'apprentissage de plusieurs aspects intangibles de leur discipline. La possibilité de côtoyer ses futurs collègues, d'apprendre certaines normes non écrites au contact des pairs fait pourtant partie d'une formation complète.

Les CLOM étaient un projet purement technologique, qui ne présentait aucun nouveau concept pédagogique. Par exemple, beaucoup de cours, conçus par des informaticiens, étaient fortement automatisés et insistaient lourdement sur les « bonnes » et les « mauvaises » réponses, dans une approche très objectiviste de l'éducation.

Le manque d'attention porté à la pédagogie semble avoir été, en rétrospective, l'un des éléments les plus déterminants de la « désillusion CLOM ».

Ian Bogost, professeur en sciences informatiques au Georgia Institute of Technology et virulent critique du concept, a bien résumé le problème : « Le cours magistral était considéré comme un modèle défectueux de l'époque industrielle. Pourquoi, alors, le porter aux nues dès lors qu'il a été numérisé et diffusé via Internet à l'ère informatique? »

Le CLOM en mutation

Le discrédit du modèle promotionnel proposé jusqu'ici ne signifie pas la mort de l'enseignement en ligne, loin de là. Le modèle du CLOM semble être en train de muter.

Un des axes de réflexion est le perfectionnement professionnel, où la possibilité d'étudier au moment de son choix et sans avoir à se déplacer reste un atout considérable. L'autre axe de réflexion consiste à chercher des moyens d'intégrer les cours en ligne à une pédagogie modernisée.

C'est ainsi que se sont développés d'autres types de CLOM, comme celui où l'élève apporte sa contribution au cours ou encore celui qui intègre la notion de projet d'équipe. C'est ce qu'a fait l'Université de Lille 1 en France, qui connaît un taux de réussite élevé et moins de décrochage. Le collège francophone La Cité, en Ontario, connait également du succès avec ces types de CLOM.

L'une des approches que nous retiendrons ici est celle de la pédagogie ou classe inversée, dont nous avons déjà parlé dans ce blogue. Elle se rapproche des CLOM en ceci qu'une partie de l'enseignement est dispensé en ligne, sous forme, non pas de cours entiers, mais de courtes capsules éducatives qui seront ensuite appliquées en classe.

La macrostructure du texte

Dans un tel contexte, la salle de classe et le cours magistral joueraient un rôle moins important, mais on insisterait beaucoup plus sur l'accompagnement de l'étudiant à travers le matériel disponible. Des techniques héritées des CLOM, comme la correction informatisée et les groupes de discussion entre pairs, pourraient aussi venir apporter de nouvelles formes d'évaluation. Contact Nord, le Portail du personnel enseignant et de formation de l'Ontario pour le palier postsecondaire, admet toutefois que ces pratiques pédagogiques émergentes ont besoin d'être validées par l'expérience. Elles n'auront certainement pas toutes la même valeur.

Quoi qu'il en soit, cette insistance sur la pédagogie plutôt que la technologie est rafraîchissante. Conçus par des ingénieurs, utilisés comme outils promotionnels par de riches universités et popularisés sans se poser de questions sur leur réelle pertinence, les CLOM sont l'exemple parfait des périls associés à la recherche effrénée de « solutions magiques ».

La sagesse consiste parfois à prendre un peu de recul.

Source : *L'Express* (31 mars 2015). *L'université virtuelle reste un rêve.* URL : l-express.ca/luniversite-virtuelle-reste-un-reve/. Date de consultation : le 7 juillet 2016.

TEXTE 28 : BLOGUE TIERS LIVRE ÉDITEUR : LE PLAISIR DU TEXTE

Rubrique : dans ma bibliothèque | Roland Barthes, Le plaisir du texte
livres qui vous ont fait : de tous les Barthes, le premier

Bien sûr j'ai lu Barthes quasi tout entier, tout ce temps et surtout à l'époque, dans cette première décennie de ma vie d'auteur. C'est une chose sur laquelle on doute parfois, aujourd'hui, peur de passer pour un vieux schnoque mais comme si c'était à refaire avec chaque étudiant, en s'y prenant avec des ruses de marchand de bagnole, pour dire que la lecture ce n'est pas à prendre en détail, et que ce n'est pas pour s'entendre dire du *c'est cool* ou ce triste *j'ai bien aimé* qui est une marque d'époque, comme si c'était soi qui comptait, le soi pré-établi et non pas ce que le livre en fabrique ou dérange. Il y avait comme une liste de repères majeurs à s'avaler, un par un et lentement et c'était comme ça, Barthes et Blanchot les premiers, pas les seuls bien sûr.

Mon Barthes de l'époque le plus abîmé c'est les *Fragments d'un discours amoureux*, mais celui que j'ai osé acheter et lire le premier c'est *Le plaisir du texte*. C'est seulement maintenant que j'y vois – et ça fait partie de ce sur quoi travaille Barthes dans ce livre – une quête probable de ma propre justification.

Les livres de Barthes qui m'ont accompagné du plus près, dans cette période, ce sont ceux concernant directement l'écriture : *Le plaisir du texte, Le degré zéro de l'écriture, S/Z*. Quand je regarde pourtant les autres livres publiés par Tel Quel, les Ricardou, Pleynet, Kristeva, j'ai l'impression d'une triste marée grise, mais où les échappées singulières, Genette, Faye, rattrapaient. Il y avait aussi *Drame* de Sollers, et *Imaginez la nuit* de Thibaudeau, et *Compact* de Maurice Roche, et Rottenberg et Risset, quelle claque en quelques années…

Mais les petites 100 pages et probablement le même nombre de fragments que Barthes intitule *Le plaisir du texte* aujourd'hui encore c'est un souffle de vie. « Mort de la *grande* littérature », écrit-il. Ou bien : « sans parler du cas où *écrire fait peur* ». Mais il nous en sert du genre à toutes les pages.

Bien sûr, il parle psychanalyse et jouissance et ces trucs-là ça ne m'a jamais vraiment ni servi ni branché – mais il parle aussi de ça : son droit

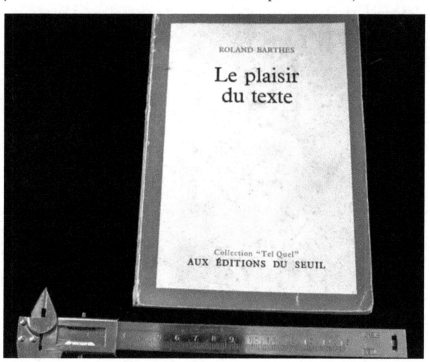

La macrostructure du texte

à être chez lui dans son livre et nous d'y chercher autre chose. Il y a du Poe, du Valéry, du Flaubert. On était dans cette période de grande dictature Flaubert où nous ceux de Balzac on serait plutôt passé pour des pas très bien conformés, ça changerait après, heureusement.

Barthes recopiant Flaubert : « Des nappes, des draps, des serviettes pendaient verticalement, attachés par des fiches de bois à des cordes tendues ». Il a su reconnaître ça, et *nous* le faire reconnaître, même s'il maintient des catégories comme celle de la description, qui seront complètement renversées dans *Préparation du roman* ou *Le neutre*, les deux cours qui eux aussi ne quittent pas ma pièce de travail. Barthes nous décompose les éléments qui *font* la force et la vie indissociable du texte, il les laisse chanter séparément, devenir friction. Il nous appelle à faire inventaire des *imaginaires du langage*.

Et puis il y a celui qui lit. C'était ça la nouveauté : qu'en lisant c'est moi que j'affirme, et un moi que je ne connais pas. Je reste toujours aujourd'hui soufflé par cette page : « Le plaisir du texte, c'est ce moment où mon corps va suivre ses propres idées – car mon corps n'a pas les mêmes idées que moi. »

Et c'est page 22 ce passage dont je me souviendrai toujours : « C'est le rythme même de ce qu'on lit et de ce qu'on ne lit pas qui fait le plaisir des grands récits; a-t-on jamais lu Proust, Balzac, *Guerre et Paix*, mot à mot? Bonheur de Proust; d'une lecture à l'autre, on ne saute jamais les mêmes passages. »

Le livre avait été imprimé chez Herissey, Evreux, en 1973, il m'avait coûté 23 francs. La couverture a des rousseurs, le papier a tenu remarquablement. En IV de couv, que les initiales de Barthes étaient celles de mon père.

Source : François Bon (19 février 2015). Tiers Livre Éditeur, tous droits réservés. URL : www.tierslivre.net/spip/spip.php?article4103. Date de consultation : le 6 juillet 2016

TEXTE 29 : ON ACADEMIC BLOGGING

Some recent online articles weighing the pros and cons of academic blogging[1] and academic publishing more broadly[2] led me to reflect on my own reasons for blogging over the past 4 1/2 years.

One of the concerns academic bloggers have mentioned is that the writing they do for their blogs does not count as academic research: the posts are not peer-reviewed, so they will typically be counted as professional service rather than research in tenure and promotion assessments, even though blogs—being freely accessible online—are likely to reach a wider audience than a typical academic journal article. As one blogger noted[3], any time spent writing her blog was time *not* spent writing a peer-reviewed essay or a book that would "count" as research. And this is certainly something I have considered as well.

When I started this blog in 2009, I had a lot more time on my hands: I had just finished my PhD, was getting ready to teach three courses in the next academic year, and was looking forward to finally being able to write short posts in a single sitting, rather than trying to plow through a major project like a dissertation. Not unexpectedly, I posted much more actively than I did last year, for instance, when I taught five courses, wrote three journal articles and edited the book review section of another journal. But I still enjoy blogging, even if I don't have as much time for it. And, in case any other academics are trying to decide whether it's worth starting a blog, here's a few reasons why I continue to post articles on this one:

1. First, this blog has helped me connect with many people I would probably not otherwise have met: other researchers, of course, but also graduate students and non-academics from around the world. Over the last four years, several thousand people have visited the site. Some bloggers, of course, can attract that many visitors in a much shorter period, but I don't have the time to write content more frequently and to promote the website more efficiently. And I'm happy with my readership figures: without this blog, I would not have been able to reach several thousand people who were otherwise interested in the topics I write about.

2. Second, the blog is a great way to archive things I'm likely to want to look up again later. For instance, because I try to write about the conferences I've attended, I'm able to go back months or years later and double-check who said what at which event. I can also review what I was doing in my classes a few years ago and what I thought about it at the time. Without the blog, I probably wouldn't have that kind of information at hand, since my conference notes would

likely have ended up somewhere among the many stacks of papers covering my desk and filing cabinets.

3. If, like me, you integrate your blog into a website (and WordPress allows you to do so very easily[4]), you can also keep your CV up to date and provide links to (or full versions of) your articles. I realize that you could also do this via sites like Academia.edu[5], but I like having my own site, which gives me more control over the layout, structure, and kind of content I would like to include.

4. Finally, with a blog, you can post material you've had to cut from longer papers but wouldn't be able to develop into another full-length article. You can also work out ideas for projects you might later develop into a larger project, or reflect on topical issues that you're never going to have time to develop into a full-length article. If you use your blog in this way, as I sometimes do, it becomes an extension of your writing activities, fodder for new work, and a platform to test out new ideas rather than a side-project taking you away from your "real" research.

These are my primary motivations for blogging, but I'm sure other bloggers could add more reasons to this list. In case you'd like to read other blogs about translation written from an academic's perspective, here are a few of the blogs I follow that are written by people who are or were actively involved in Translation Studies:

- Carol O'Sullivan (University of Bristol) has been blogging at MA Translation Studies News[6] since 2007
- Brian Harris (retired from the University of Ottawa) has been running Unprofessional Translation[7] since 2009
- B. J. Epstein (University of East Anglia) has blogged about children's literature in translation and more since 2006 on her blog, Brave New Words[8]
- Jody Byrne (Dublin City University; University of Sheffield) has been actively blogging on his website, Scientific and Technical Translation[9], since 2009

Know of others? I'd be happy to update the list.

Notes

1. http://chronicle.com/article/The-Virtues-of-Blogging-as/131666/
2. https://chroniclevitae.com/news/291-what-s-the-point-of-academic-publishing

3. http://cathyday.com/2014/01/this-blog-is-a-waste-of-my-time-thoughts-on-the-three-year-anniversary-of-the-big-thing/
4. https://wordpress.org/
5. https://www.academia.edu/
6. http://matsnews.blogspot.ca/
7. http://unprofessionaltranslation.blogspot.ca/
8. http://brave-new-words.blogspot.ca/
9. http://www.jodybyrne.com/

Source: Julie McDonough Dolmaya, PhD (March 26, 2014). URL: mcdonough-dolmaya.ca/2014/03/26/on-academic-blogging/. Accessed July 7, 2016.

EXERCICE 11

Dans les textes 27, 28 et 29, quelle est la structure du texte?

EXERCICE 12

Ces textes contiennent-ils des erreurs de langue?

LES TEXTES LITTÉRAIRES

Les textes littéraires ont été de tous temps les plus étudiés, d'où peut-être la désaffection des linguistes vis-à-vis de ces textes pourtant si riches, tant pour l'analyse des structures de la langue que pour l'étude des nuances du lexique. Le texte ci-dessous provient d'un auteur bien connu et résume en quelques lignes les premières années d'un enfant de province venu travailler à Paris à la veille du XIXe siècle.

TEXTE 30 : *CÉSAR BIROTTEAU*
HONORÉ DE BALZAC

1	Les événements ne sont jamais absolus, leurs résultats dépendent entiè-
2	rement des individus : le malheur est un marchepied pour le génie, une
3	piscine pour le chrétien, un trésor pour l'homme habile, pour les faibles
4	un abîme.
5	(...)

La macrostructure du texte

6 Le dernier enfant est le héros de cette scène. Lorsqu'à l'âge de quatorze ans
7 César sut lire, écrire et compter, il quitta le pays, vint à pied à Paris chercher
8 fortune avec un louis dans sa poche. La recommandation d'un apothicaire
9 de Tours le fit entrer, en qualité de garçon de magasin, chez M. et Mme Ragon,
10 marchands parfumeurs. César possédait alors une paire de souliers ferrés,
11 une culotte et des bas bleus, son gilet à fleurs, une veste de paysan, trois
12 grosses chemises de bonne toile et son gourdin de route. Si ses cheveux
13 étaient coupés comme le sont ceux des enfants de chœur, il avait les reins
14 solides du Tourangeau; s'il se laissait aller parfois à la paresse en vigueur
15 dans le pays, elle était compensée par le désir de faire fortune; s'il manquait
16 d'esprit et d'instruction, il avait une rectitude instinctive et des sentiments
17 délicats qu'il tenait de sa mère, créature qui, suivant l'expression tourangelle,
18 était un cœur d'or. César eut la nourriture, six francs de gages par mois, et
19 fut couché sur un grabat, au grenier, près de la cuisinière. Les commis, qui
20 lui apprirent à faire les emballages et les commissions, à balayer le maga-
21 sin et la rue, se moquèrent de lui tout en le façonnant au service, par suite
22 des mœurs boutiquières, où la plaisanterie entre comme principal élément
23 d'instruction. M. et Mme Ragon lui parlèrent comme à un chien. Personne
24 ne prit garde à sa fatigue, quoique le soir ses pieds meurtris par le pavé lui
25 fissent un mal horrible et que ses épaules fussent brisées. Cette rude applica-
26 tion du chacun pour soi, l'évangile de toutes les capitales, lui fit trouver la vie
27 de Paris fort dure. Le soir, il pleurait en pensant à la Touraine où le paysan
28 travaille à son aise, où le maçon pose sa pierre en douze temps, où la paresse
29 est sagement mêlée au labeur; mais il s'endormait sans avoir le temps de
30 penser à s'enfuir, car il avait des courses pour la matinée et obéissait à son
31 devoir avec l'instinct d'un chien de garde.

Source : Honoré de Balzac (1977). *César Birotteau*. Paris : Gallimard. Collection Pléiade, tome VI, p. 54.

Le texte ci-dessous provient d'un ouvrage récent dont le récit se déroule cependant à l'époque d'Henri VIII, en Angleterre. Roman à succès, il présente, malgré tout, tous les ingrédients stylistiques qui font la grande littérature.

TEXTE 31 : *HEARTSTONE* — C. J. SANSOM

1 A soldier on the walls cupped his hands and shouted down, 'He comes!' I
2 pulled my cap forward to hide my face as the soldiers cheered. There was a

3	sound of tramping feet and a company of pikemen marched in through the
4	gate. A group of courtiers followed, in furs and satin, Rich among them. Then
5	the unmistakable figure of the King rode slowly in, his gigantic horse draped
6	in a canopy of cloth of gold. He wore a fur-trimmed scarlet robe set with jewels
7	that glinted in the sun, a black cap with white feathers on his head. When I
8	had seen him four years before, he had been big, but now his body was vast,
9	legs like tree-trunks in golden hose sticking out from the horse's side. Beside
10	him rode Lord Lisle, stern as when I had seen him at the Godshouse, and a
11	large man whom I recognized from York as the Duke of Suffolk; his beard
12	now was long, forked and white; he had become an old man.
13	Cheers rose from the street, and a crash of cannon from the Camber
14	sounded a welcome. I risked a glance at the King's face as he passed, fifteen
15	feet from me. Then I stared, so different was he from four years before. The
16	deep-set little eyes, beaky nose and small mouth were now surrounded
17	by a great square of fat that seemed to press his features into the centre
18	of his head. His beard was thin, and almost entirely grey. He was smiling,
19	though, and began waving to the welcoming crowds, tiny eyes swivelling
20	keenly over them. In that grotesque face, I thought I read pain and weari-
21	ness, and something more. Fear? I wondered whether even that man of
22	titanic self-belief might think, as the French invasion force approached,
23	what will happen now? Even, perhaps: *What have I done?*
24	Still waving, he rode away down the High Street, towards the barge that
25	would take him to the *Great Harry*.

Source: C. J. Sansom (2011). *Heartstone*. London: Main Market Ed., pp. 493–494.

EXERCICE 13

Dans les textes 30 et 31, identifiez 1) les oppositions; 2) les énumérations. Observez la longueur des phrases. Joue-t-elle un rôle, selon vous, pour créer un effet sur le lecteur? Pouvez-vous identifier cet effet? Remarquez que les lignes ont été numérotées pour faciliter les références.

EXERCICE 14

Les auteurs utilisent divers procédés pour caractériser les objets et les personnes (adjectifs, compléments de nom, propositions subordonnées...). Identifiez ces procédés dans les textes 30 et 31.

La macrostructure du texte

La macrostructure du texte

LES TEXTES PUBLICITAIRES

Les textes publicitaires font eux aussi appel à la créativité du rédacteur et de son traducteur. Ils se construisent souvent sur du déjà connu : des titres de films (*Le bonheur est dans le pré* devient, pour une grande enseigne, *Le bonheur est dans le prix*), des allusions à la vie politique ou à l'imaginaire supposé du public. Là encore, jeux de mots, oppositions sont légion et le but est aussi de surprendre pour que le lecteur se souvienne de l'annonce. Une particularité des écrits publicitaires, et notamment des affiches, est d'utiliser parfois des mots orthographiés de façon fantaisiste, justement pour surprendre le client potentiel. Observez les procédés employés dans les textes ci-dessous.

TEXTE 32 : PUBLICITÉ 1 : MA BEAUTÉ EST INTÉRIEURE

Source : Ministère de l'Agriculture, de l'Agroalimentaire et de la Forêt [publicité]. (2013). URL : agriculture.gouv.fr/sites/minagri/files/anti-gaspi-2013-affiche-mabeauteestinterieure.pdf. Date de consultation : le 6 juillet 2016.

Notez la créativité de cette publicité : elle joue sur le concept de beauté intérieure – dans ce cas très concret puisque c'est effectivement l'intérieur de la pomme de terre que l'on va consommer – ; l'emploi d'une expression à la mode : « ça craint! » dans le sens de « c'est moche, mauvais, mal »; et l'utilisation d'une forme qui rappelle les slogans et fait intervenir une rime : manger, c'est bien; jeter, ça craint!

La publicité ci-dessous fait elle aussi preuve de beaucoup de créativité et d'humour en jouant sur les deux sens du mot « crinière » : « 1 Ensemble des crins qui garnissent le cou de certains animaux. Crinière du lion, du cheval. « Il secoua la tête comme un fauve qui veut faire bouffer sa crinière » (Tournier). Par ext. Crinière d'un casque : touffe de crins fixés à l'apex du casque et qui sert d'ornement. 2 Fam. Chevelure abondante. « Ce nouvel Adonis, à la blonde crinière » (Boileau). Quelle crinière! (admiratif). » (*Le nouveau Petit Robert de la langue française 2009* – en ligne)

L'image du lion à la crinière coiffée réunit les deux sens du terme et attire le regard par son côté improbable et burlesque tandis que le texte renforce l'effet humoristique en y ajoutant les mots « dompter » et « sauvage » qui appartiennent au domaine du cirque, et donc de l'inhabituel, du surprenant. Par ailleurs, le sous-titre du shampoing « Natural Style » vient contredire l'image où le lion n'a vraiment rien de « naturel »! Avec une publicité aussi réussie, le lecteur n'a pas d'autre choix que de se souvenir de la marque du shampoing qui aura su arrêter son regard et le faire rire.

La macrostructure du texte

TEXTE 33 : PUBLICITÉ 2 : TIMOTEI

Source : Timotei [publicité]. (2006). URL : http://www.adeevee.com/2006/06/timotei-styling-mousse-lion-print/. Date de consultation : le 3 septembre 2015.

EXERCICE 15

Essayez de trouver des équivalents au slogan et au titre de cette publicité (texte 33).

EXERCICE 16

Observez les caractéristiques des publicités ci-dessous (textes 34 et 35). Y en a-t-il que nous n'avions pas encore rencontrées? Essayez de les traduire.

TEXTE 34 : PUBLICITÉ 3 : HIGH IN ESSENTIAL MINERALS FOR BODY BUILDING

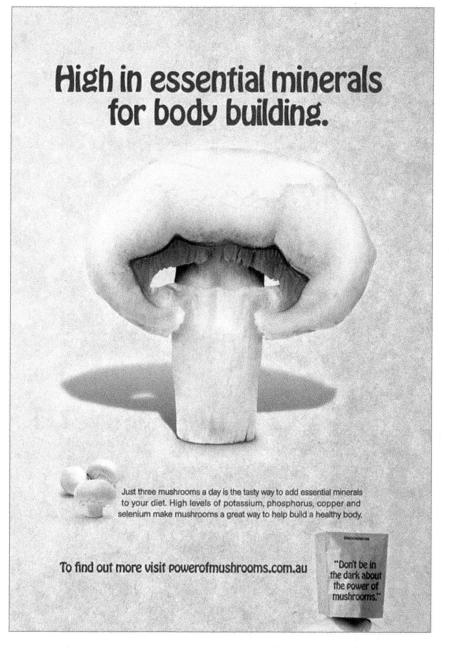

Source: Australian Mushroom Growers Association [publicité]. (2012). URL : http://www.adeevee.com/2012/09/australian-mushroom-growers-association-body-blood-pressure-vitamin-b-waistline-minerals-print/. Date de consultation : le 3 septembre 2015.

High in essential minerals for body building.

Just three mushrooms a day is the tasty way to add essential minerals to your diet. High levels of potassium, phosphorus, copper and selenium make mushrooms a great way to help build a healthy body.

To find out more visit powerofmushrooms.com.au

"Don't be in the dark about the power of mushrooms"

TEXTE 35 : PUBLICITÉ 4 : STOP CLIMATE CHANGE

Source: World Wildlife Fund [publicité]. (2008). URL : http://adsoftheworld.com/media/print/wwf_fish_0. Date de consultation : le 3 septembre 2015.

5. Organisation des textes : connecteurs et cohésion

On appelle « architecture » du texte son organisation, sa composition ou structure interne. Pour être compris, le texte doit suivre une progression logique que le lecteur doit être à même de suivre. Cette progression doit certes être logique du point de vue sémantique, c'est-à-dire que les arguments se suivent dans un ordre approprié du point de vue du sens, mais elle doit aussi être logique du point de vue syntaxique, c'est-à-dire que les phrases et les propositions doivent être reliées entre elles de manière à faire ressortir de quelle nature est le lien entre la phrase et celle qui la précède, ou bien entre une proposition et celle qui la suit. Prenons un exemple. Le texte 29 présenté plus haut retrace les grandes lignes de l'enfance de César Birotteau, personnage bien connu de *La Comédie humaine* de Balzac. L'extrait en question fait ressortir la progression suivante : une « vérité générale » selon Balzac, suivie d'un exemple. La vérité générale est la suivante : « Les événements ne sont jamais absolus, leurs résultats dépendent entièrement des individus : le malheur est un marchepied pour le génie, une piscine pour le chrétien, un trésor pour l'homme habile, pour les faibles un abîme. » Autrement dit, l'être humain réagit à son vécu en fonction de sa personnalité. L'exemple des premières années de César Birotteau suit comme un prolongement de cette idée. Ce prolongement se fait à l'aide des connecteurs suivants : *lorsque* à la ligne 5 (lorsqu'à l'âge de quatorze ans); *alors* à la ligne 9 (César possédait alors...) – connecteurs temporels; *par suite de* à la ligne 19 – connecteur indiquant la cause; *si* répété trois fois aux lignes 11, 12 et 13 et *quoique* à la ligne 21 marquent la concession et soulignent une opposition : César a une nature douce mais il est fort; puis *mais* et *car* à la ligne 26 renforcent cette opposition. Grâce à ces connecteurs, on comprend que si César n'a pas été favorisé par sa naissance, il a des qualités solides qui lui permettront de réussir même dans une société rude comme celle de Paris au seuil du XIXe siècle. L'architecture du texte se construit autour de ces mots-liens qui sous-tendent le texte comme les fondations sous-tendent un bâtiment.

A. CONNECTEURS ET OUTILS DE COHÉSION

Dans leur *Dictionnaire encyclopédique de pragmatique*, Mœschler et Reboul (1994) expliquent que, par *connecteurs*, il faut entendre une « marque linguistique qui relie deux actes de langage à l'intérieur d'une même énonciation » (p. 254). Et ils précisent qu' « un terme est un connecteur s'il permet de lier deux ou plusieurs propositions ou phrases entre elles pour former des propositions ou des phrases plus complexes » (p. 462).

Connus sous des appellations diverses – mot-outil, conjonction de subordination ou de coordination, locution conjonctive, adverbe ou locution adverbiale, présentatif – les connecteurs marquent les relations sémantico-logiques entre les séquences du discours et assurent la structuration et la cohésion d'un texte.

> Connectors have various labels: conjunctions, adverbial locutions, prepositional phrases, adverbial subordinators, linkers, or even connective adjuncts; connective adjuncts serve to connect or relate the clause to what has gone before and this contributes to making the text cohesive. (Huddleston, 1984, p. 223)

Dans une acception plus étendue, les connecteurs, appelés aussi *transitional expressions* en anglais, englobent des locutions et phraséologismes. Le mot *phraséologisme* désigne « toute combinaison usuelle de mots n'appartenant pas à une catégorie grammaticale précise » (Roberts, 1993, p. 37). Appartiennent aux phraséologismes des expressions comme : *Il en ressort que..., On comprend facilement que..., Comme nous l'avons dit..., To begin with..., As a matter of fact...,* etc.

Il arrive que, dans une langue, un connecteur soit indispensable, et par conséquent explicite, tandis que dans l'autre, il soit implicite. Cela arrive assez souvent entre le français et l'anglais, ce dernier se montrant souvent plus économe en matière de connecteurs. Observez les deux phrases suivantes :

> OTTAWA, le 14 novembre 2008 – L'Agence canadienne d'inspection des aliments (ACIA) et AFC Food Group avisent les personnes allergiques au lait de ne pas consommer les tortellinis au bœuf de marque Fresh 2 Go. Ce produit pourrait en effet contenir du lait alors que l'étiquette n'en fait pas mention.

> *OTTAWA, November 14, 2008 – The Canadian Food Inspection Agency (CFIA) and AFC Food Group are warning people with allergies to milk not to consume Fresh 2 Go Beef Tortellini. The affected product may contain milk which is not declared on the label.*

> (Centre des nouvelles du Canada)

En anglais, le modal *may* suffit pour expliquer la raison de cette mise en garde alors qu'en français le conditionnel seul ne suffit pas. Le connecteur « en

La macrostructure du texte

effet » est employé pour renforcer la cohésion entre la phrase précédente et celle au conditionnel. Il faut donc toujours garder à l'esprit que si l'on peut établir des tableaux de correspondances, dans l'usage, ces correspondances ne sont pas automatiques et les connections pourraient rester implicites dans l'une ou l'autre langue. Il faut toutefois veiller à ce que l'implicitation d'un connecteur ne crée pas d'ambiguïté sémantique.

Le tableau ci-après présente quelques exemples de connecteurs classés selon leur fonction sémantique ou leur valeur syntaxique :

Fonction ou valeur sémantique	Français	Anglais
Les connecteurs lient des phrases entre elles		
Gradation/complémentation	Tout au moins Tout au plus **Par ailleurs**	At the very least At the very most **Moreover**
Reformulation/précision	C'est-à-dire En fait **À cet égard** **En ce qui a trait**	That is (to say) In fact **In that regard** **With respect to**
Illustration	À ce propos **En effet** **Notamment**	While on this topic **Indeed** **In particular**
Contraste/opposition	**D'une part/d'autre part** **En revanche** **Or**	**On the one hand/on the other** **However** **But**
Justification/explication	**À cet effet** De telle façon **En ce qui concerne**	**For that purpose** In this way **In regard to**
Cause	En raison de	Because of, for this reason
Transition	Après avoir souligné Passons maintenant à	After having highlighted Let us now move on to
Approximation	Si l'on peut dire	If one may say
Conséquence	**Par conséquent**	**As a result**
Restriction/concession	Mis à part	Other than
Conclusion	Somme toute En fin de compte	On the whole In sum, to sum up

La macrostructure du texte

La macrostructure du texte

Les connecteurs lient des propositions		
Condition	À la condition que Dans l'hypothèse où	Providing that On the assumption that
Justification/explication	De sorte que	So that, in such a way that
Cause	Du fait que Dans la mesure où	Consequentially To the extent that
Transition	Il faut signaler que	It must be noted that
Approximation	Autant dire que	One might as well say that
Conséquence	Si bien que	thereby + -ing
Concession	Bien que Quoique Si	Although Though Even if

Autres traductions possibles de certains connecteurs :

1. À cet effet : for this purpose, in this/that regard, to this/that effect, to this/that end.
2. À cet égard : in this area, in this/that regard, in this respect, therefore.
3. **D'une part/d'autre part** : ∅ (not translated)/and, on the one hand/on the other, first/second.
4. **En ce qui concerne** : as for, in regard to, with regard, with respect to.
5. **En ce qui a trait** : as far as, concerning, in terms of, regarding, relating to, respecting, with respect to.
6. **En effet** : ∅, in fact, indeed.
7. **En revanche** : but, however, instead, at the same time, on the other hand.
8. **Notamment** : ∅, especially, in particular, notably.
9. **Or** : ∅, however, but, yet.
10. **Par ailleurs** : ∅, additionally, also, furthermore, however, in addition, moreover, on the other hand.
11. **Par conséquent** : as a result, consequently, however, therefore.

Exemples :

Le terme « pratique déloyale de travail » peut être utilisé relativement à l'employeur et à l'agent négociateur, **en ce qui a trait,** par exemple, au devoir de représentation équitable.

*The term "unfair labour practice" can be used in relation to the employer, as well as in relation to the bargaining agent, for example **with respect to** the duty of fair representation.*

(Secrétariat du Conseil du Trésor du Canada. URL : www.tbs-sct.gc.ca/)

En revanche, je dois avouer que je ne comprends absolument pas ce dont nous sommes en train de parler depuis quelque temps, parce que je vois que le 31 a été adopté et le 60 rejeté.

However, I must admit that I do not fully understand what we have been discussing for some time now, because I see that Amendment Nº 31 was adopted and Amendment Nº 60 was rejected.

(Parlement Européen)

Le vin, **en revanche**, exprime la délicatesse de la création, il nous offre la fête dans laquelle nous dépassons les limites du quotidien : le vin, dit le Psalmiste, « réjouit le cœur ».

*Wine, **on the other hand**, expresses the excellence of creation and gives us the feast in which we go beyond the limits of our daily routine: wine, the Psalm says, "gladdens the heart."*

(Vatican. URL: w2.vatican.va/content/benedict-xvi/.../hf_ben-xvi_hom_20051002_opening-synod-bishops.html.)

Voici quelques autres exemples de l'utilisation des connecteurs :

Connecteur	Contexte français	Traduction
À cet effet	Il comprend des mécanismes de coordination – les ACVM ont, par exemple, mis sur pied un comité de coordination des politiques qui se réunit à une fréquence hebdomadaire **à cet effet** – qui ont bel et bien réussi à harmoniser la réglementation et à coordonner les opérations.	It includes coordination mechanisms—the CSA have, for example, created a Policy Coordination Committee that meets on a weekly basis **for that purpose**—which have succeeded in harmonizing regulation and coordinating operations.
	Deux priorités guideront son action **à cet effet** au cours des prochaines années :	Two priorities will serve as guides for its initiatives over the coming years:

La macrostructure du texte

À cet égard	Or, l'amélioration de la qualité de vie a été au centre de l'action du gouvernement depuis 2003. **À cet égard**, le présent budget vient confirmer la volonté du gouvernement de poursuivre ses efforts pour aider les citoyens, particulièrement en cette période difficile.	Accordingly, improving the quality of life has been central to the government's action since 2003. **In that regard**, this Budget confirms the government's determination to continue its efforts to help Quebecers, especially in these difficult times.
	S'il est moins visible, c'est qu'il est représenté par les régulateurs du Québec, de l'Ontario, de l'Alberta et de la Colombie-Britannique. L'histoire de la principale organisation internationale de ce secteur – l'OICV – est **à cet égard** révélatrice.	But Canada is less visible because it is represented by regulators from Quebec, Ontario, Alberta and British Columbia. The history of the main international organization in this sector, the International Organization of Securities Commissions (IOSCO), is quite revealing.
	Les entreprises d'économie sociale ont besoin d'un financement adapté à leur réalité. **À cet égard**, le Réseau d'investissement social du Québec (RISQ) est un fonds dédié exclusivement à ces entreprises afin de soutenir leurs projets et assurer leur développement, en contribuant à leur capitalisation.	Social economy businesses require funding tailored to their reality. **In that regard**, the Réseau d'investissement social du Québec (RISQ) is a fund dedicated exclusively to such businesses for the purpose of supporting their projects and ensuring their development, by contributing to their capitalization.
D'une part/d'autre part	Les échanges internationaux jouent un rôle vital dans l'économie du Québec. **D'une part**, les exportations représentent plus de 50 % de son PIB et sont responsables de 30 % des emplois. **D'autre part**, 24,6 % des investissements privés proviennent des entreprises étrangères.	International trade plays a vital role in the development of Quebec's economy. **On the one hand**, exports represent over 50% of its GDP and account for 30% of jobs. **On the other**, 24.6% of private investments are made by foreign companies.

	À compter de 2011, une fois la reprise bien amorcée, le gouvernement entend, **d'une part**, poursuivre sa gestion rigoureuse en maintenant la croissance des dépenses de programmes à 3,2 % sur l'horizon du cadre financier et **d'autre part**, appliquer des mesures de redressement aux revenus.	As of 2011, once recovery is well under way, the government intends to continue its strong management by maintaining 3.2% program spending growth and applying revenue recovery measures.
En ce qui a trait	Malgré ces investissements importants, le Québec ne se compare pas avantageusement aux autres provinces canadiennes **en ce qui a trait** à la création d'entreprises dérivées du milieu universitaire.	Despite these major investments, Quebec compares poorly with the other Canadian provinces **with respect to** the creation of companies spun off from the university community.
En ce qui concerne	**En ce qui concerne** l'efficience et l'efficacité du régime canadien de réglementation, il est important de considérer les questions des délais administratifs et des coûts du système. Comme pour tous les grands enjeux liés aux politiques publiques, en réglementation financière comme ailleurs, il reste des progrès à faire, mais **en ce qui concerne** la gestion et le fonctionnement au jour le jour des marchés, l'essentiel du travail d'harmonisation a été fait et fonctionne aujourd'hui de façon adéquate.	**As for** the efficiency and effectiveness of the Canadian regulatory system, it is important to consider the system's administrative efficiency and costs. As for all major issues related to public policy, in financial regulation as elsewhere, progress remains to be made, but **with respect to** management and day-to-day operation of the markets, most of the harmonization work has been done and functions adequately.

La macrostructure du texte

| En effet | Dans un régime fédéral comme celui du Canada, le traitement de ces menaces interpelle directement plusieurs compétences relevant des provinces. **En effet**, les pouvoirs exclusifs que celles-ci exercent en matière d'administration de la justice et de la santé, les responsabilités partagées qu'elles assument en matière d'environnement et d'agriculture, et le rôle qu'elles jouent dans le domaine de la sécurité publique en général, témoignent de la place essentielle qu'elles occupent dans la construction d'un monde plus sûr. Cependant, l'accélération de la mise en valeur du potentiel énergétique, minier, forestier et touristique requiert l'amélioration de ces infrastructures pour optimiser l'accès à ce territoire. **En effet**, la construction de nouvelles infrastructures est requise pour permettre la réalisation de différents projets de développement. | In a federal system such as Canada's, dealing with these threats directly involves several areas of provincial jurisdiction.

Indeed, the exclusive authority exercised by the provinces over the administration of justice and healthcare services, the shared responsibilities they assume with respect to the environment and agriculture, and the role they play in matters of public safety in general are evidence of their crucial role in building a safer world. However, the acceleration of the development of energy, mineral, forest and tourism potential requires that these infrastructures be improved to optimize access to the territory. New infrastructures need to be built to carry out various development projects. |
| En revanche | Dans l'histoire du pays réel, **en revanche**, les instances de l'Église catholique, les organisations évangéliques, les chefs des religions spiritistes kardecistes et afro-brésiliennes ont toujours eu une influence sur la politique à partir de leurs lieux de culte et ont participé aux accords électoraux, avec des différences idéologiques surprenantes toutefois, en termes de candidats et de partis. | **But** in real life, the Catholic church, the evangelical organisations and the leaders of the kardecist and Afro-Brazilian spiritualist religions have always influenced politics from places of worship. They have also been party to electoral agreements, with surprising ideological differences, in candidates and parties. |

La macrostructure du texte

Il est évident que l'on ne peut envisager un régime canadien de réglementation des valeurs mobilières sans une participation active, entière et sans réserve de la province où se concentrent les plus importants joueurs de l'industrie des services financiers au Canada. **En revanche**, les autres provinces doivent aussi tenir compte de leurs marchés respectifs.

Cela signifie, **en revanche**, qu'ils doivent être prêts à recourir à l'Organisation pour atteindre des objectifs partagés et concilier leurs intérêts.

It is clear that we cannot contemplate a Canadian securities regulatory system without the active, complete and unreserved participation by the province where the largest players in Canada's financial services industry are concentrated. **On the other hand**, the other provinces must also take into account their own markets.

However, it does mean that they should be ready to use the Organization to achieve mutual objectives and to accommodate different national interests.

Notamment

Depuis 2003, ce sont plus de 2 000 nouveaux mégawatts de puissance qui ont été mis en service, **notamment** avec les centrales Eastmain-1, Mercier et Péribonka.

En 2010, grâce aux effets bénéfiques des stimuli économiques et de la résorption de la crise financière qui relanceront la demande dans plusieurs pays, **notamment** aux États-Unis, la croissance des échanges commerciaux devrait reprendre, ce qui se traduira par une hausse de 6,0 % des exportations mondiales de biens.

Since 2003, more than 2,000 megawatts of power have been added to the grid with the Eastmain-1, Mercier and Péribonka powerhouses **in particular**.

The positive impacts of economic stimulus measures and the gradual ending of the financial crisis will revive demand in several countries, **notably** the United States. International trade is expected to begin growing again in 2010, resulting in a 6.0% increase in world merchandise exports.

La macrostructure du texte

	De plus, compte tenu des enjeux liés à la mise en place du PSP et **notamment** ceux qui influencent la capacité d'action du Québec sur son territoire et l'exercice de ses compétences constitutionnelles, le gouvernement québécois prendra les moyens nécessaires pour faire valoir ses positions non seulement auprès du gouvernement fédéral, mais aussi de toutes les instances concernées.	In addition, in light of the issues associated with the establishment of the SPP, **especially** those related to Quebec's ability to take action within its territory and exercise its constitutional authority, the Government of Quebec will take the necessary steps to make its positions known not only to the federal government but to all concerned bodies, forums and associations as well.
Or	Le Québec entend mettre en valeur, de façon responsable et respectueuse, les hydrocarbures présents sur son territoire. **Or**, la baisse du prix du pétrole et du gaz naturel et la crise financière mondiale ont miné la confiance des investisseurs.	Quebec intends to pursue hydrocarbon development on its territory in a responsible and respectful manner. **However**, the drop in oil and natural gas prices and the global financial crisis have undermined investor confidence.
	La plupart des centres urbains québécois ont été construits il y a déjà plusieurs années. **Or**, il n'est pas rare de constater que certains édifices composant ces centres urbains nécessitent des travaux de rénovation qui ne pourraient être exécutés sans aide gouvernementale.	Most urban centres in Quebec were built many years ago. In such centres, it is not uncommon to see buildings in need of renovations that could not be carried out without financial assistance from the government.
	Actuellement, les nouvelles technologies relatives aux véhicules électriques sont en développement et les nouveaux modèles comparables aux véhicules actuels à essence arriveront sur le marché au cours des prochaines années. **Or**, on s'attend à ce que le prix de ces nouveaux véhicules soit nettement plus élevé que celui d'un véhicule à essence de gamme équivalente.	Currently, new technologies relating to electrical vehicles are under development and new models comparable with existing gasoline-powered vehicles will arrive on the market over the coming years. It is expected that the price of these new vehicles will be appreciably higher than that of an equivalent-range gasoline-powered vehicle.

Par ailleurs

Les approches canadiennes en matière d'autoréglementation sont de plus en plus considérées favorablement aux États-Unis, où des voix s'élèvent fréquemment pour réclamer des réformes qui iraient dans des directions similaires à celles qui ont été développées ici, en grande partie **par ailleurs**, avec l'aide et l'encouragement directs des régulateurs provinciaux.

The Canadian approaches to self-regulation are increasingly regarded favourably in the United States, where there are frequent calls for reforms that would go in directions similar to those developed here, to a great extent with direct assistance and encouragement from provincial regulators.

Cette réflexion doit être poursuivie sur une base commune – qui doit, **par ailleurs**, prévoir une participation active et constante de l'industrie et des consommateurs – et aboutir à des résultats qui vont devoir être partagés.

This discussion must continue on a common basis—which must, **moreover**, provide for active and constant participation by the industry and consumers—and yield results that will have to be shared.

Il cherchera à jouer un rôle de leader dans la consolidation de l'espace économique nord-américain en œuvrant avec les États de la Côte Est et du Midwest à développer des partenariats transfrontaliers et à identifier les obstacles normatifs et règlementaires qui freinent le commerce. **Par ailleurs**, le Québec renforcera sa présence économique à Washington et à Atlanta.

It will especially strive to work with Eastern Seaboard and Mid-West states to develop cross-border partnerships and identify normative and regulatory obstacles that impede trade.
Additionally, Quebec will increase its economic presence in Washington and Atlanta.

Par conséquent

Cette dégradation subite et profonde de la conjoncture mondiale frappe les économies avancées, et a également une forte incidence sur les économies émergentes.
Par conséquent, les perspectives de l'économie mondiale pour l'année 2009 ont été fortement révisées à la baisse.

This sudden and deep deterioration in the global economy is hitting advanced economies and also strongly impacting emerging ones.
As a result, the projections for the world economy for 2009 have been sharply revised downward.

La macrostructure du texte

Cela suppose que le procureur général ait une connaissance approfondie du droit international, de même que du contexte global dans lequel se commettent de tels actes et, **par conséquent**, qu'il soit informé des décisions prises par les différentes instances, tant au niveau national qu'international.	This aspect of the Attorney General's work presupposes a sound knowledge of international law as well as of the international context in which such acts are committed. It **likewise** presupposes that s/he be kept informed of decisions made by various national and international bodies.
Toutefois, un système de protection sociale déficient et un système bancaire moins développé qu'ailleurs continuent de favoriser l'épargne au détriment de la consommation. **Par conséquent**, la croissance de l'économie chinoise ralentira, passant de 9,0 % en 2008 à 5,9 % en 2009, le plus faible taux de croissance depuis 1990, puis elle se redressera à 7,0 % en 2010.	However, a poor social safety net and less-developed banking system are causing the Chinese to continue saving rather than spend. **Consequentl**y, China's economy will slow from 9.0% growth in 2008 to 5.9% in 2009, the lowest rate since 1990, and then rebound to post 7.0% growth in 2010.

EXERCICE 17

Reliez les phrases suivantes au moyen d'un connecteur si nécessaire.

1. Les centres de stages peuvent être difficiles à trouver. Une liste des centres de stages accrédités vous sera remise afin de faciliter vos démarches.

2. Le rôle du ministère des Relations internationales est de s'assurer que les efforts convergent vers un certain nombre d'objectifs partagés. Il devra coordonner la mise en œuvre du plan d'action gouvernemental.

3. Cette dégradation profonde de la conjoncture mondiale frappe les économies avancées, et a également une forte incidence sur les économies émergentes. Les perspectives de l'économie mondiale pour l'année ont été fortement révisées à la baisse.

4. Ainsi, ces organismes sont chargés d'assurer l'accessibilité au territoire et, par conséquent, de l'entretien du réseau routier en forêt. Les

investissements effectués par les organismes répondent aux normes d'intervention en milieu forestier.

5. À compter de 2011, une fois la reprise bien amorcée, le gouvernement entend poursuivre sa gestion rigoureuse en maintenant la croissance des dépenses de programmes à 3,2 % sur l'horizon du cadre financier. Le gouvernement entend aussi appliquer des mesures de redressement aux revenus.

6. Ces atouts constituent un immense potentiel de développement à mettre en valeur. Le gouvernement a prévu des modifications majeures du développement du potentiel énergétique.

7. Pour le PIB nominal, la prévision du ministère des Finances du Québec, avec une progression attendue de 3,5 % de 2009 à 2013, est identique à celle du secteur privé. L'évolution du PIB réel, la prévision du ministère des Finances du Québec est légèrement plus faible, à 1,6 %, que celle du secteur privé (1,8 %).

8. D'abord, la suspension temporaire des versements aurait un effet nul sur la dette du gouvernement. Suspendre les versements réduirait le déficit mais viendrait diminuer d'un montant équivalent les sommes dédiées au remboursement de la dette.

9. Il n'est pas rare de retrouver, au cœur de ces municipalités, des habitations nécessitant des réparations majeures. Il arrive que les propriétaires ne disposent pas des ressources financières nécessaires à l'exécution des travaux.

10. Au Québec, c'est le Comité de coordination des efforts de lutte contre le crime organisé, le CELCO, qui coordonne les efforts du gouvernement à ce chapitre. Le gouvernement du Québec a signé des ententes favorisant l'échange de renseignements avec les États du Vermont, du Maine et du New Hampshire.

EXERCICE 18

Traduisez les phrases suivantes en anglais en veillant particulièrement à la traduction des connecteurs.

1. En Amérique du Nord, le Canada et les États-Unis participent conjointement à la lutte contre la criminalité transnationale et, **à cet effet**, ont créé le Forum sur la criminalité transfrontalière.

La macrostructure du texte

2. Cette importante révision s'explique essentiellement par le ralentissement économique. **D'une part**, la révision à la baisse des bénéfices des sociétés à compter du dernier trimestre de 2008 entraîne des rentrées fiscales plus faibles que prévues. **D'autre part**, les entreprises réclament davantage de remboursements qu'anticipé.

3. En plus des difficultés rencontrées par le Québec en regard de la création d'entreprises dérivées du milieu universitaire, un retard est observé **en ce qui a trait** au nombre de brevets détenus par des institutions publiques.

4. À cet égard, le gouvernement du Québec poursuivra ses discussions avec le gouvernement fédéral en vue de l'amener à donner suite à ses demandes, notamment **en ce qui concerne** le retour au programme de péréquation mis en place en 2007 sur la base des recommandations du rapport O'Brien.

5. Le fléau des pandémies vient par ailleurs nous hanter. **En revanche**, la protection de l'environnement et la recherche d'une mondialisation plus juste ont fait naître de nouvelles solidarités.

6. Ces investissements permettront **notamment** d'accentuer notre lutte contre le décrochage scolaire.

7. Le tourisme constitue l'un des principaux moteurs économiques de plusieurs régions du Québec. **Or**, l'industrie touristique québécoise a besoin de renouveler ses installations afin de demeurer concurrentielle à l'échelle internationale.

8. Un défi intéressant attend toutefois les législateurs provinciaux s'ils veulent mettre en place, comme l'évoque **par ailleurs** le document de consultation du Groupe d'experts…

9. Au total, les familles québécoises bénéficieront d'un soutien financier de 10 milliards de dollars en 2009, si on prend en compte l'aide des deux paliers de gouvernement. Je cite **à cet effet** le livre *Le Québec, un paradis pour les familles?*, écrit par les économistes Luc Godbout et Suzie St-Cerny.

10. Ainsi, ces organismes sont chargés d'assurer l'accessibilité au territoire et, par conséquent, de l'entretien du réseau routier en forêt. Les investissements effectués par les organismes **à cet égard** répondent aux normes d'intervention en milieu forestier.

EXERCICE 19

Traduisez les phrases suivantes en français en veillant particulièrement à la traduction des connecteurs.

1. The Customer agrees not to use the money for any purpose except the Project and to repay to Hydro-Québec any amount received and not used **for that purpose**.
2. To be declared winners and prior to obtaining their prize, entrants shall sign a statement **to this effect** on the Declaration Form.
3. Provinces play a key role **in this area** due to the authority they exercise over the administration of justice and public safety.
4. Non-budgetary transactions are aimed at presenting budgetary transactions on a cash basis **and** investments made by the government.
5. These assets represent an immense potential to be developed. **As far as** the development of energy potential is concerned, the government has planned major modifications.
6. **As for** the production of shows, nearly 17,000 performances were staged in Québec.
7. Mayors, governors and presidents must govern on everyone's behalf, whatever their religion.
8. **But** in the EU itself the past is always *acquis*, to be affirmed and protected against criticism.
9. In addition, we will step up the fight against tax evasion, **in particular** in the construction sector.
10. Unique ecosystems can be preserved by creating protected areas. Northern Quebec abounds in exceptional sites that should be preserved.

6. Textologie différentielle

Comme on a pu s'en rendre compte à quelques reprises à l'étape de l'observation des textes, traduire ne consiste pas à reproduire mot à mot le texte de départ. S'il est souvent possible de produire une traduction proche de l'original, il est parfois nécessaire d'adapter le texte à son public cible afin qu'il soit reçu comme s'il avait été spontanément écrit pour lui. Nous n'entrerons pas ici dans le débat de l'acculturation contre l'épreuve de l'étranger qui s'applique plutôt au contexte littéraire mais ne touche pas vraiment la traduction pragmatique. Les efforts de parallélisme réalisés par exemple dans le domaine juridique répondent à une volonté d'égalité absolue des deux communautés linguistiques mais ne représentent pas ce qu'il y a de mieux en matière de qualité traductionnelle. Observons au contraire l'adaptation ci-dessous.

TEXTE 36 : EST-CE ATHÈNE OU ATHÈNES?
ET
TEXTE 37 : IS IT SIGHTSEEING OR SITESEEING?

Texte 36
Est-ce **Athène** ou **Athènes**?

Athènes, bien évidemment, même si la lettre « s » est muette! Muette d'admiration? Peut-être… À l'origine, la belle capitale est un ensemble de villages, ce qui explique sa forme plurielle. Et sachez qu'aujourd'hui, l'antique Cité se conjugue à tous les temps!

La pluralité d'Athènes, c'est en effet avant tout une sorte de millefeuille temporel où les époques se chevauchent au sein d'un lieu commun, comme si le temps défiait l'espace. Ici, chacun voyage à son rythme dans un univers où l'Antiquité côtoie l'ère contemporaine au quotidien.

Au cœur de la région de l'Attique, ville de tous les possibles, Athènes renferme une myriade d'opportunités de voir, de voyager, de vivre et de rêver. À vous à présent d'explorer les multiples facettes de cette fascinante cité millénaire.

Source : Vivez la vie mythique d'Athènes! Région de l'Attique – Athènes. Guide touristique, p. 1

Texte 37
Is it **Sightseeing** or **Siteseeing**?

Well, the jury's still out on this. According to a zillion debates, it should be siteseeing because what you see with your sight are sites; conversely, without your sight, there are no sites to see. Therefore, in order to sitesee, you have to sightsee. Confused yet? Wait, there's more.

Other theories suggest that, since a building or a set of ruins is a site and, since a sight is something your eyes can see, it should be called sightseeing. And, finally, the dictionary tells us that one of the definitions of 'sight' is a 'place of interest to tourists and other visitors.'

Whatever your theory, Attica is so full of remarkable sites, that you're already behind schedule in your sight/site-seeing. Arm yourselves with courage and a bottle of water, and go see.

Source: The greatest sights of Athens: live them! Athens Attica Region Sightseeing Guide, p. 1

EXERCICE 20

Relevez, dans les textes 36 et 37, les points de convergence et les points de divergence. Diriez-vous que l'un est une traduction de l'autre?

De telles divergences se retrouvent à des degrés divers dans de nombreuses traductions/adaptations de textes, même dans des domaines où on ne s'y attendrait peut-être pas. Ainsi, dans le domaine administratif, au Canada, deux codes différents s'appliquent selon que des réunions se déroulent en français ou en anglais. Le texte de référence pour les francophones est le code Morin, tandis que pour les anglophones c'est l'ouvrage *Robert's Rules of Order*. Vous trouverez ci-dessous des extraits de ces deux codes.

TEXTE 38 : CODE MORIN EN BREF

Le masculin est utilisé afin de faciliter la lecture du texte, il représente aussi la forme féminine.

La présidence d'Assemblée

Facilite le déroulement de la réunion. Procède à l'ouverture de la réunion puis la préside. Accorde le droit de parole et dirige l'Assemblée au niveau des procédures et des discussions. Rappelle à l'ordre tout membre qui ne respecte pas l'ordre, les procédures ou le décorum. Décide des points d'ordre et peut faire des sanctions publiques lorsqu'elles s'imposent. Doit être impartiale sauf s'il y a égalité dans un vote; dans un tel cas, elle doit décider si la proposition est acceptée ou non.

Ouverture de la réunion

Le président d'Assemblée appelle les membres à l'ordre, fait la lecture de l'ordre du jour puis demande le vote. Le secrétaire fait ensuite la lecture du procès verbal de la dernière réunion puis le président d'Assemblée demande le vote.

*À noter que l'ordre du jour et le procès-verbal sont d'abord proposés et appuyés mais seulement adoptés après que les modifications nécessaires y auront été apportées (au besoin).

*Le procès verbal ne peut être adopté que par les membres présents lors de la réunion dont il traite.

Droit de parole

Tout membre de l'assemblée a le droit de s'exprimer en réunion : il doit lever la main et attendre que le président d'Assemblée lui donne la parole. L'intervention doit être limitée au sujet débattu au moment.

*À noter que le président d'Assemblée a le droit de limiter la durée de même que le nombre d'interventions pour chaque sujet.

La proposition principale

N'importe quel membre votant de l'Assemblée peut formuler une proposition en autant que celle-ci porte sur le point débattu à l'ordre du jour. Le « proposeur » doit attendre que le président d'Assemblée lui donne la parole, puis doit énoncer sa proposition comme suit : « Monsieur le président, je propose que… » La proposition doit ensuite être appuyée comme suit : « Monsieur le président, j'appuie. »

*À noter qu'une proposition est apportée lorsqu'on veut qu'une décision soit prise sur le sujet discuté.

L'amendement

Sert à apporter une modification à la proposition principale. Doit porter sur la proposition débattue/doit être proposé et appuyé.

*À noter qu'un membre proposant un amendement doit en principe être d'accord avec la proposition et ne vouloir changer qu'un détail (le sens de la proposition doit demeurer le même).
*Lorsqu'une proposition a reçu un amendement et un sous-amendement les discussions suivies du vote doivent se faire dans l'ordre suivant : le sous-amendement, l'amendement et terminer avec la proposition principale.

Le vote

A lieu à la fin d'un débat lorsque le président d'Assemblée pose officiellement la question débattue et demande ensuite le vote. Peut se faire à main levée ou par scrutin secret si un membre de l'assemblée le demande. (Tout membre votant peut l'exiger.)

*À noter qu'en général un vote requiert 50 % +1, sauf dans certains cas où il devra être 2/3, 3/4 ou encore unanime.
*Si le « proposeur » reprend la parole, il conclut la discussion et l'Assemblée passe alors immédiatement au vote (sous la direction du président d'Assemblée).

Question préalable et/ou demande de vote

Sert à mettre fin à tout débat lorsqu'un membre croit qu'il est temps de prendre une décision par rapport à un vote. Le membre doit demander la parole au président d'Assemblée puis poser la question préalable ou demander le vote. Lorsque cette demande est faite, le président exige (sans discussion) le vote de l'assemblée.

*À noter que la question préalable requiert les 2/3 de l'Assemblée pour être adoptée. Si tel est le cas, seul le « proposeur » peut conclure la discussion et le vote s'en suivra.

Proposition déposée sur le bureau

Lorsque l'Assemblée a débattu un sujet, épuisé les idées et qu'aucune solution ne semble émerger de la discussion, un membre peut alors demander que la question soit déposée sur le bureau.

La question est donc remise à plus tard et ce, jusqu'à ce que quelqu'un la ramène en discussion.

*À noter que cette proposition doit être présentée et appuyée sans discussion ou amendement et que le vote doit rallier la majorité simple de l'Assemblée (50 % + 1).

Point d'ordre

Utilisé pour énoncer une objection lorsqu'un membre croit que les procédures ne sont pas respectées. Doit être formulé comme suit : « Monsieur le président, point d'ordre. »

*À noter que le président d'Assemblée prend la décision pour ou contre l'objection.

Point d'information

Utilisé lorsqu'un membre ne comprend pas les procédures en rapport à une question concernant le point débattu. Peut se faire à n'importe quel moment de la réunion. Doit être formulé comme suit : « Monsieur le président, point d'information. »

Point de privilège

Utilisé lorsqu'un membre croit que ses droits ne sont pas respectés et que le déroulement de la réunion est incorrect. Peut se faire à n'importe quel moment de la réunion. Doit être formulé comme suit : « Monsieur le président, point de privilège. »

La macrostructure du texte

Déroulement typique d'une proposition venant de l'Assemblée

Le « proposeur » présente sa motion lors du point à l'ordre du jour intitulé « propositions de l'Assemblée ». Un autre membre appuie la motion. La motion est remise par écrit au secrétaire d'Assemblée. Le « proposeur » ouvre le débat et explique sa motion (parle en premier). Il peut ensuite répondre à des questions lors du débat mais ne peut pas reprendre la parole sans quoi elle clôt le débat. Après le temps prévu pour le débat, le président d'Assemblée demande le vote. La proposition est alors adoptée ou défaite.

Source : Résumé du code Morin – Procédures des assemblées délibérantes

TEXTE 39 : ROBERT'S RULES OF ORDER— SUMMARY VERSION

Guidelines

- Obtain the floor (the right to speak) by being the first to stand when the person speaking has finished; state Mr./Madam Chairman. Raising your hand means nothing, and standing while another has the floor is out of order! Must be recognized by the Chair before speaking!
- Debate cannot begin until the Chair has stated the motion or resolution and asked "are you ready for the question?" If no one rises, the chair calls for the vote!
- Before the motion is stated by the Chair (the question) members may suggest modification of the motion; the mover can modify as he pleases, or even withdraw the motion without consent of the seconder; if mover modifies, the seconder can withdraw the second.
- The "immediately pending question" is the last question stated by the Chair! Motion/Resolution—Amendment—Motion to Postpone
- The member moving the "immediately pending question" is entitled to preference to the floor!
- No member can speak twice to the same issue until everyone else wishing to speak has spoken to it once!

- All remarks must be directed to the Chair. Remarks must be courteous in language and deportment—avoid all personalities, never allude to others by name or to motives!
- The agenda and all committee reports are merely recommendations! When presented to the assembly and the question is stated, debate begins and changes occur!

The Rules

- **Point of Privilege**: Pertains to noise, personal comfort, etc.— may interrupt only if necessary!
- **Point of Information**: Generally applies to information desired from the speaker: "I should like to ask the (speaker) a question."
- **Point of Order**: Infraction of the rules, or improper decorum in speaking. Must be raised immediately after the error is made.
- **Main Motion**: Brings new business (the next item on the agenda) before the assembly.
- **Amend**: Inserting or striking out words or paragraphs, or substituting whole paragraphs or resolutions.
- **Withdraw/Modify Motion**: Applies only after question is stated; mover can accept an amendment without obtaining the floor.
- **Extend Debate**: Applies only to the immediately pending question; extends until a certain time or for a certain period of time.
- **Limit Debate**: Closing debate at a certain time, or limiting to a certain period of time.
- **Object to Consideration**: Objection must be stated before discussion or another motion is stated.
- **Lay on the Table**: Temporarily suspends further consideration/ action on pending question; may be made after motion to close debate has carried or is pending.
- **Take from the Table**: Resumes consideration of item previously "laid on the table—" state the motion to take from the table.
- **Reconsider**: Can be made only by one on the prevailing side who has changed position or view.
- **Postpone Indefinitely**: Kills the question/resolution for this session—exception: the motion to reconsider can be made this session.

La macrostructure du texte

- **Previous Question**: Closes debate if successful—may be moved to "Close Debate" if preferred.
- **Appeal Decision of the Chair**: Appeal for the assembly to decide—must be made before other business is resumed; *not* debatable if relates to decorum, violation of rules or order of business.

Source: www.robertsrules.org/. Accessed : July 9, 2016.

En conclusion, il apparaît donc que la traduction est un exercice d'équilibriste entre la fidélité à la lettre et la fidélité à l'esprit du texte. Certains domaines privilégieront la fidélité à la lettre, comme le domaine juridique ou les textes les plus spécialisés du domaine médical, tandis que d'autres privilégieront l'esprit. C'est le cas dans le domaine de la publicité et de tout ce qui touche au plus près à la culture : littérature, cinéma, théâtre, mais aussi tourisme, alimentation, vie quotidienne. Dans tous les cas, le traducteur devra tenir compte de la finalité de sa traduction et du cahier des charges que son client lui impose.

7. Orientation bibliographique

ARMSTRONG, Nigel (2005). *Translation, Linguistics, Culture: A French-English Handbook.* Clevedon: Multilingual Matters.

BAIN, Daniel, Jean-Paul BRONCKART et Bernard SCHNEWLY (1985). «Typologie du texte français contemporain», *Bulletin de CILA.* N° 41, pp. 7–43.

BAKER, Mona (2011). *In Other Words: A Coursebook on Translation.* Second edition. Abingdon & New York: Routledge.

BARTHES, Roland (1973). *Le plaisir du texte.* Paris : Seuil.

BROWN, Gillian and George YULE (1983). *Discourse Analysis.* Cambridge: Cambridge University Press.

CHAROLLES, Michel (1978). « Introduction aux problèmes de la cohérence des textes ». *Langue française.* N° 38, pp. 7–41.

CHATILLIEZ, Étienne (1995). *Le bonheur est dans le pré.* Film.

CHUQUET, Hélène et Michel PAILLARD (1987). *Approche linguistique des problèmes de traduction. Anglais – français.* Paris : Ophrys.

CRYSTAL, David (2008). "2b or not 2b: David Crystal on why texting is good for language." *The Guardian.* URL: www.theguardian.com/books/2008/jul/05/saturdayreviewsfeatres. guardianreview. Accessed July 5, 2008.

DE BEAUGRANDE, Robert and Wolfgang DRESSLER (1981). *Introduction to Text Linguistics*. New York: Longman.

DUCROT, Oswald (1980). *Les mots du discours*. Paris : Minuit.

HARRIS, Zellig S. (1952). "Discourse Analysis." *Language*. Vol. 28, n° 1, pp. 1–30.

HARRIS, Zellig S. (1954). "Distributional Structure." *Word* 10 (2/3), pp. 146–162.

HUDDLESTON, Rodney (1984). *Introduction to the Grammar of English*. Cambridge: Cambridge University Press.

HUMPHRYS, John (2007). "I h8 txt msgs: How texting is wrecking our language." URL: www.dailymail.co.uk/news/article-483511/I-h8-txt-msgs-How-texting-wrecking-language.html#ixzz4FLEtASLo. Accessed July 16, 2016.

JACQUES, Francis (2002). *De la textualité. Pour une textologie générale et comparée*. Paris : Maisonneuve.

Journal Officiel de la République Française (2013, 5 décembre). « Vocabulaire du droit (liste de termes, expressions et définitions adoptés) ». *Lois et décrets*, JORF n°0282. URL : www.legifrance.gouv.fr/eli/jo/2013/12/5.

KINTSCH, Walter et Teun A. VAN DIJK (1975). « Comment on se rappelle et on résume des histoires ». *Langages*. N° 40, pp. 98–116.

KINTSCH, Walter et Teun A. VAN DIJK (1978). "Toward a Model of Text Comprehension and Production." *Psychological Review*. N° 85, pp. 363–394.

LAROUSSE. *Dictionnaires de français*. URL : larousse.fr/dictionnaires/francais/textologie/77628?q=textologie#76707. Consulté le 5 juillet 2016.

LAUFER, Roger (1972). *Introduction à la textologie*. Paris : Larousse.

LEHMANN, Denis (1985). « La grammaire de texte : une linguistique impliquée? » *Langue française*. Vol. 68, n° 1, pp. 100–114.

LEPPIHALME, Ritva (1997). *Culture Bumps: An Empirical Approach to the Translation of Allusions*. Clevedon: Multilingual Matters.

LONGACRE, Robert E. (1976). *An Anatomy of Speech Notions*. Netherlands: Peter de Ridder Press.

LONGACRE, Robert E. (1983). *The Grammar of Discourse*. New York: Plenum Press.

MAINGUENEAU, Dominique (1991). *L'analyse du discours. Introduction aux lectures de l'archive*. Paris : Hachette Université.

MŒSCHLER, Jacques et Anne REBOUL (1994). *Dictionnaire encyclopédique de pragmatique*. Paris : Éditions du Seuil.

MOMHA, Martin (2011, 6 août). « La textologie : analyse du discours ou linguistique textuelle? » *Le modèle structuro-modulaire en textologie*. URL : martinmomha.canalblog.com.

NEUBERT, Albrecht (1981). "Translation, Interpreting and Text Linguistics." *Studia Linguistica*. Vol. 35, n° 1-2, pp. 130–145.

NEUBERT, Albrecht (1982). "Text-Bound Translation Teaching." In Wolfram Wilss and Gisela Thome (ed.), *Translation Theory and its Implementation in the Teaching of Translating and Interpreting*. Tübingen: Gunter Narr Verlag, pp. 61–70.

La macrostructure du texte

NEUBERT, Albrecht and Gregory SHREVE (1992). In *Translation as Text*. Kent, Ohio and London, England: The Kent State University Press.

NEWMARK, Peter (1982). *Approaches to Translation*. Oxford: Pergamon Press Ltd.

NEWMARK, Peter (1988). *A Textbook of Translation*. New York: Prentice Hall.

NORD, Christiane (2005). *Text Analysis in Translation*. Second edition. Amsterdam/New York: Rodopi.

QUIRK, Randolph and Sidney GREENBAUM (1977). *A University Grammar of English*. London: Longman.

REISS, Katharina (2002). *La critique des traductions, ses possibilités et ses limites : catégories et critères pour une évaluation pertinente des traductions* (Munich). Traduit de l'allemand par Catherine Bocquet. Arras : Artois Presses Universités.

RIEGEL, Martin, Jean-Christophe PELLAT et René RIOUL (1994). *Grammaire méthodique du français*. Paris : Presses Universitaires de France.

ROBERT, Paul. *Le Nouveau Petit Robert de la Langue française 2009*. Josette Rey-Debove et Alain Rey (dir.). Paris : Les Dictionnaires Le Robert. URL : forseti.glendon.yorku.ca.ezproxy.library.yorku.ca/PR1_2009/. Date de consultation : le 15 novembre 2014.

ROBERTS, Roda (1993). « La phraséologie : état des recherches ». *Phraséologie*. Actes du séminaire international (Hull, mai 1993), RINT, 10, pp. 36–42.

ROULET, Eddy, Laurent FILLIETAZ, Anne GROBET et Marcel BURGER (2001). *Un modèle et un instrument d'analyse de l'organisation du discours*. Berne : Peter Lang.

SARTRE, Jean-Paul (1948). *Qu'est-ce que la littérature?* Paris : Seuil.

TOMACHEVSKI, Boris (1928). « L'écrivain et le livre. Esquisse de textologie ». Dans André Mikhailov (2007) *Textologie russe*. Paris : CNRS.

TROSBORG, Anna (ed.) (1997). *Text Typology and Translation*. Amsterdam/Philadelphia: John Benjamins.

VAN DIJK, T. (1972). *Some Aspects of Text Grammar*. The Hague: Mouton.

VIGNER, Gérard (1979). *Lire : du texte au sens*. Paris : Clé internationale.

WILSS, Wolfram (1983). "Translation Strategy, Translation Method and Translation Technique: A Clarification of Three Concepts." *La Revue de phonétique appliquée*. N° 66/68, pp. 143–152.

CHAPITRE 2

Traduire les textes : quelques considérations initiales

En dehors des types et des fonctions des textes, un autre élément doit être identifié lorsqu'on s'apprête à traduire un texte : à qui s'adresse le texte, et par conséquent, quel registre de langage doit-on employer?

Distinguons tout d'abord « registre » de « niveau » que l'on a souvent tendance à employer l'un pour l'autre à tort. Le niveau de langue est involontaire tandis que le registre est choisi. Appartiennent aux niveaux de langue les accents régionaux et les expressions caractéristiques des groupes sociaux acquis dans le milieu familial; les registres, en revanche, sont une utilisation consciente d'une langue familière avec les amis et la famille ou d'une langue plus soutenue en milieu de travail ou dans une situation protocolaire.

1. Niveaux de langue et variations linguistiques (langue correcte et langue expressive)

Les niveaux de langue comme les registres de langage d'un message (texte parlé ou écrit) se caractérisent par le degré de formalité de ce message et sont fonction de la situation de communication : qui s'adresse à qui, dans quel contexte et pour dire quoi? S'agit-il d'un échange entre amis, d'une lettre officielle, d'une note diplomatique ou d'une note de service, d'une intervention dans le cadre d'une assemblée délibérante ou d'un échange familial? Notre utilisation de la langue, notre discours variera selon le contexte, selon ce que certains appellent la variation fonctionnelle du langage ou la variation selon l'usage. « Toute situation de communication résulte de la combinaison de divers éléments (ex. : le destinataire, le message) et d'une intention de communication, qui en constitue le cœur et lui confère du sens. Cette intention se manifeste à travers diverses réalisations langagières et dans différentes formes de textes oraux, écrits, visuels ou mixtes. » (site web d'Éducation, Enseignement supérieur et Recherche Québec)

Le schéma de la communication de Roman Jakobson (1960, 1963) présenté ci-dessous permet d'identifier les principaux éléments qui caractérisent une situation de communication.

Schéma de la communication selon Jakobson

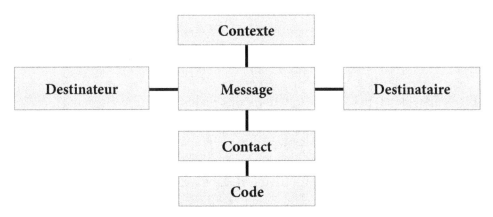

Source : Roman Jakobson (1960). "Linguistics and Poetics." In T. Sebeok (ed.). *Style in Language.* Cambridge, MA: M.I.T. Press, pp. 350-377.

Jakobson accorde une fonction particulière à chacun de ces éléments de la communication. Le contexte, ou référent, a une fonction référentielle qui comprend l'ensemble des conditions extérieures à la communication qui ont cependant une influence sur la communication : contexte physique (lieu ou moment de l'échange); contexte social ou relationnel (degré de connaissance des participants à la communication et type de relation entre eux) et contexte culturel (habitudes locales mais aussi éléments d'information en rapport avec ce dont on parle).

Le destinateur et le destinataire correspondent respectivement à ce qu'on nomme aussi en linguistique l'émetteur et le récepteur. Tous deux ont une **fonction expressive** (puisqu'ils s'expriment à tour de rôle) et une **fonction conative** (de *conari* en latin qui signifie s'efforcer de…) qui vise à impressionner l'interlocuteur, à le convaincre de faire quelque chose.

Le message désigne l'information transmise ou le contenu de la communication (par exemple, le texte). Notez que ce message ou texte est normalement adapté en fonction des interlocuteurs et peut varier de forme, de contenu et même de durée. Le contact (ou le canal) désigne le moyen qui relie destinateur et destinataire, ce qui fait que le message passe bien, que l'interaction sociale a lieu. Le contact et le message ont tous deux une **fonction phatique** (du grec *phatis*, parole, déclaration, affirmation, assertion) dont l'objet est d'établir ou de prolonger la communication entre le locuteur et le destinataire sans servir à communiquer un message; et une **fonction poétique** que Jakobson (1963, t.1, p. 218) décrit ainsi :

> Cette fonction, qui met en évidence le côté palpable des signes, approfondit par là même la dichotomie fondamentale des signes et des objets. Aussi, traitant de la fonction poétique, la linguistique ne peut se limiter au domaine de la poésie.

La fonction poétique est donc une fonction de création linguistique qui dépasse la recherche esthétique du genre littéraire que l'on nomme poésie et rejoint le sens initial du terme grec *poiein* qui signifie créer.

Quant au code, il désigne les conventions de production du message, c'est-à-dire la langue, le code linguistique.

Il est généralement possible de faire une appréciation globale du message à partir des marques ou particularités qui le caractérisent. Ces marques peuvent relever du lexique, de la syntaxe (organisation du message), de la graphie (l'orthographe), mais aussi, à l'oral, de l'accent ou des signes non verbaux qui relèvent alors de la sémiotique (étude des signes).

À ce stade de la discussion, il importe de faire un premier travail d'observation et d'analyse.

A. OBSERVONS LES EXEMPLES SUIVANTS :

- en français :

cinglé	fou
bouffer	manger
boulot	travail
tête de mule	entêté
une lettre	une missive
c'est amusant	c'est le fun/c'est marrant

- et en anglais :

bawl out	admonish
up to snuff	adequate

La macrostructure du texte

catch a wink	doze
exhausted	pooped
snooze	catch a nap
procure	get

Ces premières observations portent sur des éléments du lexique (vocabulaire) et sur des expressions (groupements de mots). Si ces mots et expressions semblent être des synonymes (car ils expriment plus ou moins le même sens), ils ne s'emploient pas pour autant dans les mêmes contextes et ne sont pas interchangeables : ils sont associés en effet à des usages différents. Ainsi « bouffer » est considéré comme un terme familier alors que « manger » – mot générique, plus neutre – est associé à la langue courante. On peut faire la même observation à l'égard de *up to snuff* et *adequate*.

EXERCICE 21

Quelles observations pouvez-vous faire au sujet des autres exemples? Cherchez les mots dans un dictionnaire unilingue. Y trouve-t-on une indication relative à l'usage de ces mots?

Passons maintenant à des formulations plus complexes.

B. OBSERVONS LES PASSAGES SUIVANTS :

1A. Le conseiller craignait fort d'arriver en retard à son rendez-vous et de faire croire, à tort, à son homologue qu'il lui faisait faux bond. Il risquait aussi de s'attirer une réprimande de son supérieur hiérarchique.

1B. Le conseiller avait une frousse terrible d'arriver en retard au rendez-vous et de laisser penser à son collègue qu'il lui avait posé un lapin et ensuite de se faire engueuler par son patron.

2A. Merci Monsieur le Président,
Je voudrais joindre ma voix à celle des orateurs qui m'ont précédé pour vous adresser, Monsieur le Président, les vives félicitations de ma délégation pour votre brillante élection à la présidence de cette auguste assemblée. Nous sommes persuadés que, grâce à votre expérience et sous votre sage direction, les travaux de cette instance seront conduits avec toute la diligence et l'efficacité souhaitées.

2B. Merci Monsieur le Président,

Permettez-moi de vous féliciter pour votre élection comme président de l'Assemblée pour cette session. Je suis certain que, sous votre mandat, les projets prévus seront concrétisés.

3A. There seems to have been some creative accounting. The auditors noted a number of irregularities during national controls. Some upper management have been summoned for questioning.

3B. They say the books were cooked; the numbers don't add up. The general manager's goose might be cooked too.

4. My smmr hols wr CWOT. B4, we usd 2 go 2 NY 2C my bro, his GF & thr 3 :-@ kds FTF. (*SMS English*, English Grammar Online)

5. Rien na dir é tré bo casting lol lé fille sont tré joli mdr

Que révèlent notre observation et notre analyse?

Dans l'observation des passages, ce qui frappe l'attention, c'est le lexique ainsi que la formulation textuelle et la graphie, surtout dans le cas des textos. Chaque petit texte communique un message. Comment ce message est-il formulé? Par quels moyens?

Dans l'exemple (1), notons la différence entre « craignait fort » et « avait la frousse »; « faire croire » et « laisser penser »; « homologue » et « collègue »; « faire faux bond » et « poser un lapin »; « s'attirer des réprimandes » et « se faire engueuler ». Dans tous les cas, les expressions employées en (1) a. contribuent à rendre un style plus recherché, et donc plus soutenu.

Observons également l'organisation des phrases. Si les tournures et les formulations sont tout à fait acceptables, elles ne sont pas associées aux mêmes usages et ne s'emploient pas dans les mêmes contextes. Les exemples (4) et (5) sont bien particuliers : facilement reconnaissables des adeptes du texto, ils appartiennent à un contexte qui leur est propre (échanges brefs au moyens des technologies récentes).

EXERCICE 22

Commentez les autres exemples.

L'examen préliminaire des exemples nous amène à des considérations sur les registres de langage. Nous avons vu qu'il fallait distinguer niveaux de langue qui sont acquis dans le milieu dans lequel on grandit et registres de langage que l'on peut choisir d'utiliser selon les contextes de communication. En quoi ces niveaux de langue et registres de langages sont-ils importants pour l'étude de la traduction?

2. Niveaux de langue, dialectologie et traduction

Les niveaux de langue intéressent deux disciplines particulièrement : la dialectologie, qui s'intéresse aux parlers régionaux et aux accents; et la sociologie de la langue, ou sociolinguistique, qui s'intéresse aux parlers des différents groupes sociaux. Ces études font toutes partie de l'étude des variations linguistiques.

En français comme en anglais, les variations linguistiques sont nombreuses. La francophonie internationale offre un champ d'étude fascinant. Si vous vous destinez à devenir interprète, la connaissance des accents et des parlers régionaux dans vos langues de travail est d'une grande importance. Pour vous familiariser avec eux, vous pouvez écouter des enregistrements de ces différents parlers anglais et français sur YouTube (Parler picard, parler acadien, Dialects of English. Voir particulièrement *Le parler du Saguenay pour mieux comprendre* Le bonheur de Pierre). Ils se composent d'un accent particulier mais aussi de mots et d'expressions qui ne s'emploient pas ailleurs. Par exemple, en Normandie, région connue pour ses nombreux types de pommes, son cidre et ses produits dérivés, les expressions faisant intervenir le mot « pomme » et tout ce qui en dérive sont particulièrement nombreuses, certaines étant devenues usuelles dans d'autres régions aussi. On connaît par exemple « tomber dans les pommes » (s'évanouir); « la pomme de discorde » (cause d'une dispute) ou « la pomme d'Adam »; « grand comme trois pommes assises » (très petit) ou « jeter des pommes cuites à quelqu'un » (lui dire haut et fort son mépris). Des noms d'objets liés à la fabrication du cidre ou du calvados perdurent aussi en Normandie tandis que les objets eux-mêmes ont été remplacés par d'autres plus modernes, comme la « brebis » qui n'est pas alors la femelle du mouton mais une poutre en chêne dans un pressoir (Lepelley, 1973, p. 48).

Quant à la sociolinguistique, elle s'intéresse aux particularités du langage des divers groupes sociaux : l'anglais posh de la classe politique anglaise (voir la série de reportages *Posh and Posher* sur YouTube, ainsi que la série d'accents présentée par Gareth Jameson), le parler cockney de l'est de Londres, l'accent des milieux ouvriers; même chose pour le français où le parler aristocratique a survécu à la Révolution et où les politiciens acquièrent dans leurs partis des tics de langage qui les classent. Comme l'explique Pierre Bourdieu dans « L'économie des échanges linguistiques » (1977, p. 18) :

Le langage est une *praxis* : il est *fait pour être parlé*, c'est-à-dire utilisé dans des stratégies qui reçoivent toutes les fonctions pratiques possibles et pas seulement des fonctions de communication. Il est fait pour être parlé à propos. La compétence chomskyenne est une abstraction qui n'inclut pas la compétence permettant d'utiliser adéquatement la compétence (quand faut-il parler, se taire, parler ce langage ou celui-là, etc.) Ce qui fait problème, ce n'est pas la possibilité de produire une infinité de phrases grammaticalement cohérentes mais la possibilité d'utiliser, de manière cohérente et adaptée, une infinité de phrases dans un nombre infini de situations.

Il y a par ailleurs des accents porteurs de ce qu'il appelle « un capital symbolique » (1977, p. 18) comme, dans les milieux canadiens-anglais, le *Parisian French*; tandis que d'autres sont dévalorisés comme le « parler campagnard » en France. Il y en a qui sont jugés sympathiques comme le parler du midi de la France ou le français québécois et d'autres hostiles comme le verlan ou le parler des banlieues françaises. Ces distinctions d'accents, de lexique, de structures et de manières créent parfois une incompréhension entre des personnes de même langue. On peut très sérieusement créer des dictionnaires pour aider les locuteurs de cette même langue à se comprendre, mais on peut aussi chercher à amuser le lecteur en lui faisant prendre conscience de ces différences. C'est ce qu'a fait un journaliste français dans un livre intitulé *Le Dico franco/français* (Vandel, 1998). Pour justifier son entreprise, il explique dans son Avant-propos :

> Envoyez un rappeur à une séance du Sénat. Il aura autant de mal à décoder le charabia qu'on lui débite que, disons, un sénateur parachuté dans la cité du Val-Fourré*, à Mantes-la-Jolie.
>
> Vous-même, vous avez certainement déjà buté sur les subtilités verbales des footballeurs et leurs ailes de pigeon, les décideurs et leurs **pré-tests**, **le sot-l'y-laisse** des cuisiniers sous vide, les fausses imitations du Sentier**, **les liposomes** des esthéticiennes, les stars du showbiz en tournée mondiale en Suisse, les journalistes – qui ne sont pas sans ignorer –, les flics en **brigade-zombie**, les **épiphénomènes** chez les hommes politiques, les « posse's » des rappeurs mortels et **les teu-pos super-bléca** des faux-jeunes, les théâtreux centrés, les épouses prolixes plus n.a.p.[1] que b.c.b.g.[2], les critiques littéraires kafkaïens (quoique ubuesques), les mensonges des cocus adultères, les grand-mères et leurs chandails-chasubles, voire les gens eux-mêmes chers aux communistes et à leurs amis.

La macrostructure du texte

Prenez le terme action : à l'O.M.[3], c'est une attaque, à la C.G.T.[4] c'est une grève (donc l'inaction), et à la B.N.P.[5], elle vient de perdre un quart de point à l'indice Nikkei. (Vandel, 1998, pp. 5–6)

Quartier de Mantes-la-Jolie, grande banlieue de Paris, où se sont déroulées à plusieurs reprises de graves échauffourrées.
**Quartier de Paris.*

Notes
1. *Neuilly-Auteuil-Passy (quartiers riches de Paris).*
2. *Bon chic Bon genre.*
3. *Olympique de Marseille (équipe de football).*
4. *Confédération générale du travail, syndicat communiste en France.*
5. *Banque nationale de Paris, maintenant BNP Paribas.*

EXERCICE 23

Dans le texte de Vandel, cherchez la signification des expressions en gras. Explicitez les ambiguïtés qu'elles pourraient créer.

Pour les traducteurs comme pour les journalistes, il convient de se familiariser avec les variations linguistiques, qu'elles soient sociales, géographiques ou professionnelles; pour les comprendre, les traduire, et en respecter non seulement le sens mais aussi le cachet et les spécificités. Dans cet esprit, faites l'exercice ci-dessous.

EXERCICE 24

Adaptez le texte ci-dessous écrit en langue populaire québécoise de manière qu'il soit compris par l'ensemble des francophones (langue neutre non caractérisée, standard ou courante). Pour ce faire, aidez-vous des nombreux sites qui regroupent les particularités de « la parlure québécoise » comme, par exemple, le site www.lespasseurs.com/Parlure_Quebecoise.htm

Jean avait parti un magasin fa cinq ans dja mais la bizness alla point : Jean ava toujours les bleus et filait pas pantoute. Le trouble avec lui, stait qu'y était toujours cassé et fumait à journée longue. Sa blonde était tannée : aa l'achalait pour qui casse ste habitude. Ma était branleux… Ensemble ont décidé de prendre des mesures drastiques. Ont clairé la marchandise et slaqué les employés, pis ont appliqué pour une job. Ont définitivement eu de la chance : ont tous les deux trouvé de l'ouvrage avec le gouvernment. Ensemble y clairent $1,000 semaine et se sont fait de nouveaux chums. Jean a quitté et asteur, ont déjà beaucoup sauvé; figurent même qu'y pourront se payer une vacance en Europe avec leurs chums Robert et Marie. Ma leurs chums font la baboune : font des chicanes pour aller sur un avion. Y s'astinent et disent qu'asteur les avions sont pas sécures pantoute. Ont bataillé dur! Jean a dit qu'y s'pognait les nerfs pour rien ma Robert a dit que sa peur originait de l'accident de la SwissAir en Nouvelle-Écosse. C'est platte ma peut rien y faire. Jean a quand même pitonné sur l'Internet et investigué dans une agence de voyage. Y en a ramené une variété de litérature sur les pays d'Europe. Après avoir lu tout ça, était pus le temps de niaiser là : étaient tous anxieux de sacrer leur camp, même que Robert a dit que c'était correct et qu'y prendrait l'avion itou. Alors ils ont pu choisir des hôtels qui ne seraient pas paquetés même en été, en ont noté l'addresse et le téléphone pour les contacter, et ont décidé de louer un apartment sur la Côte d'Azur pour une semaine. Souhaitons-leur une bonne vacance!

Avant de traduire un texte, il faut le lire en entier, afin d'en comprendre le sens général et l'intention, mais aussi afin de le situer. De quel type de texte s'agit-il : technique, littéraire? Est-ce une note de service, le compte rendu d'une réunion, un communiqué de presse? Le texte est-il rédigé dans une langue familière, courante ou soutenue? Et qu'est-ce qui nous permet de porter un jugement? Voilà la première difficulté à laquelle se heurte l'apprenti-traducteur : **savoir lire.**

Savoir lire, ce n'est pas seulement reconnaître les mots dans un texte, c'est aussi être capable d'identifier les nuances cachées afin de pouvoir les ré-exprimer dans l'autre langue. Il est important de situer le niveau de langue ou les différents registres du texte avant de tenter de le traduire. Les mots et les tournures doivent convenir au contexte, au but et au destinataire du message ou du texte que l'on communique. L'identification des niveaux de langue, c'est une façon de caractériser ou de classer les variations des moyens d'expression. La caractérisation touche simultanément au lexique, à la syntaxe, aux normes sociales ainsi qu'aux options personnelles de la personne qui s'exprime.

Afin de vous aider à percevoir les limites entre ces différentes catégories et d'éviter les erreurs de tons qui sont autant de trahisons du texte d'origine, voici comment les ouvrages de référence définissent les niveaux (registres) de langue :

- **La langue soutenue ou cultivée** est utilisée dans « des situations contraignantes (relations officielles, politesse); elle est caractérisée par la recherche dans le choix des mots, la construction syntaxique ou la prononciation;

La macrostructure du texte

La macrostructure du texte

elle s'oppose à la langue familière qui ignore ces contraintes » (Dubois et al., 2012, p. 440). Elle peut aussi avoir des visées littéraires.

- La **langue courante**, ou **français standard** (nous préférons l'appellation de **français international**), est la langue commune normalisée qui tend à supprimer les écarts entre les différentes régions et les différents milieux. La langue courante s'emploie généralement entre personnes qui n'ont pas de liens de familiarité; elle est neutre et peut s'employer en toutes circonstances. C'est la langue de référence des contextes professionnels.

- L'emploi de la **langue familière** « implique un degré d'intimité entre les interlocuteurs et conjointement un refus des rapports cérémonieux qu'exige la langue soutenue ou académique. […] Familier s'oppose également à grossier ou trivial : il s'agit donc d'un niveau de langue ; le terme n'implique pas un jugement moral sur le contenu des termes, sur le sens d'un mot comme les qualificatifs « grossier » ou « trivial » mais seulement un écart par rapport à la langue écrite et au « bon usage ». La tendance des puristes, toutefois, est de confondre « familier » et « grossier ». (Dubois et al., 2012, p. 195)

- La **langue populaire** « caractérise tout trait ou tout système linguistique exclu de l'usage des couches cultivées qui, sans être grossier ou trivial, se réfère aux particularités du parler des couches modestes de la population » (Dubois et al., 2012, p. 372). Quoique destinée à un usage oral, on la trouve occasionnellement sous la plume de certains romanciers de renom, tels Rabelais, Balzac, Céline et, au Canada, Michel Tremblay. En effet, les grands écrivains ont recours à toutes les ressources de la langue.

Si l'on devait caractériser les registres du langage en fonction de leur expressivité, on pourrait dire que le langage courant, quoique correct, est le moins expressif. C'est en quelque sorte le degré zéro de l'expressivité. Il est neutre et transmet l'information sans y attacher ni humour, ni esthétique particulière. La plupart des textes administratifs que nous avons vus en première partie se situent à ce niveau. Au degré 1, on pourrait placer le langage familier, plus riche en expressions idiomatiques, plus humoristique aussi. La langue soutenue se placerait au niveau 2 de par sa recherche esthétique et la complexité de sa syntaxe. Mais c'est la langue populaire que nous considérons comme la plus expressive et plaçons au degré 3. En effet, il s'agit d'une langue très concrète qui peut sans doute toucher au vulgaire mais se caractérise par de nombreuses images, des associations d'idées inhabituelles et une très grande créativité. C'est pour cette raison que les écrivains y ont parfois recours car, en littérature, il y a place pour tous les registres.

Quand madame Couture et Victorine se levèrent, elles rencontrèrent, à la porte, la grosse Sylvie qui leur barra le passage.

– Quoi qui n'y a donc ? dit-elle. Monsieur Vautrin a dit à monsieur Eugène : Expliquons-nous ! Puis il l'a pris par le bras, et les voilà qui marchent dans nos artichauts.

En ce moment Vautrin parut. – Maman Vauquer, dit-il en souriant, ne vous effrayez de rien, je vais essayer mes pistolets sous les tilleuls.

…

– Je ne veux pas qu'on tire des coups de pistolet chez moi, dit madame Vauquer. N'allez-vous pas effrayer tout le voisinage et amener la police, à c't'heure! (Balzac, *Le Père Goriot,* pp. 187–188)

Ceci est vrai aussi de l'anglais. En anglais, on parle souvent de « levels of diction » ou de « levels of usage ». Cette notion renvoie au choix des mots et à leur emploi : il s'agit d'utiliser, comme on le dit souvent, « the right word in the right place ». Dans *The Canadian Writer's Handbook* (1995), Messenger et Bruyn affirment : « No amount of correct grammar and rhetorical skill can compensate for poor diction. » (p. 269) En ce qui concerne les niveaux en anglais, on peut trouver le classement suivant :

- Formal: "used for 'very proper occasions' such as writing of letters of application, and serious friendly letters (condolence), and the preparation of serious speeches, scientific and technical papers and research papers, and some compositions" (Shaw, 1970, p. 193).
- Informal: "familiar, conversational, the ordinary writing and speaking of most educated people, as in friendly letters, letters home, amicable exchange of ideas, some forms of discussions, much of your conversation, familiar essays, and some of your conversation. Note that formal and informal apply to both writing and speaking; note also that there are degrees of formality and informality in language which, as in dress, depend upon the occasion, but that no rigid lines separate these degrees" (Shaw, 1970, p. 193).

À noter que l'ouvrage *The American Heritage Guide to Contemporary Usage and Style* (2005) souligne certains traits de l'« informal English » que les auteurs décrivent ainsi :

This is a broad category applied to situations in which it is not necessary, and in many cases not even desirable, to use the conventions of formal discourse. Informal language incorporates many of the familiar features of spoken English, especially the tendency to use contractions and to abbreviate sentences by omitting certain elements. Where formal English has May I suggest that we reexamine the manuscript? in informal English you might get *Want to look this over? (p. xv)

Au sujet des niveaux, ils ajoutent : « Of course these functional categories are not hard and fast divisions of language; rather they are general tendencies of usage. » (p. xv) Enfin, ils précisent : « It is important to remember that formal and informal refer to styles of writing, not standards of correctness. » (p. xv)

Autres niveaux

Colloquial: "Colloquialisms are expressions more often used in speech than in writing and are more appropriate in informal than in formal speech and writing. [...] The label colloquial applies to many expressions because informal English has a wide range and because many editors differ in interpretations of their findings. [...] Colloquialisms span a range from high, or just below formal written English to low or just above dialect, slang, and illiterate English." (Shaw, 1970, p. 218)

Popular or Slang: "is a particular kind of colloquialism. Characteristics of slang include flippant or eccentric humour, forced, fantastic, or grotesque meanings; novelty; attempts to be colourful, fresh, pungent and vivid." (Shaw, 1970, p. 219)

L'auteur signale que le terme *slang* recouvre aussi les mots dits *illiteracies* : « words and expressions not accepted in either colloquial or formal language and characteristic of uneducated speech » (Shaw, 1970, p. 213).

Il faut cependant apporter une nuance entre les niveaux *informal* et *colloquial*. Le niveau *informal* correspond plutôt à la langue courante tandis que le niveau *colloquial* correspondrait plutôt à la langue parlée, donc familière mais aussi vulgaire :

"Bloody hell," she cried. "Why didn't you ring back? I've been sitting here. And he's alone over there. And I don't know what to do or what to tell him because the worst of it is that there's sod all anyone can do to help and I know it and I lied to him and said we'd do something and I need your help." (Elizabeth George, 2013, p. 14)

L'une des difficultés auxquelles les apprentis-traducteurs doivent faire face tient au fait que si, du point de vue de la théorie, les catégories se correspondent assez bien en anglais et en français, dans la pratique, les lignes de démarcation entre les catégories ne sont pas rigides. Tel mot qui serait familier en français pourrait être perçu comme *informal* ou *colloquial* en anglais. Il n'y a pas de correspondance parfaite, juste une équivalence approximative. Il faut donc apprendre à doser les ressources à l'intérieur du texte de manière à ce que le lecteur du texte d'arrivée puisse ressentir une expérience équivalente à celle du lecteur de l'original.

Par ailleurs, contrairement à une idée largement répandue, les niveaux de langue comme les registres de langage ne sont pas juste du ressort du lexique mais se caractérisent aussi par des différences dans la phraséologie, les expressions idiomatiques et la syntaxe.

Un même locuteur peut donc changer de registre selon qu'il s'exprime oralement ou par écrit et s'adresse à des intimes ou à un public. Son parler variera également selon son attitude, son tempérament, sa formation et sa classe sociale. La question est complexe car les choix linguistiques d'un individu dépendent non seulement de la situation, mais aussi de ce qu'on appelle son « idiolecte ». Ce terme désigne « la façon de parler propre à un individu, considérée en ce qu'elle a d'irréductible à l'influence des groupes auxquels il appartient » (Ducrot et Todorov, 1972, p. 79). Cette notion sous-entend qu'il y a « variation non seulement d'une région à une autre, d'une classe sociale à une autre, mais aussi d'une personne à une autre » (Dubois et al., 2012, p. 239). Tom McArthur (1992, p. 97) le décrit ainsi : « the language special to an individual, sometimes described as a personal dialect ».

De par notre vécu linguistique, nous avons tous, vis-à-vis de la langue, des réactions que nous croyons objectives, mais qui sont bien souvent teintées de subjectivité. Il faut donc conserver une grande humilité et pratiquer, par rapport à nos convictions linguistiques, le doute systématique quand nous évaluons les niveaux de langue ou les registres d'expression. En effet, ce n'est pas parce qu'un mot ne fait pas partie de notre idiolecte et que nous n'en connaissons pas l'usage qu'il est archaïque, recherché, régional, voire même vulgaire. Il faut donc se référer aux dictionnaires unilingues qui donnent ce type d'indication sur les mots.

Attardons-nous maintenant sur les exemples suivants :

La macrostructure du texte

Exemple A

1. Great news! The board went along with our recommendations. Thanks for your input.
2. I am pleased to inform you that our recommendations were overwhelmingly endorsed by the Board. I take this opportunity to thank you for your continued support.

L'**exemple A** frappe par la longueur des deux phrases ainsi que par leur formulation, la première étant plus brève et directe, *to the point*, comme on dirait en anglais, la seconde plus prolixe, plus étoffée. Notons le recours à l'interjection, *Great news!*, en début de la phrase 1, tournure elliptique (absence de verbe) exprimant un sentiment de grande satisfaction par l'emploi familier de l'adjectif *great* dans le sens de *good*. Observons également l'emploi du verbe prépositionnel ou verbe à particule (phrasal verb) *go along with*, que l'on remplace par *endorse* dans la phrase 2. À signaler ici que le verbe à particule en anglais appartient généralement à un niveau de langue moins soutenu que son correspondant verbal à forme simple. On observe également l'emploi de la formule de politesse usuelle familière, *thanks*, remplacée par la formule plus étoffée, *thank you*, dans la phrase 2. Tous ces éléments confèrent à la phrase 1 un ton familier, le ton de la conversation amicale.

Dans la phrase 2, on note le recours à une tournure appartenant au style administratif poli, *I am pleased to inform you*. Notez aussi des expressions comme *overwhelmingly endorsed, take this opportunity*, qui traduisent une tonalité propre à un écrit de type officiel.

Exemple B

1. Please be advised that the Finance Committee is scheduled to meet on June 15th to consider *inter alia* (i) the integrity of the financial statements; (ii) the auditor's reports, and the terms of appointment and remuneration of the auditor.
2. Please note that the Finance Committee will meet June 15th to examine among other things the financial statements, the auditor's reports and terms of appointment and salary of the auditory.

Une analyse des phrases proposées dans l'**exemple B** nous montre que la phrase 1 se situe à un registre de langue ***formal*** en raison de la présence d'une tournure qui appartient au style administratif poli, marquant une distance entre destinateur et destinataire (*Please be advised*). Notons aussi la tournure passive. Enfin, notons l'emploi de l'expression latine *inter alia*. Tous ces éléments confèrent au paragraphe une tonalité propre à une lettre officielle. La phrase 2 est de registre **informal**. Elle présente une tournure injonctive, au moyen de l'impératif, polie mais plus directe, marquant moins de distance entre les participants face à la situation de communication. À noter également la différence entre la locution d'origine latine *inter alia* et son équivalent anglo-saxon *among other things* qui, lui, appartient à un niveau de langue moins relevé.

Comparons maintenant les énoncés de trois séries en français :

Exemple C
1. **Veuillez** me renvoyer le **document** ci-joint **dûment** signé. (langue soutenue, style administratif)
2. **Renvoyez-moi** les **papiers** signés **le plus tôt possible**. (langue courante)

Exemple D
1. **Cessez** de m'**importuner**. (soutenu)
2. **Laissez-moi** tranquille. (courant)
3. **Fichez-moi** la paix! (familier)
4. **Foutez-moi** la paix! (vulgaire)

Exemple E
1. Le travail m'**ennuie**. (courant)
2. Moi, le travail, ça m'ennuie. (courant)
3. Je suis **tanné** de faire ça. (familier, régional)

Dans l'**exemple C**, la phrase 1 utilise les expressions figées du style administratif tandis que la phrase 2 n'utilise que des termes courants.

Dans l'**exemple D**, l'emploi de *cesser* et *importuner* de la phrase 1 relève de la langue soutenue. La formulation dans l'exemple 2 appartient à la langue courante. Le verbe « ficher », appartient à la langue familière et « foutre » à la langue vulgaire.

Dans l'**exemple E**, le recours à l'anaphore grammaticale ça (processus syntaxique consistant à reprendre par un segment, un pronom en particulier, un autre segment du discours) confère à la phrase 2 un style plus familier. La troisième phrase, par l'emploi du mot *tanné* privilégié au Québec et dans certaines régions de France, a une tonalité familière, régionale.

Toutefois, si on peut ainsi identifier des mots appartenant à un registre ou à un autre, c'est vraiment l'ensemble des caractéristiques de la phrase qui nous

La macrostructure du texte

permet d'en évaluer le niveau ou le registre, ainsi que la tonalité; en effet, il est parfois difficile de situer un groupe réduit de termes. De plus, même dans les dictionnaires, il peut y avoir des variantes d'évaluation de niveaux ou registres. Ainsi, si l'on cherche le verbe « rigoler », *le Grand Robert de la langue française* le juge familier alors que le *Dictionnaire des synonymes* de H. Bénac le juge populaire. *Le Multidictionnaire des difficultés de la langue française* ne donne pas de niveau de langue pour ce mot, ce qui laisse entendre qu'on le perçoit comme courant.

Toutefois, si le doute est possible lorsqu'on ne considère qu'un mot, il s'efface sur l'ensemble d'une phrase et, surtout, d'un texte. Le texte 12 présenté au chapitre 1, par exemple, fondé sur une recherche scientifique très sérieuse (elle a fait l'objet de conférences dont le style devait être *formal*) a recours à des termes familiers pour rejoindre avec plus d'efficacité un lectorat non spécialisé dans le domaine de la psychologie. Ainsi les termes ou expressions *doodling*, *daydreaming*, *get their fix*, et *texting* bien sûr, renvoient au quotidien des étudiants. L'expression *obsessive texter* est amusante dans ce contexte, de même que l'image *keep his eyes peeled for illicit texters*. Au final, le texte est un mélange de sérieux et de divertissant, comme c'est souvent le cas des écrits journalistiques, le divertissant provenant essentiellement du registre familier associé aux oppositions qui créent aussi l'humour qui prévaut dans ce texte.

Ainsi, s'il est parfois difficile de situer des mots isolés (hors contexte), l'ensemble du message nous permet d'évaluer le registre auquel appartient un texte. Les limites entre les différents niveaux n'étant pas étanches, une analyse approfondie de chaque texte s'imposera toujours. On se penchera sur le lexique comme nous l'avons fait ici, mais aussi sur la syntaxe comme on le verra dans la prochaine section.

EXERCICE 25

Identifiez le niveau de langue des textes anglais présentés ci-dessous. Quelles sont les particularités de ces textes qui vous ont guidés dans vos choix?

1. Couple of problems out there now on the east bound 40, there's a left lane stall before Decarie circle. You're busy now from Cavendish so you get past the stall then you slow on and off on the eastbound Met from the Laurentian autoroute merge over to St-Laurent. Met west is busy on and off Lacordaire to Decarie. On the south shore things are doing fine as you're coming into town …

2. We hit the road in search of the coastal terroir that put Portland's food and wine scene on the map, meeting coffee-loving lumberjacks and Willamette Valley vintners along the way.

3. I would like to echo the sentiments expressed by the other delegations and congratulate you on your election as president of this august body. We are convinced that with you at the helm the work of our assembly will be steered in the right direction.

4. Every building has a purpose … Whether it is to nurture inventions … House masterpieces … Cultivate learning … Or even host birthday parties … Every building has a purpose. And every building has its own identity … Its own character … Visual voice … Physical presence. With this individuality come specific needs. Because like fingerprints, no two buildings are the same.

5. UMA is designed for young, affluent shoppers. Its casual ready-to-wear collections include dresses, pants, T-shirts, scarves, and bags. "Our product is quite niche, it's not for everyone," says Jamil. "It's a particular look and a particular vibe."

6. **Urban Eating**—Street food in Toronto could be so much more diverse.

   By looking to places such as India and Singapore, Toronto could create a much more vibrant culture and economy around food.

   For many people around the world, food plays a central role in culture. What we eat and how we prepare it helps define who we are. For many, it's also a means to earn a living. In Canada, new immigrants often open—or work in—restaurants that serve food from their homeland.

   "Food is an economic and cultural driver of communities, especially in diverse ones such as Toronto, and in the diverse neighbourhoods near UTSC," says history professor Daniel Bender.

   Street food, a form of low-capital entrepreneurship, plays a crucial role in local economies worldwide. In Toronto, embracing street food in this way could provide both economic benefits and a deeper understanding of Toronto's myriad diverse cultures. (*University of Toronto Magazine.* Summer 2016)

La macrostructure du texte

La macrostructure du texte

EXERCICE 26

Identifiez le niveau de langue des textes français présentés ci-dessous. Quelles sont les particularités de ces textes qui vous ont guidés dans vos choix?

1. Mirepoix, petite ville de 3 100 habitants permanents, est située à mi-distance entre Carcassonne et Foix. Sur la grande place, l'on peut encore admirer les maisons à colombages sur galerie de bois. Des piliers en bois aidés d'étançons soutiennent les façades et forment de magnifiques galeries couvertes.

2. Combien de jours à l'avance devriez-vous acheter un billet d'avion pour vous assurer de le payer le moins cher possible? Exactement 47 jours avant le départ si votre destination est au Canada ou aux États-Unis, révèle une étude menée par le site de réservations en ligne CheapAir. com, qui a analysé les prix de cinq millions de billets selon le moment où ils ont été achetés sur son site en 2014. (*L'actualité*)

3. Il est 8 heures, je vous rappelle les points chauds. 132 en direction ouest accident, plusieurs véhicules. Il a même eu capotage... Lafontaine, Montarville, Victoria rouge, Champlain mi-lent et le pont Mercier plus d'une demi-heure par les deux approches aux dernières nouvelles... c'est encore solide. Métropolitaine ouest panne voie de droite à la hauteur de Stinson en direction ouest, Viau au moins jusqu'à la hauteur de Décarie et Décarie nord on affiche complet sur toute la longueur.

4. Fantasmes à assouvir? Viens m'en parler sans gènes et on le réalisera si toi aussi tu es gentil et généreux avec moi. Cherche que du réel ceux qui veulent que du bla bla passez votre chemin. (Site de rencontre)

5. Madame,
Nous vous avons récemment fait parvenir la facture relative à la transaction QSP1640PX. Sauf erreur, le préposé qui s'occupe de ce dossier nous informe que le règlement tarde à venir. Nous nous voyons par conséquent dans l'obligation de vous demander de régulariser la situation dans les meilleurs délais. Si vous venez d'effectuer le paiement, prière de ne pas tenir compte de ce rappel devenu sans objet.

   Vous remerciant de votre collaboration, je vous prie d'agréer nos meilleures salutations.

6. Au Canada, peu de noms sont aussi évocateurs que celui de Jacques Cartier. Traditionnellement reconnu comme étant le premier Européen

à avoir foulé nos terres, ce grand explorateur bénéficie d'une importante renommée, comme en témoignent les nombreuses rues à son nom un peu partout en Amérique du Nord. Il n'est pas fortuit de trouver la place Jacques-Cartier au cœur du Vieux-Montréal. Nommée en l'honneur du célèbre navigateur, la place Jacques-Cartier a une riche histoire qui débute avant même l'arrivée des Européens.

7. Bonjour,

Après consultation de votre dossier, nous vous rappelons que le certificat d'éthique concernant le projet mentionné ci-dessus est maintenant échu ou sur le point de l'être. Si le projet est terminé, vous devez produire un court rapport final pour votre recherche dont vous trouverez le formulaire à l'adresse indiquée ci-après.

Cordiales salutations.

3. Niveaux de langue et syntaxe : types de phrases, ponctuation et stylistique

Les niveaux de langue et les registres de langage, nous l'avons vu, sont le fait non seulement du lexique mais aussi des structures linguistiques employées pour s'exprimer. L'utilisation d'abréviations, par exemple, fait passer un énoncé du niveau courant au niveau familier sauf dans les textes techniques ou administratifs. Quant aux erreurs de syntaxe, elles font chuter l'énoncé au niveau populaire, quel que soit le niveau souhaité initialement. Ainsi, l'emploi incorrect du passé simple dans un texte (le passé simple devrait normalement situer le texte dans un registre soutenu) va annuler l'effet visé et faire chuter ce texte au niveau populaire :

ex : Le jeune homme déçu quitta le bal et *dispara dans la nuit.

Au niveau de la tonalité, de telles erreurs ont également des effets considérables puisqu'au lieu de transmettre un sentiment poétique ou pathétique, elles provoquent l'hilarité du lecteur et font l'effet contraire à celui souhaité (c'est d'ailleurs aussi un procédé connu des auteurs comiques qui voudraient exagérer les ridicules d'un personnage peu éduqué).

Ces erreurs appartiennent à toutes les catégories grammaticales : verbes (conjugaisons, emploi et concordance des temps) mais aussi types de phrases (interrogatives, négatives, etc.), structures des propositions, pronoms, prépositions, etc.

Comparons par exemple :

Série A

1. J'va chez nous,
2. Je vais chez moi.

Série B

1. Je crains qu'il pleut,
2. Je crains qu'il pleuve,
3. Je crains qu'il ne pleuve.

Dans l'**exemple A1**, le pronom personnel singulier *Je* se trouve associé avec la 3ᵉ personne du singulier du verbe aller *va*; de plus, l'emploi du collectif *nous* remplace le pronom de la 1ʳᵉ personne du singulier, *moi*, comme dans la phrase **A2**. La phrase **A2** est de registre courant, elle est conforme à la syntaxe du français normatif. En revanche, les irrégularités syntaxiques de la phrase **A1** font de celle-ci une phrase de niveau populaire. Il faut par ailleurs noter que l'emploi de *chez nous* de cette façon est d'usage fréquent parmi les francophones du Manitoba où il signifie *là où j'habite avec ma famille*. Le *nous* collectif remplace tous les pronoms personnels quand il s'agit de parler du lieu où l'on habite. On pourra dire par conséquent : « Je rentre chez nous » sans qu'il y ait d'incohérence grammaticale. Le *je* ne concerne que moi, tandis que le *nous* renvoie à toute la famille. La phrase signifie donc : je rentre là où j'habite avec toute ma famille. Dans ce cas, on pourrait plutôt parler d'un emploi courant/familier, et régional.

Dans la deuxième série d'exemples, **B2** est courant car la concordance des temps est respectée et **B3** soutenu car il s'y ajoute le *ne* explétif, non nécessaire à la correction de la langue, mais renforçant le sentiment de crainte comme en latin (la crainte est en quelque sorte l'espoir de son contraire, donc équivalent à « J'espère qu'il ne pleuvra pas »). **B2** est la forme que les grammaires donnent comme « correcte », **B3** y ajoute un degré d'expressivité en renforçant le sentiment de crainte. Quant à **B1**, l'absence de concordance fait passer la phrase au registre populaire, comme toute « erreur » par rapport à la norme.

Les types de phrases sont également affectés par les différents registres de langage. À la forme interrogative, on peut entendre toutes les variantes ci-dessous pour inviter une personne à participer à quelque activité :

Série C

1. Tu viens-ti d'main?
2. Tu viens-tu d'main?
3. Est-ce que tu viens demain?

4. Viens-tu demain?
5. Venez-vous demain?
6. Viendrez-vous demain?
7. Viendriez-vous demain?

La forme -*ti* comme suffixe interrogatif, quoiqu'archaïque, est encore très présente dans le parler normand où l'on entend encore très fréquemment : « Ça va-ti comme tu veux ? » Elle est tout à fait équivalente à la forme -tu qui s'emploie dans certaines régions du Canada. Il s'agit probablement d'une déformation de la forme initiale archaïque vers une forme connue, le pronom personnel tu. Les emplois en sont rigoureusement les mêmes. Il s'agit d'une forme familière, régionale. Les formes C3, 4, 5 et 6 sont courantes; 3 et 4 cependant plus familières du fait de l'emploi du pronom tu qui est, par essence, familier. Le futur de la phrase 6 crée une distance vis-à-vis de l'interlocuteur qui peut être signe de respect, mais aussi d'antipathie (on invite plus par obligation que par amitié). Quant à la phrase 7, elle témoigne d'une déférence vis-à-vis de l'interlocuteur du fait de l'emploi du conditionnel. Il y a dans le non-dit quelque chose comme : *malgré ma condition très inférieure à la vôtre, me feriez-vous l'amitié de venir demain à l'activité que j'ai organisée?*

On voit combien la manière de poser une question, simple de surcroît, peut cacher de vécu (les formes régionales) mais aussi de ressenti (l'amitié franche du tutoiement, mais aussi la déférence du conditionnel).

À la forme négative, c'est souvent la prononciation qui distingue les registres : *chsé pas* ou *J'sais pas* pour *Je ne sais pas*. Les registres familiers et populaires omettent la particule *ne* de la négation. Toutefois la forme franchement soutenue *Je ne sais* omet quant à elle la forme *pas* de la négation et insiste au contraire sur la forme *ne*.

Un élément fondamental de distinction entre les différents registres de langage provient de la dislocation dite populaire des phrases, laquelle s'appuie bien souvent sur un emploi excessif de la ponctuation. Celle-ci s'emploie pour la mise en valeur de certaines parties du discours et aussi pour rapporter un discours au style indirect. Comparez les formes suivantes :

Série D
1. L'homme, sui qu'avait pas souri, lui, y s'est mis à parler.
2. C'est l'homme qui n'avait pas souri qui s'est mis à parler.
3. L'homme qui n'avait pas souri s'est alors mis à parler.
4. Et l'homme parla, qui n'avait pas souri.

Série E

1. Y l'a-ti attrapé le gendarme son voleur?
2. Le gendarme a-t-il fini par attraper son voleur?
3. Le gendarme a-t-il finalement réussi à attraper le voleur?

Série F

1. Alors, tu t'barres, qu'y m'a dit. – C'est vrai, qu'j'y ai dit.
2. Alors il m'a demandé si je m'en allais et je lui ai dit que oui.
3. Il me demanda alors si je partais et je lui répondis qu'assurément, il était temps pour moi d'aller vers d'autres cieux.

Toutes les formes 1 sont de registre populaire. En **D1**, la dislocation vient caractériser le personnage. Elle est créée par l'insertion d'une proposition subordonnée *celui qui n'avait pas souri* et par l'utilisation d'un pronom disjoint, ou tonique, *lui*, placé entre virgules. Au niveau courant, on emploie plutôt la forme *c'est… que* pour marquer cette mise en valeur du sujet de la phrase. Au niveau soutenu, la dislocation disparaît complètement ou se transforme en séparant l'antécédent de la proposition subordonnée relative. Ce procédé permet de mettre en relief le verbe *parla*.

Dans les exemples de la série **E**, la ponctuation n'intervient pas, pourtant la phrase **E1** est bel et bien disloquée et d'abord par l'inversion du sujet *gendarme* qui crée une ambiguïté sur qui attrape qui. Aux niveaux courant et soutenu, la dislocation disparaît, remplacée par un verbe dans le premier cas et par un adverbe dans le second.

Dans les exemples de la série **F**, la dislocation vise à recréer le style parlé, tout en ponctuant le discours de *qu'y m'a dit, qu'j'y ai dit…* On rapporte le discours au présent tandis que les propositions incises sont au passé. Les signes de ponctuation viennent renforcer la dislocation. Au niveau courant, la phrase est reconstruite pour supprimer la dislocation et l'on respecte l'emploi des temps du discours rapporté, le passé composé dans la proposition principale et l'imparfait dans la proposition subordonnée. Au niveau soutenu, le passé composé est remplacé par le passé simple et la subordonnée élliptique *que oui* est remplacée par une proposition subordonnée complète.

On voit bien, par ces quelques exemples, combien les ressources de la syntaxe permettent de distinguer les différents niveaux d'utilisation de la langue. L'usage de la ponctuation fait partie de ces ressources et elle joue un rôle primordial, non seulement pour l'expressivité des textes mais aussi pour prévenir toute ambiguïté sémantique ou syntaxique. C'est pour cela que les futurs traducteurs doivent y attacher une grande importance.

Le guide du rédacteur présente sa section sur la ponctuation de la manière suivante :

> La ponctuation rythme la phrase, suggère les intonations, traduit les nuances de la pensée et facilite la lecture. Elle n'a cependant pas qu'une valeur mélodique : elle répond de fait autant à un besoin de logique qu'à un besoin de rythme. D'où la distinction qu'on fait entre *ponctuation grammaticale* et *ponctuation expressive*.
>
> La *ponctuation grammaticale*, marquée par le point, la virgule et le point-virgule, a une valeur syntaxique : elle sépare les éléments du discours et indique les rapports logiques qui existent entre eux. La *ponctuation expressive* a une valeur stylistique : elle sert à évoquer des nuances affectives, à produire des effets de style. C'est le rôle que jouent notamment le point d'exclamation, le point d'interrogation et les points de suspension.
>
> Quant aux guillemets, aux parenthèses, aux crochets et au tiret, ce sont des signes d'insertion : leur rôle est de marquer un changement de niveau dans le discours. (Travaux publics et Services gouvernementaux Canada, 2015)

En dehors des livres de grammaire et de typographie, il existe de nombreux sites vous permettant de distinguer les emplois des différents signes. Nous ne ferons pas l'inventaire des usages ici, mais nous aimerions vous sensibiliser à leur importance pour créer du sens et soutenir l'architecture des textes. À cette fin, faites les exercices ci-dessous et posez-vous toujours la question : Qu'est-ce que ça change d'ajouter ou de supprimer une virgule, ou tout autre signe, au sens et à la cohérence des textes?

EXERCICE 27

La ponctuation a été supprimée du texte ci-dessous. Rétablissez-la de manière à soutenir le sens et la cohérence du texte.

Les voyageurs débarquèrent à l'hôtel du Gaillard-Bois rue de l'Echelle avant le jour les deux amants étaient si fatigués l'un et l'autre qu'avant tout Louise voulut se coucher et se coucha non sans avoir ordonné à Lucien de demander une chambre au-dessus de l'appartement qu'elle prit Lucien dormit jusqu'à quatre heures du soir Madame de Bargeton le fit éveiller pour dîner il s'habilla précipitamment en apprenant l'heure et trouva Louise dans une de ces ignobles chambres qui sont la honte de Paris où malgré tant de prétentions à l'élégance il n'existe pas encore un seul hôtel où tout voyageur riche puisse retrouver son chez soi quoiqu'il eût sur les yeux ces nuages que laisse un brusque réveil Lucien ne reconnut pas sa Louise dans cette chambre froide sans soleil à rideaux passés dont le carreau frotté semblait misérable où le meuble était usé de mauvais goût vieux ou d'occasion il est en effet certaines personnes qui n'ont plus ni le même aspect ni la même valeur une fois séparées des figures des choses des lieux qui leur servent de cadre les physionomies vivantes ont une sorte d'atmosphère qui leur est propre comme le clair-obscur des tableaux flamands est nécessaire à la vie des figures qu'y a placées le génie des peintres les gens de province sont presque tous ainsi puis madame de Bargeton parut plus digne plus pensive qu'elle ne devait l'être en un moment où commençait un bonheur sans entraves Lucien ne pouvait se plaindre Gentil et Albertine les servaient le dîner n'avait plus ce caractère d'abondance et d'essentielle bonté qui distingue la vie en province les plats coupés par la spéculation sortaient d'un restaurant voisin ils étaient maigrement servis ils sentaient la portion congrue Paris n'est pas beau dans ces petites choses auxquelles sont condamnés les gens à fortune médiocre Lucien attendit la fin du repas pour interroger Louise dont le changement lui semblait inexplicable il ne se trompait point un événement grave car les réflexions sont les événements de la vie morale était survenu pendant son sommeil. (D'après Honoré de Balzac (1977). *Illusions perdues*. Paris : Gallimard. Collection Pléiade, tome V.)

EXERCICE 28

Même exercice, en anglais cette fois.

That punctual servant of all work the sun had just risen and begun to strike a light on the morning of the thirteenth of May one thousand eight hundred and twenty seven when Mr Samuel Pickwick burst like another sun from his slumbers threw open his chamber window and looked out upon the world beneath Goswell Street was at his feet Goswell Street was on his right hand as far as the eye could reach Goswell Street extended on his left and the opposite side of Goswell Street was over the way such thought Mr Pickwick are the narrow views of those philosophers who content with examining the things that lie before them look not to the truths which are hidden beyond as well might I be content to gaze on Goswell Street for ever without one effort to penetrate to the hidden countries which on every side surround it and having given vent to this beautiful reflection Mr Pickwick proceeded to put himself into his clothes and his clothes into his portmanteau great men are seldom over scrupulous in the arrangement of their attire the operation of shaving dressing and coffee imbibing was soon performed and in another hour Mr Pickwick with his portmanteau in his hand his telescope in his greatcoat pocket and his note book in his waistcoat ready for the reception of any discoveries worthy of being noted down had arrived at the coach stand in St Martin's le Grand Cab said Mr Pickwick

Here you are sir shouted a strange specimen of the human race in a sackcloth coat and apron of the same who with a brass label and number round his neck looked as if he were catalogued in some collection of rarities this was the waterman here you are sir now then fust cab and the first cab having been fetched from the public house where he had been smoking his first pipe Mr Pickwick and his portmanteau were thrown into the vehicle (Adapted from Charles Dickens (2000). *The Pickwick Papers*. London: Penguin Classics.)

EXERCICE 29

Rétablissez la ponctuation dans les passages suivants.

1. The reaction was loud swift and fierce this week to a proposed law that would require French universities to teach more of their courses in English a measure that a well-known scholar had called a suicidal project that would lead to France's sacrificing its language to Americanization disguised as globalization but supporters of the proposal which won initial approval in the lower house of Parliament on Thursday said the lack of English was a major factor in France's declining competitiveness in the world the left-wing newspaper *Libération* printed its cover page in English and urged the French in an editorial to stop behaving as if they were the last representatives of a besieged Gallic village.

2. The irony some might say the tragedy is that the current generation of twentysomethings the Millennials are the ones who are helping to reinvent even save the world with their technological wizardry and environmental passion or they have the ability to anyway and yet we infantilize them calling them kidults pre-adults adultescents thereby disempowering them with these new nicknames for twentysomethings have come on the heels of a documented shift in life scripts.

3. I hate that adage that youth is wasted on the young it's so defeatist and it comes with a whiff of patronizing bitterness and jealousy usually it is uttered by people who are older who somehow resent the young the beauty and possibility they possess and the fresh intelligence that threatens those in positions of authority it's far more responsible and

generous to think of youth as a stage we all get a chance to dance on as Millennials take their turn we should be ushering them into the spotlight clearing them a space not as some sideshow but to attentively listen and watch in order to see where the world could be headed.

Dans le langage parlé, d'autres procédés existent pour remplacer les signes de ponctuation : l'intonation, des marqueurs du discours oral ou « phatic connectives » comme *euh*, *hum* ou *er*. Dans un poème intitulé *Totally like whatever, you know?*, dont voici un extrait, le slameur américain Taylor Mali déclame – non sans humour – contre l'usage de ces « mots ponctuants » à cause de leur caractère trop vague et imprécis :

> In case you hadn't noticed,
> it has somehow become uncool
> to sound like you know what you're talking about?
> Or believe strongly in what you're saying?
> Invisible question marks and parenthetical (you know?)'s
> have been attaching themselves to the ends of our sentences?
> Even when those sentences aren't, like, questions? You know?
> "Totally like whatever, you know?"
> (Mali, 2002, pp. 37-38)

Il existe aussi des procédés plus inventifs, propres aux échanges conversationnels, comme celui présenté ci-dessous.

1. My boss **is like so cool**. He didn't even care that I didn't finish the monthly statements. Then he **goes like** why don't you do it first thing tomorrow? He kept telling me **like** how good a job I was doing!

Cet exemple illustre l'emploi – en langue familière (*colloquial*) de *like*, marqueur de comparaison et de *goes*, verbe, pour introduire le discours direct, le discours rapporté ou la pensée rapportée, phénomène nommé *quotative* en anglais (ou quotatif en français). Le linguiste David Crystal (2012) décrit cet usage ainsi dans son blogue :

> a form that acts as an introduction to direct speech, functioning in a similar way to the use of quotation marks. Not having punctuation marks available when we speak, we've devised various ways of alerting listeners

to the fact that we're about to say something which would need quotation marks in writing ... or—more conveniently—using an introductory word such as *like*, *says*, or *goes*.

Notons enfin l'emploi de l'adjectif qualificatif familier *cool* au sens de « sympathique ou décontracté » et comparons cette phrase avec la suivante :

Our director is empathetic and was unperturbed that I hadn't completed the monthly statement. He suggested that I complete them first thing next day, and even commended me for my good work.

EXERCICE 30

Soulignez les particularités syntaxiques des phrases suivantes et identifiez le niveau de langue auquel correspondent les particularités soulignées.

1. Nutrition, comment s'y retrouver? On ne peut plus ouvrir un magazine, écouter la radio ou regarder la télévision sans être abreuvés de publicités pour des aliments de toutes sortes, tous plus alléchants les uns que les autres, nous promettant santé, minceur et beauté à grand renfort d'études scientifiques, de blouses blanches et de produits labellisés « santé ». (Thierry Souccar et Isabelle Robard, *Santé, mensonges et propagande*)

2. On peut s'étonner de ce que les consommateurs ne siègent pas dans un organisme dont le but est d'assurer la sincérité de la publicité. (Gérard Cas, *La défense des consommateurs*)

3. Qu'est-il advenu de nos week-ends d'antan? Où sont passés nos beaux samedis et dimanches ensoleillés ? De ces jours bénis, nous conservons les souvenirs les plus précieux. (*enRoute*, juillet 2003)

4. Un parfum floral poudré au pouvoir poétique contemporain. Une fragrance aux accents de rose, de vanille et de jasmin, en parfaite harmonie avec les sens. (Flower By Kenzo)

5. Tout à coup une musique lugubre et solennelle vint frapper son oreille. Il distingua d'abord les chants que l'Église a consacrés aux enterrements. Bientôt une procession tourna le coin de la rue et s'avança vers lui. (Prosper Mérimée, *Les Âmes du Purgatoire*)

La macrostructure du texte

La macrostructure du texte

EXERCICE 31

Soulignez les particularités syntaxiques des phrases suivantes et identifiez le niveau de langue auquel correspondent les particularités soulignées.

1. "Well you ain't never gonna know. Casy tries to tell ya an' you jest ast the same thing over. I seen fellas like you before." (Steinbeck, *The Grapes of Wrath*)

2. He was one of those people who seem fated to be hurt and thrown aside in life, but doubtless as he knelt by Mary's bed he thought himself as important an actor in the drama as any of the others. This is one of the cruelties of the theatre of life; we all think of ourselves as stars and rarely recognize it when we are indeed mere supporting characters or even supernumeraries. (Robertson Davies, *Fifth Business*)

3. I hope you have fun on my very fun webpage. It provides the funnest way to make a million. (*Terminology Update*, June 2003)

4. Onomatopoeia-based music uses the mouth and vocal cords (that is voice) as the primary vocal instrument. (*Wikipedia*)

5. Nutritionally, Bison is a healthy, flavourful meat. Whether you're looking for a great roast, superb steak or a hearty stew, bison meat offers you a meat that is lower in calories, cholesterol and has about one fourth of the level of fats found in other red meats.

EXERCICE 32

Le texte ci-dessous provient d'un site Internet d'informations scientifiques (sciencedaily.com). Il appartient au style soutenu scientifique.

1. Soulignez les particularités syntaxiques permettant de l'identifier.
2. Paraphrasez le texte en style *informal* et *colloquial*.

Solar "Heartbeat" Discovered: The Beat Goes On—Inside The Sun
Astronomers from the National Science Foundation's National Solar Observatory (NSO) have discovered a solar "heartbeat" in the motion of layers of gas circulating beneath the sun's surface. Their research shows that some layers speed up and slow down about every 16 months. This internal motion provides clues to understanding the cycle of activity observed on the surface.

EXERCICE 33

Le texte ci-dessous provient d'un roman de H.G. Wells, *The Time Machine* (1898).

1. Identifiez les particularités syntaxiques du style soutenu littéraire.
2. Reformulez-le dans un style courant, puis familier.

THE TIME TRAVELLER (for so it will be convenient to speak of him) was expounding a recondite matter to us. His grey eyes shone and twinkled, and his usually pale face was flushed and animated. The fire burned brightly, and the soft radiance of the incandescent lights in the lilies of silver caught the bubbles that flashed and passed in our glasses. Our chairs, being his patents, embraced and caressed us rather than submitted to be sat upon, and there was that luxurious after-dinner atmosphere when thought roams gracefully free of the trammels of precision. And he put it to us in this way—marking the points with a lean forefinger—as we sat and lazily admired his earnestness over this new paradox (as we thought it) and his fecundity.

"You must follow me carefully. I shall have to controvert one or two ideas that are almost universally accepted. The geometry, for instance, they taught you at school is founded on a misconception."

4. Orientation bibliographique

BALZAC, Honoré de (© 1835, n.d.). *Le Père Goriot.* Bibliothèque électronique du Québec Collection À tous les vents, vol. XXX. URL : beq.ebooksgratuits.com/balzac/Balzac-39.pdf.

BÉNAC, Henri (1994). *Dictionnaire des synonymes.* Paris : Hachette.

BOURDIEU, Pierre (1977). « L'économie des échanges linguistiques ». *Langue française,* numéro thématique *Linguistique et sociolinguistique.* Vol. 34, n° 1, pp. 17–34.

CHUQUET, Hélène et Michel PAILLARD (1987). *Approche linguistique des problèmes de traduction. Anglais – français.* Paris : Ophrys.

CRYSTAL, David (2012, March 4). "On quotatives (he goes)." URL: david-crystal.blogspot.ca/2012/03/on-quotatives-he-goes.html. Accessed July 9, 2016.

DUBOIS, Jean, Mathée GIACOMO, Louis GUESPIN, Christiane MARCELLESI, Jean-Baptiste MARCELLESI, Jean-Pierre MEVEL (© 1994, 2012). *Dictionnaire de linguistique.* Paris : Larousse.

La macrostructure du texte

DUCROT, Oswald et Tzvetan TODOROV (1972). *Dictionnaire encyclopédique des sciences du langage*. Paris : Seuil.

ÉDUCATION, ENSEIGNEMENT SUPÉRIEUR ET RECHERCHE QUÉBEC. URL : www1.education.gouv.qc.ca/progressionSecondaire/domaine_langues/francais/index.asp?page=communication, p. 6. Date de consultation : 30 avril 2015.

ENGLISH GRAMMAR ONLINE. SMS English. URL: www.ego4u.com/en/chill-out/curiosities/sms-english. Accessed July 24, 2015.

FRASER, Bruce (1999). "What are discourse markers?" *Journal of Pragmatics*. Vol. 31, pp. 931–952.

GEORGE, Elizabeth (2013). *Just One Evil Act*. New York: Dutton.

JAKOBSON, Roman (1960). "Linguistics and Poetics." In T. Sebeok (ed.) *Style in Language*. Cambridge, MA: M.I.T. Press, pp. 350-377.

JAKOBSON, Roman (1963). *Essais de linguistique générale*. Trad. par Nicolas Ruwet, t.1 et 2. Paris : Éditions de Minuit.

LATIN, Danièle, Ambroise QUEFFELEC et Jean TABI-MANGA (1993). *Inventaire des usages de la francophonie : nomenclatures et méthodologies*. Paris : Éditions John Libbey Eurotext.

LEPELLEY, René (1973). « Le vocabulaire des pommes dans le parler normand du Val de Saire (Manche) ». *Langue française*. N° 18, pp. 42-64.

MALI, Taylor (2002). *What Learning Leaves*. Newtown, CT: Hanover Press.

McARTHUR, Thomas Burns and Feri McARTHUR (1992). *The Oxford Companion to the English Language*. Oxford: Oxford University Press.

MESSENGER, William E. and Jan de BRUYN (1995). *The Canadian Writer's Handbook*. Third edition. Scarborough, Ont: Prentice-Hall Canada.

ROBERT, Paul. (2004). *Grand dictionnaire de la langue française*. Paris : Le Robert.

SHAW, Harry (1970). *MacGraw-Hill Handbook of English*. New York: McGraw-Hill Companies.

THE AMERICAN HERITAGE GUIDE TO CONTEMPORARY USAGE AND STYLE. URL: zourpri.files.wordpress.com/2014/01/the-american-heritage-guide-to-contemporary-usage-and-style-2005.pdf. Accessed February 29, 2016.

TRAVAUX PUBLICS ET SERVICES GOUVERNEMENTAUX CANADA. *Le guide du rédacteur*. TERMIUM Plus®. URL : www.btb.termiumplus.gc.ca/tpv2guides/guides/redac/index-fra.html?lang=fra. Date de consultation : le 26 juillet 2015.

VANDEL, Philippe (1998). *Le Dico franco/français. Le livre décodeur*. Paris : Éditions Jean-Claude Lattes.

VILLERS, Marie-Éva de (2003). *Le Multidictionnaire de la langue française*. [6ᵉ éd]. Montréal : Éditions Québec-Amérique.

DEUXIÈME PARTIE

La microstructure du texte

CHAPITRE 3

Le système verbal

1. Le système verbal et le fonctionnement des verbes

En grammaire traditionnelle, on dit que le **verbe** est le terme principal de la phrase, le pivot organisateur autour duquel se rassemblent le sujet, les compléments et l'attribut. Le verbe ou le groupe verbal est le second des **deux constituants obligatoires** de la phrase de base (Riegel et Pellat, 2004, p. 216).

Si l'on applique les règles de réécriture, qui présentent les constituants et l'ordre dans lequel ces derniers apparaissent, on peut représenter la phrase ainsi :
Phrase = sujet + prédicat (ou bien) :

P → SN + SV

SN signifie **syntagme nominal** (ou *NP – noun phrase*) alors que SV signifie syntagme verbal (ou *VP – verb phrase*). Le syntagme est un « groupe d'éléments linguistiques formant une unité dans une organisation hiérarchisée. Le terme syntagme est suivi d'un qualificatif qui définit sa catégorie grammaticale » (Dubois et al., 2012, p. 467). Ainsi, on trouve divers types de syntagmes : le syntagme nominal (SN), le syntagme verbal (SV), le syntagme prépositionnel (SP), etc. La structure arborescente permet de visualiser les séquences ou groupes de mots (syntagmes) d'une phrase et les liens qui les unissent. Si l'arbre permet de représenter la phrase dans son intégralité, dans cette partie de l'ouvrage, c'est uniquement le fonctionnement du syntagme qui retiendra notre attention. Pour représenter la phrase « P → SN + SV » sous forme d'arbre, on obtient la figure ci-dessous :

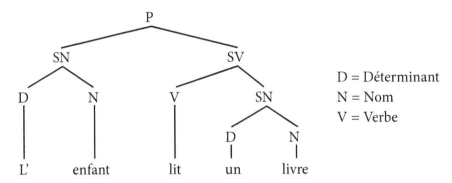

Source : Inspiré de : w3.gril.univ-tlse2.fr/francopho/lecons/syntaxe.html

Reprenons, en anglais, la définition du verbe selon le *Concise Oxford Dictionary of Linguistics* (2007) :

> A **verb** is one of a class of lexical units whose characteristic syntactic role is as a "predicate" or a predicator and which is characteristically that of words denoting actions or processes: e.g. *run, make, melt.* (p. 427)

Dans le système de la langue, le verbe, considéré comme noyau de la phrase, permet de représenter le temps où ont lieu ce qu'on peut appeler des « événements », c'est-à-dire des actions ou des états. La façon d'exprimer le temps peut varier d'une langue à l'autre sur le plan morphologique et sur le plan sémantique. Chaque langue possède un moyen d'expression du temps qui lui est propre, ce qui pose certaines difficultés au traducteur.

En préalable à la discussion et à l'analyse du système verbal de l'anglais et du français, observons comment le temps est exprimé dans les deux langues, dans ces textes en particulier :

TEXTE 40 : LEÇON D'UN EMBARGO *ET* TEXTE 41 : OBAMA'S BOLD CUBAN GESTURE

Texte 40	Texte 41
Leçons d'un embargo	**Obama's bold Cuban gesture**
Sa défaite électorale de novembre dernier **semble avoir revigoré** le président des États-Unis. Élu triomphalement à la Maison Blanche en	Last November's mid-term electoral defeat for the Democratic Party **seems to have reinvigorated** President Barack Obama. Triumphantly elected

La microstructure du texte

2008 et disposant pendant ses deux premières années de mandat d'une confortable majorité parlementaire, il **n'a pu produire qu'**une modeste réforme du système de santé et une litanie d'homélies prêchant le compromis à des parlementaires républicains déterminés à le détruire. Depuis la défaite écrasante de son parti lors des élections de mi-mandat et au fur et à mesure que sa carrière politique s'achève, M. Barack Obama **multiplie** en revanche les choix audacieux. Annoncée juste après un important accord climatique avec la Chine et l'amnistie de cinq millions d'immigrés clandestins, sa décision de rétablir les relations diplomatiques avec La Havane en témoigne. La démocratie américaine **exigerait-elle** qu'un président n'ait ni sénateur forcené à satisfaire ni lobby fortuné à ménager pour qu'il puisse prendre des décisions sensées?

La levée de **l'embargo imposé à Cuba en 1962 par John F. Kennedy corrigerait** une violation du droit international que presque tous les États de la planète **condamnent** chaque année. Sans doute avaient-ils perçu que, au-delà des prétextes vertueux avancés par les États-Unis (droits de l'homme, liberté de conscience), dont chacun sait combien ils sont respectés chez l'allié saoudien ou à Guantánamo, il s'agissait pour Washington de marquer rageusement son dépit. Car, à quelques encablures de la Floride, un petit pays **avait longtemps osé** tenir tête à l'empire américain. Cette bataille de la dignité, de la souveraineté, c'est en définitive David qui l'a remportée.

to the White House in 2008, with a comfortable Congressional majority in his first two years, he **was only able to produce** a modest reform of the healthcare system, plus homilies urging compromise on Republican politicians determined to destroy him. Since the Democrats' crushing defeat, Obama **has been making** bold decisions as his political career winds down: evidence of this, a decision to re-establish diplomatic relations with Cuba, announced after an important climate agreement with China, and an amnesty for 5 million illegal immigrants in the US. Perhaps, to enable sensible decisions, US democracy **requires** a president with no fanatical senators to manage or wealthy lobbies to bribe.

An end to **the embargo that John F. Kennedy imposed on Cuba** in 1962 **would rectify** a violation of international law that every state **condemns** each year. These states have probably understood that, beyond the virtuous justifications claimed by the US (human rights and freedom of conscience, as respected by the US's Saudi allies and at Guantanamo), the embargo was a way for the US to vent its frustration. Not 100 miles from Florida, a small country **has long defied** the US empire. In this battle for dignity and sovereignty, David has ultimately beaten Goliath.

Source : D'après Serge Halimi (janvier 2015). *Le Monde diplomatique.* Traduit par George Miller.

La microstructure du texte

OBSERVATIONS SOMMAIRES :

- **Semble** → *seems* : le présent renvoie au *Present*. Notez également que la structure participiale « avoir revigoré » est rendue par sa forme correspondante en anglais.
- **A pu produire** → *was able (to produce)* : le passé composé (du verbe *pouvoir*) correspond au *Simple Past* en anglais.
- **Depuis ... multiplie** → *since ... has been making* : l'adverbe *depuis* modifiant un verbe employé au présent correspond au *Present Perfect* ou au *Present Perfect Continuous* en anglais. Cette structure exprime le résultat d'un événement passé qui continue jusqu'au présent (valeur rétrospective et valeur inclusive).
- **Exigerait-elle?** → *perhaps ... requires* : ici le conditionnel dit de conjecture, employé à l'intérieur d'une question rhétorique, correspond au *Present* modifié par l'adverbe de modalité *perhaps* pour exprimer une certaine réserve ou incertitude.
- **L'embargo imposé à Cuba en 1962 par John F. Kennedy** → *the embargo that John F. Kennedy imposed on Cuba* : la voix passive est remplacée par la voix active.
- **Corrigerait** → *would rectify* : dans les deux langues, le conditionnel exprime la probabilité.
- **Condamnent** → *condemns* : le présent en français correspond au *Present* en anglais. Il s'agit ici du présent actuel qui rapporte un processus en cours.
- **Avait osé (tenir tête)** → *has long defied* : fait intéressant car le plus-que-parfait renvoie généralement à un événement passé qui est antérieur à un autre événement passé, auquel cas il se traduit par le *Past Perfect* en anglais. Dans le contexte de cette phrase, l'action à laquelle réfère le verbe continue dans le présent. Le traducteur a donc opté pour le *Present Perfect* en anglais.

Maintenant, en faisant surtout attention aux formes verbales, observons les passages suivants et la traduction de ces passages.

1. **On lit** dans le *Compendium de phamacie pratique* que le sel **contient** du sucre.
   It is stated in The Compendium of Practical Pharmacy *that salt **contains** sugar.*

2. Les discussions **se poursuivent** et des mesures adéquates **seront prises**.
   *Discussions **are going on/have been taking place** and adequate measures **will be adopted**.*

3. Je te **prêterai** ce roman dès que j'**aurai fini** de le lire.
   *I'll **lend** you this novel as soon as I've **finished** reading it.*

4. Le motoneigiste porté disparu depuis hier a été retrouvé à Saint-Calixte ce matin. L'homme **serait** sain et sauf.
   *The snowmobiler reported missing since yesterday has been located in Saint-Calixte. He **is reported to be** safe and sound.*

5. C'est ainsi que l'OPEP **est fondée** en 1960 à Bagdad; elle **réunit** alors l'Arabie Saoudite, l'Iran, l'Irak, le Koweït et le Venezuela. Les **rejoindront** ensuite l'Algérie, l'Indonésie, le Qatar, la Libye, le Nigeria, les Émirats arabes unis, l'Équateur et le Gabon (ces deux derniers quitteront l'organisation dans les années 90). (*L'indispensable de la géopolitique*, 2006 p. 74)
   *OPEC **was founded** in 1960 in Baghdad; its original members **were** Saudi Arabia, Iran, Irak, Kuwait and Venezuela. These countries **were** later **joined** by Algeria, Indonesia, Qatar, Libya, Nigeria, the United Arab Emirates, Ecuador and Gabon (the last two members withdrew / would withdraw in the 1990s).*

6. *When **I arrive**, **I'll go** straight to the hotel.*
   Quand **j'arriverai**, **j'irai** directement à l'hôtel.

7. *At times, late at night the lights **would come on** in the house next door. We thought it strange because no one lived there.*
   Parfois, tard la nuit, les lumières **s'allumaient** dans la maison voisine. Cela nous paraissait étrange car la maison était inhabitée.

Le tableau suivant permet de rendre compte de certaines correspondances de base.

La microstructure du texte

Français	Anglais

LE PRÉSENT

Le sel **contient** du sucre. • Cet exemple représente le présent de vérité générale. →	• *Present* *Salt **contains** sugar.*
Les discussions **se poursuivent** • Présent d'énonciation (un **événement** ou état de chose ayant lieu au moment où on parle) →	• ***Present* ou *Present Continuous*** *Discussions **are going on*** *Discussions **have been going on***
C'est ainsi que l'OPEP **est fondée** en 1960 à Bagdad; elle **réunit** alors l'Arabie Saoudite, l'Iran, l'Irak, le Koweït et le Venezuela →	• ***Simple Past*** *OPEC **was founded** in 1960 in Baghdad; its original members **were** Saudi Arabia, Iran, Irak, Kuwait and Venezuela.*
Remarque : Il s'agit ici du présent de narration ou du présent historique, temps verbal rendu par le passé en anglais.	

Autre remarque : Le présent peut être utilisé dans les deux langues :
1. Pour citer en discours indirect, les travaux d'auteurs qui datent du passé : *Verdonk (2002) asserts that stylistics examines the possible significance of textual features and how these can be interpreted.*
2. Dans les manchettes de journaux : *China and India sign final agreement.*
3. Dans les échanges familiers (conversations) : *Yesterday, I'm walking along Main Street, and guess what. I run into a friend I hadn't seen in ages.*

LE FUTUR

Je te **prêterai** ce roman dès que j'aurai fini de le lire. →	• *Future* *I'll **lend** you this novel as soon as I've finished reading it.*
Quand **j'arriverai**, **j'irai** directement à l'hôtel. →	• ***Future + Present*** *I'll **go** directly to the hotel when **I** arrive.*
Remarque : Le futur s'emploie après « quand », en concordance avec le temps de la proposition principale.	Remarque : Les adverbes ou locutions adverbiales *when, as soon as, while* ne sont jamais suivis du futur dans une proposition subordonnée dépendant d'une proposition principale au futur. Le futur de la proposition subordonnée reste implicite et c'est le présent ou le passé qui est employé.

La microstructure du texte

	→	• **Simple past** *They **were** later **joined** by Algeria, Indonesia, Qatar, Libya, Nigeria, the United Arab Emirates, Ecuador and Gabon (the last two members withdrew in the 1990s).*

Les **rejoindront** ensuite l'Algérie, l'Indonésie, le Qatar, la Libye, le Nigeria, les Émirats arabes unis, l'Équateur et le Gabon (ces deux derniers quitteront l'organisation dans les années 90). → • **Simple past**
*They **were** later **joined** by Algeria, Indonesia, Qatar, Libya, Nigeria, the United Arab Emirates, Ecuador and Gabon (the last two members withdrew in the 1990s).*

Variant: *They **would be joined** by ... (the last two members would withdraw in the 1990s)*

Remarque : Il s'agit ici d'un emploi particulier du futur en français. Il s'agit d'un futur historique, de prophétie pour ainsi dire, dans le passé.

Il s'agit ici de l'emploi de l'auxiliaire modal *would* pour exprimer le futur dans le passé, la forme au passé de *will*.

L'IMPARFAIT

C'est le temps par excellence qui sert à exprimer les aspects (voir la section sur les aspects ci-dessous), notamment l'aspect progressif, l'aspect duratif et l'aspect habituel ou itératif :

Dans les années 90, les deux comités **se réunissaient** deux fois l'an. →

• **Verbes auxiliaires modaux *used to* ou *would* ou le *Simple Past* :** *In the 90s, the two committees **used to meet**/**would meet**/**met** twice a year.*

Attention : ne pas confondre cet emploi de *would* avec le conditionnel (aspect itératif)

Il peut exprimer un fait ou événement qui a eu lieu à un moment bien déterminé dans le passé, un événement daté. Un circonstanciel de temps précise le moment de l'événement; on peut le considérer comme une sorte d'imparfait « pittoresque » :

En juillet cette année-là, il **participait** à des manifestations aéronautiques et, à cette occasion, son avion **survolait** pour la première fois dans l'histoire, la ville de Montréal. →

• **Simple Past**
*In July of that very year, he **took part in** air shows in Canada, and on that occasion his plane **flew over** the city of Montreal for the first time in history (var.: he was the first in history to fly over the city of Montreal).*

La microstructure du texte

Par ailleurs, l'imparfait peut aussi, pour ainsi dire, mettre en jeu une action qui ne s'est pas produite (mais qui aurait pu se produire); il fonctionne alors avec la valeur d'un conditionnel passé. On parle alors de l'imparfait contrefactuel ou d'imminence contrecarrée (Riègel et Pellat) :

> Sans la présence d'esprit de ce conducteur habile, la voiture tombait dans le précipice.

Comparer cette phrase avec :

> Dix minutes plus tard, la voiture tombait.

Cette dernière phrase a deux significations :

> a. elle tombe réellement;
> b. elle a failli tomber mais ne tombe pas.

LE CONDITIONNEL

• peut exprimer la conjecture ou l'hypothèse :	• Changement de mode. On emploie l'**indicatif présent** ou le *Simple Past*, éventuellement à la voix passive.
Le groupe **serait déjà** en ville (selon des rumeurs ou des indications).	*They say* / *rumour **has it that** / **according to reports**, the group **is** in town.*
• peut exprimer l'hypothèse, la prudence ou la précaution (typique du style journalistique) :	
Les voleurs **travailleraient** en groupes de quatre (on n'a pas de preuve).	*The thieves **are thought** / **alleged to** operate in groups of four.*
• est utilisé avec *au cas où* et ses variantes : *dans le cas*, *pour le cas*, etc.	
Voici un numéro de téléphone d'urgence **au cas où vous auriez** des problèmes.	*Here is an emergency number **in case/** **if** you **have** problems.*

La microstructure du texte

AUTRES CONSIDÉRATIONS

À propos du *Simple Past* et du *Present Perfect*
Le ***Simple Past*** peut exprimer une action terminée produite à un moment fixe; s'il s'y ajoute un élément verbal descriptif à la forme progressive, il correspond à l'imparfait en français.

> *When they arrived, it was snowing.*
> Quand ils sont arrivés, il neigeait.

Le ***Present Perfect*** situe l'action à la fois dans le présent et dans le passé. Il présente la vision d'un événement qui conserve un lien avec le présent. Il exprime l'aspect perfectif ou terminatif du présent (l'action est terminée). En français, il pourrait correspondre au passé composé ou au présent.

Le ***Present Perfect*** peut exprimer :
- une action achevée, non datée, où on s'intéresse au résultat dans le présent :
  1. *The Assembly has approved the recommendations.*
     L'Assemblée a approuvé les recommandations.
  2. *Have you completed the text? —No, I haven't finished yet.*
     Avez-vous terminé le texte ? – Non, je ne l'ai pas encore terminé.
- l'idée que l'action est effectivement accomplie :
  3. *Have you visited their new Internet site?*
     As-tu vu leur nouveau site Internet?
  4. *You bet I have. Visited it a few days ago.*
     Bien sûr, je l'ai vu. Je l'ai visité il y a quelques jours.

Dans ces deux premiers cas, c'est le passé composé qui est employé en français.
- Le Present Perfect s'emploie aussi pour une action non terminée qui appartient au passé mais rejoint le présent, alors traduit en français par le présent :
  5. *How long have you worked (have you been working) with this travel agency? I've worked (have been working) here for 7 years.*
     Depuis combien de temps **travaillez-vous** dans cette agence de voyage? **J'y travaille** depuis 7 ans.
  6. *I've been at this hotel for three days.*
     Je suis à l'hôtel depuis 3 jours.

2. L'expression des aspects et des modalités d'une action

LA NOTION D'ASPECT

En français comme en anglais, l'expression du temps dépend de multiples variables. En effet il existe, à côté du temps chronologique ou historique, un temps qu'il est convenu d'appeler psychologique mais que nous préférons appeler « humain », dans la ligne de Georges Poulet (1950) et de ses travaux sur le temps humain.

Ce temps est soumis à des variations issues de la perception que l'être humain, l'individu, a du temps. Cette perception peut varier selon les époques, mais elle varie aussi selon les cultures, car la perception individuelle est fortement influencée par l'environnement dans lequel elle prend ses racines. De même, la perception de la façon dont une action se produit est soumise aux mêmes variables tant psychologiques que socioculturelles. Nous nous trouvons donc ici dans le domaine de la subjectivité, qui se rend, à l'oral comme à l'écrit, par divers procédés d'expression linguistique.

Le temps des conjugaisons est, dans beaucoup de langues, inapte à rendre seul la perception subjective du temps. Le verbe, quant à lui, est inapte aussi à rendre à lui seul les modalités de l'action. Ces caractéristiques subjectives se rendent par des procédés divers, empruntés à toutes les catégories grammaticales, et regroupées sous le nom d'aspects.

Le temps indique la période dans laquelle s'inscrit l'événement exprimé par le verbe (passé, présent, avenir); l'aspect envisage l'événement du point de vue de son déroulement (durée, répétition, achèvement, etc.). Autrement dit, pour citer Dubois et al. (2012, p. 53) : « L'aspect est une catégorie grammaticale qui exprime la représentation que se fait le sujet parlant du procès exprimé par le verbe (ou par le nom d'action), c'est-à-dire la représentation de sa durée, de son déroulement ou de son achèvement (aspect inchoatif, progressif, résultatif, etc.), alors que les temps, les modaux et les auxiliaires de temps expriment les caractères propres du procès indiqué par le verbe indépendamment de cette représentation du procès par le sujet parlant. » Pour sa part, Harrison (1996) nous apporte les précisions suivantes : « Be advised that many of the verb forms which are traditionally called "tenses" in grammar books and foreign language text-books are actually aspects; the traditional terminology is misleading. The distinctions between *she read that book*, *she used to read such books*, and *she was reading that book when I entered the room* are aspectual distinctions rather than differences of tense. »

L'aspect est donc le concept qui regroupe les moyens d'expression des modalités subjectives ou perçues de l'action exprimée d'abord par le verbe. Or, ces moyens d'expression, dans la mesure où ils sont ancrés dans un système sociolinguistique spécifique, varient selon les cultures, selon les langues, selon les époques. Il y a donc lieu de se demander de quels moyens d'expression l'anglais et le français disposent pour rendre la notion d'aspect, pour rendre les modalités de l'action dont on parle.

Partons, dans un premier temps, d'un exemple que nous suivrons dans les deux langues afin d'élucider comment chacune d'elle parvient à exprimer la modalité en question :

La guerre éclata en 1914. Elle fit immédiatement un grand nombre de victimes.
The war broke out in 1914. There would soon be a great number of victims.

Si nous transposons ces indications de temps sur le plan spatial, nous obtenons une ligne que nous pouvons graduer par exemple en centimètres. Nous pouvons ainsi décider que le point 14 représente une date précise, par exemple 1914. Nous avons ici l'expression simple du temps historique, exprimée adéquatement en français par le passé simple et en anglais par le *Simple Past*. Nous remarquons déjà, dans la deuxième phrase, que la perception du temps varie dans les deux cultures. L'adverbe « immédiatement » est employé en français pour raccourcir le temps écoulé entre la date officielle de déclaration de la guerre et ses conséquences. On passe immédiatement au résultat. L'anglais, au contraire, est plus objectif : *soon* rend en effet davantage la réalité historique, il a fallu un certain temps pour que les effets de la guerre se fassent sentir. L'emploi de *would* représente un futur dans le passé en accord avec *soon*.

Prenons un autre exemple. Si, au lieu de considérer un point sur la ligne du temps, nous considérons un segment par exemple de trois centimètres. Nous devons alors nous poser les questions suivantes : le point 14 fait-il partie du segment? Le segment doit-il commencer au point 11 ou au point 14? Le moment où l'action commence est-il important? Le moment où elle se termine aussi? Comment cette action s'est-elle déroulée? A-t-elle été continue, discontinue mais répétée? Toutes ces questions permettent, lorsqu'on y répond, d'obtenir des indications d'aspect. Poursuivons nos exemples :

La guerre dura de 1914 à 1918.
The war went on from 1914 to 1918.

La microstructure du texte

Nous sommes en l'an 2016. La guerre entière a eu lieu à une époque reculée, n'ayant plus aucun lien avec le présent. En anglais, on aura recours de nouveau au *Simple Past* et en français, au passé simple. Pourtant si l'on se replace par l'imagination au milieu de cette situation, on pourra dire en français :

En 1916, c'était la guerre.

L'imparfait permet ici d'exprimer cette situation dans sa durée, dans sa perception-description subjective (longueur, description des éléments qui la constituaient, etc.) : une fois encore, c'est l'imparfait qui rend cet aspect. En anglais, on emploiera la forme *be + verbe + -ing*, malencontreusement appelée *progressive* car elle ne sert pas uniquement à rendre l'aspect progressif.

In 1916, the war was going on.

Ce n'est pas, en anglais, le temps qui exprime l'aspect puisque *was* est encore un *Simple Past*. Il y a d'autres moyens en anglais, et notamment les particules adverbiales comme *on*, qui n'existent pas en français. *In 1916, the war **was going on**.* La forme *be + verbe + -ing* indique par ailleurs que l'action était en train de se produire. Elle s'ajoute ici à la particule adverbiale pour exprimer la même chose que l'imparfait français.

3. Aspects et traduction

Quels sont les aspects que nous devons rechercher dans le texte de départ afin de parvenir à une traduction fidèle en langue d'arrivée? Ils sont nombreux et ne portent pas toujours sur les temps ou les verbes, ils peuvent parfois s'associer étroitement au lexique comme le montrent Vinay et Darbelnet (1958) dans leur ouvrage.

Nous avons vu que l'imparfait français permettait de considérer l'action dans sa durée, mais sans tenir compte du moment où celle-ci commence (aspect inchoatif) ou se termine (aspect perfectif ou terminatif). Voilà pourquoi il est toujours difficile de traduire le *Simple Past* anglais en français : celui-ci peut en effet, nous l'avons vu, exprimer un aspect ponctuel ou un aspect duratif. Vinay et Darbelnet (1958, p. 145) citent l'exemple suivant : les phrases « Il voulait s'enfuir » et « Il voulut s'enfuir » expriment la première la permanence de ce désir,

La microstructure du texte

la seconde une tentative ponctuelle mais réelle de s'échapper. Ce n'est pas par des moyens syntaxiques que l'anglais va marquer la différence d'aspect entre ces deux phrases, mais plutôt par le lexique. On dira en effet dans le premier cas : *He wanted to run away* et dans le second : *He tried to run away*. Cet exemple permet, nous semble-t-il, de mesurer toute l'importance de l'analyse des aspects pour la traduction.

Nous dirons pour conclure que tous les aspects trouvent des correspondances d'une langue à l'autre; ce sont les moyens de les exprimer qui changent et non les perceptions humaines, même si celles-ci peuvent être influencées par les différences culturelles. Il s'agit, pour le traducteur, d'utiliser toutes les ressources de la langue d'arrivée sans se laisser impressionner par l'éloignement apparent des structures. **C'est au message qu'il faut être fidèle, non aux mots, non aux structures**. La traduction est la reformulation en langue d'arrivée d'un message transmis avec les moyens dont dispose la langue de départ; elle doit tenir compte des non-dits du texte et ne sera donc jamais du mot à mot.

LES DIFFÉRENTS TYPES D'ASPECTS

Vinay et Darbelnet (1958) présentent une liste impressionnante d'aspects, tant lexicaux que syntaxiques. Nous nous en tiendrons quant à nous à ceux qui posent problème aux traducteurs inexpérimentés.

L'aspect habituel et l'aspect fréquentatif
La particularité de l'anglais est d'employer le futur (ou le conditionnel fréquentatif dans un texte au passé) pour exprimer l'habitude :

He will talk no matter what.
He would go out for breakfast day after day.

Ce *will*, comme le *would*, est un traquenard car il ne se traduit pas par le futur :

Il faut toujours qu'il parle. (subjonctif à cause de l'emploi de *il faut que*)
Il n'arrête pas de parler. (infinitif)
Il ne cesse de parler. (niveau de langue soutenu à cause du choix lexical et
   de l'emploi de la négation unique « ne »)
Il fallait qu'il sorte pour prendre son petit déjeuner.
Chaque jour il sortait pour prendre son petit déjeuner. (imparfait)

Notez l'emploi de l'expression impersonnelle « il faut/fallait que » pour exprimer non une nécessité mais une habitude.

L'aspect terminatif

L'anglais va le plus souvent l'exprimer par une particule adverbiale, le français par des moyens divers, lexicaux ou syntaxiques :

1. *The birthday boy **blew out** all his candles.*
   Le garçon **souffla** toutes les bougies de son gâteau d'anniversaire. (moyen lexical)
2. *Is the room locked **up**?*
   La pièce est-elle **bien** fermée **à clé**?
3. *She was so angry about her mark that she tore **up** her paper.*
   Elle était si mécontente de sa note qu'elle déchira son devoir **en mille morceaux**.

L'aspect désinvolte

Moins connu, il s'exprime par le lexique en anglais :

1. *The toddler **tossed** his toy.*

En français, on a besoin de préciser l'idée soit par un adverbe soit par une expression particulière.

Le petit jetait ses jouets **au hasard/n'importe où**.

L'anglais peut aussi utiliser une particule adverbiale dans ce cas :

2. *Don't let the dogs run **about**.*
   Ne laissez pas les chiens courir **partout**.

Ainsi, quels que soient les moyens employés pour les exprimer, les aspects touchent au verbe car ils précisent les modalités de l'action ou la façon dont le narrateur perçoit l'action dont il parle. Pour bien traduire, il est crucial de les reconnaître et de les prendre en compte.

La microstructure du texte

4. L'expression du futur

L'expression du futur, comme celle du passé, ne va pas de soi, de quelque langue qu'il s'agisse. En effet, il faut, pour exprimer le futur, qu'un peuple le perçoive, et il sera d'autant plus précis dans son expression qu'il le percevra mieux. Or, l'idée de futur s'est introduite tardivement dans le système linguistique de l'anglais. En vieil anglais, on employait le présent pour l'exprimer, réduisant ainsi l'écart temporel exprimé, et donnant à l'action une réalité imminente. Au contraire, dans les langues latines, il existe des temps qui permettent d'exprimer cette notion avec nuance et précision. La traduction de l'anglais au français ou vice versa devra tenir compte de cette différence fondamentale entre ces deux langues.

EXPRESSION DU FUTUR ET CONJUGAISONS EN FRANÇAIS

Le phénomène présenté plus haut explique en partie pourquoi l'anglais dépend essentiellement des catégories grammaticales autres que le verbe pour exprimer le futur : adverbes de temps (*soon*, *later*, *tomorrow*), groupes nominaux ou prépositionnels compléments circonstanciels de temps (*in a few years*, *in a moment*), conjonctions de subordination (*as soon as*), etc. Le français, en revanche, tout en utilisant aussi les ressources de ces autres catégories grammaticales, dispose d'un système de temps aussi précis pour le futur que pour le passé.

Les temps qui servent à exprimer le futur sont les suivants :

Temps conjugué	Temps exprimé	Exemple
Indicatif présent	Exprime l'imminence d'une action, ou le sentiment qu'une telle action est imminente.	Demain, je **pars**.
Indicatif imparfait	Ajoute à l'idée d'imminence celle de risque; s'emploie plutôt dans un contexte au passé.	Un pas de plus et je **tombais**!
Indicatif futur simple	Exprime une action perçue comme assez lointaine.	L'été prochain, je **prendrai** des vacances.
Indicatif futur antérieur	L'action se situe dans l'avenir mais avant une autre action future.	Quand tu **auras fini** de chanter, tu le **diras**.

La microstructure du texte

Conditionnel présent	Aussi appelé futur dans le passé, car indique simplement qu'une action s'est déroulée après une autre action dans un contexte au passé; ce temps n'a pas de valeur de condition.	Il m'a dit qu'il **viendrait**.
Conditionnel passé	L'action est antérieure à une autre mais postérieure à une troisième dans un contexte au passé.	Il m'**a dit** qu'il **viendrait** quand il **aurait terminé** son travail.
Subjonctif présent	Futur soumis à des circonstances subjectives ne dépendant pas de la personne qui parle, ou bien à des perceptions individuelles.	Il **faudra** bien qu'il **finisse** par se mettre au travail!

À cette gamme de temps s'ajoutent des formes verbales introduisant des nuances relativement aux modalités de l'action ou aux intentions du locuteur, formes aspectuelles que l'on appelle aussi modales comme, par exemple : « Il va venir » (futur proche, ou perçu comme tel).

Il s'agit donc, en français, de manier avec circonspection cette gamme de temps et de formes verbales de façon que ceux-ci s'accordent avec les autres éléments du discours au futur (adverbes, compléments circonstanciels de temps, conjonctions de subordination), qu'ils les complètent et les précisent, et surtout ne les contredisent pas!

RESSOURCES DE L'ANGLAIS

Si l'anglais possède moins de formes verbales que le français, il possède en revanche plus de formes modales pour exprimer l'idée de futur. Ces formes sont elles aussi extrêmement précises, mais souvent subjectives : il s'agit donc d'en interpréter l'idée, en plus du sens futur, et elles demandent à être utilisées avec art.

Ce sont souvent des formes composées de *to be*: *be going to*; *be likely to*; *be to*; *be sure to*; *be bound to*; en plus de la forme *be + -ing* du présent qui peut être employée pour exprimer un futur proche : « *School is starting again tomorrow.* » Il s'ajoute à toutes ces formes un commentaire implicite des possibilités de réalisation de l'action dans le futur :

Forme verbale	Exemple	Commentaire implicite
be going to	*I **am going to** see him tomorrow.*	L'action semble proche et sa réalisation ne semble pas faire de doute.
be likely to	*He's **likely to** come after school.*	Exprime la probabilité.
be to	*I **was to** leave when the phone rang. We **were to** meet downtown 15 minutes later.* (Notez l'emploi du *Simple Past* pour exprimer le futur.)	Exprime l'imminence de l'action.
be sure to	*I ran to the bus stop but I **was sure to** miss my bus!*	Exprime l'inéluctabilité de l'action, même si on ne la souhaite pas.
be bound to	*I did. This **was bound to** happen: I was late at the meeting.*	Exprime l'idée que l'issue est irrémédiable parce qu'il s'agit d'une conséquence logique.

À ces formes composées de *be* s'ajoutent celles des verbes modaux, ou défectifs, tels que *shall, will, may, must*, qui contiennent elles aussi une valeur subjective. Ainsi, à *shall* s'ajoute l'idée d'obligation issue d'une loi ou de la nature des choses (loi naturelle, logique de l'histoire) : *We shall overcome!* – chanson des Noirs qui indique que la réussite de leur lutte contre le racisme sera le fruit logique de leur persévérance.

Autre exemple : la décision de la Cour suprême du Canada relativement à l'obligation d'offrir des services en français au Manitoba repose entre autres sur l'interprétation de la valeur du *shall* employé dans la loi qui a fondé la province au moment où celle-ci est entrée dans la fédération canadienne.

Will transmet une idée de volonté : « No matter what you say, he will not go. » Il n'ira pas non pas parce que les circonstances sont défavorables mais parce qu'il ne le veut pas.

May transmet l'idée d'une probabilité de l'action, idée encore renforcée lorsqu'on emploie cette forme au *Simple Past* (*might*) : *I may go to Ottawa next month.* C'est probable, mais pas encore certain; *I might go to Ottawa next month.* Il n'y a qu'une très petite chance.

Must peut transmettre l'idée d'une probabilité qui touche presque à la nécessité : *He must arrive before it gets dark.* On traduirait cette notion par un conditionnel : « Il devrait arriver avant la nuit » ou « Il faudrait qu'il arrive avant la nuit ».

Ainsi, au futur comme au passé, nous nous devons de constater qu'un temps anglais n'est pas équivalent à un temps français et vice versa. Lorsqu'on traduit, il faut apprendre à adapter les ressources de la LA aux nuances transmises par la LD. Il faut apprendre à trouver la forme (forme verbale particulière, autres catégories grammaticales, lexique) qui rendra le mieux non seulement le temps objectif exprimé par l'auteur mais aussi sa perception de l'action et de son déroulement.

5. Les temps du passé et la concordance des temps

L'expression du temps est, dans toutes les langues, difficile. Comme nous venons de le voir, à la règle établie par l'usage s'ajoute un caractère subjectif lié à la perception individuelle du temps. Or cette perception n'est pas seulement psychologique ou philosophique, elle s'enracine dans des habitudes culturelles. L'emploi du passé, comme l'usage que l'on fait de la concordance des temps, ne fait pas exception à cette règle : on emploie le passé selon la façon dont on sent le passé et on le sent différemment selon les époques, mais aussi d'une culture à l'autre et même d'une personne à l'autre. Un « amoureux des vieilles pierres » ne perçoit pas le passé de la même façon qu'une personne totalement axée sur le présent ou sur l'avenir.

Comparer les temps du passé en anglais et en français doit donc faire ressortir les différences entre les deux langues qui, pour être grammaticales, n'en sont pas moins culturelles et subjectives.

Tout comme pour le futur, l'anglais possède peu de temps pour exprimer le passé tandis qu'en français les tableaux de conjugaisons témoignent de l'abondance des moyens d'expression. Pour exprimer le passé, l'anglais utilise quatre formes verbales : le *Past*, le *Present Perfect*, le *Past Perfect*, et le *Future Perfect*. Pour les traduire, nous devons choisir en français parmi seize temps, six de l'indicatif : l'imparfait, le passé simple, le passé composé, le plus-que-parfait, le passé antérieur, le futur antérieur; trois du subjonctif : subjonctif imparfait, subjonctif passé et plus-que-parfait; un impératif : l'impératif passé; deux conditionnels : les conditionnels passés 1ᵉ et 2ᵉ formes; l'infinitif passé et le participe passé.

Est-ce à dire que l'anglais ne dispose pas des outils nécessaires à l'expression du passé? Certainement pas. Toutefois, il faut remarquer qu'en anglais, l'expression du passé, comme celle du futur, ne se limite pas à l'emploi d'un temps correspondant à un temps français. En soi, cette différence entre les deux langues est un traquenard constant, que l'on traduise vers l'anglais ou vers le français. En effet, le traducteur qui traduit vers l'anglais devra se contenter des temps de base disponibles en anglais et rajouter des éléments d'expression (adverbe, particule adverbiale…) pour rendre avec exactitude le message français tandis que le traducteur vers le français devra penser à faire l'économie de ces éléments de précision si la seule expression du temps français suffit.

Observons les passages suivants et la traduction que l'on pourrait faire des formes verbales :

a. *Did you eat?*
b. *Have you eaten?*

Comme on peut le voir, les formes verbales dans les exemples a) et b) expriment le passé mais il existe une nuance. Quelle est cette nuance? Comment traduiriez-vous ces deux énoncés en français?

c. *They have lived in Montreal all their lives.*
d. *They lived in Montreal all their lives.*

Les formes utilisées dans le second exemple, c) et d), expriment également le passé. Comment expliquez-vous la différence? Proposez-en la traduction en français.

e. Ils sont partis pour Vancouver.
f. Ils sont partis pour Vancouver hier.

En quoi ces deux énoncés sont-ils différents? Traduisez-les en anglais.

Quand on dispose d'une date, on va employer en anglais le *Simple Past* : *He went to Egypt in 1985*. De même si on dispose d'une durée précise, l'action étant cependant terminée dans le passé : *He lived in Egypt for two years*. En français, on emploiera le passé simple si l'on se situe dans un niveau de langue soigné (littéraire, écrit universitaire…) : *Il alla en Égypte en 1985 – Il vécut deux ans en Égypte;* ou bien le passé composé si l'on se situe dans un niveau de langue courant ou familier : *Il est allé en Égypte en 1985 – Il a vécu deux ans en Égypte*.

Cette première analyse montre qu'en français, ces deux temps servent à une distinction socioculturelle au contraire de l'anglais où le *Simple Past* est neutre

La microstructure du texte

de ce point de vue. Pour marquer cette distinction socioculturelle, l'anglais aura recours à d'autres moyens : la prononciation, l'intonation, le lexique, la syntaxe (par exemple des abréviations), etc.

Quand l'action n'est pas datée, trois situations peuvent s'observer :

- l'action n'est pas précise;
- l'action a commencé dans le passé mais dure toujours (ou durait au moment où une autre chose s'est produite);
- l'action s'est répétée.

Dans le premier cas, l'anglais aura recours indifféremment au *Simple Past* ou au *Present Perfect* :

*He **lived** in Egypt. He's **lived** in Egypt.*

En français, c'est le passé composé (ou son équivalent soigné, le passé simple) qui s'impose :

Il **a vécu** en Égypte.

Dans le deuxième cas, l'anglais va employer le *Present Perfect* alors que le français va employer le présent :

*He **has been** in Egypt for two years.*
Il **est** en Égypte depuis deux ans.

S'il y a déplacement de la date de référence dans le passé, on aura le *Past Perfect* en anglais, et l'imparfait en français :

*He **had been** in Egypt for two years when the war broke out.*
Il **était** en Égypte depuis deux ans quand la guerre éclata.

Ici, en bonne logique, on a le *Simple Past* en anglais dans la proposition subordonnée, et le passé simple en français (*quand* est en effet l'équivalent d'une date). L'imparfait de la phrase principale se justifie par l'aspect duratif que caractérise le verbe dans cette partie de la phrase.

Dans le troisième cas, on a affaire à un aspect fréquentatif, à une habitude. L'imparfait s'impose en français. En anglais, on va employer, comme nous l'avons vu, la forme *would* ou bien la forme *used to*. On pourrait aussi utiliser un *Simple Past* mais il faudrait ajouter des précisions :

He caught his train at 8:00 every morning.

En français, si on supprime tous les matins, on sait malgré tout, grâce à l'imparfait, qu'il s'agit d'une habitude. Si on supprime *every morning* en anglais, le sens de la phrase change : il pourrait s'agir d'une action ponctuelle (ce matin, aujourd'hui, il a pris le train à 8 h). Ainsi, en français, l'imparfait suffit pour rendre l'idée de l'habitude. C'est le temps français qui exprime les circonstances de l'action. Si, pour pallier l'imprécision soulignée ci-dessus, on décidait d'employer *would* au lieu du *Simple Past* en anglais, on ferait face à un autre problème, problème d'interprétation du texte : *He would catch his train at 8:00.* Cette phrase veut-elle dire : Il prendrait le train à 8 h; il fallait qu'il prenne le train à 8 h (il le voulait); ou : il prenait toujours le train à 8 h. Il y a donc risque de confusion, de mauvaise interprétation. Seul le contexte permet de décider de la solution à privilégier.

On dit toujours que la concordance des temps est l'un des problèmes fondamentaux du français. Cette brève analyse des temps du passé explique en partie pourquoi c'est le cas. Le français tente de rendre par des structures rigides une perception essentiellement subjective. Il doit donc toujours analyser les circonstances de l'action (modalités, aspects) avant de décider d'employer le passé simple, l'imparfait ou les autres temps. Il doit de plus se situer socialement afin de décider de l'emploi du passé simple ou du passé composé, du subjonctif présent ou du subjonctif imparfait (qui, contrairement à ce qu'affirment bien des grammairiens, est encore bien vivant).

En anglais, toute la difficulté pour un francophone réside dans la nécessité d'utiliser d'autres formes que le verbe pour exprimer avec précision les circonstances de l'action. L'aspect progressif seul fait appel à une conjugaison spéciale (*be + -ing*), qui d'ailleurs ne se limite pas à l'expression de cet aspect et que l'on retrouve à tous les temps simples et composés de l'anglais, les emplois des temps de l'auxiliaire suivant simplement la règle de base.

En français, l'analyse des temps doit apporter tous les indices fondamentaux des circonstances de l'action. En anglais, les temps ne sont qu'un cadre, il faudra s'attarder aux autres éléments, et notamment à des éléments que nous ne connaissons pas en français, comme les particules adverbiales (ou postpositions), pour comprendre exactement comment l'action s'est produite ou s'est déroulée.

La microstructure du texte

EXERCICE 34

Traduisez en français en faisant particulièrement attention aux temps verbaux et aux aspects des verbes.

1. The Piazza di Spagna and stairs have been a favorite spot for Roman rendezvous ever since they were completed in the 18th century.
2. The UN has estimated that some 4 million people have been affected by Saturday's quake, including 2 million who have been left homeless.
3. Two candidates in the upcoming municipal elections were shown in an unflattering pose in the French daily *La Presse*.
4. If you had to choose and could drink only white wine, what would it be? For me the choice is easy: Riesling.
5. For centuries it was believed the stories of the Greek and Trojan heroes written about by Homer in *The Iliad* and *The Odyssey* were make-believe. However, a German archaeologist by the name of Heinrich Schlieman, proved the ancient city of Troy had actually existed.
6. As a child, he had loved the ancient Greek myths and heroic legends, and he desperately wanted to believe they were based on fact, not fantasy.
7. Using clues he found in Homer's writings and Greek mythology, he spent his adult life searching for the location of the ancient city of Troy which he found in 1870. It was near the Dardanelles, a part of modern day Turkey. Excavations of the site uncovered a walled city, a great fortress, and a royal palace. Many artifacts were also unearthed, including a magnificent jeweled headdress which Schliemann believed Helen herself might actually have worn.

EXERCICE 35

Traduisez en anglais en faisant particulièrement attention aux temps et aux aspects des verbes.

1. Des tirs nourris ont été entendus pendant près de trois heures près de la résidence d'Alpha Condé. Le président serait sain et sauf, mais un garde présidentiel aurait été tué pendant l'attaque, qui aurait été menée par des militaires.
2. Depuis 15 ans, le psychologue Jean-Pierre Rochon reçoit dans son cabinet des victimes de diverses dépendances : drogues, alcool, pornographie…

3. Après s'être longtemps opposée aux ambitions de Google, la Bibliothèque nationale de France (BNF) a annoncé mi-août qu'elle négociait avec lui pour la numérisation de ses ouvrages. Où mène le gigantesque fleuve de culture rendue « liquide » par le passage au virtuel? Qui le contrôlera?

4. Avec trente-deux partenaires, le Congrès américain et l'Organisation des Nations unies pour l'éducation, la science et la culture (UNESCO) ont lancé le 21 avril dernier la Bibliothèque numérique mondiale (BNM). Ce site offre un accès gratuit à des ressources numérisées issues du patrimoine de l'ensemble de la planète.

5. Le 3 juin 1943, l'Université de Montréal inaugurait son nouveau campus sur le flanc nord du mont Royal, sur le site d'une ancienne carrière de pierre dont la Ville de Montréal avait fait don à l'Université. Au moment de l'inauguration, le recteur de l'époque, Mgr Olivier Maurault, écrivait : « Elle est maintenant debout, cette grandiose université issue des rêves généreux de nos prédécesseurs. »

EXERCICE 36

Traduisez en français en faisant particulièrement attention aux temps et aux aspects des verbes.

1. *Fishing in Goa—travel memories*
   My wife and I were visiting our daughter in Goa in April 2005. We had a comfortable condo near the beach at Baga and spent a lot of time at the beach. At night, we would watch the sunset. This night I was waiting camera in hand for the sunset. Then the fishermen appeared—out for the nightly catch. What a magical moment!

2. The backlash against 24-hour connectivity has started. No more emails all day long. Under an agreement with labour representatives, staff at Europe's biggest automaker will receive emails via BlackBerry from half an hour before they start work until half an hour after they finish, and will be in blackout-mode the rest of the time, a spokesperson for VW said.

3. The decade following the terrorist attacks has been a golden age for New York, a renaissance in architecture and urban design. World-class architects and high-profile local firms have landed big projects, while emerging architects have had new opportunities in both private and civic

La microstructure du texte

design.... Most remarkable has been the huge investment in the public realm. The High Line, the park created on a derelict elevated railway bed is the most famous new public space, a tourist magnet that has drawn 5 million visitors since its first phase opened in the summer of 2009. (Adapted from *Architectural Record*, Sept. 2011)

4. A new survey from Newspaper Audience Databank Inc. (NADbank) found newspapers are still reaching more than 70 per cent of Canadians. And 70 per cent of young readers between 18 and 34 are reading newspaper content, too, primarily online. The results demonstrate that newspapers are hanging on to their audience. Readership of physical newspapers has declined about two per cent over the past five years, but digital readership has jumped 40 per cent, NADbank said.

5. The Oprah Winfrey Show came to an end on May 25, 2011 after twenty-five years on television. When Oprah bid farewell to her audience, she left them with vivid memories of the entertaining and classically "aha" moments that made watching her show an experience like no other. Oprah has had a powerful and enduring effect on American culture that cannot be overstated … With this book, viewers who tuned in every day will happily relive their favorite moments, while those who never watched can experience Oprah in its totality for the very first time.

6. Ladies and gentlemen, this is a difficult moment for America. I, unfortunately, will be going back to Washington after my remarks. Today we've had a national tragedy. Two airplanes have crashed into the World Trade Center in an apparent terrorist attack on our country. I have spoken to the Vice President, and have ordered that the full resources of the federal government go to help the victims and their families, and to conduct a full-scale investigation to hunt down and to find those folks who committed this act. (George Bush, 2001)

7. Fewer than one in ten students who apply to the accounting and finance program at the prestigious London School of Economics get accepted. John Epstein is one of just 117 students from around the world accepted to the UK university this fall. Epstein earned perfect marks in math, English, biology, history, French and economics at Sunnybrook high school, where he was enrolled in the International Baccalaureate program. The Toronto teen, who just picked up his visa to study in the United Kingdom, has dreamt of becoming an investment banker since elementary school. "I've always wanted to be a banker," he said. Epstein, who will be following in the footsteps of his banker uncle, said even as a

child he enjoyed reading about world events. (*Toronto Star*, August 29, 2015)

8. *Smartphone Addiction*

Nomophobia—fear of being without your smartphone—affects 40% of the population: Nearly half of all women surveyed would rather go a month with no sex than be without their phones for the same amount of time. A recent study conducted provides a startling glimpse into the growing technology addiction across the United States. Many of those surveyed admitted their dependence on devices has caused them to miss out on pivotal milestones and even resulted in injuries.

EXERCICE 37

Traduisez en anglais en faisant particulièrement attention aux temps et aux aspects des verbes.

1. Les Inuits forment une autre famille linguistique. Ils auraient gagné les côtes de l'Alaska et du Nord canadien vers la même époque que les Na-Dénés et sans doute par la banquise.

2. En 1243, alors que tout le Pays est soumis aux croisés, seul Montségur résiste. Après 10 mois de siège, le château se rend après une trêve de 15 jours. Le 16 mars 1244, plus de 250 Cathares sont brulés vifs.

3. Si tout le monde m'imitait, Twitter cesserait d'exister en deux heures. Cela nous laisserait du temps pour lire des textes profonds.

4. Né au Caire en 1960, Karim est élevé en Angleterre et au Canada. Après l'obtention d'un diplôme en design industriel à Ottawa en 1982, il poursuit des études supérieures de design à Naples, puis travaille à Milan pendant un an. Après avoir travaillé sept ans au Canada, il ouvre sa propre entreprise à New York en 1993 et gère maintenant un bureau en Chine (Shenzhen).

5. « Le Dr Selye a marqué la médecine moderne; il aurait certainement mérité un prix Nobel », commente, au cours d'un entretien téléphonique, son ancien étudiant au doctorat Roger Guillemin, lui-même lauréat du Nobel de médecine en 1977 (avec deux autres chercheurs) pour ses travaux sur les neurohormones.

6. Après avoir emprunté de l'argent pour payer le voyage outre-Atlantique, Roger Guillemin s'initie à la médecine expérimentale sous la férule du

découvreur du stress. Il ne quittera Montréal qu'en 1953, à la faveur d'une bourse qui lui ouvre les portes des États-Unis. Il obtient la nationalité américaine en 1965.

7. Le 13 janvier 2010, l'énorme navire de croisière Costa Concordia quitte le port de Civitavecchia, près de Rome, avec quelque 4 229 personnes à bord. Pendant que le paquebot se déplace dans des eaux calmes, le capitaine prend une décision qu'il va payer chèrement… La panique s'installe, plusieurs tombent à l'eau et chacun tente d'éviter le pire. Contrairement au capitaine Smith du Titanic, le capitaine Francesco Schettino n'a pas fait preuve de courage; il a laissé les passagers à leur sort. En plus de quitter le navire, il aurait tardé à donner l'alerte.

8. *Plus de pilote à la barre*
Depuis le résultat du référendum, vendredi 24 juin, le pays vacille. Le premier coup a été asséné par David Cameron. Alors qu'il avait promis qu'il resterait en poste quelle que soit l'issue du vote, qu'il avait clamé que les Britanniques n'étaient pas des « *démissionnaires* », l'initiateur du référendum a très vite annoncé qu'il rendrait son tablier. Même s'il a précisé garder les rênes jusqu'à l'élection de son remplaçant, le pays s'est concrètement retrouvé sans vrai maître à bord. Déjà incertains, les marchés financiers ont paniqué, la livre sterling s'est effondrée à son plus bas niveau depuis 1985 vis-à-vis du dollar. Six jours plus tard, nouveau coup de tonnerre : pressenti pour donner un cap au navire tanguant, la figure de proue du Brexit, Boris Johnson, renonce à être candidat à la direction du parti conservateur. (*La Croix*, 7 juillet 2016)

EXERCICE 38

Comparez l'emploi des temps et des aspects dans les textes anglais et français ci-dessous.

Our employees strive to make amazing things happen for our customers every day of the year…. And every day, our employees go the extra distance to support our passengers….

Nos employés s'efforcent chaque jour de faire vivre de fabuleux moments à nos clients… Chaque jour, nos employés se surpassent pour nos passagers…

Breaking bread

In my early twenties, I stayed in the tiny Provençal village of Venasque, perched on a clifftop, where every morning the town bakery made exactly the same number of baguettes as the local adult population. That fact has stuck with me to this day. The crusty, perfect stick of bread was more than just flour, yeast and water: it was an integral part of French life.

That tradition, like so much else, has been overshadowed by the ease of picking up a generic loaf from a grocery store shelf. In this issue, we're tracking the baguette's resurgence thanks to an unexpected group of bakers who are bringing a fresh perspective to the Parisian icon and getting people back to their local boulangerie.

Baguette magique

Au début de la vingtaine, j'ai séjourné dans le petit village provençal de Venasque, situé sur un éperon rocheux, où la boulangerie locale cuisait chaque matin exactement autant de baguettes que le nombre d'habitants adultes. Je ne l'ai jamais oublié. Ce pain allongé, croustillant et parfait était plus que de la farine, de la levure et de l'eau : c'était un mode de vie.

Cette tradition, comme tant d'autres, s'est bien sûr fait éclipser par la commodité de se saisir d'un pain générique sur une tablette d'épicerie. Dans ce numéro, nous suivons la relance de la baguette, portée par un petit groupe de boulangers qui rafraîchissent cette icône parisienne et ramènent les gens à leur boulangerie locale.

Source: *enRoute*, juillet 2015.

6. Orientation bibliographique

COMRIE, Bernard (1976). *Aspect*. United Kingdom: Cambridge University Press.

DUBOIS, Jean, Mathée GIACOMO, Louis GUESPIN, Christiane MARCELLESI, Jean-Baptiste MARCELLESI, Jean-Pierre MEVEL (©1994, 2012). *Dictionnaire de linguistique*. Paris : Larousse.

HARRISON, Richard K. (1996). "Verb Aspects." *Journal of Planned Languages*. 24th edition. URL: www.invisiblelighthouse.com/langlab/aspect.html. Accessed July 26, 2016.

MATTHEWS, P. H. (2007). *The Concise Oxford Dictionary of Linguistics*. Oxford: Oxford University Press.

POULET, Georges (1950a). *Études sur le temps humain*. Paris : Plon.

POULET, Georges (1950b). *Études sur le temps humain : La Distance intérieure*. Paris : Plon.

POULET, Georges (1950c). *Études sur le temps humain : Le Point de départ*. Paris : Plon.

POULET, Georges (1961). *La métamorphose du cercle*. Paris : Plon.

VINAY, Jean-Paul et Jean DARBELNET (1958). *Stylistique comparée du français et de l'anglais*. Montréal : Beauchemin.

La microstructure du texte

CHAPITRE 4

Syntaxe et sémantique

Comme nous avons déjà pu le constater, les variations de sens proviennent non seulement du lexique mais aussi de la syntaxe. Il faut comprendre ici le terme syntaxe non seulement comme l'agencement des mots dans la phrase (un homme pauvre/un pauvre homme) mais aussi comme l'ensemble des modifications morphologiques des mots associées au genre ou au nombre par exemple.

Dans ces variations sémantiques, l'emploi ou non de signes de ponctuation joue également un rôle, de même que le choix des prépositions ou des particules adverbiales. Lorsqu'on avance dans l'étude de la langue et dans la comparaison des faits de langue en anglais et en français, on se rend compte combien il y a de finesse dans les moyens d'expression offerts par ces langues à qui souhaite maîtriser les nuances que permet un choix judicieux du lexique et de la syntaxe.

Les sujets abordés et les exercices de cette section visent à vous aider à parfaire vos connaissances des ressources syntaxiques de l'anglais et du français afin que vous puissiez traduire avec précision et authenticité le sens profond des textes que vous rencontrerez dans l'exercice de votre métier. Nous nous bornerons toutefois ici aux différences avérées entre l'anglais et le français sans nous attarder sur les connaissances grammaticales de base qui sont censées être connues des apprentis-traducteurs.

1. Généralités

S'il y a peu de différence dans la définition de ce qu'est un nom en anglais et en français, il faut malgré tout souligner que, dans l'usage, il peut y avoir des différences importantes. En français, il existe des noms qui possèdent deux genres et dont le sens varie selon qu'ils sont masculins ou féminins comme, par exemple le livre (*a book*) et la livre (*a pound*). De même, il y a des noms dont le genre varie selon qu'on les emploie au singulier ou au pluriel (un grand amour/des amours mortes). Enfin il y a des noms dont le sens varie selon qu'on les emploie au singulier ou au pluriel : la vacance du pouvoir (*power vacuum*) et les grandes vacances (*summer holidays*).

En français, du fait que les noms sont soit masculins soit féminins, même si l'on parle d'objets, on s'attend à trouver des difficultés liées au genre. En anglais, au contraire, il semble que tout soit simple puisqu'en bonne théorie, le neutre devrait s'appliquer à tout ce qui n'est pas mâle ou femelle, homme ou femme. Ce n'est pourtant pas le cas. De plus, la distinction que fait l'anglais entre *countables* (dénombrables) and *uncountables* (indénombrables) et les conséquences que cette distinction entraîne pour l'emploi de l'article, ainsi que l'accord qui se fait au pluriel pour les noms collectifs, tout ceci peut être source d'erreurs, pas seulement au niveau de la grammaire mais aussi du sens.

Notez les différences suivantes :

a. *Don't they find their lives interesting?*
   Ne trouvent-ils pas leur vie intéressante?

L'anglais considère ici la somme de chacune des vies individuelles tandis que le français considère que chaque individu n'a qu'une vie et qu'on ne peut, par conséquent, utiliser ce mot au pluriel. La même distinction existe avec les mots *wife* ou *husband*, laquelle pourrait mener à des erreurs d'interprétation qui pourraient se terminer devant les tribunaux :

b. *The officials were here with their wives.*
   Les notables étaient là avec leur femme (et non leurs femmes, car cela voudrait dire qu'ils en ont plusieurs).

L'influence de l'anglais fait que cette règle n'est pas toujours appliquée et que l'on peut trouver l'emploi du pluriel sous la plume de journalistes :

Quinze députés qui emploient leurs femmes ou leurs enfants. (*Paris Match*, 25 juillet 2014)

Le mot *family* fonctionne de la même manière, et l'anglais dit naturellement :

c. *We all have **families** to support.*
  Nous avons tous **une famille** à nourrir. (Le pluriel laisserait entendre qu'on en a plus d'une.)

d. Prendre le frais (*take a breath of fresh air*)

e. Payer les frais (*pay the expense, the bill or the cost*)

Ces deux derniers exemples montrent jusqu'à quel point le sens d'un même mot peut être différent selon qu'on l'emploie au singulier ou au pluriel. Nous avons d'ailleurs trouvé, sur le site de Linguee, une illustration qui montre que même des traducteurs professionnels peuvent se tromper s'ils n'exercent pas une vigilance de tous les instants :

f. *We would like to assure you that if you are not happy with any aspect of your purchase your can return it and **we will pick up the cost**.* (schultzjeans.com)
  Nous tenons à vous assurer que si vous n'êtes pas satisfait de tout aspect de votre achat, vous pouvez le retourner et nous ***allons prendre le frais**.

Nous voyons donc combien ces variations, pour négligeables qu'elles puissent apparaître (il n'y a même pas de différence d'orthographe entre le singulier et le pluriel pour le mot « frais »), touchent au sens et à la perception qu'ont les peuples de leur réalité et de leur vécu. Elles posent toujours des problèmes de traduction au traducteur débutant, tenté de calquer le nombre, voire le genre du mot considéré. *It* se référant à une rivière pourrait bien alors devenir « il »; « elle » renvoyant en français à une maison pourrait bien devenir *she* en anglais. Il faut donc à tout moment se montrer vigilant face à ces détails qui font la différence entre une approximation et une traduction de qualité.

Pour finir sur la question du nom en général, nous aimerions dire un mot sur les genres. Il était traditionnel, en anglais, d'employer le féminin pour certains objets (voitures, bateaux), pour leur patrie et pour certains phénomènes atmosphériques (les ouragans…). *The Canadian Style*, accessible en ligne à partir du site de TERMIUM Plus, recommande de ne plus personnifier ces objets et d'employer le neutre tout simplement (voir le chapitre 14 intitulé « Elimination of Stereotyping in Written Communications »).

La langue évolue avec la société qui la parle. Depuis la fin du XXᵉ siècle, les revendications des femmes ont été entendues et les pays de langue française ont entrepris de féminiser leur discours, malheureusement sans toujours coordonner leurs efforts. Au Canada, les conseils sont rassemblés dans *Le guide du rédacteur*, aussi disponible en ligne sur le site de TERMIUM Plus. Tout un chapitre y est consacré à la féminisation. Quoique plusieurs recommandations entraînent des répétitions qui risquent de nuire au style, il faut considérer ces changements comme nécessaires à chaque fois que l'on traduit pour un gouvernement ou un organisme officiel. Il faut aussi rester sensible au fait que les pratiques pourraient être différentes selon les pays. En France, par exemple, la tendance est à l'emploi du masculin comme neutre, c'est-à-dire forme non marquée incluant aussi bien le féminin que le masculin. Au Canada, les professions ont été systématiquement féminisées par l'ajout d'un *e* à la fin des mots considérés comme épicènes en France : une professeure, une écrivaine, etc.

2. Noms composés et expansion du syntagme nominal

Il existe des noms composés dans les deux langues; ce n'est donc pas le concept qui pose problème. En français, les mots composés ne comprennent le plus souvent que deux mots :

- un après-midi
- un procès-verbal
- une pause-café
- un arc-en-ciel

En anglais au contraire, les formes composées peuvent regrouper facilement cinq éléments, ce qui a des répercussions considérables sur le sens. Prenons un exemple :

A well-known Canadian bank manager

On remarque que certains de ces éléments sont ambigus : est-ce la banque ou son directeur qui est célèbre? L'analyse du contexte devient alors cruciale pour lever l'ambiguïté.

De plus, en anglais comme en français, il faut remarquer que le sens n'est pas le même selon qu'on emploie un nom composé ou non : a *gold purse* (une bourse en or) n'est pas la même chose que a *purse of gold* (une bourse pleine d'or); un *sous-directeur* a-t-il le même rang qu'un *directeur adjoint*?

Observez les exemples suivants et notez au passage le rôle de la préposition en français :

- *A wine glass* (un verre à vin) et *a glass of wine* (un verre de vin).
- *A tea-cup* (une tasse à thé) et *a cup of tea* (une tasse de thé).

La microstructure du texte

- *A horse-hair* (un crin de cheval) et *the horse's hair* (le poil du cheval).
- *The morning work* (le travail du matin) et *this morning's work* (le travail de ce matin).
- *A novel-writer* (un romancier), *the writer of a novel* (l'auteur d'un roman) et *the writer of the novel* (l'auteur du roman).

Alors qu'en français, les noms composés sont répertoriés et ont un sens bien délimité, en anglais, on peut en créer et même les étoffer au moyen de toutes sortes d'expansions du syntagme nominal :

- *an insurance company* → une compagnie d'assurance.
- *life insurance* → l'assurance sur la vie, une assurance-vie.
- *a life insurance company* → une compagnie d'assurance-vie.
- *a London life insurance company* → une compagnie d'assurance-vie de Londres.
- *a London life insurance company manager* → le directeur d'une compagnie d'assurance-vie de Londres... ou bien → le directeur de la compagnie d'assurance-vie *London Life* (s'il s'agit du nom de la compagnie).

Ces exemples d'expansion du syntagme nominal, au moyen de groupements qui présentent un mot ou une série de mots à valeur adjectivale placés devant un nom doivent être analysés en fonction du contexte car il arrive que leur sens soit ambigu ou que plusieurs traductions soient possibles.

Une des difficultés du français relativement aux noms composés est de savoir quand mettre un trait d'union, par exemple dans les noms composés au moyen de *sous* ou de *sur*. En principe, le trait d'union est nécessaire. Seuls les noms empruntés au latin comme souscription, soustraction et l'adjectif soussigné font exception. En cas de doute, consultez toujours un dictionnaire ou *Le guide du rédacteur*.

Les considérations sur les noms composés amènent à réfléchir sur la difficulté que pose la traduction des structures, surtout en anglais, comportant des adjectifs multiples se rapportant à un même nom. Ce sont également des cas d'expansion du syntagme nominal. Observons l'exemple suivant dans lequel toute une série de mots servant d'adjectifs qualifient le nom (*head noun*) *centre*.

An aeronautical fixed telecommunications network message switching centre.

Si l'exemple présente une juxtaposition quelque peu exagérée de mots ayant une valeur d'adjectif, il s'agit tout de même d'un énoncé authentique tout à fait correct sur le plan syntaxique.

On trouve aussi fréquemment en anglais des cas où plusieurs adjectifs sont liés par juxtaposition à un nom :

A *hard-to-find out-of-print edition.*
Une édition épuisée, difficile à trouver/… qu'il est difficile de trouver.

La tendance en anglais à mettre tous les adjectifs avant le nom, et éventuellement à créer des mots composés, aboutit à ce qu'on appelle des **tournures synthétiques**. Le français, par contre, a tendance à adopter une démarche inverse qui consiste à expliciter, à l'aide de prépositions ou d'autres moyens, les rapports existant entre les termes pour aboutir à des **tournures** dites **analytiques**.

Pour la traduction, il faut donc :

- saisir le sens de tous les adjectifs (ou des mots utilisés comme adjectifs) dans leur contexte;
- comprendre la relation entre les divers éléments de la structure.

Dans l'exemple proposé plus haut, il importe d'analyser les composantes qui peuvent être regroupées dans un premier temps, puis d'examiner le rapport que l'on peut établir entre elles. Ainsi, deux sous-groupes peuvent être établis : *aeronautical fixed telecommunication network,* d'une part, et *message switching centre,* d'autre part. Le premier se trouve dans TERMIUM Plus, qui en donne, dans une fiche datée de 2015, la traduction suivante : réseau du service fixe des télécommunications aéronautiques, défini ainsi :

DEF – Réseau mondial de circuits fixes aéronautiques destiné, dans le cadre du service fixe aéronautique, à l'échange de messages et (ou) de données numériques entre stations fixes aéronautiques ayant des caractéristiques de communication identiques ou compatibles. (Vocabulaire de l'aviation civile internationale)

Le second se trouve aussi dans TERMIUM qui en donne deux traductions possibles : centre de commutation de messages d'une part, et centre répartiteur de messages, d'autre part. La seconde traduction est associée à l'aéronautique,

La microstructure du texte

la source en étant *Interavia*, revue internationale aéronautique, astronautique et électronique, qui publie en plusieurs langues et est basée en Suisse. À partir de là, il est facile de voir comment ces deux sous-groupes fonctionnent ensemble : on a un centre de répartition qui travaille pour un réseau. La traduction finale pourrait donc être :

Un centre répartiteur de messages attaché au réseau du service fixe des télécommunications aéronautiques.

3. Adjectifs attributs et épithètes; faux comparatifs

L'adjectif peut se définir ainsi, en anglais et en français :

> An adjective modifies—limits, qualifies, or particularizes—a noun or pronoun. Adjectives generally answer the questions *Which? What kind of? How many? How much?*
>
> Descriptive adjectives give information about such matters as the size, shape, colour, nature and quality of whatever a noun or pronoun names: *a fast car, a beautiful painting.* (*The Canadian Writer's Handbook*, 1995, p. 89–90)
>
> L'adjectif est un mot qui varie en genre et en nombre, genre et nombre qu'il reçoit, par le phénomène de l'accord, du nom auquel il se rapporte. (*Le Bon usage*, 1993, p. 864)

Il est facile de voir que si l'adjectif joue le même rôle dans les deux langues, la question de l'accord sera une difficulté pour les anglophones qui voudraient traduire vers le français. Mais la vraie difficulté liée aux adjectifs tient à la place qu'il occupe par rapport au nom.

En anglais, l'adjectif épithète se place normalement avant le nom; il ne se place après le nom que s'il a lui-même des compléments :

He gave the ceremonial address usual on such occasions.
Il fit un discours de circonstances.

L'adjectif attribut se place après le nom ou le pronom qu'il qualifie :

He painted his door red.
Il a peint sa porte en rouge.

C'est donc la fonction qui détermine la place de l'adjectif en anglais, fonction qui joue, comme on peut le voir, sur le sens : *A red door* (une porte rouge) mais *painted his door red* (peint en rouge) quand l'adjectif est attribut.

En français, ce n'est pas la fonction qui détermine la place de l'adjectif mais l'emploi du sens propre ou du sens figuré. Au sens propre (ou premier du terme), l'adjectif se place après le nom qu'il qualifie : un homme pauvre = qui n'a pas d'argent. Au sens figuré, il se place avant : un pauvre homme = malheureux.

Cette différence d'utilisation de la place de l'adjectif peut être source d'erreurs de traduction.

Comparons :

- *He painted the **green** shutters./He painted the shutters **green**.*
- *We found the **dead** man./We found the man **dead**.*
- *We are learning a **difficult** lesson./We find this lesson **difficult**.*

Dans les phrases de gauche, l'adjectif est épithète (*attributive adjective*); dans celles de droite, il est attribut (*predicative adjective*). Cela donne les traductions suivantes :

- Il a peint les **volets verts** (ils étaient verts, on ne sait pas de quelle couleur il les a repeints)./Il a **peint** les volets **en vert** (peut-être étaient-ils bleus ou rouges auparavant).
- Nous avons trouvé **le mort**, le cadavre (il est question ici de l'état du corps de la personne recherchée)./Nous avons trouvé l'**homme mort** (on ne savait pas qu'il était mort; on le découvre). Dans ce cas, le contexte doit éclairer le sens.
- Nous apprenons **une leçon difficile** (la leçon est effectivement difficile)./ Nous trouvons **cette leçon difficile** (elle est difficile seulement pour les personnes qui parlent).

Dans les trois exemples de gauche, l'adjectif placé devant le nom, objet d'un verbe transitif, met davantage en évidence l'état (*the state*) de l'objet auquel il se rapporte. Dans les phrases de droite, l'adjectif attribut exprime plutôt une nuance de résultat.

L'adjectif qualificatif attribut se place après le verbe ou après le nom en français :

- L'homme était **mort**.

La microstructure du texte

- Ils ont trouvé l'homme **mort**.
- Ils l'ont trouvé **mort** (attribut du pronom **l'**)

Quelques autres difficultés dues aux adjectifs :
Les adjectifs indéfinis : *Every*/chaque. La difficulté ne tient pas au lexique mais à la syntaxe. En français, l'adjectif **chaque** demande impérativement le singulier :

- À **chaque** jour suffit sa peine!
- **Chaque** matin, il se lève à 7 heures.

Every en revanche, peut être suivi du pluriel :

- *Every ten days.*/**Tous les** dix jours.

Et même d'un adjectif numéral :

- *Every second day …*

Il serait correct de traduire par **tous les deux jours**, mais une autre solution se présente, plus précise : **un jour sur deux**.
Par ailleurs, l'ordre des adjectifs numéraux est inversé dans les deux langues :

The first two days.
Les **deux premiers** jours.

Enfin, l'adjectif permet encore d'exprimer des degrés de comparaison, lesquels ne s'emploient pas parfaitement de la même façon dans les deux langues.
En anglais et en français, il existe trois degrés de comparaison :

1. le positif : *big*/grand
2. le comparatif
   a. de supériorité : *bigger than*; *more intelligent than*/plus grand que; plus intelligent que…
   b. d'égalité : *as big as*/aussi grand que…
   c. d'infériorité : *not as big as*; *less intelligent than*/moins grand que; moins intelligent que…

3. le superlatif
   a. de supériorité : *the biggest; the most intelligent*/le plus grand; le plus intelligent…
   b. d'infériorité : *the least interesting*/le moins intéressant…
   c. le superlatif absolu : *He is the best!*/C'est le meilleur!

Ces degrés se correspondent assez bien mais c'est l'usage qu'on en fait qui n'est pas semblable dans les deux langues. Notez par exemple :

The more he smokes, the worse he feels.
Plus il fume, moins il se sent bien.

Notez aussi l'emploi idiomatique des comparatifs. Dès que l'on compare deux choses, l'anglais emploie le comparatif. Ce n'est pas normalement le cas en français, même si la publicité en fait, de nos jours, un usage abusif. En dehors du style publicitaire, il convient donc de ne pas traduire ce **faux comparatif** par un comparatif en français :

- ***higher** education* → l'enseignement **supérieur**
- ***lower** classes* → les classes **défavorisées**
- *my **elder** brother* → mon **grand** frère

Le style publicitaire a recours au faux comparatif dans les deux langues (usage récent et critiqué en français) :

*Now **better** tasting* (comparaison implicite avec le goût précédent)

Cet usage, nouveau en français, a été adopté par le style publicitaire dont l'objectif est d'abord de surprendre. Mais surprendre peut aussi bien être à l'avantage du produit qu'à son désavantage. Ainsi, dans l'exemple ci-dessus, la comparaison pourrait ne pas être perçue de façon positive. En effet, le consommateur français pourrait se dire que si l'aliment est meilleur maintenant, c'est qu'avant il n'était pas bon. Donc, la logique de la phrase anglaise (bon avant et très bon maintenant) ne saurait être transmise par le seul comparatif en français, lequel pourrait donner une interprétation du type : meilleur qu'avant (heureusement!) donc mangeable mais pas nécessairement exquis. Pour conserver le faux comparatif, il va donc falloir y ajouter une tournure qui fera passer le sens voulu en renforçant le comparatif au moyen d'un adverbe, comme par exemple :

La microstructure du texte

Encore meilleur!

Voici quelques autres exemples, en anglais et en français, de publicités trouvées dans des journaux ou dans la vie quotidienne :

Bigger is better! (vêtements grande taille pour femmes)
Vivez dans un monde **plus grand**! (publicité pour des appartements de luxe)

EXERCICE 39

Traduisez les phrases suivantes en faisant attention à la place de l'adjectif.

1. This is a hard question.
2. We are now faced with a question hard to answer.
3. Teach kids about money. If there is a child dear to your heart, I strongly encourage you to check out this Web site.
4. Playing with gun costs child dear. (Titre d'un article de journal)
5. They wrote a moving letter to their dear mother.
6. Fill out the form below and get ready to paint the city red! (Publicité d'une carte de crédit)
7. Italy's red city, home to such intellectual greats as novelist Umberto Eco. "Red" refers both to the red most of Bologna's historic buildings and porticoes are made from, and the city's history of leftist politics.
8. Petra, the spectacular rose red city.
9. The deep seed of anger.
10. The ship vanished in the deep blue sea.
11. Strips or small blocks for wildlife uses can be established by planting seed deep in clean, firm seedbeds at 10 pounds pure live seed per acre.

EXERCICE 40

Traduisez les phrases suivantes en faisant attention aux degrés de comparaison.

1. The optimum seeding depth for cereals is 30 mm. In heavier soils in colder districts it is less than this. In lighter soils, and especially if soil moisture is greater deeper down, slightly deeper sowing may be better.

La microstructure du texte

2. The all-new Jaguar XJ. Stronger. Faster. Safer. Smarter.
3. Luxury Condominiums Just Got Better.
4. The Robert Watson Lofts Upper and Lower Penthouse. Lofts to Inspire you.
5. "This is my better side," he said turning and smiling for the camera.
6. Younger children don't have the tools for critical thinking.
7. The site offers a complete list of properties and accommodations in the Greater Montreal region.
8. Capitol Reservations books rooms at over 70 better hotels in good locations at rates 20%–40% off.
9. Hotels offer better room rates than Web—most of the time. An issue of Consumer Reports magazine reveals that three out of four times hotels offered the best rates.
10. The towels soaked up water and became heavier.
11. As he grew older, he gained more and more confidence.
12. Geronimo was the most famous Apache who ever existed.
13. *Un gars, une fille*, which Lepage wrote, co-directed, and co-starred in, is easily the biggest success in the history of Quebec television.
14. "Crueller features were never cut," a journalist wrote of Geronimo in 1886. "The nose is broad and heavy, the forehead low and wrinkled, the chin full and strong, the eyes like two bits of obsidian with a light behind them."

EXERCICE 41

Traduisez les phrases suivantes.

1. This store specializes in bed, bath, window, and table coverings.
2. Though he was a man of unusual courage as an editor, he was a peace-at-any-pricer at home. (Robertson Davies, *Fifth Business*)
3. The Falfurrias Station in Texas mans a three-lane traffic border check point situated 13 miles south of the city on Highway 281.
4. We offer a rich gamut of best-in-class digital marketing services to help you grow your small-to-medium sized business by establishing a highly professional online presence.
5. It's a non-alcoholic, refreshing, thirst-quenching, not-too-sweet beverage made with real fresh fruit.
6. The Toronto-bred, New-York City based architect conceived the boutique's design in collaboration with his mentor Frank Gehry.

La microstructure du texte

7. Want a fast, effective, no-frills workout? Check out the 30-minute workout programs offered by women-only gyms such as Curves.

8. He was a six-foot tall, slim figure with silvering hair, an impeccable lily-white shirt, black patent leather shoes, and well-creased, navy-blue trousers.

9. The separation-reunion syndrome is an accepted ritual of modern-day, commuter-type marriages where spouses work in different cities or even parts of the world.

10. Are Millennials really a pack of pampered, self-centred selfie-snappers? The charges against Millennials are numerous and harsh: narcissistic, lazy, entitled, selfish. We aren't the first generation to be slapped with these labels—but we are the first to exhibit these traits en masse online. Millennials are fluent in digital because we came of age with it. No amount of social-media-savvy seminars can teach this. Perhaps this is what causes older generations to feel threatened enough to rage about younger co-workers checking their phones all the time.

11. The Department of Higher Education and Training has dismissed concerns that the contentious draft Higher Education Amendment Bill gives the government unrestricted powers over tertiary institutions. Professor Belinda Bozzoli, the opposition Democratic Alliance's shadow minister of higher education and training, said on Sunday the bill presented a series of extremely worrying proposals. But in a four-page statement released on Tuesday, Mr. Nkwanyana, a Department spokesman, said: "It is clear that Professor Bozzoli has not had the chance to properly engage with the proposed revisions to the bill."

EXERCICE 42

Même exercice en français.

1. Le colonel était un homme d'âge mur, grisonnant, l'air dur et fatigué; le petit homme à ses côtés était chauve et poupin avec de petits yeux et une bouche sensuelle.

2. Le 24 juillet 2014, un avion de type McDonnell Douglas 83, construit en 1996, appartenant à la société espagnole Swiftair et affrété par la compagnie nationale Air Algérie (AH5017) décollait de l'aéroport international de Ouagadougou pour se rendre à Alger, transportant 116 passagers à son bord.

3. Un homme vêtu d'une veste de chasse en velours jaune, à boutons verts, et d'un pantalon de même étoffe, chaussé de souliers à semelles épaisses, et qui avait des guêtres montant jusqu'aux genoux, nettoyait une carabine.

4. Dans cette ville se trouvent un musée d'art moderne, un magnifique hôtel de ville de style baroque, la maison Jens Bang, imposant château privé de style Renaissance, un marché en plein air, un stade sportif de 10 000 places et la fameuse tour d'Alborg qui s'élève à 100 mètres.

5. Deux vieilles femmes, sèches et frisées, le regard funeste, le geste précis et bref, accompagnèrent Fatima. Sans bruit, sans festivités, elles devaient me livrer celle à qui allait incomber le rôle d'épouse et de femme au foyer. (Tahar Ben Jelloun, *L'enfant de sable*)

6. Des millions de voyageurs, de passionnés de pêche, de musique, de danse, de voile, de photo et d'art de vivre s'y sont rendus pour partager des ambiances des plus chaleureuses, traverser à pied ou en vélo des paysages aux couleurs changeantes, des horizons tourmentés. D'autres y ont trouvé un pays d'accueil avec mille expériences professionnelles à tenter : des stages, des séjours, des boulots dont ils se souviendront toujours. (Luc Giard, *Irlande : Ombres et lumières*)

7. Né du rêve d'un conquérant, le Vieux Royaume n'est plus que le souvenir de sa grandeur passée… Une poussière de fiefs, de bourgs et de cités a fleuri parmi ses ruines, une société féodale et chamarrée où des héros nobles ou humbles, brutaux ou érudits, se dressent contre leur destin. (Jean-Philippe Jaworski, *Janua vera*)

8. Rien ni personne ne semble être en mesure de les arrêter. Pourtant, une femme de dix-neuf ans, capitaine d'une troupe de mercenaires, va se dresser sur la route de l'envahisseur. L'histoire a oublié cette guerrière au visage couturé et aux cheveux trop blonds. Elle s'appelait Cendres, et la légende dit qu'elle était plus farouche que le lion et guidée par la voix d'un saint. (Mary Gentle, *La guerrière oubliée*)

9. C'est l'histoire peu commune de deux langues voisines et néanmoins amies qu'Henriette Walter conte ici en parallèle, au fil des multiples traversées de la Manche dans les deux sens, interrompues par un grand voyage à la conquête du Nouveau Monde. En revivant cette aventure sentimentale au pays des mots, ponctuée d'une foule d'exemples, de jeux insolites et de piquantes anecdotes, on découvre que l'érudition n'est pas forcément ennuyeuse, et que l'on peut apprendre tout en s'amusant. (Présentation du livre de Henriette Walter, *Honni soit qui mal y pense*)

La microstructure du texte

4. Prépositions

La préposition est un mot invariable qui introduit un complément en établissant un rapport entre ce complément et le mot qu'il complète. C'est un mot outil, dit de relation, servant de lien entre l'élément qui le suit et un autre élément contenu dans la phrase. En français, comme en anglais, diverses relations sont établies par les prépositions : temps, lieu, manière, but, cause, moyen, condition, concession, origine, matière, destination, etc.

> Prepositions range through various relationships: space, time, agent, and instrument. They also have figurative meanings. (McArthur et al., 1992, p. 802)
>
> Qu'elles soient ou non porteuses d'un sens identifiable à travers la diversité de leurs emplois, les prépositions contribuent à l'établissement de relations sémantiques entre les termes qu'elles relient. (Riegel et al., 1994, p. 369)

Les prépositions traduisent donc à la fois des relations grammaticales et des relations spatio-temporelles. La fonction de la préposition (ou du groupe prépositionnel) variera selon le type de relation syntaxique qu'a la préposition avec un ou plusieurs autres éléments de la construction où elle se trouve.
Exemples :

- Le document est **sur** le bureau. → *The document is **on** the desk.*
- *Nose studs are not allowed **at** school.* → Il est interdit de porter des piercings de nez à l'école.

Jusque-là, tout semble assez simple, mais en fait, la difficulté vient du fait que les sens premiers appris dans les phases initiales d'apprentissage des langues étrangères ne fonctionnent pas dans quantité de circonstances où la préposition, anglaise par exemple, ne peut tout simplement pas se traduire par la préposition équivalente française (*with* par « avec » ou *on* par « sur ») ni même parfois par une préposition dans la langue d'arrivée.
Observez les phrases suivantes :

a. ***With*** *all the lesson preparation I have to do, I work 12 hours a day.*
b. ***With*** *all her faults, I still love her.*
c. *He muttered a few words of apology and **with** that he left.*

La microstructure du texte

d. *With the development of the economy, living standards improved.*

e. *I'm very tired, what **with** travelling all day yesterday and having a disturbed night.*

Pourrait-on traduire *with* par « avec » dans certaines d'entre elles? Lesquelles et pourquoi?

Dans le langage parlé et sous l'effet du contact des langues, il arrive qu'on entende des structures fautives en français calquées sur l'anglais comme :

f. *Avec ses villes qui étouffent de plus en plus, la Chine a pris conscience du problème de la pollution. (Alors que ses villes étouffent de plus en plus,...)

g. *Avec la structure économique de ce pays, il doit être possible de trouver une solution. (La structure économique de ce pays devrait permettre à celui-ci de trouver une solution.)

La solution, on le voit bien, ne passe pas nécessairement par une préposition : il faut parfois, comme en g., reconstruire la phrase complètement. Qu'en est-il alors des phrases a. à e.?

a. **À cause** de toutes les leçons que je dois préparer, je travaille 12 heures par jour.

b. Je l'aime quand même, **malgré** tous ses défauts.

c. Il marmonna quelque mot d'excuse et **là-dessus**, il s'en alla.

d. Le niveau de vie s'est amélioré **grâce au** développement de l'économie.

e. Je suis très fatigué, **non seulement du** voyage d'hier qui a duré toute la journée **mais aussi de** la nuit perturbée qui a suivi.

On le voit, il faut donc, après une analyse soignée du sens à transmettre, faire preuve de créativité tout en tenant compte de l'idiomaticité de la langue.

L'autre exemple que nous aimerions étudier en détail est celui de la traduction de *on*, qui est aussi source de nombreuses erreurs. Voici un tableau qui donne quelques indications des traductions possibles de *on* :

La microstructure du texte

	Example	Exemple	Préposition
Indication d'un lieu	*The book is **on** the table.*	Le livre est **sur** la table.	SUR
	*His apartment is **on** the first floor.* *__On__ the left.*	Son appartement se trouve **au** premier étage. À gauche.	À/AU
	*To get **on** the bus.*	Monter **dans** l'autobus.	DANS
Indication de temps	*I'll see you **on** Wednesday.*	Je vous verrai mercredi.	Ø
Utilisation avec un appareil	*To be **on** the phone.* *To watch a movie **on** TV.*	Être **au** téléphone. Regarder un film **à** la télévision.	À/AU
Utilisation avec les parties du corps.	*She wears a ring **on** her finger.* *To **go on** foot.*	Elle porte une bague **au** doigt. Marcher **à** pied.	À/AU
	*He held his laptop **on** his lap.*	Il tenait son portable **sur** ses genoux.	SUR
Utilisation pour décrire l'état de quelque chose	*The building is **on** fire.*	Le bâtiment est **en** feu.	EN
Utilisation requise par un verbe	*To depend **on** something.*	Dépendre **de** quelque chose.	DE
Utilisation requise par un adjectif	*To be keen **on** something.*	Aimer qqch. Être passionné **par** qqch.	Ø PAR

Il n'est peut-être pas inutile de parler ici de la « postposition », particule placée après le verbe en anglais et qui sert à modifier la signification du verbe. Elle a une valeur adverbiale, d'où son autre nom de « particule adverbiale », et sert à décrire une partie de l'action, les modalités de l'action ou à exprimer certains aspects du déroulement de l'action. Postposée au verbe, elle semble en faire partie intégrante. Il est facile de confondre préposition et postposition car les mêmes mots sont parfois employés pour exprimer l'une ou l'autre de ces catégories grammaticales. Prenons les exemples suivants :

- *Don't let the dogs run **about**.*

- *They were knocked **about** in the crowd.*
- *The night wore **on**, and still she hadn't come **in**.*

Pour traduire ces exemples, il faut déterminer le sens des particules : faut-il les rattacher au verbe et considérer les deux éléments comme une unité de sens, ou faut-il considérer que la particule indique l'action et le verbe les modalités de l'action? L'analyse montrera que c'est la postposition qui déterminera la traduction et non le verbe. Ainsi, on obtiendra :

- Ne laissez pas les chiens courir partout.
- Ils ont été bousculés par la foule.
- La nuit avançait et elle n'était toujours pas rentrée.

En anglais comme en français, la préposition peut se présenter comme un seul mot (à, de, avec, par – *of, in, on, with*) ou encore comme un groupe de mots (à cause de, autour de, grâce à, de peur de – *in spite of, thanks to*); on parle alors, en français, de locution prépositive et en anglais de *prepositional phrase*.

L'emploi des prépositions, en anglais comme en français, présente de nombreuses difficultés. Quelle préposition choisir dans tel ou tel contexte? et comment choisir? Le choix n'est pas libre. C'est ce qui fait dire à de Buisseret que « Les prépositions sont des bêtes infiniment subtiles, rusées et complexes, avec qui il ne saurait y avoir de milieu : ou bien nous les matons, ou bien elles nous dominent » (1975, p. 82). Il en va de même des prépositions anglaises, même pour les anglophones : « Many times one preposition might seem logically just as right as another—and it is only that tyrannical, capricious, utterly incalculable thing, idiomatic usage, which has decreed that this preposition must be used in this case, and that in another. » (Smith 1928, cité par de Buisseret, 1975, p. 81)

En effet, est-ce qu'on dit **in** *the end* ou **at** *the end*; **at** *the beginning*, **in** *the beginning* ou **from** *the beginning*, et dans quels contextes? Ces tournures sont-elles interchangeables?

Il n'existe pas de parallélisme entre les régimes des prépositions en français et en anglais. D'où les difficultés de traduction. Par exemple, certains verbes en français qui appellent obligatoirement une préposition sont traduits en anglais par des verbes sans préposition.

Exemple :

Le fils aîné **succéda à** son père comme président de la compagnie.
*He **succeeded** his father as president of the company.*

La microstructure du texte

Certains verbes intransitifs en anglais employés avec une préposition se traduisent sans préposition en français.

Exemples :

*Listen **to*** → écouter; *Look **for*** → chercher; *Look **at*** → regarder.

Contrairement à ce qu'on observe en anglais, la préposition est parfois utilisée en français dans des constructions qui ne sont pas prépositionnelles.

Exemples :

- Rien **de** nouveau → *nothing new*
- Quelque chose **d'**étrange → *something strange*

Dans d'autres cas, la préposition est bien différente dans les deux langues.

Exemples :

- Reprocher à quelqu'un **de** faire quelque chose/reprocher quelque chose à quelqu'un → *reproach someone **with** something*
- Demander quelque chose **à** quelqu'un → *ask someone **for** something/ask something **of** someone*
- Boire **dans** une tasse → *drink **from** a cup*
- Tenir son sac **à** la main → *to have one's bag **in** one's hand*

Considérons enfin d'autres exemples qui, eux, témoignent des manières différentes en anglais et en français de percevoir et d'exprimer la réalité et les rapports. (Aubin, 1992)

- *To sit **in** the sun* → s'asseoir **au** soleil
- *To be **in** the shower* → être **sous** la douche

Dans certains cas, le sens des prépositions est stable et facilement identifiable. Dans d'autres, cependant, il existe une telle diversité d'interprétations qu'il est difficile de les réduire à un sens de base. Les prépositions « à » et « de » appartiennent à cette catégorie. Il s'agit de deux prépositions fréquemment utilisées en français et que l'on qualifie souvent de prépositions « vides », « incolores » ou « explétives » parce qu'elles marquent un simple rapport de dépendance entre deux éléments. C'est-à-dire qu'elles ne jouent pas un rôle grammatical, elles constituent plutôt une condition d'emploi du verbe dans le contexte.

Le traducteur doit porter attention à tous ces modes de perception et d'expression et à toutes ces distinctions.

Les tableaux qui suivent fournissent quelques exemples de divergence entre l'anglais et le français.

Emploi et traduction de la préposition « à »

À	Exemple	*Example*	*Preposition*
Complément circonstanciel de lieu	Leur rencontre **à** Paris Demeurer **à** la maison	*Their meeting **in** Paris* *Stay **at** home*	IN AT
Complément circonstanciel de temps	Le train part **à** 18h.	*The train leaves* ***at** 6 p.m.*	AT
Complément indirect du verbe	Ils hésitent **à** répondre. Payés **à** l'heure S'intéresser **à**	*They hesitate **to** respond.* *Paid **by** the hour* *To be interested **in***	TO BY IN
Complément du nom	Un verre **à** vin	*A wine glass*	Ø
Complément de l'adverbe	Relativement **à** la consultation publique	***About** the public consultation*	ABOUT
Complément de l'adjectif	Apte **à** remplir sa tâche	*Able **to** fulfill its role*	TO

Emploi et traduction de la préposition « de »

De	Exemple	*Example*	*Preposition*
De + infinitif	Content **de** vous voir	*Happy **to** see you*	TO
De + nom	Une odeur **de** pétrole Un verre **de** vin	*Smell **of** gas* *A glass **of** wine*	OF
De + adjectif	Quelque chose **de** confidentiel	*Something confidential*	Ø
De introduisant un complément de temps	**De** bon matin Je n'ai pas dormi **de** la nuit.	*Early **in** the morning* *I haven't slept all night/ **for** the night.*	IN Ø/FOR
De introduisant un complément de lieu	Elle vient **du** Manitoba.	*She comes **from** Manitoba.*	FROM
De introduisant un complément de manière	Pousser **de** toutes ses forces Citer **de** mémoire	*Push **with** all one's might* *Cite **from** memory*	WITH FROM

La microstructure du texte

De introduisant un complément de cause	Il était vert **de** jalousie. Nous étions transis **de** froid.	*He was green **with** jealousy.* *We were numb **with** cold.*	WITH
De employé dans des expressions idiomatiques ou comme complément de nom	Un drôle **d'**enfant La ville **de** Montréal	*A funny child* *The City **of** Montreal*	Ø OF

Enfin il faut noter certains emplois idiomatiques des prépositions. En effet, certaines se combinent avec d'autres parties du discours pour former des expressions idiomatiques. Souvent, le choix de la préposition peut paraître arbitraire puisque celui-ci dépend du sens de l'expression.

En anglais par exemple, nous pouvons établir deux grandes catégories :

1. Un même mot peut être suivi de différentes prépositions. Certains usages indiquent la différence entre le sens propre et le sens figuré.
   - *to agree **with** someone* → l'être d'accord **avec** qqn
   - *to agree **to** a plan* → s'entendre **sur** un plan
   - *to agree **with** a proposal* → accepter une proposition
   - *overcome **with** grief* → (sens figuré) accablé **de** douleur
   - *overcome **by** heat* → (sens propre) incommodé **par** la chaleur
2. Des mots de même famille peuvent être suivis de différentes prépositions.
   - *negligent **in***   • *fond **of***
   - *neglectful **of***   • *have a fondness **for***

   En français aussi, certains emplois peuvent apparaître comme idiomatiques :
   - À vos marques!
   - À vos suggestions!
   - À vos tablettes!

EXERCICE 43

Le site ego4u.com répartit les prépositions anglaises en fonction des circonstances dans lesquelles elles sont employées. Traduisez les exemples proposés en français et indiquez dans la colonne 4 quelle préposition française serait équivalente, le cas échéant. Si aucune préposition n'est employée, utilisez un 0 barré (Ø).

Prepositions—Time

English	Usage	Example	Équivalent français
on	• days of the week	**on** Monday	
in	• months/seasons • time of day • year • after a certain period of time (**when?**)	**in** August/**in** winter **in** the morning **in** 2006 **in** an hour	
at	• for **night** • for **weekend** • a certain point of time (**when?**)	**at** night **at** the weekend **at** half past nine	
since	• from a certain point of time (past till now)	**since** 1980	
for	• over a certain period of time (past till now)	**for** 2 years	
ago	• a certain time in the past	2 years **ago**	
before	• earlier than a certain point of time	**before** 2004	
to	• telling the time	ten **to** six (5:50)	
past	• telling the time	ten **past** six (6:10)	
to/till/until	• marking the beginning and end of a period of time	from Monday **to/till** Friday	
till/until	• in the sense of **how long something is going to last**	He is on holiday **until** Friday.	
by	• in the sense of **at the latest** • up to a certain time	I will be back **by** 6 o'clock. **By** 11 o'clock, I had read five pages.	

La microstructure du texte

EXERCICE 44

Même exercice pour les prépositions indiquant le lieu.

Prepositions—Place (Position and Direction)

English	Usage	Example	Équivalents français
in	• room, building, street, town, country • book, paper, etc. • car, taxi • picture, world	**in** the kitchen, **in** London **in** the book **in** the car, **in** a taxi **in** the picture, **in** the world	
at	• meaning *next to*, *by an object* • for *table* • for events • place where you are to do something typical (watch a film, study, work)	**at** the door, **at** the station **at** the table **at** a concert, **at** the party **at** the cinema, **at** school, **at** work	
on	• attached • for a place with a river • being on a surface • for a certain side (left, right) • for a floor in a house • for public transport • for *television*, *radio*	the picture **on** the wall London lies **on** the Thames. **on** the table **on** the left **on** the first floor **on** the bus, **on** a plane **on** TV, **on** the radio	
by, next to, beside	• left or right of somebody or something	Jane is standing **by/next to/beside** the car.	
under	• on the ground, lower than (or covered by) something else	The bag is **under** the table.	
below	• lower than something else but above ground	The fish are **below** the surface.	

English	Usage	Example	Équivalents français
over	• covered by something else • meaning *more than* • getting to the other side (also *across*) • overcoming an obstacle	Put a jacket **over** your shirt. **over** 16 years of age walk **over** the bridge climb **over** the wall	
above	• higher than something else, but not directly over it	a path **above** the lake	
across	• getting to the other side (also *over*) • getting to the other side	walk **across** the bridge swim **across** the lake	
through	• something with limits on top, bottom and the sides	drive **through** the tunnel	
to	• movement to person or building • movement to a place or country • for *bed*	go **to** the cinema go **to** London / Ireland go **to** bed	
into	• enter a room/a building	go **into** the kitchen/the house	
towards	• movement in the direction of something (but not directly to it)	go 5 steps **towards** the house	
onto	• movement to the top of something	jump **onto** the table	
from	• in the sense of *where from*	a flower **from** the garden	

La microstructure du texte

EXERCICE 45

Complétez avec la préposition qui convient et traduisez.

1. To be fearful _____ the outcome.
2. To comply _____ new regulations.

3. The surgeon was absolved _____ blame.
4. I took exception _____ his comment.
5. The recession is a hindrance _____ economic expansion.
6. The cellar is infested _____ rats.
7. He proceeded, heedless _____ the consequences of his action.
8. Such an attitude is an impediment _____ progress.
9. We are worthy _____ praise.
10. Exercise is beneficial _____ health.
11. The kids were delighted _____ their gifts.
12. This project has been beset _____ difficulties from the outset.
13. The lake abounds _____ fish.
14. Your dress is not appropriate _____ the occasion.
15. Let us proceed _____ our plans.
16. To be an accessory _____ the crime.
17. They were angry _____ their supervisor.
18. The minister is accountable _____ Parliament.
19. This is unfit _____ human consumption.
20. They are sensitive _____ our needs.

EXERCICE 46

Ajoutez la préposition exigée par l'adjectif.

1. admissible _____
2. accessible _____
3. acharné _____
4. affranchi _____
5. avide _____
6. assoiffé _____
7. compatible _____
8. contigu _____
9. conforme _____
10. commun _____
11. lassé _____
12. compréhensible _____
13. connu _____

La microstructure du texte

14. dévoué _____

15. doué _____

16. dépourvu _____

17. distant _____

18. enclin _____

19. éloigné _____

20. étonné _____

21. infesté _____

22. propre _____

EXERCICE 47

En français, un même mot peut parfois être suivi de différentes prépositions selon le sens, propre ou figuré, et selon le contexte. Dans l'exercice suivant, complétez les phrases avec la préposition qui convient. Traduisez ensuite.

1. La route est bordée _____ buissons et d'arbres.
2. Il fut charmé _____ le timbre de sa voix.
3. J'ai été charmé _____ faire votre connaissance.
4. Certains comparent la vie _____ une longue route.
5. On ne peut pas comparer ta voiture de sport _____ ma mini.
6. Cet exercice est totalement dépourvu _____ intérêt.
7. Les feuilles des arbres ont été dévorées _____ les chenilles.
8. Ce jeune homme est dévoré _____ ambition.
9. Il est expert _____ manier son pinceau.
10. C'est un expert _____ politique internationale.
11. Un diplomate est habile _____ concilier tout le monde.
12. Elle est habile _____ les relations sociales.
13. Le nouvel arrivant était inconnu _____ tous les membres du groupe.
14. Toute infraction au code est passible _____ amende.
15. Nous sommes portés _____ croire qu'il a raison.
16. Dommage qu'il soit porté _____ la boisson.
17. L'enfant a une manière de voir propre _____ son âge.
18. Je vais vous apprendre une nouvelle susceptible _____ vous intéresser.

19. Après l'accident, le chauffeur de l'autobus a été taxé _____ imprudence.
20. Cette tentative est vouée _____ échec.

5. Variations sémantiques dues à l'absence ou à la présence de l'article défini

L'emploi des articles dans les deux langues est une des grandes difficultés pour les apprenants d'une langue seconde. L'anglais et le français, nous l'avons vu en partie dans la section sur le nom, n'emploient pas les articles de la même manière. C'est donc un problème constant lorsqu'il s'agit de parler ou d'écrire dans sa langue seconde. En revanche, quand il est question de traduire vers sa langue maternelle, le problème n'est pas aussi aigu, si ce n'est qu'il faut être capable de reconnaître les différences de sens associées à la présence ou à l'absence de l'article.

Observez les différences de sens entre :

1. *Johan Strauss (1825–1899),* **son** *of Johan Strauss (1804–1849), was also a great musician.*
    et
2. *Johan Strauss (1825–1899),* **the son** *of Johan Strauss (1804–1849), was also a great musician.*

Dans le premier cas, on insiste sur le lien de parenté sans préciser s'il s'agissait du seul fils ou s'il y en avait d'autres. Dans le second cas, on dit qu'il s'agit de son seul fils, ce qui serait faux ici. En français au contraire, l'article défini est obligatoire dans le premier cas, et devrait être étoffé pour signifier qu'il s'agit de l'unique fils du compositeur.

1. Johan Strauss (1825–1899), **le fils** de Johan Strauss (1804–1849), était aussi un grand musicien.
    et
2. Johan Strauss (1825–1899), **seul fils** de Johan Strauss (1804–1849), était aussi un grand musicien.

Autres exemples :

3. *Elizabeth, Queen of England* (insiste sur le titre)/***the** Queen of England* (insiste sur la fonction).
4. *go to market* (la personne va vendre ses produits)/*go to **the** market* (pour acheter des produits).
5. *go to church/go to **the** church* (il s'agit d'une église où l'on va souvent).
6. *to enter harbour* (accoster)/*to enter **the** harbour* (rentrer au port).

De même, il peut y avoir modification de sens selon la présence ou l'absence de l'article indéfini. Comparez :

7. *I wish I were **a king*** (peu importe où).
8. *I wish I were **king*** (à la place du roi actuel).

En français, pas d'article : Je voudrais être roi, que ce soit ici ou ailleurs. Pour rendre l'idée de 8., il faut étoffer comme le fait Iznogoud : « Je veux être calife à la place du calife! »

Enfin, un article indéfini anglais pourrait devoir se traduire par un article défini français :

9. *A dog is a faithful animal.* → **Le** chien est le meilleur ami de l'homme.
10. *A square has four equal sides.* → **Le** carré a quatre côtés égaux.
11. *He paid $10 **a** pound for the meat!* → Il a payé la viande 10 $ **la** livre!
12. *I see my doctor twice **a** week.* → Je vois mon médecin deux fois **la** semaine (ou deux fois par semaine).
13. *The principal had **a** very long nose but very small eyes.* → Le directeur avait **le** nez très long mais **les** yeux très petits.
14. *To have **a** right to do sth.* → Avoir **le** droit de faire qqch.

Notez enfin comment les deux langues perçoivent et expriment certaines relations entre des syntagmes nominaux :

15. *The trunk of **a** tree* → **un** tronc **d'**arbre
16. *The bone of **a** rabbit* → **un** os **de** lapin

EXERCICE 48

Traduisez en anglais en veillant au bon usage des articles.

1. « Quand le vendredi commence le jeudi » (À propos du Vendredi fou)
2. Salubrité des aliments pendant les Fêtes : les jeunes enfants, les aînés, les femmes enceintes et les personnes dont le système immunitaire est affaibli font partie des groupes vulnérables.
3. Le docteur David S. Mulder, qui est associé aux Canadiens de Montréal depuis plus de 50 ans, prêtera dorénavant son nom au Centre de traumatologie de l'Hôpital général de Montréal.
4. Il faut absolument déguster les fameuses tapas à base d'anchois, spécialités de ce petit bistro typique où l'on vient de partout pour boire du vermouth, de la bière et du vin mousseux catalan.
5. Il a dû aller à l'hôpital pour se réhydrater rapidement. Il était branché par intraveineuse et ses signes vitaux étaient très bas.
6. Le service de téléphonie de Bell Aliant est rétabli dans la plupart des régions de la Nouvelle-Écosse et de l'Île-du-Prince-Édouard.
7. Pendant des millions d'années, l'espace est resté hors de portée des hommes, cloués au sol sur leur planète.

EXERCICE 49

Traduisez en français en veillant au bon usage des articles.

1. Cats like to snuggle in cozy, soft, safe places, a behavior they learn as kittens.
2. In the United Arab Emirates, Canada is represented by the Embassy of Canada in Abu Dhabi. Canada also has a consulate general in Dubai.
3. Understanding current conditions is the starting point, and the most critical part, of any weather forecast.
4. The ambassador said that "bilateral trade between Qatar and Vietnam has tended to increase in recent years but the growth rate is not as high as the potential for further cooperation in this sphere."
5. However, as many scientists will say, the more we know, the more appreciative of the workings of life we become.
6. Is College Worth It? Clearly, New Data Says Yes.

When experts and journalists spend so much time talking about the limitations of education, they almost certainly are discouraging some teenagers from going to college and some adults from going back to earn degrees.

EXERCICE 50

Traduisez les phrases suivantes en faisant attention à l'emploi de l'article.

1. Le raï est un terme qui signifie opinion, point de vue. Phénomène musical, né au siècle dernier dans l'Ouest algérien, il est devenu, grâce à Khalid, Mami et tant d'autres un phénomène mondial.
2. Au programme ce jour-là, la visite d'un cimetière d'anciens combattants de la Deuxième Guerre mondiale. Nous sommes dans la province du Luxembourg, au sud de la Belgique.
3. La musique fait vibrer nos cordes émotionnelles, mais certaines personnes sont incapables d'en percevoir l'harmonie.
4. Figure emblématique de la révolution cubaine et idole des soixante-huitards, Ernesto « Che » Guevara ne comprenait pas la musique.
5. Selon des chercheurs de l'université Annamalai, en Inde, le remplacement de l'huile de cuisson habituelle par de l'huile de sésame réduirait la pression artérielle.
6. À Doha, capitale de l'Émirat du Qatar, les puissances réunies par l'Organisation mondiale du Commerce (l'OMC) s'étaient accordées sur un principe important en matière de santé publique.
7. Le Québec abrite les plus grandes cavernes à l'est des Rocheuses. Les spéléologues en ont répertorié plus de 300.

EXERCICE 51

Traduisez les phrases suivantes en faisant attention à l'emploi de l'article.

1. Les États membres de l'Autorité internationale des fonds marins se réunissent à Kingston, en Jamaïque, le mois prochain.
2. La réunion des membres de cette organisation internationale a lieu une fois l'an, souvent au mois de juillet.

La microstructure du texte

3. Il y a des personnes âgées qui ont de la difficulté à vivre de leurs moyens économiques limités.

4. La marche à pied est très bonne pour le cœur, les poumons et tout le système cardio-vasculaire.

5. Toute personne a le droit à la liberté et doit pouvoir l'exercer de plein droit.

6. La diversité culturelle est au cœur du débat sur la mondialisation.

7. Anglicismes, constructions boiteuses, impropriétés sémantiques, fautes de syntaxe, prononciations fautives, tournures familières et tics de langage : quiconque écoute la radio, publique ou privée, AM ou FM, relève quantité de fautes, jour après jour.

EXERCICE 52

Traduisez les phrases suivantes en faisant attention à l'emploi de l'article.

1. Friends and family say Judy Loveless looked young for her age, but as she approached her 50th birthday, she decided to get rid of a few wrinkles on her face. Patients are sedated for the procedure, and when Loveless went under, something went wrong.

2. Incompetence and incapacity are conditions that are normally beyond the control of the individual, that prevent him from carrying out his duties.

3. Bottled water is regulated as a food product and is packaged in sealed, sanitary containers.

4. For this dance class, soft-soled shoes and comfortable clothing are suggested.

5. He was wounded in the left shoulder and left leg during the altercation.

6. When it comes to handling life's blows, women may be stronger and better equipped to handle stress than men. New research suggests that stressful events have a bigger impact on men's health than women's.

7. Founder of la Comédie canadienne and co-founder of the National Theatre School in Montreal, Gélinas was also the creator of the well loved characters of Fridolin and Tit-Coq.

8. IMAX made its appearance at Montreal's Expo 67 and has since brought the total experience of film to millions of viewers who continue to be dazzled by its incredible possibilities.

La microstructure du texte

EXERCICE 53

Traduisez les phrases suivantes en faisant attention à l'emploi de l'article.

1. Thank you, Minister, let me add my own welcome to everyone attending this forum. I especially want to thank the Organizing Committee for bringing together so many representatives from academia, industry, and government.
2. Prospecting and exploration are similar in many ways to oceanographic research.
3. The resources of the seabed area beyond the limits of any nation's jurisdiction are designated "the common heritage of mankind."
4. The development of equipment and techniques to investigate and exploit the deep seabed has been one of the great challenges to science and technology over the past half-century.
5. In Canada, the label of a "fat-free" food may show a fat content anywhere from 0.1 to 0.4 grams of fat per serving.

EXERCICE 54

Traduisez les phrases suivantes en faisant attention à l'emploi de l'article.

1. Judith Jasmin demeure un des piliers du journalisme québécois. Femme libre et indépendante, elle parcourt le monde et rencontre les figures les plus marquantes de l'histoire politique et culturelle.
2. Native du Manitoba, Gabrielle Roy, femme de lettres, est l'une des écrivaines les plus connues du Canada.
3. Dans l'aventure de la conquête spatiale, le Canada s'est illustré par une invention à la fine pointe de la technologie : le Canadarm. Ce bras robotique, qui, dès 1981, équipe les navettes américaines, permet notamment la mise en orbite et la réparation de satellites.
4. Militaire et ingénieur de formation, Marc Garneau devient en 1984 le premier astronaute canadien à voyager à bord d'une navette spatiale. Véritable vétéran de l'espace, Garneau a contribué au développement du « bras canadien ».
5. Un grand événement économique marque notre époque : la mondialisation. Elle détermine ce que les gouvernements peuvent – et

devraient – faire. Mais qu'est-ce exactement que la mondialisation? Et pourquoi est-elle si désirable?

6. Mes sandales à la main, mon sac sanglé dans le dos, je me dirige vers le mausolée, en suivant exactement le rituel pour ne pas me faire remarquer. (*Figaro Magazine*)

7. Déjà en 2000, le Pr. Rabischong, à Montpellier, a réussi l'impossible : à son ordre, « Lève-toi et marche! », Marc Merger, paraplégique, cloué dans un fauteuil depuis dix ans, a pu faire ses premiers pas. Des électrodes implantées dans les muscles de ses jambes, une puce dans l'abdomen et un petit boîtier externe prenaient le relais de l'influx nerveux coupé par un accident de la vie. (*Figaro Magazine*)

6. Orientation bibliographique

AUBIN, Marie-Christine (1992). « Grammaire et vision du monde ». *Cahiers franco-canadiens de l'Ouest*. Vol. 4, nᵒ 1, Winnipeg : Presses universitaires de Saint-Boniface, pp. 29–39.

BUISSERET, Irène de (1975). *Deux langues, six idiomes : manuel pratique de traduction de l'anglais au français : préceptes, procédés, exemples, glossaires, index*. [2ᵉ éd.] rév., augm., annot. et indexée par Denys Goulet (dir.). Ottawa : Carlton-Green Publishing Company.

GRÉVISSE, Maurice et André GOOSSE. (1993). *Le Bon Usage*. Paris Louvain-la-Neuve : Duculot.

McARTHUR, Thomas Burns and Feri McARTHUR (1992). *The Oxford Companion to the English Language*. Oxford: Oxford University Press.

MESSENGER, William E. and Jan de BRUYN (1995). *The Canadian Writer's Handbook*. Third edition. Scarborough, Ont: Prentice-Hall Canada.

PUBLIC WORKS AND GOVERNMENT SERVICES. *The Canadian Style*. TERMIUM Plus. URL: www.btb.termiumplus.gc.ca/tpv2guides/guides/tcdnstyl/index-eng.html?lang=eng. Accessed July 28, 2016.

RIEGEL, Martin, Jean-Christophe PELLAT et René RIOUL (1994). *Grammaire méthodique du français*. Paris : Presses universitaires de France.

TRAVAUX PUBLICS ET SERVICES GOUVERNEMENTAUX CANADA. *Le guide du rédacteur*. TERMIUM Plus. URL : www.btb.termiumplus.gc.ca/tpv2guides/guides/redac/index-fra.html?lang=fra. Date de consultation : le 28 juillet 2016.

La microstructure du texte

CHAPITRE 5

Lexique, sémantique et recherche d'équivalence

1. Sémantique, polysémie, synonymie

"When **I** use a word," Humpty Dumpty said, in a rather scornful tone, "it means just what I choose it to mean, neither more nor less."

… "The question is," said Alice, "whether you can make words mean so many different things."

… Humpty Dumpty began again. "They've a temper, some of them—particularly verbs: they're the proudest—adjectives you can do anything with, but not verbs—however, I can manage the whole lot of them! Impenetrability!… That's what I say!"

(Lewis Carroll, 1871, *Through the Looking Glass*, ch. 6)

Nous avons vu précédemment que l'étude des significations du mot était l'objet de la sémantique. Précisons maintenant en quoi consiste cette science et comment elle apporte sa contribution à l'étude du lexique et de la traduction.

La sémantique, c'est « l'étude du langage considérée du point de vue du sens » (*Le Robert*). Autrement dit, c'est l'étude des significations, celles des mots eux-mêmes et celles qui émanent de l'agencement de ces mots et donc relèvent de la syntaxe. Mais que faut-il entendre par « signification » ?

Considérons, comme point de départ, l'ouvrage de C.K. Ogden et I.A. Richards, *The Meaning of Meaning* (1923). Dans cet ouvrage, les auteurs répertorient 16 significations pour les mots *mean* ou *meaning*. En voici quelques-unes :

Exemple 1 :

    a. *John means to write. (= intends)*
    b. *A green light means go. (= indicates)*
    c. *Health means everything. (= has importance)*
    d. *What is the meaning of life? (= point, purpose)*
    e. *What does "capitalist" mean to you? (= convey)*
    f. *What does "cornea" mean? (= refer to in the world)*

Comme l'exemple ci-dessus le montre bien, un seul mot peut servir à exprimer plusieurs notions, idées ou objets différents. Chaque notion, idée ou objet est une signification.

En linguistique, on dit que la signification est le « rapport réciproque qui unit le signifiant et le signifié » (*Robert 1*), le **signifiant** étant « la manifestation matérielle du signe », c'est-à-dire le mot écrit ou les sons pour le dire; et le **signifié** son contenu, c'est-à-dire ce à quoi il réfère. Ainsi, dans le mot « maman », le signifiant est la somme des signes graphiques (les lettres) et des signes phonétiques (les sons); le signifié est la femme considérée dans son rapport avec son enfant; et la signification est le rapport de réciprocité entre les deux. Dans un dictionnaire, les signifiants se suivent en ordre alphabétique et sont définis par leurs diverses significations, lesquelles renvoient aux divers signifiés en rapport de réciprocité avec le signifiant considéré.

Il faut rapprocher du terme « signification » celui de « sens », défini par *Le Robert* comme « idée ou ensemble d'idées intelligible que représente un signe ou un ensemble de signes », le terme « signification » étant plus réduit que celui de « sens ». Ce dernier a en effet un grand nombre de significations qui le rendent ambigu (par exemple : aller dans le **sens** des aiguilles d'une montre; le bon **sens**, etc.). C'est pourtant du mot « sens » que vient le mot « sémantique » (du grec *semantikos* = qui signifie).

En français comme en anglais, la plupart des mots, ou signifiants, possèdent, comme les mots *mean* et *meaning* illustrés dans l'exemple 1, plusieurs significations. On dit de ces mots qu'ils sont **polysémiques** (c'est-à-dire qu'ils ont plusieurs sens). L'étude de cette polysémie est l'un des objets de la sémantique.

Par ailleurs, toutes les langues disposent, pour exprimer un concept, une idée ou renvoyer à un objet, de plusieurs choix. Ainsi, dans les phrases de l'exemple 1, nous pourrions remplacer *mean* ou *meaning* par les mots ou les expressions suggérés entre parenthèses car ces derniers ont une signification similaire.

Exemple 2 :

a. *John **means** to write. = John **intends** to write.*
b. *What is the **meaning** of life? What is the **purpose** of life?* ou *What is the **point** of life?*

On dit de ces mots qui ont une signification similaire qu'ils sont synonymes (de *syn*, avec, idée d'union; et *onoma*, nom). Pourtant, comme le suggère l'étymologie du mot « synonyme », s'il existe un lien de sens entre les divers mots considérés comme synonymes, ce lien n'est pas total et il n'y a pas adéquation entre eux. Une signification voisine ne saurait être une équivalence exacte. Ainsi l'explication des nuances de sens entre *the meaning of life* (sens le plus général référant à tout ce qu'entraîne le fait d'être vivant), *the purpose of life* (ce qu'on se propose de faire de sa vie) et *the point of life* (la valeur que l'on y attache : la vie vaut-elle la peine d'être vécue?), une telle explication pourrait bien nous entraîner dans une longue dissertation philosophique sur le sens de la vie!

Pour bien exprimer sa pensée et ses sentiments, il importe de choisir les mots qui conviennent. La langue offre des possibilités infinies, tant lexicales que syntaxiques. Les mots et les tournures de phrase peuvent transmettre une information, ou une émotion, ou les deux. Pour décrire l'effet produit par les mots, on parle de « dénotation » et de « connotation ».

La dénotation est le sens premier d'un mot tel qu'il est expliqué dans le dictionnaire. On parle de connotation lorsque le mot prend une signification affective, qu'il renvoie à un vécu, agréable ou au contraire pénible. Certains mots peuvent avoir une dénotation similaire mais renvoyer au contraire à des connotations très différentes, comme l'expriment très bien Baker et Gamache (1998, p. 142) :

> When we look up synonyms in our dictionary—*shake, tremble, quake, quiver, shiver, shudder, wobble*—we see that all of them specify, or denote, the same thing: a shaking motion. But each also connotes a different kind of shake. We move from the denotation, "a shaking," to the connotations of different shakings. These connotations have certain emotional attachments: *tremble* (fear), *quiver* (excitement), *shiver* (coldness), *shudder* (horror), *wobble* (imbalance).

De même, si l'on compare *chat*, *blab* et *speak*, ils dénotent tous trois l'idée de parler; mais *chat* suggère une conversation spontanée, sans conséquences, un simple bavardage, tandis que *blab* est plutôt un bavardage ininterrompu et fatigant. Quant à *speak*, il signifie simplement qu'un échange oral a lieu. Ainsi, *chat* pourrait être employé avec une connotation positive ou négative; *blab* a une connotation négative et *speak* est neutre.

Quoi qu'il en soit, les mots que l'on choisit auront toujours un effet sur le message que l'on tâche de transmettre.

C'est dire que les liens qui rapprochent les différents synonymes, même s'ils sont très serrés, ne permettent pas nécessairement au rédacteur ou au traducteur de les utiliser l'un pour l'autre indifféremment. Le rôle de l'analyse sémantique va donc être de faire ressortir des **traits distinctifs** de chacun des synonymes afin que l'on puisse mesurer avec précision les liens et les divergences entre les différents sens de ces synonymes.

Pour ce faire, les sémanticiens ont suivi la méthode préconisée par Saussure dans son *Cours de linguistique générale* (1916) pour l'étude de la langue. Ils ont cherché à établir des unités minimales de signification qu'ils ont appelées **sèmes**. Prenons un exemple : comment peut-on distinguer différents types de sièges tels que fauteuil, divan, chaise à partir de leurs sèmes, ou **traits définitoires**?

Exemple 3 :

> **a. fauteuil** = espèce du genre <u>siège</u> + avec <u>dossier</u> + *avec des <u>accoudoirs</u>* + où peut s'asseoir <u>1 personne</u>
>
> **b. divan** = espèce du genre <u>siège</u> + avec <u>dossier</u> + *avec des <u>accoudoirs</u>* + où peuvent s'asseoir <u>2 ou 3 personnes</u>
>
> **c. chaise** = espèce du genre <u>siège</u> + avec <u>dossier</u> + où peut s'asseoir <u>1 personne</u>

L'analyse des sèmes montre que *fauteuil* et *chaise* ne se distinguent l'un de l'autre que par un trait : la présence ou l'absence d'accoudoirs. Même chose pour ce qui est du *fauteuil* et du *divan* dont le seul trait distinctif est le nombre de personnes pouvant s'y asseoir. Malgré tout, ce seul trait distinctif fait bien apparaître des objets somme toute assez différents. Que dire alors de *chaise* et *divan* qui se distinguent l'un de l'autre par deux traits définitoires : les accoudoirs et le nombre de places?

En sémantique, on résumera cette analyse ainsi :

fauteuil = espèce du genre <u>siège</u> + avec un dossier + avec des accoudoirs
(~chaise) + où ne peut s'asseoir qu'une personne (~divan)
Le symbole ~ signifie « s'oppose à ».

L'étude des traits définitoires ne suffit toutefois pas pour rendre compte de toutes les significations. En effet, non seulement un mot peut avoir plusieurs sens, se distinguer de ses synonymes par divers traits définitoires, sa signification peut encore varier en fonction du contexte, c'est-à-dire des mots qui l'entourent. Ainsi, le mot *truffe* possédera des traits différents selon qu'on le considère dans un contexte botanique ou dans un contexte général. Dans le premier cas, on s'intéressera à ses caractéristiques scientifiques (l'endroit où on la trouve; comment elle apparaît dans la nature; sa taille et ses qualités mesurables); dans le second, à son intérêt dans la vie quotidienne : intérêt culinaire, valeur sociale ou économique. L'analyse sémantique doit donc ajouter aux traits définitoires des **traits contextuels** (lexicaux et grammaticaux), des **traits situationnels** (par exemple, culturels) et des **traits connotatifs socialisés** (par exemple une intention péjorative).

Ainsi, si l'on ajoutait à notre série de sièges de l'exemple 3 le mot *trône*, nous devrions considérer un trait situationnel (réservé à un roi) et un trait connotatif socialisé (méliatif car cossu, imposant, travaillé). Par dérision, le mot s'emploie également à l'opposé de cette connotation pour exprimer, en un langage très familier, la cuvette des toilettes.

Enfin, dans l'étude contrastive des langues, il nous faut encore ajouter l'étude des champs sémantiques, c'est-à-dire l'étendue des emplois du mot dans chacune des langues. Cela vaut particulièrement pour les mots qui se ressemblent en anglais et en français. (Voir l'explication de cette notion dans la section sur les faux amis).

Nous nous intéresserons donc ici à l'étude des différentes significations d'un mot (polysémie) et aux pièges de traduction que cette polysémie entraîne. Nous étudierons ensuite quelques mots et leurs synonymes afin de mesurer avec précision les variations de sens que l'emploi de l'un ou l'autre de ces synonymes apporterait. Nous aborderons au passage les notions de faux sens, contresens, glissement de sens, etc. Enfin, nous nous pencherons sur l'importance du contexte, soit du contexte proche avec les cooccurrents, soit du contexte élargi aux réseaux lexicaux, grammaticaux susceptibles de créer des métaphores filées (Voir la section sur les figures de style).

Tous ces éléments sont importants pour comprendre les significations d'un texte, qu'il soit oral ou écrit. Ils permettent d'élucider les intentions de l'auteur ou du locuteur et renvoient à l'étude du *style*. L'étude du style se fonde sur l'idée qu'il existerait « un degré zéro d'expression », c'est-à-dire une façon de transmettre une information sans que celle-ci soit porteuse de la moindre affectivité, de la moindre intention de persuasion. Les aspects par lesquels l'énoncé s'éloignerait de ce degré zéro seraient alors des degrés d'expressivité.

La microstructure du texte

Par ailleurs, il est intéressant de voir comment un mot peut entraîner, d'abord de façon inconsciente, la production d'un autre mot (certaines expressions se figeant dans ce qu'il est convenu d'appeler des **cooccurrents**) et comment ces alliances de mots seront reçues par le lecteur (récepteur). Il existe donc une stylistique de la production et une stylistique de la réception. Les deux jouent un rôle crucial dans le processus de traduction puisque le traducteur doit à la fois analyser le texte à traduire (il agit alors comme récepteur) et produire un texte équivalent en langue d'arrivée de manière à ce qu'il y ait équivalence de réception du texte de départ et du texte d'arrivée.

EXERCICE 55

Dans le texte ci-dessous, relevez les synonymes et analysez-les de manière à en faire ressortir les nuances de sens. Donnez :

- a. **les sèmes, ou traits définitoires caractérisant chaque mot;**
- b. **et au moins un trait définitoire distinctif pour chacun des mots.**

Proposez des traductions pour ces mots.

A soldier on the walls cupped his hands and shouted down, 'He comes!' I pulled my cap forward to hide my face as the soldiers cheered. There was a sound of tramping feet and a company of pikemen marched in through the gate. A group of courtiers followed, in furs and satin, Rich among them. Then the unmistakable figure of the King rode slowly in, his gigantic horse draped in a canopy of cloth of gold. He wore a fur-trimmed scarlet robe set with jewels that glinted in the sun, a black cap with white feathers on his head. When I had seen him four years before, he had been big, but now his body was vast, legs like tree-trunks in golden hose sticking out from the horse's side. Beside him rode Lord Lisle, stern as when I had seen him at the Godshouse, and a large man whom I recognized from York as the Duke of Suffolk; his beard now was long, forked and white; he had become an old man.

Cheers rose from the street, and a crash of cannon from the Camber sounded a welcome. I risked a glance at the King's face as he passed, fifteen feet from me. Then I stared, so different was he from four years before. The deep-set little eyes, beaky nose and small mouth were now surrounded by a great square of fat that seemed to press his features into the centre of his head. His beard was thin, and almost entirely grey. He was smiling, though, and began waving to the welcoming crowds, tiny eyes swivelling keenly over them. In that grotesque face, I thought I read pain and weariness, and something more. Fear? I wondered whether even that man of titanic self-belief might think, as the French invasion force approached, what will happen now? Even, perhaps: *What have I done?*

Still waving, he rode away down the High Street, towards the barge that would take him to the *Great Harry.*
(Sansom, C.J. (2011). *Heartstone.* London: Main Market Ed, pp. 493–494.)

EXERCICE 56

Dans le texte ci-dessous, identifiez :

a. **Deux synonymes;**
b. **Distinguez-en deux sèmes communs;**
c. **et deux traits définitoires distinctifs.**
d. **Ces synonymes sont-ils polysémiques?**

Lucien fut exact et vit d'abord une maison moins décente que son hôtel et qui avait une allée sombre, au bout de laquelle se développait un escalier obscur. La chambre de Daniel d'Arthez, située au cinquième étage, avait deux méchantes croisées entre lesquelles était une bibliothèque en bois noirci, pleine de cartons étiquetés. Une maigre couchette en bois peint, semblable aux couchettes de collège, une table de nuit achetée d'occasion, et deux fauteuils couverts en crin occupaient le fond de cette pièce tendue d'un papier écossais verni par la fumée et par le temps. Une longue table chargée de papiers était placée entre la cheminée et l'une des croisées. En face de cette cheminée, il y avait une mauvaise commode en bois d'acajou. Un tapis de hasard couvrait entièrement le carreau. Ce luxe nécessaire évitait du chauffage… Devant la table, un vulgaire fauteuil de bureau en basane rouge blanchie par l'usage, puis six mauvaises chaises complétaient l'ameublement. Sur la cheminée, Lucien aperçut un vieux flambeau de bouillotte à garde-vue, muni de quatre bougies. Quand Lucien demanda la raison des bougies, en reconnaissant en toutes choses les symptômes d'une âpre misère, d'Arthez lui répondit qu'il lui était impossible de supporter l'odeur de la chandelle.
(Honoré de Balzac (©1837-1843, 1977). *Illusions perdues.* Paris : Gallimard, Collection Pléiade. Tome V, p. 312.)

La microstructure du texte

2. Les cooccurrents

Certains mots de la langue s'attirent et ont tendance à paraître ensemble. Les associations qui en résultent, les locuteurs semblent les utiliser intuitivement. Comment savoir alors avec quel autre mot on peut associer le verbe « perpétrer »? Quel est le terme manquant dans l'expression « nul et… »? En anglais, quel verbe peut se combiner avec le substantif « grudge »? Quel mot devrait compléter le groupement *odds and …*? Le choix n'est pas libre. Il est dicté par des modes d'association et des habitudes linguistiques. Mel'cuk (1997) souligne le caractère arbitraire – et imprédictible – des associations de mots :

> On dit plonger dans le désespoir, mais mettre en rage ‹*mettre en désespoir, *plonger dans la rage›. On peut être gravement ou grièvement blessé, mais seulement gravement malade ‹*grièvement malade› (le fameux exemple de Bally) […]. En français, on fait un pas, en espagnol, on le donne (= dar un paso), et en anglais, on le prend (= take a step). La pluie est forte en français, mais lourde (= heavy rain) en anglais. On fait un rêve en français, mais on l'a en anglais (= have a dream); vous donnez un cours en français, mais vous l'enseignez (= teach a course) en anglais […]. Toutes ces bizarreries d'usage sont connues depuis longtemps : ce sont des collocations – des expressions phraséologiques d'un certain type, qu'on ne peut pas prévoir… (p. 23)

En effet, le lexique d'une langue est le reflet de la culture rattachée à cette langue. Les mots, tout comme les groupements de mots tels les expressions idiomatiques, les phrases toutes faites, les dictons font partie de ce lexique et du quotidien linguistique de tout un chacun. Les mots du lexique tissent dans la langue et dans notre esprit des réseaux de relations de types et de niveaux variés. En effet, dans la langue certains mots s'unissent par leur affinité. C'est pourquoi on dit parfois que les mots sont solidaires entre eux. D'où l'importance de comprendre que les mots s'attirent et se combinent et qu'on doit se familiariser avec les formes qui en résultent. Comme nous le disent Benson, Benson et Ilson, dans *The BBI Dictionary of English Word Combinations* (1997) : « In any language, certain words regularly combine with certain other words or grammatical constructions » (p. ix) et ils rappellent l'importance de connaître ces combinaisons : « Students must learn how words combine or 'collocate' with each other. » (p. ix) Autrement dit, il s'agit d'expressions qu'on doit connaître par cœur car il n'est pas possible de les produire en appliquant des règles.

Les groupements ou combinaisons de mots ont reçu des appellations diverses : cooccurrents, collocations, unités phraséologiques, phraséologismes, préfabriqués linguistiques. En anglais, on utilise le terme *collocation*, proposé par le linguiste britannique J. R. Firth (1957, p. 11) qui déclare : « You shall know a word by the company it keeps, », pour caractériser le phénomène de la cooccurrence. On trouve également les termes *co-occurrence* ou *word combination* pour désigner ce phénomène.

Qu'est-ce que la cooccurrence?

Il s'agit de formes figées, semi-figées ou encore moins figées (mais pas nécessairement libres) nées d'associations bâties sur divers modes. Une première catégorie concerne des associations de type syntaxique : verbe-nom, adjectif-nom, mots juxtaposés, par exemple : *bear a grudge;* tramer un complot; pluie diluvienne; *thundering applause*. Notons cependant que le mot *applause* se combine également avec des adjectifs *loud* ou *faint* pour donner *loud applause* ou *faint applause*, ce qui montre qu'il existe parfois plusieurs possibilités de combinaisons.

Dans d'autres types de combinaisons, il s'agit de groupements relativement courts composés de deux termes ou de deux parties ou éléments liés par une conjonction. Ces combinaisons ou enchainements sont appelées binômes ou *binomials* en anglais. En anglais, on trouve également les appellations *conjoined pairs* ou *dyads*. Leur structure est caractérisée par la répétition du même mot, de mots de même sens ou de mots complémentaires, par l'utilisation de mots de sens contraire ou encore par l'association de mots produisant une sonorité particulière. Ces catégories, que nous avons établies pour faciliter la présentation de ce phénomène, ne sont pas étanches. Dans certains cas, il peut exister des recoupements. Par exemple, un groupement comportant un jeu de sonorité pourrait également appartenir à un des autres types d'association. Les associations permettent d'exprimer diverses nuances de sentiment, des émotions ou des subtilités de pensée; elles permettent aussi d'apporter de la vivacité à la communication. En voici quelques exemples :

a. Association de termes répétés
   Français : œil pour œil, dent pour dent
   Anglais : *an eye for an eye, a tooth for a tooth*
b. Association de termes contraires
   Français : le pour et le contre
            à prendre ou à laisser
   Anglais : *ups and downs*
            ins and outs

La microstructure du texte

   c. Association de termes synonymes ou complémentaires
      Français : corps et âmes
      Anglais : *life and limb*
   d. Association fondée sur la répétition sonore
      Français : avec heur et malheur
      Anglais : *without rime or reason*

Comme le fait remarquer Baker (2011, p. 65): « The main problems that idiomatic and fixed expressions pose in translation relate to two main areas: the ability to recognize and interpret an idiom correctly; and the difficulties involved in rendering the various aspects of meaning that an idiom or a fixed expression conveys in the target language. » Les exercices ci-dessous vous proposent de vous familiariser avec ce phénomène.

EXERCICE 57

Certains groupements sont formés par l'association de termes de sens contraires. Dans l'exercice suivant, il s'agit de trouver l'élément manquant de chacun des groupements tronqués et de trouver l'équivalent en français.

agony and	high and
all or	(through) thick and
back and	hit or
cat and	(blow) hot and
one and	ins and
do or	(the) long and
(by) fair means or	supply and
first and	make or
(for) better or	(come) rain or
heads or	now or
(neither) here nor	(at) home and

EXERCICE 58

Même exercice en français.

bon gré
à prendre ou
de gré ou
sans queue ni
de pied en
tout ou
(faire) la pluie
(entre) l'enclume et
les hauts et
l'alpha et

du jour
le pour et
(remuer) ciel et
à tort ou
pile ou
bon an
la peau et
(s'entendre comme) chien et
d'ombre et
contre mauvaise fortune
d'ici et

EXERCICE 59

Les groupements suivants sont formés par l'association de synonymes ou de termes complémentaires. Retrouvez l'élément manquant et traduisez le groupement ainsi formé.

first and
able and
airs and
far and
armed and
beck and
bells and
bob and
close up and
chapter and
cut and

fair and
ebb and
fine and
intent and
here and
hot and
nook and
(under) lock and
loud and
bright-eyed and
heart and

La microstructure du texte

EXERCICE 60

Même exercice.

leaps and

full and

flesh and

front and

said and

up and

wait and

Ps &

touch and

pick and

rant and

kith and

(the) straight and

tooth and

facts and

(on a) wing

(a) hop and a _____ (away)

(raining) cats and

down and

(in this) day and

all and

now and

truth or

EXERCICE 61

Même exercice en français.

en chair et

le pourquoi et

motus et

(en) deux temps

encore et

(être pris) entre l'arbre et

à feu et

contre vents et

du pareil au

(mener) au doigt et

du coq à

de fil en

une pierre

des vertes et

quitte ou

tenants et

(bâti) à chaux et

en tout bien,

(suer) sang et

deux poids,

(prendre) fait et

bec et

le ban et

frais et

en bonne et

juge et

EXERCICE 62

Certains groupements en anglais relèvent surtout du domaine juridique ou administratif. Complétez les groupements suivants et trouvez l'équivalent en français.

aid and _____ (verb)	heirs and
null and	keep and
take heed and	last will and
have and	final and
free and	give and
break and	let or
fit and	by and
acknowledge and	deem and

EXERCICE 63

Certaines combinaisons renferment des sonorités distinctes qui servent à accentuer le caractère mélodique de l'ensemble. Elles peuvent également appartenir à l'un ou à l'autre des groupes déjà présentés. Nous les regroupons ici pour mettre en évidence leur schéma rythmique. Il s'agit, dans cet exercice, de les compléter et d'en donner l'équivalent dans l'autre langue.

chalk and	(from) stem to
(to) wine and	hale and
chop and	tit for
preen and	hem and
dim and	torn and
(when) push comes to	high and
dribs and	wheel and
prim and	(to) hire and
drunk and	whys and
rough and	mice and
fair and	meet and
sink or	wind and
(by) fits and	by hook or
slow and	few and

La microstructure du texte

fight or
spic and
free and

new and
hare and

EXERCICE 64

Même exercice en français.

à bon chat,
bel et
au vu et
à cor et
au fur et
de but
qui vivra
sans foi
à pot et
peu ou
sans rime
sain et
tout feu

d'ores et
(prendre) ses cliques et
(être) à tu et
sans feu ni
monts et
au jour
ni vu
persiste et
la chèvre et
tout nouveau
aussitôt dit,
tout un
bloucler la

EXERCICE 65

Trouvez les expressions formées par la répétition des termes donnés ci-dessous.

tac
corps
donnant
seul
jour
nez
encore

chat
tête
coude
coûte
coup
jamais
peu

EXERCICE 66

Même exercice en anglais.

bygones	hand
spade	one
face	piece
heart	hope
time	dollar
little	step
back	

EXERCICE 67

Dans les exercices précédents, il s'agissait de retrouver les traductions possibles de combinaisons (groupements, etc.) hors contexte. Dans les exercices qui suivent, vous devez d'abord identifier les groupements ou expressions, puis les traduire dans leur contexte d'utilisation. Il va sans dire que dans certains cas, les groupements que vous avez traduits dans le cadre d'exercices précédents se traduiraient autrement ici.

1. Le Costa Rica a joué un excellent match contre l'Italie, et cela sans peur, ni intimidation. Il a battu l'Italie au vu et au su du monde entier.
2. Cet événement organisé sans tambour ni trompette que nous vivons aujourd'hui est le résultat de plusieurs années de travail acharné.
3. Us et coutumes de la République de Djibouti : même si la population est relativement tolérante, il convient d'observer une certaine correction dans la tenue comme dans le comportement.
4. Dans ce film, Juliette, une jeune fille de vingt ans, tombe enceinte et décide de garder son bébé envers et contre tous.
5. Âgé de 26 ans, Nessim vit dans le Val-de-Marne. Souriant et avenant, Nessim est une personne extravertie qui n'hésite pas à se donner corps et âme pour les siens dont son père, devenu il y a quelques années malvoyant.
6. La séance de la Commission a été mise à profit pour discuter en long et en large du programme de travail prévu pour l'an prochain.

La microstructure du texte

7. L'origine du problème de la propagation de microorganismes résistants aux médicaments est que les antibiotiques sont utilisés à tort et à travers et que cette mauvaise habitude se généralise.

8. Elles avaient toujours été solidaires et se soutenaient contre vents et marées, mais lorsque les choses ont commencé à mal aller, elles ont laissé leur amitié partir en lambeaux.

9. Les clients d'hôtels sont 60 % à penser – à tort ou à raison – que les prix affichés sur Internet sont plus attractifs comparés aux tarifs affichés dans les hôtels.

10. Nous devons de gré ou de force arriver à un arrangement avec Facebook. Le secrétaire d'État Bart Tommelein rencontre aujourd'hui des représentants de Facebook, pour parler des nouvelles conditions d'utilisation du réseau social, qui enfreignent la législation belge en matière de respect de la vie privée.

EXERCICE 68

Même exercice.

1. *Le pour et le contre des remèdes maison*
   Les remèdes maison sont souvent faciles à fabriquer, mais sont-ils efficaces?
   Pour presque tout problème de jardinage, il y a un ou des remèdes maison, souvent préparés à partir d'ingrédients facilement accessibles. Et certains de ces remèdes circulent depuis la nuit des temps! Mais sont-ils vraiment efficaces?

2. *La Grèce adopte envers et contre tous sa loi contre la pauvreté.*
   La loi votée mercredi concerne la fourniture d'électricité gratuite aux plus pauvres, d'une aide au logement à 30 000 foyers et d'une aide alimentaire à 300 000 personnes.

3. *Chili. Hommage mi-figue, mi-raisin.*
   Le magazine chilien *The Clinic* célèbre à son tour, en cette fin d'année, l'un des événements les plus marquants de 2014 : le rétablissement de relations diplomatiques entre les États-Unis et Cuba. C'est un hommage quelque peu ironique dans lequel le président Obama est représenté sous les traits du révolutionnaire argentin Che Guevara, comme s'il était le nouveau fer de lance de la gauche latino-américaine. En guise de titre, le slogan de Barack Obama a été mêlé au nom du révolutionnaire argentin,

pour devenir "Ches we can". Mais le béret du "Che" Obama porte le logo de McDonald's.

4. *Le réseau des centres d'information et d'orientation entre l'enclume budgétaire et le marteau politique*
Dans l'indifférence quasi générale, plus de 50 CIO ont disparu du paysage éducatif depuis 2009. En 2013, le rythme des fusions et des regroupements s'est accéléré, le spectre des fermetures s'est élargi.

5. Dans cette pièce du britannique Ronald Harwood, Michel Bouquet incarne le chef d'orchestre Furtwängler, accusé à tort ou à raison de compromission avec le régime nazi.

EXERCICE 69

Même exercice.

1. Huit auteurs adeptes des passions impossibles, se livrent ici à un panégyrique de l'amour sans queue ni tête. Dans ce recueil, 19 histoires sensuelles, loufoques et drôles...

2. *Maxime Lessard-Giroux : un entrepreneur tout feu tout flamme!*
Maxime Lessard-Giroux, un jeune homme d'affaires ayant grandi à Buckingham, a maintenant sa propre entreprise, *Kuma Fireworks*, spécialisée dans la production et la création de spectacles pyrotechniques.

3. Qui sont ces femmes au courage singulier qui se sont données, corps et âme, aux plus grandes souffrances de notre société? (Extrait du descriptif du film *Augustines, corps et âme* de Ninon Larochelle)

4. « Le salarié impliqué est fier de son métier, il s'active à défendre bec et ongles l'image de son entreprise et, quand il rentre le soir chez lui, il a l'irrésistible besoin de raconter sa journée. » (Entrevue avec Maurice Thévenet, Professeur au Cnam (Conservatoire national des arts et métiers))

5. Le champion des mi-moyens Georges St-Pierre a déclaré qu'il avait remué ciel et terre en prévision de son combat de championnat du weekend contre Johny Bigg Rigg Hendricks et qu'il était confiant de défendre son titre avec succès lors du gala UFC 167.

6. *Paris : 140 HLM réhabilitées de pied en cap rue de Charonne.*
139 logements vétustes ont été complètement réhabilités : isolation thermique dans le cadre du Plan climat de la ville de Paris, menuiseries extérieures en aluminium, chaufferie gaz à condensation, électricité,

La microstructure du texte

cuisines, salles de bain, contrôle d'accès des halls, cages d'escalier, éclairage. L'opération, subventionnée par la Ville, a coûté plus de 6 M€.

EXERCICE 70

Même exercice.

1. *Life & Times of Dirty Duo Who Served Mob through Thick & Thin*
   Cover story of two turncoat police officers who ended up serving the mafia as well as the NYPD.

2. Regardless of who takes the blame or how much luck was involved, no one is disputing that the Americans lost the soccer match to Jamaica fair and square.

3. In 2008, Obama and Clinton (and John McCain) hemmed and hawed because of a national outbreak of illiterate hysteria about how vaccines supposedly generate autism.

4. Do not let the shared airport fool you. These two Texan cities, separated by just 30 miles of suburbia in the central north of the state, are as different as chalk and cheese.

5. Bright-eyed, bushy-tailed teachers say they are put off teaching in the first few years because of unruly pupils.

6. *A Hotel Where Robot Servants Are at Your Beck and Call*
   It might be time to book a trip to the Henn-na Hotel in Nagasaki, Japan, where you can be treated like royalty by a staff of 10 ... humanoid robots. Opening this summer, the 72-room hotel will use the bots (fluent in both Japanese and English) to check in guests, clean rooms, and even bring you your morning coffee.

7. The waxing and waning of North American Nudism: The nudist movement was established in North America in the early 1930s by German immigrants who believed it was a way to commune directly with nature. In *Naked: A Cultural History of American Nudism*, Brian Hoffman tells the story of how it flourished and waned.

8. *Sorting out the ifs and buts*
   In 18 months' time, the General Pharmaceutical Council is set to gain its independence and the professional body is to be launched. There are so many "ifs" and "buts" to be negotiated along the way that *The Journal* questions whether this is possible.

La microstructure du texte

9. A few final irritants have pushed negotiations into the take-it-or-leave-it phase, after which some ministers have a G20 meeting in Turkey including Japan's envoy who has made it clear he's gone after Sunday.

10. Aboriginal peoples are not merely cultural minorities but constitutional entities. From the moment of first settlement, whether by fair means or foul, the regime was created for a constitutional duality.

11. The People's Republic of China disagrees with the Arbitral Tribunal's ruling on the South China Sea dispute with the Philippines, with the Foreign Ministry stating on Friday that it has no binding impact on China and calling the ruling null and void.

EXERCICE 71

Traduisez les phrases ci-dessous en prêtant une attention particulière aux cooccurrents.

1. *Parc urbain national de la Rouge : pris entre l'arbre et l'écorce.*
   Le développement du Parc urbain national de la Rouge tarde. La province refuse pour l'instant d'approuver le transfert des terrains à Parcs Canada. Brad Duguid, ministre du Développement économique et de l'Infrastructure et député provincial de Scarborough-Centre explique que le Fédéral n'a pas encore de lois satisfaisantes en place pour assurer la protection du site. Parcs Canada affirme le contraire.

2. *AOL : le modem téléphonique n'est pas mort.*
   Fondé en 1985, AOL est l'un des premiers fournisseurs Internet, avec CompuServe et Prodigy. [...] Bon an, mal an, depuis 3 ou 4 ans, il reste environ 3 % d'abonnés qui accèdent à Internet avec un modem téléphonique.

3. *Le milieu communautaire persiste et signe.*
   Les représentants de la Table régionale des organismes communautaires et bénévoles étaient de retour pour manifester devant les bureaux de la ministre.

4. L'autoreprésentation à vos risques et périls? Oseriez-vous vous défendre seul devant les tribunaux? De plus en plus de citoyens le font, mais pas par choix.

5. De fil en aiguille, Martine Nouet a acquis une certaine connaissance des mariages entre la cuisine et les whiskys. Elle prépare un livre qui sortira en 2016.

La microstructure du texte

6. *Les hauts et les bas de la mobilité étudiante.*
   Selon le proverbe, « le voyage forme la jeunesse ». Si le Canada est une terre d'accueil de choix pour les étudiants étrangers, les jeunes Canadiens, eux, ne sont pas si nombreux à se lancer dans des études universitaires loin de la maison. [...] Même s'ils ne sont qu'une poignée à se lancer dans l'aventure des études à l'étranger, il semblerait que peu regrettent leur choix.

7. Sur les toiles de l'artiste, un ou plusieurs chevaux occupent l'essentiel de l'espace et sont mis en valeur par un décor d'ombre et de lumière.

8. Les albums de l'auteure et illustratrice Marianne Dubuc sont traduits en plus de quinze langues pour le plus grand bonheur des petits lecteurs d'ici et d'ailleurs.

9. Pourquoi lit-on des romans policiers? Vaste question à laquelle il y a probablement autant de réponses que de lecteurs. Exception faite d'une minorité de lecteurs « sérieux » qui défendront bec et ongles les qualités littéraires de certains auteurs triés sur le volet (de préférence des écrivains de roman noir), la grande majorité d'entre eux prononceront ces mots honnis dans les cercles intellectuels : pour se distraire!

EXERCICE 72

Même exercice.

1. *By Hook or by Crook, a Fishing Village Gets By.*
   Wagenia, Congo—Congo has just fought a civil war, and tourists are few and far between. And it has been a long time since fishing was enough to pay the village's bills by itself.

2. And, just when we thought Mia Farrow and Woody Allen might let bygones be bygones, this bombshell: Farrow suggests that Frank Sinatra, not Woody, may be the biological father of her adult son, Ronan.

3. Monday was the first day of the TED (Technology, Entertainment, Design) conference: a high-profile, high-priced event that attracts A-list speakers and attendees. This year's theme is "Truth and Dare," and ... perhaps the most anticipated talk will be delivered on Thursday by Monica Lewinsky, whose reputation was demolished by the truth, and who has dared to re-emerge in the age of social media, billing herself as patient zero in our culture of shaming.

La microstructure du texte

4. *New and Notable: Not Such a Harebrained Scheme After All.*
   Although Harebrained Schemes has been around only since 2011, in its short history, this Seattle-based game studio has developed such a loyal fan base that when it turned to Kickstarter in January 2015 to try to raise $100,000, it received over a million dollars from fans to fund Shadowrun: Hong Kong. (*Casual Connect*, Summer 2015 issue)

5. Oliver Jeffers is one of the most talented and thoughtful children's book authors and artists of our time. Whether he is exploring love and loss in his unusual stories for young readers or the facts and fictions of memory in his fine art, undergirding his work is a deep fascination with duality and paradox.

6. To aid and abet him in the task, Michael Anthony, the chef at Gramercy Tavern, created a position that's known in his kitchen as "the pickle station." His pickle person is responsible for keeping the restaurant supplied with pickles, as well as digging through the walk-in refrigerator for things like chard stems that might otherwise not get put to use.

7. Our sleep patterns are governed by circadian rhythms, our bodies' response to changes in light and dark in a typical day. The rhythms are slightly different for every person, which is why our energy levels ebb and flow in ways that are unique to us. This internal clock determines what is called our chronotype—whether we are morning people, night people, or somewhere in between.

8. The Marquis de Sade, who died two centuries ago (2 December 1814), lived a turbulent life. His libertarian writings alienated two kings, a revolutionary tribunal, and an emperor. He spent most of his adult life under lock and key: if they couldn't get him for being bad, being mad would do.

9. *McGill launches new Space Institute*
   The McGill Space Institute (MSI) will bring together researchers from different disciplines to look at a broad spectrum of science related to the cosmos. "Putting all these researchers together helps move the whole field forward by leaps and bounds," said the head of the institute in an interview.

10. *Chalk and talk teaching might be the best way after all*
    Seventy teachers from the UK were sent to Shanghai to study classroom methods to investigate why Chinese students perform so well. Upon their return, the teachers reported that much of China's success came from teaching methods the UK has been moving away from for the past 40 years.

La microstructure du texte

11. Perceptions of male shopping behaviour, as well as how men actually shop, remain underexplored. We first describe three common stereotypes of male shopping behavior: "Grab and Go," "Whine and Wait," and "Fear of the Feminine."

3. Figures de style

Les figures de style sont des procédés stylistiques qui visent à améliorer les qualités expressives du texte : parfois, l'auteur va exagérer l'idée ou au contraire en atténuer l'effet, de manière à ce que le lecteur adhère au sentiment qu'il veut transmettre. Les figures de style servent à transmettre la subjectivité de l'auteur, si bien que l'on croit généralement qu'on ne les trouvera pas dans les textes scientifiques. Nous verrons cependant qu'il n'en est rien et que la subjectivité existe dans bon nombre de textes de nature scientifique, notamment médicale.

On distingue différents types de figures de style : les figures d'amplification qui consistent à développer une idée ou une description par l'ajout de détails ou d'images, par exemple dans une description (énumération, gradation, hyperbole); les figures d'atténuation qui, au contraire, disent moins que ce que l'idée pourrait suggérer (euphémisme, litote); les figures d'analogie (allégorie, comparaison, métaphore, personnification, prosopopée); les figures de construction dans lesquelles la syntaxe normale de la phrase est modifiée (anacoluthe, anastrophe, asyndète, ellipse, épiphonème, interrogation oratoire, parallélisme, zeugme); les figures de diction ou de sonorité qui jouent sur la mélodie et le rythme de la phrase (allitération, assonance, épenthèse, homéotéleute, paronomase); les figures d'insistance qui, comme leur nom l'indique, permettent d'insister sur une idée ou une partie de phrase (anaphore, énumération, parallélisme, répétition); les figures d'opposition (antiphrase, antithèse, chiasme, contradiction ou oxymore); et enfin les figures de substitution dans lesquelles une idée ou une image est remplacée par une autre (métonymie, périphrase, synecdote). Si détaillée soit-elle, cette liste n'est pas complète car il faut ajouter l'allusion qui est d'une importance particulière pour les traducteurs, nous y reviendrons. Mais voyons d'abord des exemples de ces différentes figures et les problèmes qu'elles peuvent poser, ou non, lorsqu'on veut les traduire.

Le tableau ci-dessous vous propose une définition pour chacune de ces figures accompagnée d'un exemple et de leur nom en anglais. Nous les avons regroupées dans les diverses catégories indiquées plus haut. Il peut se faire que certaines appartiennent à plusieurs catégories.

Nom français	*Nom anglais*	Définition	Exemple
Figures d'amplification			
Énumération	*Enumeration*	Suite de mots de même nature ou de même fonction servant souvent à renforcer une idée.	Il prend son manteau, son chapeau, sa canne et il tourne les talons.
Gradation	*Gradation*	Énumération suivant un ordre précis (ascendant, descendant…)	Ses joues prirent une teinte rosée, puis rouge et enfin écarlate!
Hyperbole	*Hyperbole*	Mise en relief d'une idée au moyen d'une expression qui la dépasse (contraire de la litote).	Manger comme un ogre.
Figures d'atténuation			
Euphémisme	*Euphemism*	Expression atténuée de quelque chose dont l'expression directe pourrait être ressentie comme déplaisante.	« mal voyant » pour aveugle.
Litote	*Litotes*	Le fait de dire moins que sa pensée.	Il ne me déplaît pas (= il me plaît). C'est pas mal (= c'est bon).
Figures d'analogie			
Allégorie	*Allegory*	Représentation d'une entité abstraite par un être animé, le plus souvent un personnage, auxquels sont associés des attributs symboliques dans une narration.	« *La Peste* de Camus peut être lue comme une allégorie de la condition humaine. » (Christine Klein-Lataud, p. 83)
Comparaison	*Simile*	Figure établissant un rapport de similitude explicite entre un objet et un autre dans le langage au moyen d'une conjonction (comme, tel, plus, moins…)	Blanc comme neige. Manger comme un ogre.

La microstructure du texte

Métaphore	*Metaphor*	Comparaison implicite ne faisant pas intervenir une conjonction.	Ce guerrier est un lion.
Métaphore filée	*Sustained Metaphor*	Métaphore qui se poursuit sur une phrase, voire un paragraphe entier.	L'être humain est un capitaine qui doit veiller à bien manœuvrer sa barque tout au long de sa vie.
Personnification	*Personification*	Attribution de qualités humaines à des êtres non humains.	« Il appelle la mort, elle arrive sans tarder, / Lui demande ce qu'il faut faire » (La Fontaine, *La Mort et le Bûcheron*).
Prosopopée	*Prosopopoeia*	Figure par laquelle on fait parler et agir une personne que l'on évoque, un absent, un mort, un animal, une chose personnifiée.	Écoutez à présent la voix de la Justice! Si elle était devant vous, elle vous dirait : « Jugez en votre âme et conscience… »
Figures de construction			
Anacoluthe	*Anacoluthon*	Rupture dans la construction d'une phrase, fréquente à l'oral, qui provoque généralement un effet de surprise.	Tantôt il est content, ou alors il pleure.
Anastrophe	*Anastrophe*	Inversion de l'ordre habituel des mots.	« D'amour vos beaux yeux, Marquise, mourir me font. » (Molière)
Asyndète	*Asyndeton*	Suppression des mots coordonnants entre des syntagmes ou entre des propositions.	Tu l'as voulu, tu l'as eu! « Je suis venu, j'ai vu, j'ai vaincu. » (César)
Ellipse	*Ellipsis*	Omission de mots dans la phrase.	« Je t'aimais inconstant, qu'aurais-je fait fidèle? » (Racine). […qu'aurais-je fait *si tu avais été* fidèle?]

Épiphonème	*Epiphonema*	Formule sentencieuse, considérée comme non contestable, souvent placée en début ou en fin d'un texte.	« La raison du plus fort est toujours la meilleure. » (La Fontaine, *Le Loup et l'Agneau*)
Homéoptote	*Homeoptote*	Répétition d'une structure syntaxique dans une phrase ou dans plusieurs phrases.	« Les servants se hâtèrent Les pointeurs pointèrent Les tireurs tirèrent Et les astres sublimes se rallumèrent l'un après l'autre. » (Apollinaire)
Interrogation oratoire	*Rhetorical question*	Fausse question qui n'attend pas de réponse.	*"And how many deaths will it take till we know, that too many people have died?"* (Bob Dylan)
Parallélisme	*Parallelism*	Reprise d'éléments symétriques au sein d'un énoncé.	« Et jamais je ne pleure et jamais je ne ris. » (Baudelaire)
Zeugme	*Zeugma*	Lien inhabituel pour créer un effet de surprise. Toutefois, le zeugme de construction, qui consiste à rattacher à un mot, le plus souvent un verbe, deux compléments qui ne se construisent pas de la même façon, est considéré comme une erreur de syntaxe (voir l'exemple d'André Gide et la section sur les zeugmes fautifs au chapitre 6).	Ouvrir sa porte et son cœur. « Il croyait à son étoile et qu'un certain bonheur lui était dû. » (André Gide)

Figures de diction ou de sonorité

Allitération	*Alliteration*	Répétition d'un son dans une expression ou une phrase.	« Pour qui sont ces serpents qui sifflent sur vos têtes ? » (Racine, *Andromaque*, acte v, scène 5)

La microstructure du texte

Assonance	*Assonance*	Répétition d'une même voyelle dans une phrase ou un vers.	« Je fais souvent ce rêve **é**trange et p**é**n**é**trant… » (Verlaine)
Épenthèse	*Epenthesis*	Phénomène consistant dans l'apparition, à l'intérieur d'un mot ou groupe de mots, d'un phonème adventice d'origine ou de nature non étymologique qui contribue à en faciliter l'articulation. (*TLFI*)	« Souverain », de l'italien « Sovrano », « Boulevard », de l'allemand « Bolwerk ».
Homéotéleute (f.)	*Homeoteleuton*	Répétition d'un son à la fin de plusieurs mots dans une phrase.	*« Un jour de canicule sur un véhicule où je circule, gesticule un funambule au bulbe minuscule, à la mandibule en virgule et au capitule ridicule. »* (Queneau, *Exercices de style*, 1947, p. 42)
Paronomase	*Paronomasia*	Figure qui consiste à rapprocher des paronymes dans une même phrase.	« Qui se ressemble s'assemble. »
Onomatopée	*Onomatopoeia*	Représentation d'un bruit.	Le vroum vroum des voitures.
Apostrophe	*Apostrophe*	On adresse la parole directement à un animal, une chose, le lecteur, etc.	Citoyens, réveillez-vous! *Twinkle, twinkle, little star, …*
Figures d'insistance			
Anaphore	*Anaphora*	Répétition d'un mot ou d'un groupe de mots au début d'un ensemble de phrases qui se suivent, que ce soit dans des vers ou des paragraphes.	« **Refusez** d'obéir **Refusez** de la faire N'allez pas à la guerre **Refusez** de partir » (Boris Vian)
Énumération	*Enumeration*	Suite de mots de même nature ou de même fonction servant souvent à renforcer une idée.	Il prend son manteau, son chapeau, sa canne et il tourne les talons.

La microstructure du texte

Parallélisme	*Parallelism*	Reprise d'éléments symétriques au sein d'un énoncé.	« Et jamais je ne pleure et jamais je ne ris » (Baudelaire)
Répétition	*Repetition*	On répète plusieurs fois le même mot.	« Oh! **Cèdres** du Liban, **cèdres** de nos délires, **Cèdres** de notre extase et de notre fièrté. » (Charles Corm)
Pléonasme	*Pleonasm*	Emploi de plusieurs mots pour insister sur une idée unique.	J'ai vu, de mes yeux vu, ce spectacle odieux!
Jeu de mot	*Pun*	Ambiguïté voulue et rendue possible par la polysémie des mots ou la similitude des sons.	Errer comme un âne en plaine… (au lieu de comme une âme en peine).
Figures d'opposition			
Antiphrase	*Apophasis*	C'est sous-entendre le contraire de ce qu'on dit.	« Quel temps merveilleux! » alors qu'il pleut…
Antithèse	*Antithesis*	Procédé stylistique qui consiste à opposer, dans la même phrase, deux mots ou groupes de mots de sens contraire afin de mettre une idée en relief par un effet de contraste.	Une main de **fer** dans un gant de **velours**… « Joyeux, j'ai vingt-cinq ans; triste, j'en ai cinquante. » (Victor Hugo)
Chiasme	*Chiasmus*	Parallélisme inversé visant à surprendre et à faire ressortir une idée.	C'est bonnet blanc et blanc bonnet!
Contradiction ou oxymore	*Oxymoron*	Relation entre deux termes, deux propositions, qui affirment et nient le même élément de connaissance.	« Votre silence me crie dans les oreilles. » (Jean-Paul Sartre)
Ironie	*Irony*	Figure qui consiste à dire le contraire de ce qu'on pense.	Faire un plaidoyer en faveur d'un parti politique pour se moquer de ses partisans.

La microstructure du texte

Paradoxe	*Paradox*	Contradiction apparente devant faire ressortir une vérité plus profonde.	« Faut-il que l'homme soit tombé bas pour se croire heureux. » (Baudelaire)
Sarcasme	*Sarcasm*	Remarque ironique blessante.	Sortie prévue le 6 mai 2012 : *Tchao Pantin* (voir l'affiche ci-dessous). Se présente comme une sortie de film, alors qu'il s'agit de prédire une défaite électorale.
Figures de substitution			
Métonymie	*Metonymy*	Fait de désigner une réalité par une autre (ex.: contenu par contenant)	Boire un verre, écouter du Chopin.
Périphrase	*Periphrasis*	Expression d'une notion simple au moyen de beaucoup plus de mots que nécessaire.	« ... un être à deux pieds, sans plumes, qui avait une âme. » (= un être humain) (Voltaire)
Synecdoque	*Synecdoche*	Sorte de métonymie. Utilisation du tout pour la partie.	Le Canada = l'équipe du Canada.

La microstructure du texte

Hypallage	*Hypallage*	« Procédé qui consiste à attribuer à un terme un qualificatif ne s'appliquant pas à ce terme mais à une notion que celui-ci implique. » (Rouleau, p. 193)	Diabète sucré (ce n'est pas le diabète qui est sucré mais le sang du malade qui a un taux de sucre trop élevé).
Symbole	*Symbol*	Représentation d'une chose par une autre chose du fait de l'existence d'une analogie.	Couronne de lauriers (symbole de succès).
Figure d'intertextualité			
Allusion	*Allusion*	Evocation d'une chose, ou d'une idée, ou d'une expression (proverbe, slogan, phrase célèbre) sans s'y référer explicitement.	L'amour est dans le pré (nom d'un programme de téléréalité en France) créé à partir du titre de film *Le bonheur est dans le pré*. (Étienne Chatilliez, 1995)

Trouvez des exemples en anglais pour compléter le tableau.

FIGURES DE STYLE ET TRADUCTION

Nous aimerions maintenant détailler deux exemples de figures de style dont la traduction pourrait apparaître comme épineuse : l'allusion et l'euphémisme.

Certains mots ou expressions de la langue employés dans divers contextes renvoient à des idées sans les expliciter clairement. On les désigne sous l'appellation générale d'allusions. Delisle (2003) définit l'**allusion** comme « l'évocation d'une chose, sans en faire explicitement mention » (p. 497). Andrew Delahunty e Sheila Digren (2010) la décrit ainsi dans le texte de présentation du livre :

> Allusions form a colourful extension to the English language drawing on our collective knowledge of literature, mythology, and the Bible to give us a literary shorthand for describing people, places and events. So a cunning crook is an Arthur Dodger, a daydreamer is like Billy Liar, a powerful woman is a modern-day Amazon.

La microstructure du texte

Autrement dit, l'allusion fait comprendre une idée sans l'exprimer. Selon son contenu, l'allusion pourra être historique, mythologique, littéraire, politique, érotique, personnelle, etc. Pour l'interpréter, on a besoin de recourir au contexte, mais aussi à des références d'ordre socioculturel, c'est-à-dire à des informations qui sont extérieures à la phrase ou au texte. Leppihalme (1997), qui a fait une recherche sur la traduction des allusions, nous dit que le terme allusion « refers to a variety of uses of preformed linguistic material in either its original or modified form, and of proper names, to convey often implicit meaning » (p. 3).

Dans *The Oxford Companion to the English Language*, McArthur (1992) caractérise l'allusion comme an *indirect reference* et il ajoute : « Allusions often adapt their originals to new ends, the audience making or failing to make the connections. » (p. 29) C'est ce qui fait dire à Leppihalme (1997) : « A reader who recognizes a creative allusion achieves a deeper understanding of a passage or text, which means that he or she is somehow participating in the creation of the text. » (p. 32) Il est important donc d'être capable de reconnaître et de comprendre les allusions et de faire le lien avec leur contexte d'emploi afin de décider de la manière dont on peut les rendre en langue d'arrivée.

Il arrive souvent que les allusions ne se correspondent pas d'une langue à l'autre, d'une culture à l'autre. C'est pour cette raison que Leppihalme (1997) les appelle des « culture bumps », notion qu'elle décrit de la façon suivante : « A situation where the reader of a TT (target text) has a problem understanding a source-cultural allusion. Such an allusion may well fail to function in the TT, as it is not a part of the TL reader's culture. Instead of conveying a coherent meaning to TT readers, the allusion may remain unclear and puzzling. » (p. 4)

Certaines allusions sont lexicalisées, c'est-à-dire qu'elles sont devenues des unités lexicales autonomes; d'autres se présentent sous forme de clichés ou de phrases toutes faites. L'allusion peut être un nom propre, un adjectif, une phrase ou une expression, chacun faisant référence à une chose censée connue.

En voici quelques exemples :

Français :
- être un don Juan (pluriel : des dons Juans)
- une victoire pyrrhique
- un enfant velcro

Anglais :
- *a Scrooge*
- *the Midas touch*

- *Cassandrian speeches*
- *BlackBerry thumb*

Les allusions abondent dans les textes journalistiques (articles de presse, de revues, manchettes et titres), ainsi que dans les textes et les slogans publicitaires. Par exemple, au lendemain du référendum historique au Royaume-Uni, on pouvait lire dans un titre de presse : « The government should make haste in creating a Brexit Strategy ». Les journalistes, les rédacteurs et les publicistes y ont recours afin de rendre les textes plus vivants et attrayants afin d'éveiller l'intérêt du lecteur. C'est leur manière d'établir une connivence avec le lecteur. Comme les formes sont censées être connues, elles sont souvent déformées pour créer un effet inattendu ou humoristique. On les trouve aussi dans les bandes dessinées (ex. *Astérix*), dans les films et les textes littéraires. Certaines proviennent de textes religieux, de références politiques, voire même de chansons populaires.

Pour les rendre dans l'autre langue, on peut :

- conserver le nom propre, si c'est pertinent;
- le modifier;
- l'omettre;
- donner une explication.

À titre d'exemple, il est intéressant de noter, dans le texte 40 illustrant l'usage des temps verbaux, comment le traducteur a rendu l'allusion biblique qui fait référence à David et Goliath.

Quant à l'euphémisme, il s'emploie pour voiler le sens et transmettre une information sans qu'elle apparaisse comme choquante. Tout, ici, est dans la nuance. Il s'emploie pour décrire des situations ou des conditions qui restent taboues, ou dont la connotation est négative. Ainsi l'anglais emploiera *pass away* plutôt que *die;* comme le français choisira « Il nous a quittés » de préférence à « Il est mort ».

L'euphémisme est largement lié à la culture qui l'emploie. Il reflète des comportements sociaux, des préoccupations politiques, des problèmes raciaux, une intention diplomatique… Ainsi, au XXIᵉ siècle, la société occidentale semble obsédée par la jeunesse. Tandis que les *bébéboumeurs* arrivent à la soixantaine, les termes « vieux » et « vieillard » sont devenus tabous. En anglais, on parle plutôt de *seniors, senior citizens, golden agers, retirees, elderly persons* ou de *older adults*. Le français de son côté a emprunté le mot « senior » à l'anglais et

La microstructure du texte

délaisse de plus en plus les expressions comme « personne du troisième âge » ou « personne âgée ». Ce dernier terme s'emploie toujours mais s'applique plutôt à des personnes très âgées (80 ans et plus) tandis que le terme senior s'applique curieusement aux personnes qui n'ont même pas atteint l'âge de la retraite, parfois dès 45 ans dans les milieux professionnels.

Les euphémismes abondent également dans d'autres domaines tels les relations internationales. On ne parle plus depuis longtemps de « pays sous-développés » (*underdeveloped countries*) mais de « pays en voie de développement » (*developing countries*). En anglais, on ne dira plus que des dirigeants « mentent » (*lie*), on dira plutôt : they *mislead* or *misspeak*, autrement dit qu'ils se sont mal exprimés. Cela a été le cas d'Hillary Clinton dans l'exemple ci-dessous :

> Sen. Hillary Clinton said she "misspoke" last week when she gave a dramatic description of her arrival in Bosnia 12 years ago, recounting a landing under sniper fire. (CNN, March 25, 2008)

Les euphémismes touchent aussi les titres d'emplois. En anglais comme en français, on ne parle plus de *cleaning ladies*/femmes de ménage, de *garbage collectors*/poubelliers ni de *prostitutes*/prostituées. On préfère les euphémismes *household helpers*/employées de maison – qui pourrait d'ailleurs s'employer au masculin; *sanitation engineers*/agent de propreté urbaine; ou *sex workers*/travailleur, ou travailleuse, du sexe. Quand on dit d'un terme qu'il respecte la bienséance politique (*is politically correct*), cela signifie qu'on emploie un euphémisme, un terme que l'on perçoit comme moins choquant que le terme qu'il remplace. Ainsi, de nos jours, les gens ne sont pas « handicapés » (*handicapped*), ils ont une déficience (*a disability*). Les sourds (*deaf people*) sont devenus des malentendants (*hearing impaired*) et les aveugles sont des malvoyants (*visually impaired*). Les enfants qui ont des difficultés à l'école ne sont plus « en retard » (*retarded*), ils ont des « besoins spéciaux » (*special needs*). Les gens ne sont plus « gros » (*fat*), ils souffrent de « surpoids » (*overweight*) et les gens de petite taille sont décrits par l'expression *vertically challenged* en anglais. Les excès de la bienséance politique sont souvent source d'hilarité, mais l'idée sous-jacente à ces transformations de la langue est sûrement celle transmise par Thomas A. Harris (1967) dans son livre *I'm OK, you're OK* : regardons nos points de convergence plutôt que nos points de divergence pour mieux vivre avec les autres.

Il y a deux domaines où les euphémismes abondent particulièrement : tout ce qui a trait au sexe (tabous) et aux besoins naturels (considérés comme vulgaires). Il est intéressant de remarquer que dans ces domaines, l'anglais aura souvent recours à des mots latins : *genitalia, libido, fæces* or *excreta*. Même si cette solution pourrait exister en français, elle ne marquerait pas la même distance que l'anglais vis-à-vis de ces termes puisque les équivalents français ont été créés à partir du latin : organes génitaux, libido, déféquer, excréments. En anglais, comme l'explique J. Van Rœy (1990) : « In such cases the unpleasant connotation is replaced by a learned or even a pedantic one. » (p. 40)

Certains euphémismes sont si bien intégrés dans la langue que les locuteurs polis de cette langue ne les reconnaissent même plus : *to pass water* (*urinate*); *to make wind* (*fart*); *to make love* (*to have sex*). En fait, le nombre d'euphémismes d'usage courant pour exprimer le besoin d'aller aux toilettes est impressionnant : *to powder one's nose, to go to the ladies', to see a man about a horse, to go to the restroom, to visit Aunt Suzie*, etc. Certains euphémismes ne s'emploient, du moins traditionnellement, que par les hommes tandis que d'autres ne s'emploient que par des femmes; d'autres encore changent d'une génération à une autre. Peu de jeunes femmes du XXIe siècle comprendraient l'expression d'un autre temps *I've got the curse* pour faire allusion à la menstruation.

Dans son *Dictionary of Euphemisms and Other Doubletalk*, Hugh Rawson (1981) résume bien ce phénomène linguistique :

> They conceal the things people fear the most—death, the dead, the supernatural. They cover up the facts of life—of sex and reproduction and excretion—which inevitably remind even the most refined people that they are made of clay, or worse. They are beloved by individuals and institutions (governments especially) who are anxious to present only the handsomest possible images of themselves to the world. And they are embedded so deeply in our language that few of us, even those who pride themselves on being plainspoken, ever get through a day without using them. (p. 1)

Pour conclure sur cette question, notons que les euphémismes se répartissent dans un certain nombre de catégories et sont formés de diverses façons en suivant certains principes. Le tableau ci-dessous en donne quelques exemples. Veuillez noter que les exemples français ne sont pas des traductions, mais bien des exemples authentiques indépendants de la colonne du milieu.

La microstructure du texte

La microstructure du texte

Principes	Exemples anglais	Exemples français
Acronymes/ abréviations	*The ladies' (toilet)* *SNAFU (situation normal all fucked up)* *SOB/S.O.B (son of a bitch)* *BM (bowel movement)*	Les W.C. SDF (sans domicile fixe = vagabond, clochard) BDSM (Bondage, Discipline, Sado-Masochisme)
Circonlocution	*The ladies' room; the little girls' room (toilet)* *Make a pit stop (stop to rest or go to the bathroom/ toilet/ restroom/WC)* *Spend a penny (Obsolete)*	Je vais où personne d'autre peut aller à ma place. Aller au petit coin. Faire ses besoins. Payer en nature (= relations sexuelles en échange d'un service).
Négation (utilisation de préfixes qui semblent moins négatifs)	*Unwise (stupid)* *Unsafe (dangerous)* *Non-success (failure)* *Non-academic-oriented student (incapable of university studies)*	Non-voyant (aveugle) Malentendant
Omission/troncation/ remplacement par un pronom (Le contexte détermine le sens)	*I need to go … (to the "bathroom"*)* *The "you know what"* ** Also a euphemism*	J'ai envie… (d'aller aux toilettes) J'ai besoin d'y aller… Ils ne pensent qu'à ça (= relations sexuelles).
Glissement sémantique ou substitution	*Rear-end (buttocks)* *Nether regions (groin area or buttocks)* *The big house or up the river* (prison)* *Without a stitch on (naked)* ** American usage: originally referred to Sing-Sing Prison, on the Hudson River about 30 miles north of New York City*	Le derrière (= les fesses) Les dessous (= sous-vêtements) En tenue d'Ève (ou d'Adam) (= nu) Il y a du monde au balcon (= elle a des gros seins). Il est à l'ombre pour un moment (= en prison).
Distorsion phonétique	*Cripes, crumbs (Christ)* *Jeez (Jesus)*	Parbleu (= par Dieu)

Litotes	*A bit soft in the head (stupid)*	Il n'est pas fini…
	To be misinformed (to have been lied to)	Tu devrais te faire soigner.
	A terminological inexactitude (lie)	On m'aura mal informé (menti).
	The woman he's seeing now (dating/"sleeping with")*	Je me suis mal exprimée (= j'ai menti).
	* Also a euphemism	La femme avec laquelle il sort (= couche, a des relations sexuelles)

EXERCICE 73

Identifiez les figures de style, puis traduisez en français.

1. Motion & Emotion (slogan Peugeot)
2. Peel the love (publicité de bananes Dole)
3. *Of Dragons and Speech Recognition Wizards and Apprentices* (titre d'un article sur l'utilisation de logiciels de reconnaissance vocale par des traducteurs)
4. We're so fussy, we even have a guy who picks through the bananas picked by the guy who picked through the bananas the pickers picked. (1967 Chiquita Banana advertisement).
5. *Fruit-Filled Scuffins*
   The scuffin is a frankenpastry—part scone, part muffin and, like a doughnut, filled with jam—but despite its complex genetics, it is very easy to make.
6. With their fortunes sagging lower than a hip-hopper's pants, the *Canadiens* at last made some moves last week.
7. Challenging the reductive Mars-vs.-Venus logic of pop psychologists, Susan Bordo writes, "For all of our differences … men and women do not come from different planets." As it has long done to women, advertising now makes men into sexual objects, and men, too, receive mixed messages about how to behave. "We're all earthlings, desperate for love, demolished by rejection."

La microstructure du texte

EXERCICE 74

Même exercice.

1. *The Prickly Genius of Jonathan Blow*
   The video-game designer Jonathan Blow's latest project, *The Witness*, reflects his personality: logical, stubborn, unsuffering of fools.
2. *About Gilbert & Sullivan's operetta Patience*
   In this rollicking satire of Victorian propriety and Aesthetic "hippies," the losers are those who blindly follow the flavour of the day, while the winners are those sitting in the audience!
3. *Where the Wild Things Are* is fifty years old! Let the wild rumpus with Max and all the wild things continue as this classic comes to life as never before with new reproductions of Maurice Sendak's artwork. Astonishing state-of-the-art technology faithfully captures the colour and detail of the original illustrations.
4. There is now compelling evidence to show that humanity's impact on the Earth's atmosphere, oceans, and wildlife has pushed the world into a new geological epoch, according to a group of scientists.
5. Teeny house, big lie: Why so many proponents of the tiny-house movement have decided to upsize.
6. The White House has called on Russia to respect the will of Ukrainians.
7. We must learn to live together as brothers or perish together as fools. (Martin Luther King)
8. Migrants and immigrants look for better lives: you see them at airports, border crossings or aboard trains with their belongings held together by duct tape and dreams. (Kamal Al-Solaylee, *Brown*)

EXERCICE 75

Identifiez les figures de style, puis traduisez en anglais.

1. Pour des espaces insécables impeccables. (Titre d'un article sur la typographie)
2. *Spectateurs du Super Bowl, vous êtes surveillés!*
   Vous avez des billets pour la grande messe du sport américain. Votre compte en banque souffre mais vous trépignez d'enthousiasme. Préparez-vous à vivre de grandes émotions... sous haute surveillance!

La microstructure du texte

3. Dans un magazine de décoration d'intérieur :
   a. Minimalisme : Si l'entrée de notre demeure est minuscule, on calme notre folie des grandeurs et on opte pour un petit meuble aérien. Pour donner une illusion de volume à la pièce, on mise sur un long miroir étroit qui s'élance vers le plafond.
   b. Un revêtement de velours ocre déride un grand fauteuil un peu désuet.

4. *Garth Risk Hallberg : Trop, c'est mieux!*
   Avec le colossal et tentaculaire *City on Fire*, Garth Risk Hallberg offre à la démesure new-yorkaise son équivalent romanesque. Éloge de l'excès en compagnie de l'écrivain américain se réclamant autant de Patti Smith que de Victor Hugo.

   992 pages! Oui, oui, 992 pages! *City on Fire*, premier roman de Garth Risk Hallberg que Plon annonce comme l'événement de la rentrée, fait osciller la balance à 992 pages. Même pour les lecteurs les plus enthousiastes et déterminés, même pour ceux dont l'ambition se trouve fouettée par le défi sous toutes ses formes, même pour ceux qui se targuent d'avoir traversé *À la recherche du temps perdu* au cours d'un simple long week-end, 992 pages, c'est du costaud, 992 pages, c'est de l'outrance, 992 pages, c'est un pied de nez à l'idée reçue voulant que notre capacité d'attention collective s'amenuise d'heure en heure.

5. *D'eux : une nouvelle maison d'édition pour la jeunesse voit le jour.*
   Créé par France Leduc, ancienne directrice artistique de la collection Carré Blanc aux 400 coups ainsi que par son conjoint, Yves Nadon, créateur de ladite collection aux 400 coups, D'eux s'ajoute au paysage littéraire jeunesse avec un objectif précis : faire de bons livres et les faire entrer dans les écoles.

6. *Habitation : Les micromaisons gagnent du terrain.*
   Bien qu'encore marginales, les micromaisons séduisent de plus en plus de Québécois.

   Regard sur cette nouvelle génération d'habitations.

7. Baguettes en l'air à Hong Kong : De la cantine de rue au restaurant gastronomique en passant par la cuisine privée, l'offre culinaire du port parfumé a de quoi ravir tous les *foodies*.

8. *Combien pèsent les anneaux de Saturne?*
   C'est la merveille du système solaire. Un rêve d'enfant projeté dans les étoiles : cette bille jaune minuscule auréolée d'un cerceau éclatant, lorsqu'elle est vue pour la première fois dans un petit télescope d'amateur, stupéfie et émerveille.

La microstructure du texte

EXERCICE 76

Même exercice.

1. Ukraine : La Russie sort les griffes, les États-Unis le chéquier.
2. Bouteflika réapparaît à la télévision mais sans le son. (*Libération*)
3. Si, si, Bouteflika va bien! (*L'Humanité*)
4. C'est tout un fantôme qu'André Boisclair a secoué mercredi soir. (*Le Devoir*)
5. *Le péril rural du cinéma.*
   Le cinéma québécois est dans le pré. Bon an, mal an, il nous offre plusieurs films dépeignant la vie en région, loin du tumulte urbain, des pannes de métro et des amphithéâtres dépourvus d'équipe professionnelle. Mais c'est une ruralité bien monolithique qu'on y dessine.

   Hiroshimoi est un récit en fragments d'ordinaire amoureux, coincé dans une boucle, qui martèle sans fin que l'espoir, c'est la résignation.
6. Dites Grèce, et les premières images qui viennent en tête sont les îles paradisiaques de Mykonos, Naxos, ou Santorin… Mais la Grèce, c'est bien plus! Les mers helléniques – la mer Égée, la mer Ionienne, la mer de Crête et la mer de Thrace – comptent environ 6 000 îles et îlots, aussi bien dire une voie lactée en pleine mer. Près du quart du territoire flotte en pleine Méditerranée.
7. Au rythme où se développent les projets d'exploitation d'énergies fossiles dans le monde, la planète se dirige tout droit vers un véritable « chaos climatique », prévient Greenpeace international dans un rapport rendu public mardi.
8. Le Soleil et son sage et en apparence logique cortège de planètes, les quatre petites rocheuses près de lui, les quatre grandes gazeuses plus loin, semblaient un parangon astronomique : les autres systèmes, si il y en avait, devaient peu ou prou ressembler au nôtre… On le sait aujourd'hui, il n'en est rien, le système solaire ne doit son architecture actuelle qu'au titanesque jeu de billard cosmique des origines et, partout dans le ciel, de nouveaux systèmes aux propriétés plus étranges les unes que les autres émergent de la nuit.

EXERCICE 77

Les phrases ci-dessous sont tirées d'*œuvres littéraires de langue française*. Identifiez les figures de style employées et proposez-en une traduction en anglais.

1. L'Angleterre est un vaisseau. Notre île en a la forme : la proue tournée au Nord, elle est comme à l'ancre au milieu des mers, surveillant le continent. (Alfred de Vigny, *Chatterton*)

2. Fer qui cause ma peine, m'es-tu donné pour venger mon honneur? (Corneille, *Le Cid*)

3. Séraphin Poudrier constata donc, en ce matin de novembre, que le froid venait de sauter sur la campagne, et il en éprouva tout de suite une sorte de jouissance. (Claude-Henri Grignon, *Un homme et son péché*)

4. Les Mots et les Paroles/Je les traque/Et les retraque/Je les attrape/Puis je les perds. (Andrée Chedid, *L'Étoffe de l'univers*)

5. Le nez de Cléopâtre, s'il eût été plus court, toute la face de la terre aurait changé. (Blaise Pascal, *Pensées*)

6. Il faut manger pour vivre, et non pas vivre pour manger. (Molière, *L'Avare*)

7. L'invisible nous fixe à bout de lumières mortes,/poreux comme l'éponge expurgée de mer. (Rina Lasnier, *L'ombre jetée I*)

8. Le spectacle était épouvantable et charmant. Gavroche, fusillé, taquinait la fusillade. Il avait l'air de s'amuser beaucoup. C'était le moineau becquetant les chasseurs. (Victor Hugo, *Les Misérables*)

9. Cueillez dès aujourd'hui les roses de la vie. (Ronsard, *Sonnets pour Hélène*)

10. Autour de la place, quelques boutiques : le bar-tabac, l'épicier, le boulanger, le boucher, puis, grand ouvert, l'atelier du menuisier, à côté de la forge du maréchal ferrant, et, au fond, l'église... (Marcel Pagnol, *Jean de Florette*)

11. La liberté, c'est le bonheur, c'est la raison, c'est l'égalité, c'est la justice, [...], c'est votre sublime Constitution. (Camille Desmoulins, *Le Vieux Cordelier*)

12. Tout est pour le mieux dans le meilleur des mondes. (Voltaire, *Candide*)

La microstructure du texte

EXERCICE 78

Même exercice à partir d'œuvres littéraires de langue anglaise.

1. I hear lake water lapping with low sounds by the shore. (William Butler Yeats, *The Lake Isle of Innisfree*)
2. Stones have been known to move, and trees to speak. (Shakespeare, *Macbeth*)
3. For thine is the Kingdom, the Power and the Glory for ever and ever. (Graham Greene, *The Power and the Glory*)
4. War is peace. Freedom is slavery. Ignorance is strength. (George Orwell, *1984*)
5. Best be off, Harry, lots ter do today, gotta get up ter London an' buy all yer stuff fer school. (J.K. Rowling, *Harry Potter and the Philosopher's Stone*)
6. It is strange to relate (for a man in his profession) that in addition to incurable acrophobia, arachnophobia, myophobia and ornithophobia, Morse also suffered from necrophobia; and had he known what was expecting him now, it is doubtful whether he would have dared to view the horridly disfigured corpse at all. (Colin Dexter, *The Riddle of the Third Mile*)
7. I sat for several minutes watching the extraordinary scene in the distance. The English ships, at anchor and with sails reefed, looked terrifyingly vulnerable. (C.J. Sansom, *Heartstone*)

EXERCICE 79

Les phrases ou textes ci-dessous sont tirés d'*écrits scientifiques*. Identifiez les figures de style employées et proposez-en une traduction.

1. Pour Carole Miéville, physiothérapeute suisse, c'est l'expertise scientifique de l'Université de Montréal qui a agi comme un aimant. (*L'actualité*)
2. Au crépuscule de sa vie, l'étoile possède une structure en pelure d'oignon.
3. Pour tenter de freiner ou d'utiliser la course impérieuse de l'eau vers la mer, l'homme a mis des barrages sur son chemin. Contre ces obstacles, l'eau a de nombreuses armes : sa vitesse destructrice, sa pression implacable, ses réactions chimiques, voire biologiques, les saisons, le temps... Le barrage réagit à ces forces, il respire, il vieillit : il vit. Pour veiller à sa bonne santé, de nombreux appareils sont placés dans ses galeries et des

hommes l'examinent et l'auscultent régulièrement, attentifs à son comportement, ses déformations, ses humeurs… (*Ça m'intéresse*)

4. La physique quantique est entrée en scène presque sur la pointe des pieds. Avant l'atome, c'est dans la redécouverte des propriétés de la lumière qu'elle a marqué son premier point. (*Science et Vie*)

5. Much medical language is built around a few metaphors. Phrases such as "He sank into a coma," "You're in tip top condition," and "Falling ill" are constructed round the idea that health is up and illness is down.

    That health is up is hardly surprising. We are after all up and about when well and horizontal when dead or ill. A meatier medical metaphor is "medicine is war." The language that we use about our role as doctors is cast almost entirely by this metaphor and military images also appear in every aspect of medical language and jargon:

    It's an overwhelming infection; she's got an infiltrating carcinoma; the body's defences; he's having a heart attack; killer T cells; we must treat him aggressively and use everything in therapeutic armamentarium; we've wiped out smallpox; go to casualty and the house officer will deal with you. (Hodgkin, Paul (1985). "Medecine is war." *British Medical Journal.* Vol. 291, pp. 21–28.)

6. The drug, marketed in the UK as Zoldex, temporarily switches off the ovaries and with them the production of oestrogen on which up to 60% of all breast cancers feed. (*The Guardian*)

7. Cancer is an aggressive enemy that invades the body. In response, the body launches an offensive and defends itself, fighting back with its army of killer T-cells. However, this is not enough and doctors are needed to target, attack and try to defeat, destroy, kill or wipe out the cancer cells with their arsenal of lethal weapons. However, cancer cells may become resistant and more specialised treatments are required, such as magic bullets or stealth viruses. (Julia T. Williams Camus, 2009)

8. Cancer-killing viruses exploit the fact that cancer cells suppress the body's local immune system. "If a cancer doesn't do that, the immune system wipes it out. If you can get a virus into a tumour, viruses find them a very good place to be because there's no immune system to stop them replicating. You can regard it as the cancer's Achilles' heel. (*The Guardian*)

9. Doctors at Great Ormond Street Hospital and the Institute of Cancer Research in London joined forces with the scientists at Oxford University to study the sisters in the hope that they would reveal vital clues about the cause of the disease. (*The Guardian*)

La microstructure du texte

10. "It's a little molecular switch [on the cell's surface]," he said. "If you switch it on it does two things—it induces the cells to die, but it also provokes the body's immune response to destroy the cancer." (Lawrence Young, quoted by *The Guardian*)

4. Les expressions idiomatiques

Les expressions idiomatiques ou locutions tout comme les proverbes sont aussi des manifestations de combinaisons lexicales. Ces combinaisons sont plus étoffées, plus longues que les binômes qui ne comprennent que deux éléments. Elles forment des suites figées de mots qu'on ne peut pas traduire littéralement.

En anglais, on parle de *idiom*, terme que le *Oxford Dictionary online* définit comme « A group of words established by usage as having a meaning not deducible from those of the individual words ». À titre d'exemple, il suffit de considérer les expressions suivantes : (être) haut comme trois pommes (pour désigner un enfant ou quelqu'un de petite taille), de bouche à oreille (pour désigner une information transmise de façon officieuse) ou en anglais, *to put one's foot in it* (mettre les pieds dans le plat), *once in a blue moon* (tous les trente-six du mois).

Dans *Le musée des gallicismes*, Ernest Rogivue (1978) décrit l'expression idiomatique (ou idiomatologique) comme une locution cultivée et enregistrée par l'usage commun, ayant le plus souvent un sens si figuré « que la forme en est définitivement arrêtée et figée et que la valeur sémantique en est vivement significative, suggestive et pour tout dire affective » (p. 133). Généralement de nature métaphorique, ces formes expriment de manière imagée des situations de la vie de tous les jours. Ces formes étant figées, on ne peut, sauf pour des raisons particulières (par exemple pour créer des effets stylistiques particuliers), se permettre de les modifier. Le recours à une expression idiomatique apporte, en anglais comme en français, de l'intensité et de la vivacité à l'expression de la pensée. Nous avons vu, dans la section précédente, que les figures de style sont des effets de signification produits par une construction particulière de la langue. Ces effets ou phénomènes linguistiques se retrouvent également dans les expressions idiomatiques qui, bâties autour de différents thèmes, notamment les couleurs, les parties du corps, les faits historiques, mythologiques, religieux ou littéraires, la gastronomie, les animaux, etc.,) reflètent les pensées ou stéréotypes culturels (croyances, superstitions).

La microstructure du texte

EXERCICE 80

Nombre d'expressions idiomatiques font appel à la comparaison. C'est ce que Rogivue appelle, dans *Le musée des gallicismes*, des comparaisons automatiques. Dans l'exercice suivant, il s'agit de compléter la comparaison en ajoutant le verbe qui manque puis de traduire l'expression ainsi formée.

- comme un cochon
- comme un couperet
- comme un arracheur de dents
- comme de l'an quarante
- comme un loir
- comme une pantoufle
- comme larrons en foire
- comme un tablier à une vache
- comme une vache qui pisse
- comme une madeleine
- comme de sa première chemise
- comme sur des roulettes
- comme des moutons de Panurge
- comme une feuille
- comme de la mauvaise herbe
- comme deux gouttes d'eau
- comme un charretier
- comme un cheveu sur la soupe
- comme la chienne à Jacques
- comme un chien dans un jeu de quilles
- comme une baleine

EXERCICE 81

Même exercice en anglais.

- **watch** someone like a hawk
- **eat** like a horse
- **look/feel** like a million
- **read** someone like a book
- **go/run** like clockwork
- **fit** like a glove
- **feel** like a fish out of water
- **drink** like a fish
- **sit** like a bump on a log
- **go/be** out like a light
- **be** like sitting ducks
- **go over** like a lead balloon
- **stand out** like a sore thumb
- **look** like something the cat dragged in

Paperback Oxford English dictionary (2012). Oxford: Oxford University Press.
REY-DEBOVE, Josette et Gagnon Gilberte (1998). *Dictionnaire des anglicismes*. Paris : Le Robert.

La microstructure du texte

EXERCICE 82

D'autres expressions intègrent diverses figures de style, surtout la métaphore mais aussi des allusions. Pour chacune des expressions, identifiez la figure de style employée puis trouvez l'équivalent en anglais.

- passer la nuit sur la corde à linge
- mettre du beurre dans les épinards
- s'envoyer en l'air
- griller un feu
- mener une vie de bâton de chaise
- avoir du pain sur la planche
- être le dindon de la farce
- éclairer la lanterne de quelqu'un
- passer une nuit blanche
- être dans le plus simple appareil
- vouloir le beurre et l'argent du beurre
- être dans le collimateur
- être au bout de son rouleau

- casser du sucre sur le dos de quelqu'un
- défrayer la chronique
- être dans les bras de Morphée
- se faire des cheveux blancs
- coûter un bras
- mettre la clé sous la porte
- mettre cartes sur table
- Il n'y a rien là.
- C'est pas un cadeau!
- avoir d'autres chats à fouetter
- avoir un chat dans la gorge
- casser sa pipe

EXERCICE 83

Même exercice vers le français.

- to be ahead of the pack
- to fire on all cylinders
- to learn the ropes
- to be in the driver's seat
- to think outside the box
- to touch base
- to blow one's fuse
- to hit the airwaves
- to go by the book
- to call it a day
- to corner a market
- to cut corners

- to give the thumbs up
- to pull the plug
- to go down the drain
- to go the extra mile
- to call the shots
- to start off on the wrong foot
- to be caught in the crossfire
- take the bull by the horns
- in a nutshell
- a Sputnik moment
- rocket science
- (with) bells and whistles

La microstructure du texte

- a silver surfer
- a no-brainer
- with no strings attached
- snail mail
- a diamond in the rough
- a backroom deal

- back to the drawing board
- a ballpark figure
- an uphill battle
- a win-win situation
- the writing is on the wall
- easy come, easy go

EXERCICE 84

Les expressions ci-dessous sont construites à partir des couleurs. Traduisez-les en anglais. *Attention! Il se peut que la couleur change en anglais ou qu'elle ne soit pas conservée.*

- être dans le rouge
- être la lanterne rouge
- le téléphone rouge
- rouge comme une tomate
- tirer à boulets rouges
- être blanc comme neige
- une histoire cousue de fil blanc
- de but en blanc
- travailler au noir
- broyer du noir
- avoir une peur bleue

- un col bleu
- casque bleu
- se faire avoir comme un bleu
- donner son bleu à quelqu'un (Québec)
- être fleur bleue
- être vert de rage
- des vertes et des pas mûres
- donner le feu vert
- être encore vert

EXERCICE 85

Même exercice à partir d'expressions anglaises.

- not a red cent
- to see red
- red tape
- to roll out the red carpet
- to be caught red-handed
- paint the town red
- to be in the black

- pot calling the kettle black
- a grey area
- out of the blue
- a bolt from the blue
- once in a blue moon
- blue in the face
- a golden opportunity

La microstructure du texte

- a golden handshake
- to pass with flying colours
- a highly coloured report
- off-colour humour

EXPRESSIONS CRÉÉES À PARTIR DES PARTIES DU CORPS

En anglais comme en français, certaines expressions font appel aux parties du corps pour exprimer des sentiments, des relations, des sensations ou des attitudes. Chaque partie du corps désignée dans une expression revêt une valeur symbolique, voire métaphorique. Comme on a pu déjà le constater dans d'autres types d'expressions, ce n'est pas toujours la même partie du corps qui est utilisée dans les deux langues, même pour exprimer une même idée. Ainsi, on va dire en français :

être le **bras** droit de quelqu'un

alors qu'on dira en anglais :

to be someone's right **hand**

D'autres fois, même si c'est la même partie du corps qui sert de référence, on l'emploie au moyen d'une autre catégorie grammaticale, laquelle serait inutilisable dans l'autre langue :

jouer des **coudes**

deviendra ainsi :

to **elbow** *one's way through*

Enfin, certaines expressions renvoient à une partie du corps dans une langue mais pas dans l'autre. Il ne faut donc jamais traduire littéralement des expressions de ce type. Entrainez-vous, dans les exercices ci-dessous, à bien traduire ces expressions.

EXERCICE 86

- to get a foot in the door
- to hit the nail on the head
- to be on one's toes
- to start off on the right foot

La microstructure du texte

- to play something by ear
- to keep one's ear to the ground
- to turn a deaf ear to
- to be all ears
- to break a leg
- to get cold feet
- to have one's head in the clouds
- to give a heads up
- to get a head start
- to let one's hair down
- to stick one's neck out

- to have a sweet tooth
- to wash one's hands of something
- to stick out like a sore thumb
- a slap on the wrist
- an eye opener
- a pain in the neck
- over my dead body
- off the top of one's head
- rule of thumb
- (by the) skin of one's teeth

EXERCICE 87

- se regarder le nombril
- avoir le cœur sur la main
- avoir le cœur à l'ouvrage
- être beau comme un cœur
- se mettre la corde au cou
- se mettre le doigt dans l'œil
- avoir le dos large
- avoir la langue bien pendue
- s'arracher les cheveux
- avoir une langue de vipère
- ne pas porter quelqu'un dans son cœur
- couper les cheveux en quatre
- avoir un verre dans le nez
- partir les pieds devant
- faire les yeux doux

- se rincer l'œil
- avoir les oreilles qui sifflent
- mettre la puce à l'oreille
- avoir les pieds sur terre
- casser les pieds à quelqu'un
- être à pied d'œuvre
- faire une belle jambe
- tirer dans les jambes de quelqu'un
- avoir la main baladeuse
- mettre la main à la pâte
- faire un bras d'honneur
- faire bonne figure
- la main lui démange
- une partie de bras de fer
- la politique de la main tendue
- une femme de tête

La microstructure du texte

EXPRESSIONS EN CONTEXTE

Nous avons vu que les combinaisons sont de différents types et qu'elles utilisent des moyens linguistiques variés. Il faut noter que les relations entre les mots des combinaisons ne dépendent pas nécessairement de propriétés linguistiques particulières. Certaines d'entre elles sont plutôt des combinaisons « d'usage », des associations « naturelles » qui sont admises, comprises et utilisées par les locuteurs de la langue, et généralement consignées dans les dictionnaires. Comme leur enchaînement n'est pas prévisible, leur compréhension et leur emploi exigent des connaissances d'ordre linguistique et culturel. Leur usage est fréquent dans la langue générale, orale et écrite, également dans la presse, les slogans, les manchettes et les titres. Ces formules ne peuvent pas être traduites mot à mot, mais peuvent correspondre à des suites figées dans l'autre langue. Comme elles sont propres à chaque langue, le seul moyen de les utiliser, les reconnaître et encore trouver une formule correspondante dans l'autre langue, c'est de les apprendre.

À titre d'exemple, citons cette expression, *No ifs, ands or butts*, délibérément déformée, servant de titre à un article portant sur un médecin canadien qui exige que ses patients cessent de fumer, faute de quoi ils auront à trouver un autre médecin. Avec humour et sur un ton péremptoire voulu, ce titre résume l'ultimatum lancé aux patients. L'image d'une cigarette écrasée qui accompagne le titre est très parlante. À noter que le titre de l'article a été habilement traduit par « Écrasez » en français.

Pour comprendre ce jeu de mots, cette forme déformée, il est nécessaire de connaître au préalable l'expression consacrée qui a servi de base : *No ifs, ands or buts*. Il en est de même de l'expression « Contre vents et courants » utilisée comme titre d'un article de journal français portant sur un marin qui persévère dans la course autour du monde, malgré des conditions de mer très périlleuses. Dans ce deuxième exemple, encore une fois, il est important de connaître l'expression à l'origine du titre : *contre vents et marées*. Comme on peut le voir, l'emploi de ces expressions nécessite une interprétation rapide, mais juste de la part du lecteur afin d'assurer l'efficacité de la communication. C'est aussi le moyen par lequel l'auteur cherche à établir une connivence avec son lecteur chez qui il suppose une compétence culturelle suffisante pour comprendre le message.

EXERCICE 88

Traduisez les phrases suivantes en faisant attention à la manière de rendre les expressions idiomatiques.

1. He has merely become an extra mouth to feed.
2. Those kids are overweight because they eat everything they can lay their hands on.

3. He grabbed her purse, took to his heels, and vanished out of sight.
4. Our hearts go out to the families of the victims of this terrible tragedy.
5. The youth who deliberately set fire to an animal shelter got off with a slap on the wrist.
6. She said she would move heaven and earth to get the required medical treatment for her son.
7. The thought of eating in such squalor completely turned his stomach.
8. Because of their noisy late-night summer parties, their neighbours are fed up to the teeth.
9. "I can't do everything," she said. "I only have one pair of hands."
10. The police in the region are considered hand in glove with the perpetrators of violence.
11. Their brows furrowed, they pursed their lips as they concentrated on completing the questionnaire.
12. The mission of this community organization is to lend a helping hand to get people back on their feet and into the job market.

5. Les proverbes

Le Robert définit le proverbe comme « une formule présentant des caractères formels stables, souvent métaphorique ou figurée et exprimant une vérité d'expérience ou un conseil de sagesse pratique et populaire, commun à tout un groupe social ». Selon les auteurs du *Concise Oxford Dictionary of Proverbs* (1993), « a proverb is a traditional saying which offers advice or presents a moral in a short and pithy manner », et ils ajoutent :

> Paradoxically, many phrases which are called 'proverbial' are not proverbs as we now understand the term. We might for instance refer to the proverbial 'fly on the wall' or say that something 'is as dead as the proverbial dodo,' although neither of these phrases alludes to a proverb. The confusion dates from before the eighteenth century, when the term 'proverb' also covered metaphorical phrases, similes, and descriptive epithets, and was used far more loosely than it is today. Nowadays, we would normally expect a proverb to be cast in the form of a sentence.

Crystal (2010, p. 55) décrit les proverbes comme des « nuggets of popular wisdom expressed in the form of succinct sayings ».

La microstructure du texte

On comprend donc qu'il existe différents types de tours proverbiaux, des formules frappées qui ressemblent à des locutions ou à des expressions idiomatiques devenues d'usage commun. On peut considérer, au même titre, les adages, les maximes, les citations et les sentences. Dans tous les cas, il s'agit de constatations considérées comme universellement vraies, de conseils ou de prescriptions exprimées avec autorité.

EXERCICE 89

Complétez les formules suivantes en ajoutant la partie qui manque. Ensuite donnez-en l'équivalent dans l'autre langue.

1. Rien ne sert de courir…
2. Au royaume des aveugles,…
3. Chien qui aboie…
4. Qui trop embrasse…
5. Chat échaudé…
6. Loin des yeux,…
7. C'est en forgeant…
8. Plus on est de fous,…
9. Tout ce qui brille…
10. Il ne faut pas vendre la peau de l'ours…
11. Les bons comptes…
12. Faute avouée…
13. Il n'est pire sourd…
14. C'est au pied du mur…
15. Les petits ruisseaux…
16. Pierre qui roule…
17. Toute vérité…
18. Il n'y a que les fous…

EXERCICE 90

Complétez les formules suivantes en ajoutant la partie qui manque. Ensuite donnez-en l'équivalent dans l'autre langue.

1. Don't count your chickens …
2. A barking dog …
3. The early bird …
4. A drowning man …
5. Don't cut off your nose …
6. He who hesitates …
7. Jack of all trades …
8. The apple …
9. He who laughs last …
10. Misfortunes …
11. Too many cooks …
12. You scratch my back …
13. After a storm …
14. It's a long lane …
15. All good things …
16. A bird in the hand …

La microstructure du texte

17. Many hands …

18. Give a dog a bad name …

19. A guilty conscience …

20. Empty vessels …

EXERCICE 91

Donnez, en français et anglais, le proverbe dont l'explication vous est fournie dans les phrases qui suivent :

Exemple : À force de s'exercer à une chose, on y devient habile
    Proverbe **français** : C'est en forgeant qu'on devient forgeron.
    Proverbe **anglais** : *Practice makes perfect.*

1. Ne vivez pas au-dessus de vos moyens.
2. Trop, c'est trop!
3. Ne pas pouvoir faire deux choses à la fois.
4. Être crédule et naïf; se faire des illusions.
5. Il faut supporter les peines d'aujourd'hui sans se soucier de celles à venir.
6. Celui qui vient d'un pays lointain peut, sans crainte, raconter des choses fausses.
7. Il ne faut pas juger les gens sur l'apparence.
8. Ceux qui ne sont pas là n'ont pas la priorité.
9. Les enfants, les innocents ne mentent jamais.
10. Inutile de précipiter les choses ou votre travail. Prenez votre temps.
11. Quand on est jeune, on manque d'expérience; quand on est vieux, on manque de force.
12. Se dit d'une personne dont on parle (souvent en mal) et qui apparaît soudainement.
13. Après une période de tristesse, vient une période de bonheur.
14. Par la valeur de l'ouvrage, on juge celle ou celui qui l'a fait.
15. Ce qui est bon se recommande de soi-même.
16. On doit faire son devoir sans se soucier des critiques.
17. Celle ou celui qui quitte sa place risque de la trouver occupée à son retour.

La microstructure du texte

EXERCICE 92

Même exercice.

1. People tend to want whatever they don't have.
2. Repair something as soon as it is damaged. Otherwise it might cost you more later on.
3. When asking for a favor, you need to be humble.
4. People who are quiet and calm often have "deep" and interesting personalities.
5. Don't waste time worrying about little things that cannot be undone.
6. You can't force someone to accept your advice or help.
7. Those who are not careful with their money spend it very easily.
8. Trying to convince people with ideas and words is more effective than using force.
9. You can get better service if you complain rather than wait patiently.
10. Strong people don't give up in the face of challenge; they simply work harder.
11. Refrain from criticizing others if you're not perfect yourself.
12. If you want to succeed, get an early start.
13. If one member of a team underperforms, the entire team fails.
14. With determination, we can always find a way to achieve your goal.
15. Take action now because the opportunity may not present itself again.
16. To make much of a minor issue.
17. To reveal the secret.
18. Two people are often responsible for some situations, so both should be blamed.
19. Don't try to fix something that works.

EXERCICE 93

La ré-expression est un travail qui associe compréhension et rédaction dans le respect des particularités de chaque langue et la recherche d'effets stylistiques comparables en degré et en qualité à ceux du texte de départ. Les passages qui suivent ont été puisés dans divers contextes et combinent des proverbes, parfois tronqués, ainsi que des expressions idiomatiques. Ces formes langagières évoquent des images et produisent des effets sur la

réception et l'interprétation du message. **Dans l'exercice suivant, identifiez les images, les figures de style et les procédés langagiers, puis traduisez-les en tenant compte des traits caractéristiques de chaque langue.**

1. *Des femmes libériennes qui mènent leur barque sans les banques.*
   Grâce au soutien financier et technique des équipes d'ACF (groupe d'action contre la faim), elles se sont regroupées et financent elles-mêmes leurs projets.

2. *Cambriolage et assurance : les assureurs cherchent la petite bête*
   Alors qu'elle pensait être bien protégée, Catherine n'a pas été indemnisée de son cambriolage par son assureur sous prétexte qu'aucune trace d'effraction n'était visible. Idem pour Laure, dont l'assureur a mis en avant le fait qu'un de ses volets était décroché au moment du cambriolage pour refuser tout remboursement.

3. Il faudra attendre la semaine des quatre jeudis… En attendant, les demandes urgentes (en particulier la climatisation des locaux) sont sans cesse renvoyées aux calendes grecques, sous couvert de la restructuration à venir.

4. *Curling et immigration : l'Île-du-Prince-Édouard fait d'une pierre deux coups.*
   L'association des nouveaux arrivants de l'Île-du-Prince-Édouard a trouvé un moyen original d'intégrer les immigrants à la communauté et de faire revivre le curling dans la province.

5. Nous arrivons enfin au sommet. Là, il fait un froid de loup et un vent à décorner les bœufs. Nous grelottons tous.

6. Vert comme le printemps, tendre comme l'été, c'est pourtant une laitue d'hiver. Si propre qu'elle n'a pas besoin d'être lavée; une laitue légère qui a grandi à l'abri de tous pesticides.

EXERCICE 94

Même exercice en anglais.

1. Reducing your cholesterol intake is certainly an ounce of prevention against cardiovascular disease.

2. Some diet advertisement claims are extremely far-fetched. You really have to try them for yourself. Indeed, the proof is in the eating.

La microstructure du texte

3. Some believe that sparing the rod is the major cause of the waves of indiscipline sweeping across secondary schools.
4. Rebecca was not a troublemaker, but she quickly became the perpetual squeaky wheel in order to get what she needed from the new administration.
5. Some members borrowed the association truck for two days but returned it a week later. The president was not amused. "You can't give them an inch," he fumed. The association now has rules in place for lending vehicles.
6. They were well into the project when they realized that they had bitten off more than they could chew, so they decided to get technical assistance and hired additional staff.

LES FORMES FIGÉES OU EXPRESSIONS TOUTES FAITES EN CONTEXTE PARTICULIER

Pour être plus vivants et captivants pour le lecteur, certains textes font un usage fréquent de formes figées. Les textes d'horoscope en sont d'excellents exemples. Ces textes, qui cherchent à apporter du soutien moral, présentent des pseudo-prédictions et des conseils d'ordre astrologique en s'appuyant sur les signes du zodiaque. Ils sont caractérisés par des groupements, des expressions toutes faites et des clichés qui servent à interpeler le lecteur et à le mettre dans un état psychologique positif et réceptif.

EXERCICE 95

Dans les passages suivants, identifiez les formes figées et essayez de les rendre dans l'autre langue en tenant surtout compte de leur contexte d'emploi.

- **Sagittaire** (22 novembre au 21 décembre)
  Pour le meilleur ou pour le pire, vous serez soumis à la loi de la métamorphose et votre vie, en général, se modifiera du tout au tout avant l'automne. Nouvelle demeure, autre travail, des coups de foudre successifs en amour, des hauts et des bas du côté de la santé et avec ça, une toute nouvelle personnalité des plus originales.
- **Poisson** (19 février au 20 mars)
  Vous aurez envie de courir deux lièvres à la fois… Donnez-vous le temps de réfléchir en profondeur avant d'agir. Cela vous ouvrira des portes

insoupçonnées. Il est temps de lever le pied dans vos activités physiques…
Laissez faire les autres, pour une fois!

- **Capricorne** (22 décembre au 19 janvier)
  La chance est de votre côté! Tâchez d'en profiter! Vous vous retrouverez aussi sous les projecteurs et on vous réservera de chauds applaudissements. Du moins, vous serez félicité pour avoir accompli un brillant exploit. Si vous décidez de partir en voyage bientôt, il ne serait pas étonnant d'y trouver votre âme sœur. Du moins, vous trouverez quelqu'un qui vous fera vivre une grande passion.

- **Vierge** (23 août au 22 septembre)
  Ce samedi sera teinté d'une bonne dose d'agitation, voire de fébrilité. Il y aura sans doute beaucoup de mouvements, de va-et-vient, de valses-hésitations… L'atmosphère sera néanmoins agréable si vous vous détendez et acceptez de voir votre planning chamboulé.

- **Lion** (23 juillet au 22 août)
  Reposez-vous! Un risque de surmenage plane sur votre ciel. Vous avez trop tendance à dépasser vos limites. Modérez vos ardeurs et prenez du temps pour vous. Un petit dilemme. Vous aurez le cœur partagé entre la stabilité et le besoin de vivre de nouvelles aventures. Vous aurez le plus grand mal à trouver votre centre de gravité. Restez positif!

- **Cancer** (22 juin au 22 juillet)
  Vous avez toujours été efficace. Désormais, on loue vos compétences, on encourage vos projets, on vous gratifie. Mais il y a comme un grain de sable dans le rouage : rien n'avance comme prévu… Méfiez-vous de ce que vous faites et restez transparente. Des malentendus peuvent gâcher l'ambiance dès mardi. En fin de semaine, tout va mieux à condition de fuir les mesquineries!

- **Taureau** (20 avril au 20 mai)
  Vous avez l'amère sensation que vous rongez votre frein dans votre travail. Mais tout vient à point à qui sait attendre. Les semaines qui viennent s'annoncent plus positives. Prenez votre mal en patience. Utilisez votre charme et votre magnétisme à des fins utiles comme aider les personnes en difficultés. Vous qui cherchez un but dans votre vie, vous pouvez le trouver ainsi.

La microstructure du texte

EXERCICE 96

Même exercice en anglais.

- **Capricorn** (December 22–January 19)
  You may not want to go back and look again at something you thought was done and dusted, but according to the planets you have no choice. The evidence is clear that you got the wrong end of the stick, so you will have to make changes.
- **Pisces** (February 19–March 20)
  The New Moon in your opposite sign is important where close relationships are concerned. This is the time to start afresh. Let bygones be bygones. There could even be a new romance around the corner if you are unattached. Togetherness is what you really want—to walk hand in hand and feel supported.
- **Scorpio** (October 23–November 21)
  This is a dicey day for dealing with partners and close friends. However, all relationships go up and down, don't they? It's just for one day. Just don't expect too much from anyone. Easy come, easy go. It's no big deal.
- **Gemini** (May 21–June 21)
  Your life continues to feel like a roller coaster ride, yet you're aware of the potential for positive change. Your anticipation grows as the future approaches, but you're not sure what will happen next. Rather than obsessing about what's around the bend, concentrate on the here and now where your immediate efforts produce the most lasting impact. Anything is possible when your priorities are in order.
- **Libra** (September 23–October 23)
  Get those shoulders ready, Libra. Today, your sweet and compassionate nature makes you everyone's favorite oracle and sounding board. Let your coworkers pull up a chair, make plans with a pal who's been down in the dumps. No one can cheer her up faster than you. If you're the one in need of support, reach out.

6. La néologie

La néologie, c'est l'étude des mots nouveaux et des expressions nouvelles, ou « processus de formation de nouvelles unités lexicales » (Dubois et al., 2012,

p. 322). Elle intéresse le linguiste qui se préoccupe surtout des modes de construction des mots nouveaux, mais elle intéresse surtout le lexicologue, notamment celui de l'école de Georges Matoré (1953), qui conçoit les mots, nous l'avons vu, comme des « faits de civilisation » (p. 66). Georges Matoré a ainsi étudié le vocabulaire de l'époque de Louis-Philippe (1830-1848), faisant ressortir au passage tous les mots introduits à cette époque, que ce soit par emprunt (comme le mot train, emprunté à l'anglais, langue du pays où ce mode de transport a été inventé), soit par création spontanée du fait d'un besoin de la langue pour rendre compte de nouvelles réalités. Ainsi la démocratie (qui n'est pas une idée nouvelle puisqu'elle a été instituée dans la Grèce antique) commence à s'implanter progressivement, par la monarchie constitutionnelle de Louis XVIII d'abord, puis sous Louis-Philippe par l'introduction du suffrage universel pour les hommes seulement. Les débats politiques vont bon train et on introduit des termes soit pour soutenir les nouvelles tendances, soit pour s'y opposer, comme le terme de « médiocratie » introduit par Balzac pour qualifier ce régime qu'il estime être le pire qui soit car il fait la part belle aux « médiocres »! (©1941, 1967)

Avec la multiplication des inventions, la création de mots nouveaux est inévitable pour désigner des réalités nouvelles. Les **néologismes**, qui sont le résultat du processus de néologie, sont donc des mots nouveaux, créés de toute pièce par divers procédés dont certains peuvent être considérés comme contestables (emprunts, anglicismes, verlan) et d'autres acceptables (racines latines ou grecques); ou bien des mots déjà existants qui prennent un sens nouveau. Il faut de plus noter que la néologie ne touche pas uniquement les mots mais également les expressions. On trouve souvent des expressions néologiques produites par allusion ou par quelque autre procédé. Certains mots inconnus il y a plusieurs années font aujourd'hui partie intégrante de la langue, notamment tous ceux qui se rapportent aux objets nouveaux.

Parmi les raisons qui peuvent expliquer l'apparition ou l'emploi de ces expressions et mots nouveaux, il y a bien sûr le souci de rendre compte des changements sociaux et d'exprimer la modernité ou la précision technique, mais aussi celui de simplifier une expression trop longue, de produire un effet humoristique (faire sourire le lecteur) ou bien encore le goût du snobisme ou la prétention. Par exemple, en publicité, on relève un grand nombre de mots et de formules créés pour susciter l'intérêt du consommateur potentiel.

Les néologismes proviennent de sources diverses (titres de romans comme *Generation X* ou *Catch-22*) et peuvent se rapporter à des contextes très variés : scientifique, technique, politique, populaire. Ils peuvent aussi revêtir la forme

La microstructure du texte

d'une marque de commerce utilisée comme terme générique (Fedex, Kleenex, Frigidaire).

En anglais, l'emploi (familier) des verbes *to google* (chercher dans l'Internet à l'aide du moteur de recherche « Google ») ou *to fedex* (expédier par le service Fedex) s'est généralisé au point que d'aucuns cherchent à faire entrer le premier dans la langue française malgré l'incompatibilité de prononciation de ce mot et du français. Nous avons pourtant relevé à de multiples reprises : « google-le » [pron. gougueule-le] pour « cherche-le à l'aide de Google ». L'usage toutefois n'étant pas fixe, on trouve d'autres manières de s'approprier le mot. Aussi, dans son dernier roman, Michel Bussi (2016, p. 186) écrit : « La Villa Punta Rosa avait mille fois été prise en photo, **googlisée** et **facebookée**. » (C'est nous qui soulignons.)

Dans un autre contexte, il est intéressant de noter que la publication de la série *Harry Potter*, traduite en plusieurs langues, a donné lieu à la création de termes se rapportant à l'univers fabuleux, au monde de fantaisie dans lequel évolue le personnage principal. Ainsi, on trouve des termes comme *time-turner* (sablier qui permet de remonter dans le temps), traduit par « retourneur de temps », ou *véritas serum* (serum de vérité puissant) traduit par « véritaserum » ou encore *sorting hat* traduit par « choixpeau magique ». Bien avant *Harry Potter*, *Alice au pays des merveilles* (*Alice in Wonderland*) avait déjà proposé nombre de mots inventés.

Bref, que ce soit en politique, en littérature ou en nouveautés technologiques, les mots nouveaux sont le reflet des transformations d'une société.

Pour ce qui est de notre époque, Sylvie Brunet a fait paraître en 1996 un livre intitulé *Les mots de la fin du siècle*. Ce livre, qui ne porte pas uniquement sur les mots nouveaux, présente essentiellement les mots devenus « à la mode » soit dans leur forme d'origine, soit avec une nouvelle acception. C'est ce qu'elle appelle les « modismes ». En font partie des expressions comme les suivantes :

- Deux heures de transport, c'est *galère*!
- Il est *trop*, ce mec!
- La Sécu, c'est bien; en abuser, ça craint!
- Ce type, il est *grave*!

Ces modismes, nous dit encore Sylvie Brunet (1996), n'ont pas toujours une signification stable, comme c'est le cas dans le dernier exemple qui peut tantôt signifier « débile », tantôt « perfectionniste » ou « incroyable ». Comme les modes, le sens de ces mots peut changer.

Du point de vue de la morphologie, un exemple très drôle est celui du mot *pin's* dont l'apostrophe et le *s* font penser à une forme possessive anglaise, mais on se demande bien de quoi cet objet pourrait bien être le possesseur. Sylvie Brunet (1996) détaille la manière dont cette forme s'est finalement imposée :

> Apparu dans le courant des années 80, le petit insigne émaillé qu'on agraphe au revers de sa veste déclenche au début des années 90 une crise de collectionnite aiguë et devient monnaie d'échange social. [...]
>
> Et pourtant, la chose n'a pas encore véritablement de nom. [...] La plus grande fantaisie règne alors : on relève aux devantures des magasins, on entend ça et là les variantes les plus cocasses. Certains l'appellent pim's, du nom des petits gâteaux (au chocolat, fourrés à la cerise) dont on voit à ce moment-là une publicité à la télévision. D'autres se trompent sur la place du s : *spin*. Le mot est-il féminin ou masculin? semblent se demander d'autres. Féminin, tranche *Le collectionneur français* en avril 1991, dont on attendrait pourtant qu'il soit bien renseigné : « une pin's inédite tirée à 1 000 exemplaires ». [...]
>
> Il fallait faire quelque chose. La Commission générale de terminologie, le 21 juin 1991, opte pour la forme *épinglette*, terme en vigueur au Canada pour désigner la chose [...] et pour le dérivé *épinglophile*. C'est une absurdité! rétorquent les spécialistes de ladite chose. [...]
>
> En matière de néologisme, le temps et l'usage sont mieux à même de trancher que les discussions épineuses. Qu'en est-il aujourd'hui? Le *pin's* et le *philopin's* concurrencent encore l'*épinglette* et l'*épinglophile* [...]. C'est ainsi qu'on trouve, répertoriés dans le *Nouveau Petit Robert* le *pin's* et l'*épinglette* qui est donnée comme la recommandation officielle pour le *pin's* – mais pas trace du moindre épinglophile, ni d'un pinsophile ou philopin's quelconque. Mais surtout, la question n'est plus aussi prégnante depuis que l'insigne a cessé d'être à la mode [...] Et savez-vous par quelle nouvelle collectionnite il a été remplacé en 1993? Le *magnet's*. (pp. 54–56)

En matière de technologie, dans les années 80-90, en France, c'est la pleine époque du minitel (de mini et téléphone/terminal). Cet objet qui précède l'ordinateur personnel et les divers téléphones portables que l'on connaît maintenant a eu, en son temps, une influence sur la langue. Le terme *convivial* s'y applique, comme s'il s'agissait d'un ami toujours présent pour rendre service. On peut effectivement appeler directement de nombreux services grâce aux codes inventés pour l'occasion : 3615 JARDITEL (tout sur le jardinage); 3615 FISK, etc. Mais de nouveaux sens apparaissent, comme par exemple, pour l'adjectif rose. Jusque-là synonyme de tendresse et de jeunesse, l'adjectif prend un sens associé au sexe : la *messagerie rose* ou *minitel rose* ou *téléphone rose* représentent des agences de rencontres amoureuses, voire de commerce sexuel tarifé.

Depuis l'an 2000, les nouveaux objets ne cessent d'affluer. L'ordinateur est maintenant partout si bien que les principes qui ont permis son existence s'appliquent à une quantité d'objets, des plus petits aux plus grands. Le *smartphone*, au Québec « téléphone intelligent », intègre les logiciels informatiques les plus communs : *navigateurs* permettant d'accéder à l'Internet, traitement de texte simplifié permettant d'écrire des notes, voire des textes, en plus de permettre de communiquer par courrier électronique (courriel) et d'envoyer des *textos*. Pourtant, ces objets devenus objets du quotidien, de même que les réseaux sociaux (*Facebook*, *Twitter*, etc.) modifient considérablement les interactions sociales, lesquelles passent de plus en plus souvent par le biais d'un objet, souvent source de frustration. La robotisation de la communication téléphonique, par exemple, peut mener jusqu'à une absence totale de communication lorsque les choix de réponse proposés ne correspondent pas à ce que l'on cherche et n'incluent pas celui de parler à une personne réelle. Nous ne sommes pas loin du dialogue de sourds de Fernand Raynaud et de la postière dans les années 1950-60!

Il serait intéressant de réaliser, pour les années 2000-2020, un dictionnaire du même type que celui de Sylvie Brunet, peut-être en insistant davantage cependant sur les nouvelles réalités qui ont généré ces mots. Une approche analytique conviendrait bien à l'élaboration d'un tel dictionnaire (Aubin, 2006). On pourrait par exemple, à une époque où l'on privilégie la vitesse en tout et pour tout, y trouver une fiche comme celle ci-dessous :

SPEED-DATING

rencontres express, rendez-vous rapides, rencontres à la chaîne, (soirée de) rencontres multiples, rencontres chronométrées

Définition
Soirée de rencontres (*speed dating party*) organisée par une **agence matrimoniale** (Fr.), **agence de rencontres** (Qc) (*dating service, dating company*) à laquelle un même nombre de **participants** (*speed daters*) hommes et femmes sont invités (par ex. 10 hommes et 10 femmes). À la fin de la soirée, les hommes et les femmes se seront tous rencontrés pendant une durée déterminée (de 1 à dix minutes) et feront savoir à l'agence à quel(le) partenaire celle-ci peut transmettre leurs coordonnées.

Précisions sémantiques

Le concept de rencontre organisée par l'intermédiaire d'une agence ou non est un phénomène de société qui est depuis longtemps beaucoup plus fréquent en Amérique du Nord qu'en Europe, et notamment en France où le rendez-vous galant reste empreint de romantisme. En Amérique du Nord, ce genre de soirée est un jeu, les rencontres express étant l'un des choix s'offrant aux participants.

Relations Internotionnelles

Le jeu des rencontres comprend diverses formules. En dehors des rencontres express, il y a les **rencontres à l'aveuglette** (*blind date, blind dating*) ou **rencontres arrangées**, parfois par des amis communs, et les rencontres sur Internet (*Internet dating*).

Compléments d'information

En France, les rencontres express prennent des couleurs culturellement marquées, même si l'appellation reste souvent anglicisée. Ainsi, des rencontres sont organisées non plus à la chaîne mais autour d'une activité, la plus incontestablement française étant la cuisine. L'agence *Cook-Dating* offre des cours de cuisine à 6 célibataires, lesquels partageront ensuite ensemble les fruits de leur travail, le repas. Là aussi, c'est l'agence qui transmet les coordonnées des participants qui souhaitent se revoir.

Informations linguistiques

En anglais, la notion se décline de diverses manières : *speed dating* (pour l'activité), *to speed date* (v.), *speed daters* (pour les participants). En français, il faudrait passer par un étoffement : être membre d'un club de rencontres express, être un adepte des soirées de rencontres chronométrées, etc.

Contextes

If you are so successful and busy that you don't have time to meet new people, don't like to date clients or co-workers and are not interested in the bar scene, then try Pre-Dating speed dating events! (www.pre-dating.com)

    Parce que cuisiner est avant tout un plaisir qu'il convient de partager, le Cook-Dating® est l'opportunité offerte à 6 célibataires hétéros ou gays, trentenaires (ou presque) et jeunes quadra, de conjuguer découverte

La microstructure du texte

culinaire et rencontre amoureuse, à l'occasion d'un cours de cuisine et d'art de la table. (www.cook-dating.com)

Exemples
Pre-Dating, 8minuteDating, HurryDate (Canada, États-Unis); Turbo-Dating, Cook-Dating (France)

EXERCICE 97

Traduisez les phrases ci-dessous en veillant particulièrement à la traduction des néologismes.

1. Communicating to pre-family adults should be the easiest thing in the world for marketers. After all, most of them fit into the 20 to 34-year-old age profile, even if some do have children. But the adultescent market-place presents problems for three reasons.

2. Eating in is the new eating out, so our fakeaway ideas are the ideal option for a special family meal at home …

3. After a boozy night, you sometimes can't help falling into a kebab shop. Although we haven't been out, and didn't have any booze, we still decided to replicate a classic doner kebab recipe and, hopefully, a healthier option too.

4. Backsourcing is the process of an enterprise retaking responsibility for previously outsourced IT functions, and bringing these functions back inhouse.

5. A body piercing is exactly that—a piercing or puncture made in your body by a needle. After that, a piece of jewelry is inserted into the puncture. The most popular pierced body parts seem to be the ears, the nostrils, and the belly button.

6. He has a fat bank account, drives a BMW, and wears the finest clothes. He has the cheddar!

7. Believe it or not there are individuals and self-proclaimed "entrepreneurs" that do not believe cheque kiting is a criminal offence.

8. I am finally chillaxing, after a massive week of double shifts at work, sipping a perfect mimosa on the patio watching the humming birds from my chaise longue.

La microstructure du texte

9. Clubbin.com is the premiere nightclub and nightlife information destination with thousands of members! Clubbin.com is complete with night clubs, bars , hotels, lounges, and special event info. To get access to great information and the hottest events and meet hot party people, JOIN TODAY!

10. Couchsurfing is a service that connects members to a global community of travellers. Use Couchsurfing to find a place to stay or share your home and hometown with travellers.

11. Customizable forecasting is a flexible solution for estimating how much revenue your organization can generate or how many items your organization can sell.

12. What does a square mean at the end of a text message?
That's an emoji. Your phone can't read/see emojis so they just put a box. Emojis come from iPhones and newer Android phones like the Galaxy. Emojis are pretty much these :) and more put in a more "fun" and better looking fashion. Just more fun things to send.

EXERCICE 98

Même exercice.

1. Négocié en étroite collaboration avec les États-Unis, le Canada, le Japon et l'Afrique du Sud, le projet de convention sur la cybercriminalité, premier traité destiné à lutter contre les infractions pénales commises sur les réseaux informatiques, a été adopté par le Conseil de l'Europe le 8 novembre dernier.

2. L'entreposage de données d'entreprise avec Teradata – Pour une vision intégrée et globale de votre activité.

3. Avec les changements climatiques, le nombre d'écoréfugiés augmentera.

4. Êtes-vous électrosensible? Les yeux qui piquent face à un écran, les oreilles qui bourdonnent à proximité d'un téléphone portable… c'est le lot des hypersensibles à l'électromagnétisme.

5. Spécialiste de la restauration rapide livrée en entreprise, Class'Croûte propose une offre variée de recettes originales de sandwichs, de salades et de plateaux-repas.

6. L'altermondialisme est la convergence d'un ensemble fortement hétérogène de mouvements sociaux, d'ONG, de syndicats, de think tanks,

La microstructure du texte

d'églises, etc. en désaccord, plus ou moins profond, avec la gestion néo-libérale du processus de mondialisation et à la recherche de nouvelles manières – plus démocratiques, solidaires et écologiques – d'envisager l'inévitable « vivre-ensemble mondial ».

7. À 60 ans, cette femme pleine d'énergie a quitté son poste d'acheteuse dans une société pour se lancer dans l'aventure de l'antigymnastique.

8. Les études sur le clavardage s'entendent sur l'importance, d'une part, du facteur temps, qui incite les clavardeurs à recourir à des stratégies pour raccourcir leurs messages – et ainsi rédiger plus rapidement –, et, d'autre part, sur celle de l'emploi de marques d'expressivité qui pallient l'absence d'indices extralinguistiques et non verbaux (expression des émotions, intonation, pauses, bruits, etc.), comme les binettes, l'écriture de mots en majuscules, les interjections/onomatopées.

9. Les seules données fiables englobent souvent le secteur des cosméceutiques dans celui plus large du secteur « hygiène-cosmétologie » qui regroupe des activités aussi variées que les produits d'hygiène buccodentaire, les produits capillaires, les produits d'hygiène corporelle (savons, dépilatoires…), les produits de beauté et de maquillage et les produits dits de soin.

10. Le rejet de l'homoparentalité et, a fortiori, de l'adoption d'un enfant par un ou des parents homosexuels est généralement justifié par des craintes pour le bien-être de l'enfant.

QUESTION DE RÉFLEXION :

À partir des deux exercices précédents, pouvez-vous identifier les tendances de l'évolution sociale dans le monde occidental?

7. Orientation bibliographique

AUBIN, Marie-Christine (2006). « Un dictionnaire analytique anglais-français des réalités culturelles. » *La tribune internationale des langues vivantes*. N° 41, novembre 2006, p. 13–21.

BAKER, Sheridan and Lawrence GAMACHE (1998). *The Canadian Practical Stylist with Readings*. Don Mills, Ontario: Pearson Canada.

BAKER, Mona (2011). *In Other Words: A Coursebook on Translation*. Second edition. Abingdon/New York: Routledge.

La microstructure du texte

BENSON, Morton, Evelyn BENSON and Robert ILSON (1997). *The BBI Dictionary of English Word Combinations*. Amsterdam/Philadelphia: John Benjamins Publishing Company.

BRUNET, Sylvie (1996). *Les mots de la fin du siècle*. Paris : Belin.

BUSSI, Michel (2016). *Le temps est assassin*. Paris : Presses de la Cité.

CARROLL, Lewis (©1871, 1999). *Through the Looking Glass*. New York: Dover Publications.

CRYSTAL, David (2010). *The Cambridge Encyclopedia of Language*. New York: Cambridge University Press.

DELAHUNTY, Andrew and Sheila DIGNEN (2010). *The Oxford Dictionary of Reference and Allusions*. Third edition. Oxford: Oxford University Press.

DELISLE, Jean (2003). *La traduction raisonnée*. Ottawa : Presses de l'Université d'Ottawa.

DUBOIS, Jean, Mathée GIACOMO, Louis GUESPIN, Christiane MARCELLESI, Jean-Baptiste MARCELLESI, Jean-Pierre MEVEL (©1994, 2012). *Dictionnaire de linguistique*. Paris : Larousse.

FIRTH, J.R. (1957). *Papers in Linguistics 1934–1951*. London: Oxford University Press.

HARRIS, Thomas A. (1967). *I'm OK, you're OK*. New York: Avon Books.

KLEIN-LATAUD, Christine (2001). *Précis des figures de style*. Toronto : Éditions du GREF.

LEPPIHALME, Ritva (1997). *Culture Bumps: An Empirical Approach to the Translation of Allusions*. Clevedon: Multilingual Matters.

LOFFLER-LAURIAN, Anne-Marie (1994). « Réflexions sur la métaphore dans les discours scientifiques de vulgarisation ». *Langue française*. N° 101. *Les figures de rhétorique et leur actualité en linguistique*, pp. 72–79.

MATORÉ, Georges (1953). *La méthode en lexicologie*. Paris : Didier.

MATORÉ, Georges (©1941, 1967). *Le vocabulaire et la société sous Louis-Philippe*. Genève : Slatkine Reprints.

McARTHUR, Thomas Burns and Feri McARTHUR (1992). *The Oxford Companion to the English Language*. Oxford: Oxford University Press.

MEL'CUK, Igor (1997). *Vers une linguistique Sens-Texte, Leçon inaugurale*. Paris, Collège de France. URL : olst.ling.umontreal.ca/pdf/MelcukColldeFr.pdf,

OGDEN, C. K. and I. A. RICHARDS (1923). *The Meaning of Meaning*. London: Routledge/Thoemmes Press.

OXFORD DICTIONARY ONLINE. URL: www.oxforddictionaries.com/us/definition/american_english/idiom. Accessed July 12, 2016.

RAWSON, Hugh (1981). *Dictionary of Euphemisms and Other Doubletalk*. New York: Crown.

RAYNAUD, Fernand (1966). *Le 22 à Asnières*. Archives de l'Institut national de l'audiovisuel. Paris. URL : www.ina.fr/video/I06268515. Date de consultation : le 12 juillet 2016.

ROBERT, Paul. (2004). *Grand dictionnaire de la langue française*. Paris : Le Robert.

ROGIVUE, Ernest (1978). *Le musée des gallicismes*. Genève : Librairie au point du jour.

ROULEAU, Maurice (2011). *La traduction médicale. Une approche méthodique*. Montréal : Linguatech inc.

La microstructure du texte

SAUSSURE, Ferdinand de (©1916, 1995). *Cours de linguistique générale*. Paris : Payot.

SIMPSON, John and Jennifer SPEAKE (1993). *The Concise Oxford Dictionary of Proverbs*. Oxford: Oxford University Press.

VAN RŒY, Jacques (1990). *French-English Contrastive Lexicology*. Louvain: Peeters.

WILLIAMS CAMUS, Julia T. (2009). "Metaphors of cancer in scientific popularization articles in the British press." *Discourse Studies*. Vol. 11, N° 4, pp. 465–495.

WILLIAMS CAMUS, Julia T. (2009, July 20–23). "Variation of cancer metaphors in scientific texts and press popularisations." In Mahlberg, Michaela, Victoria González Díaz and Catherine Smith (ed.) *Proceedings of the Corpus Linguistics Conference 2009 (CL2009)*

CHAPITRE 6

Défis issus du contact
des langues

Comme nous venons de le voir, de nombreux néologismes français sont créés au moyen d'emprunts à des langues étrangères, notamment à l'anglais depuis le début du XIXᵉ siècle et la révolution industrielle.

1. L'emprunt

La décision d'utiliser un emprunt ou non revient le plus souvent aux médias qui, par facilité ou conviction, choisissent de ne pas traduire le nom d'un objet ou d'une nouveauté dont ils désirent parler. C'est aussi, à l'occasion, un procédé publicitaire, l'appellation anglaise ou autre apparaissant comme plus attrayante pour séduire un certain type de consommateurs. Lorsqu'on est traducteur, cependant, il faut se poser systématiquement la question du bienfondé de ces emprunts, l'argument selon lequel « on les entend tous les jours » n'étant pas, comme nous l'avons vu dans le cas de *pin's* ou de *magnet's*, une raison suffisante. Nous pouvons donc d'ores et déjà distinguer deux types d'emprunts : les emprunts de bon aloi, ceux qui comblent un vide de la langue d'accueil, et les emprunts abusifs qui remplacent des mots qui existent déjà ou pourraient être créés facilement.

Maxime Kœssler, dans l'introduction à son livre *Les faux amis des voca-bulaires anglais et américain* (1975), écrit ceci : « De nos jours, ce sont les anglicismes et les américanismes qui nous envahissent par le biais de la traduc-tion ou d'emprunts de paresse ou de luxe, c'est-à-dire inutiles. » (p. 18) Cette citation met le doigt sur la cause principale du problème : la négligence, qui a pour conséquence la prolifération des emprunts de mauvais aloi qui finissent par polluer la langue d'accueil.

Tous les emprunts ne proviennent pas de l'anglais. Par sa situation géographique, la France favorise l'emprunt aux autres langues, notamment à celles des pays qui l'entourent : la *paella* espagnole, le *far niente* italien, le *leitmotiv* allemand ou le *club* anglais… Mais les situations politiques et sociales influent aussi sur l'évolution des langues. Ainsi, la présence de nombreuses communautés nord-africaines sur le territoire français a introduit dans la langue des termes arabes comme *couscous, souk, toubib, tchador,* etc. La *perestroïka* est une notion politique qui, parce qu'elle caractérisait l'URSS des années 80, a été conservée en russe pour qualifier une situation spécifique à ce pays tant dans la langue française que dans la langue anglaise.

L'emprunt peut être une source d'enrichissement de la langue. Le lexique anglais compte des mots anglo-saxons ainsi que des mots empruntés à d'autres langues, dont le français. Le lexique français s'est construit sur les langues latine et grecque lorsque la langue populaire ne possédait pas encore les mots pour exprimer des concepts abstraits. Du Bellay, au XVIe siècle, justifie ce recours aux langues étrangères dans sa *Défense et Illustration de la langue française* :

> Vouloir ôter la liberté à un savant homme qui voudra enrichir sa langue d'usurper quelquefois des vocables non vulgaires, ce serait restreindre notre langage, non encore assez riche, sous une trop plus rigoureuse loi que celle que les Grecs et Romains se sont donnée. Lesquels, combien qu'ils fussent, sans comparaison, plus que nous copieux et riches, néanmoins ont concédé aux doctes hommes user souvent de mots non accoutumés ès choses non accoutumées. (1967, p. 244–245)

Si, en français certains emprunts, surtout à l'anglais, sont considérés de manière péjorative, donc à proscrire, c'est souvent parce qu'ils sont trop nombreux. En proportion raisonnable, les mots étrangers peuvent très bien s'intégrer à la langue d'accueil. L'anglais possède lui aussi bon nombre d'emprunts issus du français qui sont parfaitement intégrés à la langue. Dans son ouvrage, *Honni soit qui mal y pense, l'incroyable histoire d'amour entre le français et l'anglais*, Henriette Walter (2001) précise que 60 % des mots anglais viennent du français ou du latin. Il suffit de rappeler l'influence du vocabulaire normand après la conquête normande en 1066. Sous la rubrique « Vocabulary », *The Encyclopedia Britannica* (2003) nous dit :

The vocabulary of Modern English is approximately half Germanic (Old English and Scandinavian) and half Itaalic or Romance (French and Latin) with copious and increasing importations from Greek in science and technology and with considerable borrowings from Dutch, Low German, Italian, Spanish, German, Arabic, and many other languages. [...] The debt of the English Language to French is large. The terms president, representative, legislature, congress, constitution, and parliament are all French. [...] Comparison between English and French synonyms shows that the former are more human and concrete, the latter more intellectual and abstract; e.g., the terms freedom and liberty, friendship and amity, hatred and enmity, love and affection, likelihood and probability, truth and veracity, lying and mendacity. [...] Many terms relating to dress and fashion, cuisine and viniculture, politics and diplomacy, drama and literature, art and ballet come from French. [...] English has freely adopted and adapted words from many other languages, acquiring them sometimes directly and sometimes by devious routes.

Ainsi, l'anglais contient un grand nombre de mots qui ont été directement empruntés au français. Qu'ils soient de luxe ou de nécessité, ces mots font partie de la langue. C'est la concentration de ces emprunts, dans un discours donné, qui pose problème, comme le montre bien les deux textes ci-dessous. Il en est évidemment de même en français.

EXERCICE 99

Soulignez les mots empruntés au français. Ont-ils le même sens en anglais qu'en français?

I met Madame X at the vernissage of a young sculptor whose avant-garde objets d'art are popular in nouveau riche milieus. She seemed to be little more than a bourgeois belle dame sans souci, wearing a chic haute couture ensemble and a tantalizing eau de cologne. Little did I know that she was the éminence grise in a macabre scenario which reeked of a political abattoir.

She appeared to be part of the entourage of the cultural affairs minister (his press attaché, a fonctionnaire, or maybe even his protégée?) and she handled her courtiers with such finesse that I was struck by a sense of gaucherie.

Finally, overcoming my malaise, I asked her to a rendez-vous at a bistro near place Ville Marie. When she accepted, I felt I had scored a coup de grâce

La microstructure du texte

par excellence. It was the début, I thought, of a naughty affaire de cœur. (*The Montreal Star*)

EXERCICE 100

Même exercice en français.

Clément était un self-made-man. Il n'avait jamais fréquenté de business-school mais il avait gravi les échelons dans le front-office de l'entreprise et sa compétence de marketer capable de booster les ventes était reconnue. Son job était de s'occuper du direct marketing. Il avait mis en place dans la société les techniques du mailing, du phoning et même du spamming pour atteindre le maximum de prospects. C'était la base du marketing-mix de la maison. Avant de quitter son bureau, il mit en marche son PC et composa son login et son password. Le hard-disk contenait une data-base confidentielle qu'il fallait protéger. Il lut ses mails et les dispatcha dans les directories de son soft de messagerie.

Sa voiture refusa de démarrer. Il emprunta celle de son fils, tunée et customisée par ce dernier. Les baffles émirent une musique bruyante. À son âge, il craignit de paraître un peu goofy et remplaça la techno par un crooner.

Source : www.gerflint.fr/Base/Italie4/zanola.pdf. Date de consultation : le 12 juillet 2016.

EXERCICE 101

Relevez les emprunts à l'anglais dans le texte ci-dessous. Distinguez les emprunts lexicaux des emprunts de structure.

Zeropolis Skateshop
Bon..Zeropolis le shop…C'est quoi??? Y'a qui??

On y trouve quoi??? Y'a un team?? C'est où???… Bref… Tu dois t'en poser des questions si tu es tombé ici…

"C'est le meilleur shop de Skate Lillois! C'est *the* rendez vous de tous les skateurs de la région, le Shop est ouvert depuis le mois d'octobre 1998, et il est tenu par Fred, un ancien skateur parisien de 23 ans. Il est souvent accompagné de AleX le Seul Skateur Pro Sur Lille, un mec trop Sympa, et Trop FoRt niveau Skate. Dans Ce ShoP vous trouverez tous ce dont vous pouvez avoir besoin, fringues, skate, pompes, vidéos, et tous ca pour moins chére qu'ailleurs, vas y faire un tour tu ne seras pas deçu.

Source : www.skateshops.le-site-du-skateboard.com/zeropolis-skateshop-lille/. Date de consultation : le 12 juillet 2016.

2. Anglicismes et gallicismes

Au Canada, la situation géopolitique de l'anglais et du français fait que ces deux langues se côtoient en permanence, ce qui entraîne des interférences constantes d'une langue à l'autre. Au Québec, l'anglais des anglophones est fortement marqué par l'influence du français, mais partout au Canada, y compris au Québec, le français est fortement marqué par l'influence de l'anglais, non seulement de l'anglais canadien mais aussi de l'anglais américain. Cette influence, lorsqu'elle s'exerce sans contrôle, entraîne des erreurs, erreurs que nous qualifions d'anglicismes. Les erreurs dues à l'influence du français dans la langue anglaise sont des gallicismes.

Nous avons vu plus haut qu'il fallait considérer la lexicologie comme l'étude de faits de civilisation. L'emploi d'anglicismes dans la langue française est en effet un fait de civilisation. Les XIXe et XXe siècles ont vu les techniques se perfectionner dans tous les domaines. L'Angleterre, puis les États-Unis, ont pris une avance incontestable dans le domaine de la technologie et des sciences. Pourquoi? Quel phénomène a entraîné leur prépondérance?

En réalité, il ne s'agit pas d'un phénomène mais de deux. Il y a d'abord eu la richesse du pays qui a fait que les Américains ont pu attirer les cerveaux étrangers en leur offrant de gros salaires que les pays européens (y compris l'Angleterre) auraient été incapables de payer, même s'ils l'avaient voulu. Ensuite, le système économique des États-Unis, qui repose sur le capitalisme, c'est-à-dire sur un système qui encourage la production de masse et la vente en grande quantité des produits, favorise l'exportation de ces produits. Autrement dit, c'est l'invasion des produits, puis des techniques, puis du genre de vie américain qui a fait que le langage, faute d'une adaptation suffisamment rapide, s'est américanisé. Au Canada, et au Québec particulièrement, ce phénomène s'est accompagné d'une domination politique des francophones par les anglophones, si bien que, dans les années soixante, le français se trouvait sur une route plus que glissante. En France aussi, la route est devenue glissante, mais cette fois, c'est à cause de la mode, d'une vague d'anglomanie qui laissait entendre que tout ce qui venait d'Outre-Manche ou d'Outre-Atlantique valait mieux que ce qui était en France.

La microstructure du texte

Dans cet état d'esprit, on est bien mal disposé à lutter contre les anglicismes.

Les Canadiens ont réagi plus vite que les Français à ce problème. Il est d'ailleurs très significatif de lire les préfaces des dictionnaires d'anglicismes faits en France, et de les comparer avec celles des dictionnaires faits au Canada. L'introduction du *Robert des anglicismes*, par exemple, souligne qu'à toutes les époques le français a subi des influences, que certains mots empruntés sont restés dans la langue alors que d'autres ont disparu après une génération. Ceci veut dire que, parmi les anglicismes présentés dans ce dictionnaire, un bon nombre devraient être conservés parce qu'ils existent dans la langue depuis plus d'une génération. Quant aux autres, on les y introduit au cas où ils resteraient, et pour expliquer ce qu'ils signifient. Rarement, les auteurs donnent un équivalent français à utiliser de préférence. En revanche, les auteurs de dictionnaires d'anglicismes au Canada ont généralement décidé d'écrire leurs livres dans le but bien spécifique d'aider tous ceux que la question de la « survie » du français intéresse.

Alors, comment faire pour lutter contre les anglicismes?

D'abord, il faut les étudier, afin de prendre conscience de ceux que l'on fait soi-même, car on en fait tous! Il faut les étudier exactement comme on étudie la grammaire, à fond et en faisant des exercices. Heureusement, il existe de nombreux ouvrages qui peuvent nous aider.

On distingue différents types d'anglicismes. En dehors des emprunts purs et simples, comme *week-end* et *reporter*, il y a les anglicismes de prononciation, comme « J'ai reçu un tchèque » pour « chèque »; les anglicismes d'orthographe, comme *addresse (adresse) ou *litérature (littérature); les calques de l'anglais, comme « Compliments de la saison » au lieu de « Joyeuses fêtes » ou « Meilleurs vœux »; les faux amis, que nous traiterons séparément plus tard; les anglicismes de structure, comme « téléphoner quelqu'un » au lieu de « téléphoner à quelqu'un » et enfin, les mots anglais auxquels on ajoute un affixe pour les franciser, comme *checker* ou *pluguer*.

LES MOTS ANGLAIS FRANCISÉS

Voici quelques exemples tirés du *Dictionnaire des anglicismes – Le Colpron* :

Anglicisme	Mot anglais	Équivalent français
1. accommodation	1. *accommodation*	1. logement
2. applicant	2. *applicant*	2. postulant, candidat (à un emploi)

La microstructure du texte

3. céduler	3. *to schedule*	3. faire le programme de, établir l'horaire, inscrire à l'horaire, préparer l'emploi du temps
4. clairer	4. *to clear*	4. dégager, déblayer (une route); se libérer (d'une obligation); écouler (des marchandises); débarrasser (table, bureau); s'éclaircir (temps)
5. disconnecter	5. *to disconnect*	5. débrancher (la radio); déconnecter (deux systèmes conducteurs)
6. dissatisfaction	6. *dissatisfaction*	6. mécontentement, insatisfaction
7. maller	7. *to mail*	7. mettre à la poste, poster
8. originer	8. *to originate*	8. provenir de; remonter à
9. paqueter	9. *to pack*	9. faire ses bagages, ses valises
10. postgraduées (études)	10. *postgraduate*	10. postuniversitaires
11. prérequis	11. *prerequisite*	11. préalables, conditions d'admissibilité, qualifications préalables
12. séniorité	12. *seniority*	12. ancienneté

Quelques autres exemples :

1. canceller (*to cancel*) – annuler
2. checker (*to check*) – vérifier
3. pluguer (*to plug*) – brancher
4. sauver de l'argent, du temps (*to save*) – économiser de l'argent; gagner du temps
5. supporter (*to support*) – soutenir, aider financièrement
6. filer bien ou mal (*to feel*) – se sentir, aller bien ou mal

LES ANGLICISMES DE PRONONCIATION ET D'ORTHOGRAPHE

Voici quelques exemples tirés de *Corrigeons nos anglicismes* de Jacques Laurin (1975, pp. 159–167). La forme entre parenthèses est la forme correcte du français.

- comfortable (confortable)
- addresse (adresse)
- aggressif (agressif)

- apartement (appartement)
- apt. (app.)
- baggage (bagage)

La microstructure du texte

- professionel (professionnel)
- organization (organisation)
- cotton (coton)
- dance (danse)
- dinner (dîner)

- example (exemple)
- gallerie (galerie)
- giraffe (girafe)
- hazard (hasard)
- marriage (mariage)

Anglicismes de prononciation fréquents : tchèques (chèques); alco-ol (alcool); di-zert (dessert); cantaloup-e (cantaloup, sans prononcer le *p*); pydjama (pyjama); zou (zoo).

EXEMPLES DE CALQUES

Les mots entre parenthèses sont les termes corrects :

- partir (lancer) une rumeur, une entreprise;
- partir (se mettre) à son compte;
- partir (fonder) un journal;
- partir (ouvrir) un magasin;
- partir (mettre en route, faire partir) une auto;
- partir (provoquer) un incendie;
- avoir les bleus (le cafard, des idées noires);
- casser (rompre) le charme;
- casser (interrompre) son voyage;
- casser (manquer à) sa parole;
- casser (résilier) son bail;
- à date (jusqu'alors);
- avoir une date – prononciation [deit] – (un rendez-vous).

Beaucoup de calques sont dus à des interférences au niveau des prépositions :

- être assuré avec (chez) XLife;
- fonctionner avec (à) perte;
- travailler avec (pour) une compagnie;
- une fille avec des (aux) yeux bleus;
- entrer avec son (le) chapeau sur la tête;
- dîner sur (dans) l'avion;
- être sur (siéger au/dans) un comité;
- être sur le (faire partie du) personnel;

La microstructure du texte

- sur (dans) l'autobus;
- parler sur le (au) téléphone; etc.

Tous ces exemples devraient vous encourager à exercer la plus grande prudence : vérifiez systématiquement dans un dictionnaire unilingue que vous employez les structures et les mots correctement. Certaines formes (presque) consacrées par l'usage sont des erreurs.

EXERCICE 102

Soulignez les anglicismes et réécrivez le texte dans un français normatif.

« Ce soir-là j'étais relax. Je lisais un best-seller allongée sur le sofa du living. Mon mari, lui, quand il ne joue pas les globe-trotters dans des jets à vol non-stop où il trouve régulièrement une girl-friend pour apaiser son spleen, mon mari, lui, préfère le rocking-chair. J'étais très contente de mon brushing, je me sentais sexy et très new-look. Mon roman? L'histoire d'un hold-up exécuté par des gangsters; une sorte de thriller. Je devais me rendre à un cocktail, ou plutôt à un lunch chez le manager de la General Electric. Ce business-man, qui est un Yankee, après avoir failli devenir un has-been à la suite d'un crack, avait réussi un come-back extraordinaire grâce à mon mari qui s'occupe de public-relations dans une maison très select dont le self-government est très au point en raison des briefings quotidiens auxquels participe tout le brain-trust. Je me rendis donc dans un night-club très up-to-date avec un stewart en spencer et tout. Et quand j'arrivai se trouvaient déjà des messieurs en smoking, plusieurs starlettes et cover-girls en train de jouer au flipper, quelques teen-agers en blue-jeans et même un ou deux hippies. Le boss m'accueillit d'un vigoureux shakehand puis m'offrit un drink. Comme je ne voulais pas être groggy je faillis me contenter d'un ice-cream mais finalement je pris un grapefruit – sans ketchup, merci. Le barman faisait face au rush et il distribuait des scotchs à tour de bras. Au fond, un groupe jouait des fox, des slows et des rocks. Le drummer habillé en cow-boy était un vrai crack. Les fans apprécièrent le show et c'est à ce moment qu'en dansant un vieux boston, je fis la connaissance d'un garçon dont le hobby était d'aller au turf. Il avait même dans un box un cheval qu'un jockey entraînait pour le jumping. [...] Alors là commence une véritable love-story. Il se mit à flirter. Après la station-service, nous aperçûmes son cottage. Je sentis qu'il pensait que c'était in the pocket, et ma foi, à peine dans le hall, j'enlevai mon pull-over et

La microstructure du texte

mon sweater et je payai cash. Ce fut O.K., lui était K.O. Nous passâmes notre week-end à dévorer des sandwiches, des hot-dogs et des steaks grillés sur le barbecue. […] Voilà enfin une histoire qui se terminerait sur un happyend.

Il n'y a qu'en France qu'on voit ça. »

Source : Texte envoyé par une auditrice à une émission de radio française (L'oreille en coin), émission à France-Inter.

3. Faux amis, paronymes et faux frères

Nous avons vu que la négligence était cause de nombreux anglicismes. Elle est cause aussi de l'emploi sans discrimination de formes proches du terme recherché, mais impropres, puisque ces mots ont des significations différentes de ce que l'on cherche à dire. Néanmoins il y a aussi l'ignorance, notamment celle du champ sémantique exact occupé par les mots, par exemple par des mots de différentes langues qui se ressemblent, qui cause de telles erreurs.

Revenons donc sur cette notion de champ sémantique et sur les erreurs que provoque l'ignorance du champ sémantique des mots qui se ressemblent d'une langue à l'autre.

Comme le disent Vinay et Darbelnet (1958), « sont de faux amis du traducteur ces mots qui se correspondent d'une langue à l'autre par l'étymologie et par la forme, mais qui, ayant évolué au sein de deux langues, et partant, de deux civilisations différentes, ont pris des sens différents » (p. 71). Ils sont légion entre l'anglais et le français et s'expliquent autant par l'influence du latin et du français sur l'anglais que l'inverse.

De nombreux livres en parlent et en donnent des exemples. Parmi les nombreux livres de référence sur ce sujet, ceux de Van Rœy et al. (1988) et de Maxime Kœssler (1975) semblent les plus complets. Veslot et Banchet (1973) y consacrent aussi un chapitre de leurs *Traquenards de la version anglaise*, chapitre intitulé « les mots-sosies ». Mais retournons aux sources du problème en examinant le rapport que l'on peut établir entre ce problème et les champs sémantiques.

LES FAUX AMIS

En français, les mots sont d'origine latine principalement. En anglais, les mots sont d'origine saxonne et d'origine latine, souvent par le français comme nous l'avons vu. On trouve donc en anglais comme en français des mots de graphie identique ou presque. Ces mots-sosies, ou faux amis, se ressemblent au premier abord. Les mots *opportunity*, en anglais, et opportunité, en français, en sont un exemple.

opportunity (*Webster*)	opportunité (*Robert*)
1. a combination of circumstances favorable to a purpose 2. fit time 3. good chance or occasion	1. caractère de ce qui est opportun, qui convient à un cas déterminé

Pour traduire le mot *opportunity*, le traducteur doit donc choisir, en fonction du contexte, entre : l'*opportunité* (qui est le cas le moins fréquent d'emploi), la *chance*, l'*occasion*, le *moment opportun*. Le mot français opportunité ne représente qu'une des significations du mot anglais opportunity.

Les rapports entre les faux amis varient d'un mot à l'autre. Cependant, certains mots n'ont qu'une ou deux significations en commun, la langue ayant évolué différemment dans le monde britannique et dans le monde francophone. Ainsi, les mots *journal* (anglais) et journal (français) ont en commun une partie de leur champ sémantique mais seulement une partie :

journal (*Webster*)	journal (*Robert*)
1. a daily record of happening 2. a diary	1. relation quotidienne des événements. cf. mémoires. Tenir son journal (*diary*). Compte rendu chronologique des données.
3. a record of the transactions of a legislature, committee, club 4. a ship's logbook (*livre de bord*) 5. any newspaper or periodical, a magazine (*revue scientifique*)	2. publication périodique relatant les événements saillants dans un ou plusieurs domaines. Publication quotidienne consacrée à l'actualité. Le journal officiel (*newspaper et journal*)
6. in bookkeeping, a day book or a book of original entry (*livre de compte*)	3. bulletin quotidien d'information : journal parlé, journal télévisé (*TV news, radionews cas*t)
7. in mechanics, the part of a rotatory axle or shaft that turns in a bearing of a crankshaft: a journal bearing (*tourillon d'arbre, portée du vilebrequin*)	
8. a day's work, a journey (Obsolete.)	

La microstructure du texte

A journal et le journal ont en commun une partie de leur champ sémantique : les acceptions 1, 2, 3 et 5 du mot anglais correspondent à peu près aux
acceptions 1 et 2 du mot français, même si dans chaque langue les emplois idiomatiques peuvent varier.

Le Journal d'Anne Frank se dit en anglais *The Diary of Anne Frank* et *The
Modern Language Journal* devient *La Revue des langues modernes* en français.

A journal peut être :

- une revue scientifique
- un livre de bord (bateau)
- un livre de compte, ou
- un tourillon (mécanique)

Un journal pourra être :

- *a newspaper*
- *a magazine*
- *a diary (or journal)*

On pourrait représenter ces deux mots de la façon suivante :

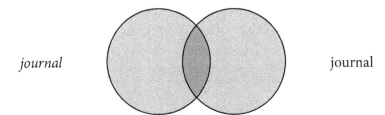

Par ailleurs, il existe des faux amis qui ont évolué dans des directions si diver-
gentes qu'ils n'ont plus rien en commun. Ainsi, le mot *versatile*, en anglais et le
mot versatile, en français.

versatile (*Webster*)	versatile (*Robert*)
1. competent in many things, many-sided	1. sujet à des changements brusques de parti, d'opinion, à des renversements soudains.
2. that can be turned or moved around as on a hinge	
3. (rare) fickle, inconstant	
4. in botany, free movable on the filament to which it is attached	
5. in zoology, moving forward or backward as the toes of a bird	

La microstructure du texte

La signification du mot français correspond à l'acception la plus rare du mot anglais. Cette acception du sens 3 anglais et du sens français disparaît complètement quand il s'agit des substantifs versatilité et *versatility*. Il n'y a plus rien en commun entre les deux mots sur le plan sémantique. On peut les représenter ainsi :

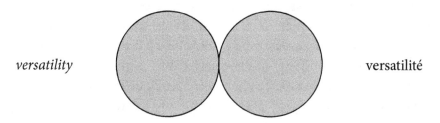

versatility   versatilité

Une remarque supplémentaire que l'on peut faire au sujet de ces deux mots est que si le mot anglais est soit descriptif soit positif, le mot français a une connotation péjorative.

On retrouve ces connotations différentes dans d'autres exemples. Ainsi, *alteration* (anglais) et altération (français). En anglais, le verbe *alter* a conservé le sens original du latin, celui de changement. Le dictionnaire *Webster* donne pour ce mot les explications suivantes :

> 1. To change; make different; modify. 2. To resew part of a garment for a better fit. 3. To castrate
> v.i. to change, become different, vary. Syn. see change.
> alteration: 1. An altering. 2. The result of this.

En français, par contre, s'il avait au départ le sens de changement, le mot altération a pris une connotation négative, comme l'indique *Le Petit Robert de la langue française* 2007 dans sa version électronique (nous y avons ajouté les traductions anglaises) :

> 1. (rare) Changement, modification. (Géol.) Transformation des roches, due à des facteurs chimiques et biologiques, responsable, avec la désagrégation, de la formation des sols (*weathering*).
> 2. Changement en mal par rapport à l'état normal, détérioration; ex. : je fus frappé de l'altération de son visage (*distorted facial features*).
> 3. (dr.) Modification qui a pour objet de fausser la valeur d'une chose et d'où résulte un préjudice. ex. : l'altération de la vérité dans un écrit (*distort, falsify*), altérer les faits (*give a garbled version of the facts*).

En anglais, le mot *alteration* a conservé son sens originel de changement, et est donc neutre s'il n'est pas utilisé dans un contexte susceptible de le modifier. Le mot « altération », en français, suppose un changement vers le pire. Lorsque l'on parle de l'altération des traits d'un visage, la personne en question a l'air triste ou malade.

La situation de diglossie au Québec, où les deux langues sont en contact, accentue le risque de **calques**. Le calque est « la transposition d'un mot ou d'une construction d'une langue dans une autre langue par traduction. » Il se manifeste souvent par l'addition au sens courant d'un terme de la langue A d'un sens emprunté à la langue B. Ce phénomène explique l'utilisation de certaines formules comme « *Fermé pour cause d'altérations* » à la devanture d'un magasin fermé pour cause de rénovations.

La tentation est donc grande de traduire littéralement de l'anglais des expressions ou des mots sans se soucier de savoir s'il existe une formule plus exacte en français. C'est ainsi que l'on trouve des expressions comme :

- paver la voie (*pave the way*) au lieu de préparer le terrain
- je suis supposé (*supposed to*) » je suis censé
- il faut rencontrer (*meet*) » faire face à ses obligations
- au-delà de notre contrôle » indépendant de notre volonté
  (*beyond our control*)

La contagion est manifeste. Dans certains cas, elle amène à privilégier certains mots au détriment d'autres. Par exemple, le mot chambre s'utilise à la place de pièce ou de bureau; gaz à la place d'essence, prescription à la place d'ordonnance, et feu à la place d'incendie. De même, les feux de circulation deviennent des lumières de circulation, expression calquée sur *traffic lights*.

EXERCICE 103

Testez votre capacité à reconnaître les faux amis et les bons amis! Choisissez la bonne réponse.

1. Activity in a laboratory:
   a. an experience
   b. an experiment

La microstructure du texte

2. Who would an employer prefer?
   a. un employé versatile
   b. a versatile employee
3. In which instance should I be concerned about having to repeat my course?
   a. Je viens de passer mon examen de fin d'année.
   b. I passed my finals.
4. Which of these is an illegal act?
   a. to shoot a photograph
   b. tirer sur un photographe
5. If Suzanne is petulant, she is …
   a. irritable
   b. vivacious
6. If you bruise easily, you probably have:
   a. sensible skin
   b. sensitive skin
7. At a hotel, the concierge does the following:
   a. performs janitorial duties
   b. assists hotel guests
8. In English, a patron does the following:
   a. commissions works of art
   b. exercises authority over employees
   c. purchases goods or services from a business place
9. Des chaussures confortables pour la randonnée :
   a. sensible shoes
   b. sensitive shoes
   c. neither of the above
10. Ils sont vraiment déçus. Are they:
    a. disappointed?
    b. fooled?
11. Il a souffert des injures.
    a. He suffered physical hurt.
    b. He suffered offensive remarks.
12. Un argument, c'est :
    a. un raisonnement
    b. un désaccord
13. À cause de l'affluence des touristes, les restaurants ont augmenté leurs prix.
    a. On parle du grand nombre de personnes.
    b. On parle des moyens financiers des personnes.

La microstructure du texte

EXERCICE 104

Vous trouverez ci-dessous quelques paires de faux amis. Vérifiez leur signification dans les dictionnaires unilingues anglais et français. Existe-t-il des cas où l'un pourrait traduire l'autre?

1. affluence/*affluence*
2. actuel/*actual*
3. audience/*audience*
4. évidence/*evidence*
5. hasard/*hazard*
6. figure/*figure*
7. fourniture/*furniture*
8. lecture/*lecture*
9. location/*location*
10. réaliser/*realize*
11. tentative/*tentative*
12. ajournement/*adjournment*
13. agonie/*agony*
14. décevoir/*deceive*
15. délai/*delay*
16. ignorer/*ignore*
17. résumé/*resumé*

EXERCICE 105

Dans les phrases suivantes, dites si les mots en gras sont employés correctement.

1. Le représentant de la Côte d'Ivoire désire ajouter un point à l'**agenda** de la réunion.
2. Le secrétaire nouvellement **nommé** rédigera les **minutes** de l'assemblée.
3. C'est un vêtement très **versatile**, facile à porter.
4. Cette recherche en ergothérapie est **basée sur évidence**.
5. En plus de servir en tant que conseiller **légal** au sein de l'association, l'avocat s'occupe de toutes les questions de responsabilité civile des administrateurs.
6. Il faut être **consistant**. Afin de faciliter la lecture de votre texte, utilisez le même modèle de présentation, le même type de caractère et à la même taille.
7. Pour préparer une sauce plus **consistante**, ajoutez 125 ml (1/2 tasse) de gruau environ 30 minutes avant la fin de la cuisson.
8. Les fonctionnaires visés à l'article 17 seront exempts d'impôts sur les **appointements** et émoluments qui leur seront payés.

La microstructure du texte

9. Le **délai** d'obtention de visa est normalement de quatre jours ouvrables.
10. Ils ont décidé de rentrer et de s'installer **définitivement** à Tanger.
11. Les chefs d'entreprise doivent **assumer** des responsabilités sociales et pas seulement économiques et financières.
12. Ce tailleur fait des **altérations** à un prix raisonnable.
13. Les entraîneurs et les bénévoles recevront des billets **complémentaires** pour assister au spectacle.

EXERCICE 106

Traduisez les phrases suivantes.

1. My colleagues join me in extending our heartfelt sympathy on your recent loss.
2. The unveiling ceremony was postponed because of unexpected delays.
3. Firewalls help prevent hackers and malicious software from gaining access to your computer.
4. This is a unique opportunity for a suitably qualified researcher to become a member of our team.
5. *Magic Needle* does minor alterations while you wait.
6. Is alternative medicine really an alternative? Some wonder how effective it is.
7. The agenda of the meeting was approved, and the minutes read and adopted.
8. A national women's legal organization is seeking a full-time legal advisor.
9. In lieu of flowers, please make a donation to a charity of your choosing.
10. The comprehensive fee covers registration, tuition, accommodation, and use of the centre's extensive facilities.
11. On this application form, applicants are required to give their referees' names and contact details.
12. To pass the driving test, you'll have to negotiate traffic on a computer screen before actually getting on the road.
13. The Board's wide range of resources allows it to assist staff in the development and deployment of specialized educational programs.

La microstructure du texte

EXERCICE 107

Traduisez les phrases suivantes.

1. Elle a été très sensible à cette délicate attention.
2. On m'a offert un magnifique agenda pour la nouvelle année.
3. On dit souvent que le hasard fait bien les choses mais certains disent que le hasard n'existe pas.
4. Ils auront éventuellement besoin de notre concours pour ce projet.
5. L'audience peut parfois avoir lieu à huis-clos.
6. À peine leur a-t-on fait une confidence qu'elle leur brûle les lèvres.
7. Actuellement, c'est Samir Choukry qui occupe le poste de vice-président intérimaire.
8. Des chercheurs prétendent avoir filmé le Sasquatch, créature mythique qui vivrait dans les forêts isolées de l'ouest du Canada.
9. Les six candidats retenus doivent passer un examen écrit dans les jours qui viennent.
10. Une actualité qui va réjouir les puristes de la langue française : le mot anglo-saxon « sexting » a été remplacé par « textopornographie ».
11. Dans un délai de 30 jours à compter de la date de la dernière nomination, les quatre conciliateurs en nomment un cinquième.
12. Une confidence faite aux milliers de jeunes réunis dans le stade Kasarani de Nairobi peut résumer la consigne que le Pape laisse au Kenya.
13. Règlement de différends : un différend naît lorsqu'un État membre estime qu'un autre État membre viole un accord ou un engagement contracté.

4. Zeugmes fautifs

Le mot « zeugme » (*zeugma*) vient d'un mot grec qui veut dire « lien » ou « attelage ». Le zeugme est une figure de style ou un procédé stylistique qui consiste à lier plusieurs éléments qui normalement ne devraient pas être mis sur le même plan syntaxique ou sémantique. Il s'agit d'une construction qui consiste à ne pas énoncer de nouveau, quand l'esprit peut les rétablir aisément, un mot ou un groupe de mots déjà exprimés dans une proposition immédiatement voisine (ex : *L'air était plein d'encens et les prés de verdure* – Victor Hugo). Souvent utilisé à des fins poétiques ou bien comiques, il lie syntaxiquement des éléments dont un seul se rapproche logiquement du verbe.

Dans *The Oxford Companion to the English Language*, McArthur le définit comme « a phrase in which a word, usually a verb, is followed by two or more other words that commonly collocate with it, but not together. » C'est ce que le *Glossary of Literary Terms* appelle des cas de « ironic juxtaposition ». En voici d'autres exemples :

- Il lui ouvrit **sa porte** et **son cœur**.
- Ils avaient **la tête** et **les poches** vides.
- « Elle n'est cependant pas tout à fait dépourvue de **charmes** ni d'économies. » (Alphonse Daudet)
- She left in a **flood of tears** and a **taxi**.
- "Or stain **her honour** or **her new brocade**." (Alexander Pope)
- "Lose her **heart**, or a **necklace**, at a ball." (Alexander Pope)

Les définitions présentées plus haut vont dans le même sens. D'un point de vue strictement sémantique, le zeugme n'est pas une faute, c'est une figure de style qui consiste à lier des éléments que, naturellement, on ne lierait peut-être pas. Dans l'exemple « Il lui ouvrit sa porte et son cœur », **porte** est un terme concret, **cœur** est abstrait (sens figuré). Lier ces deux termes en partant des deux expressions existantes « ouvrir sa porte » et « ouvrir son cœur » relève de la création verbale, voire de la poésie.

Du point de vue de la syntaxe, le zeugme peut être acceptable lorsqu'il s'agit de la suppression d'éléments syntaxiques dont la répétition ne ferait qu'alourdir la phrase, comme dans cet exemple déjà cité, qui est aussi une ellipse : *L'air était plein d'encens et les prés [étaient pleins] de verdure*. Il est facile de comprendre ici que le zeugme représente une amélioration du style.

Le zeugme peut cependant donner lieu à des fautes de syntaxe qui relèvent de l'agencement des éléments de la phrase, erreurs provenant de liens fautifs. C'est pourquoi de Buisseret (1975) nous dit que « le zeugme s'est arrogé pour fonction de rattacher à un adjectif ou à un verbe non seulement les mots qui s'y unissent normalement, en toute légitimité, mais encore des termes ou membres de phrases qui ne s'y joignent que par abus. Il opère en somme des liaisons illicites » (p. 20). Nous retenons, comme base de travail utile au traducteur, la définition de Delisle (2003) : « liaison syntaxique souvent abusive de mots ou de propositions coordonnées ou juxtaposées qui exigent des constructions différentes. Par exemple, *absence of steps to and from the platforms* *absence de

La microstructure du texte

marches pour monter et descendre des plates-formes = absence de marches pour monter sur les plates-formes ou en descendre » (p. 69).

QUELQUES EXEMPLES DE LIENS FAUTIFS EN FRANÇAIS

On ne devrait pas lier :

- un adjectif et un syntagme prépositionnel :
  *les écoles françaises et d'immersion
  Dire : les écoles françaises et les écoles d'immersion
- un adjectif et une proposition subordonnée :
  *les aliments les plus faciles à lyophiliser, et qui donnent les meilleurs résultats…
  Dire : les aliments qui donnent les meilleurs résultats et sont les plus faciles à lyophiliser…
- un syntagme prépositionnel et une proposition subordonnée :
  *… vulnérable aux augmentations de prix et à ce que la livraison de pétrole soit interrompue.
  Dire : … vulnérable aux augmentations de prix et aux risques d'interruption de la livraison.
- un syntagme prépositionnel et un nom :
  *sur les qualités de chef, d'innovation et le processus de changement…
  Dire : sur les qualités de chef, l'esprit d'innovation et l'habileté à mener des changements…
- un adverbe et un syntagme prépositionnel :
  *facilement et avec les meilleurs résultats…
  Dire : avec le plus d'aisance et les meilleurs résultats…
- une préposition suivie d'un infinitif et un syntagme prépositionnel :
  *C'est de convaincre des femmes… et pour celles qui sont déjà ravagées par la maladie…
  Dire : c'est de convaincre les femmes, celles qui ne sont pas atteintes… et celles qui le sont déjà…
- une structure affirmative et une structure négative :
  *cela change très peu ou pas du tout.
  Dire : Cela change très peu ou ne change pas du tout.
  *il y a peu ou aucun changement… (formulation à éviter)
  Dire : il y a peu de changement ou il n'y en a pas du tout.

On ne devrait pas non plus :

- donner au participe présent ou au gérondif un sujet autre que celui de la principale :
  *Vous remerciant à l'avance de l'attention que vous porterez à ma demande, veuillez agréer, Madame,...
  Dire : Je vous remercie à l'avance de l'attention que vous porterez à ma demande, et vous prie d'agréer, Madame,...
  ou bien : En vous remerciant [...], je vous prie d'agréer...

Tous ces exemples sont des problèmes d'expression en français. Ils ne proviennent pas d'interférences de deux systèmes linguistiques. Il y a toutefois des cas où les zeugmes réalisés en français proviennent directement de calques de l'anglais, celui-ci se montrant plus flexible pour lier les parties du discours.

TRADUCTIONS POUVANT ABOUTIR À DES ZEUGMES FAUTIFS

Le zeugme syntaxique est beaucoup plus fréquent en anglais qu'en français. Par ailleurs, il n'entraîne pas aussi souvent des fautes de construction. Bien des liens sont admis en anglais alors qu'ils ne le sont pas en français. Ceci entraîne par conséquent souvent des calques, sources de fautes graves de langue.

L'un des cas les plus fréquents de zeugmes réalisés par imitation de l'anglais consiste à lier deux prépositions (et non deux groupes prépositionnels). En effet, on peut dire en anglais :

- *Flights **to and from** Montreal have been cancelled.*

Pour traduire une forme comme celle-ci, il faut nécessairement avoir recours à des transpositions ou à des étoffements.

Ici, nous aurons recours à une transposition :

- Les vols **en provenance et à destination** de Montréal sont annulés.

Parfois s'ajoutent à la préposition un adjectif ou un verbe qui rendent la structure encore plus problématique et l'analyse d'autant plus nécessaire :

La microstructure du texte

- *Candidates are required to have extensive **knowledge of**, and **experience in**, all **aspects** of financial planning.*
- ***Nominations to** and **applications for**, as well as **comments about, the positions** are invited.*

Dans ces deux exemples, la ponctuation soutient l'analyse. On ne peut traduire par :

- *On demande aux candidats d'**avoir une connaissance de**, et **de l'expérience dans** tous **les aspects** de la planification financière.

La solution, pour les deux exemples proposés, se trouve dans la répétition, sous une autre forme, du complément commun aux deux prépositions :

- Les candidats doivent posséder **une connaissance approfondie de tous les aspects** de la planification financière et avoir **de l'expérience dans ce domaine**.
- Nous sollicitons des propositions de candidats et des candidatures pour ces postes ainsi que vos commentaires sur ces derniers.

Dans l'exemple ci-dessous, en revanche, l'analyse doit se passer du soutien de la ponctuation, et l'on se trouve face à une phrase qui contient une accumulation de prépositions ou de postpositions :

- *Has there ever been another place on earth where so many people of wealth and power have paid for and put up with so much architecture they detested?*

Malgré les apparences, la solution est plus simple ici car le français pourra recourir à des verbes transitifs :

- Y a-t-il jamais eu d'autre lieu sur terre où un si grand nombre de gens riches et puissants ont financé et dû supporter des formes d'architecture qu'ils détestaient?

Sous l'influence de l'anglais, il n'est pas rare de trouver, notamment dans le domaine des sciences sociales ou économiques, de tels zeugmes, laissant croire à bien des utilisateurs de la langue que la structure est admise. En voici un exemple :

La microstructure du texte

- [...] le pouvoir symbolique [...] se définit dans et par une relation détermi-née entre ceux qui exercent le pouvoir et ceux qui le subissent.

Dans le contexte de la sociologie, l'usage de tels zeugmes permet de concen-trer la pensée. Toutefois, il est source d'ambiguïtés au niveau du sens et exige une analyse approfondie, ce que l'auteur attend indubitablement de son lec-teur. Est-ce qu'une clarification de la phrase par la suppression du zeugme aurait permis au lecteur de passer rapidement sur le sens, au risque de ne pas en mesurer toute la profondeur? Cela est possible. Observons-la, une fois modifiée :

- [...] le pouvoir symbolique [...] se définit non seulement dans une relation déterminée entre ceux qui exercent le pouvoir et ceux qui le subissent mais aussi par cette relation elle-même.

Ces quelques exemples visent à vous mettre en garde et, surtout, à vous encourager à faire preuve de créativité verbale pour préserver l'idiomaticité de la langue d'arrivée et résoudre de tels problèmes syntaxiques. Il faut d'abord une analyse attentive du sens de la phrase, puis une reformulation intelligente, celle qui utilise librement les ressources de la langue d'arrivée.

EXERCICE 108

Exercice d'observation et d'analyse. Les phrases suivantes sont-elles acceptables sur le plan syntaxique? Dites pourquoi.

1. She opened her heart and her home to vulnerable teens in the neighbourhood.
2. He caught his flight and a date at the airport.
3. Our campaign and project objectives are agreed and reviewed annually.
4. Grâce au service par téléphone, je suis connectée sans fil et sans souci. (publicité de Dell)
5. Joueur passionné d'échecs, Robert s'inscrit et gagne le premier prix au concours.
6. « Si cette histoire plaît ou pas, ce sera grâce ou à cause de moi », confiait l'artiste, lors du Festival du film.
7. Je ramasse mes affaires et mes idées avant de me mettre au travail.

La microstructure du texte

8. Les abonnés peuvent accéder à, composer et répondre aux messages automatiquement grâce à cette nouvelle fonctionnalité.

9. Cette rencontre fut déterminante et pour le mieux.

10. Une des orientations de sa politique permet de commenter et de contribuer aux grands débats sur la préservation de l'environnement.

EXERCICE 109

Traduisez les phrases suivantes.

1. I am interested in and fascinated by this project.
2. The new course guides are tremendously popular with and helpful to students.
3. Every individual has a burning desire for and an unquestionable right to freedom.
4. The Assembly took note of and voted on the report.
5. The Eiffel Tower, built by A. G. Eiffel, written and dreamt about and visited by so many, is perhaps the best-known symbol of France.
6. Further studies are needed to achieve a better understanding of and shed light on these results.
7. He said he'd clean up his home and his act.
8. Our team appreciates and thanks you for your participation in this survey.
9. Movement onto and within the facility should be under tight surveillance.
10. When training a horse, everything comes from and returns to relaxation.

EXERCICE 110

Traduisez les phrases suivantes.

1. She discovered a genuine passion for, and ability in, both soccer and baseball.
2. In hospitals, new technologies now offer new ways to enter, access, and manage medical data.
3. The growing child is educated in, and accustomed to, the food of its culture.
4. Women are very often reduced to, or at least measured by, their looks.

5. This new edition is instructive, popular with and helpful to its many readers.
6. He values her opinion because she has chatted with, learned from, and given advice to many leaders.
7. An accomplished musician, he has played for, and performed with numerous artists and bands in virtually all styles of music.
8. He found himself putting up with, and having to defuse, my escalating acts of cruelty toward others.
9. A perimeter and quarantine of that focal area of the barn should be instituted and access to and from the area limited.
10. When we celebrated our company's 10-year anniversary this year, we took the time to appreciate and pay tribute to how far GSOFT has come in the last 10 years, and realized that one thing is crystal clear: GSOFT is here to stay.

EXERCICE 111

Traduisez les phrases suivantes.

1. I watched him, flanked by his lawyers, impassively make his way through the throngs outside, through the court of public opinion and into that other court inside.
2. Duties will include but are not limited to coordinating and carrying out various projects as well as training junior staff.
3. Journalists must both satisfy the curiosity of and educate the general readership.
4. This article is not intended to be, nor should it be relied upon as, legal advice.
5. The group encourages the acceptance of, and even preference for pizza or hamburgers served the same way day in day out.
6. This new journal called *Fontanus* is a major effort to draw the attention to, encourage study of, expose, and exploit the collections in order to stimulate new discoveries within and without the University.
7. This media personality's relationship with and 2015 marriage to a famous rapper received significant coverage.
8. The study of current issues enables students to gain a deeper understanding of, and appreciation for local and global issues, and analyze what is happening in the world.

9. Clearly there is conflict between society's publicly puritanical approach to sex and the teaching of it and the widespread acceptance of—or even appetite for—sex in advertisement.

10. Former British Prime Minister Tony Blair was made the subject of and compelled to testify at the inquiry into his involvement in taking Britain into the Iraq war.

11. The role of the organisation is to get kids off the street into suitable living environments and also back to school.

12. In Toronto, a Muslim woman fought for and won the right to be sworn in as a Canadian citizen while wearing a niquab.

5. La transposition

Qu'est-ce que la transposition?

Le processus de la traduction met en œuvre des opérations de transfert variées. Lorsqu'une traduction littérale n'est pas possible ou souhaitable, le traducteur a souvent recours à une transposition. Selon Vinay et Darbelnet (1958), la transposition est « un procédé qui consiste à remplacer une partie du discours par une autre, sans changer le sens du message » (p. 50). Ce remplacement ou cette conversion est de type grammatical et se situe au niveau de ce qu'on appelle les classes grammaticales, catégories grammaticales, espèces de mots ou partie du discours.

La transposition est facultative lorsqu'un mot (ou un signe) de la langue de départ peut être rendu par un mot ou signe de la même catégorie dans la langue d'arrivée. Elle peut s'effectuer également pour des raisons d'ordre stylistique. Signalons que ce phénomène porte diverses appellations : Catford (1965) le nomme *shift*, ou « departures from formal correspondence in the process of going from SL into TL » (p. 73). Larose (1989) nomme ce phénomène **translation bilingue**. Ballard (2004) et Delisle et al. (1984) lui préfèrent l'appellation **recatégorisation**.

Il faut remarquer aussi que ce type de conversion ne se manifeste pas uniquement en situation de traduction, elle peut s'opérer à l'intérieur d'une même langue. Cette opération, que Tesnière (1969) appelle translation, consiste à « transférer un mot plein d'une catégorie grammaticale dans une autre catégorie grammaticale, c'est-à-dire à transformer une espèce de mot en une autre espèce de mot » (p. 49).

La microstructure du texte

Exemples :

- Anglais : 1. (a) *They insisted on being paid immediately.* (b) *They insisted on immediate payment.* (Cet exemple est emprunté à M. Ballard (1987, p. 111).)
- Français : 2. (a) Dès leur arrivée, ils se mettront au travail. (b) Dès qu'ils seront arrivés, ils se mettront au travail.

Ces exemples sont équivalents, mais 1 (b) et 2 (a) semblent appartenir à un niveau de langue plus soutenu que les deux autres. Quirk, Greenbaum et al. (1985, p. 1232) donnent des exemples de ce phénomène en anglais lorsqu'ils traitent de ce qu'ils nomment *verb—noun complementation* :

- *He **examined** the room* → *his **examination** of the room*
- *She **resented** his/him losing* → *her **resentment** of his/him losing*

QUELQUES TYPES DE TRANSPOSITIONS

On peut relever des exemples de transpositions portant sur la plupart des catégories grammaticales : nom, verbe, adjectif, adverbe, préposition, etc. Voici quelques exemples puisés dans des contextes divers :

Exemples

Nom → *verbe*

- Au **déclic** de l'obturateur, la buse s'envole… → *The shutter **clicked**. The hawk was gone.* (*Revue Canadienne*)
- **Tir** de Robinson, **détournement** du gardien… → *Robinson **shoots**, the goalie **diverts** the ball.* (langue des reportages sportifs)
- Depuis **l'arrivée** au pouvoir des Libéraux… → *Since the Liberals **came** to power…*
- *These items are not for **consumption** on board …* → Ils ne doivent pas **être consommés** à bord. (*enRoute* Magazine)
- *They are confident of **success**.* → Ils sont certains de **réussir**.

Verbe → *nom*

- *We're here to **serve** you.* → Nous sommes à votre **service**.
  Observation : il faut noter que, dans bien des cas, une transformation en génère d'autres. Dans l'exemple qui vient d'être cité, le pronom personnel

you se traduit par l'adjectif possessif *votre*, ce qui donne lieu à une double transposition et à un chassé-croisé. On appelle « chassé-croisé » (*interchange* en anglais) un « procédé de traduction qui consiste à permuter le sens de deux unités lexicales en opérant une recatégorisation » (Delisle et al., 1999, p. 17).

- *Until Parliament **intervened** in 1956 ...* → Jusqu'à **l'intervention** du Parlement en 1956…

Adjectif → nom ou syntagme prépositionnel
- ***attempted** suicide* → **tentative** de suicide
- ***medical** students* → étudiants en **médecine**
- *There was **momentary** silence.* → Il y a eu un **moment** de silence.
- *Because of the relatively **narrow** marketplace ...* → En raison de **l'étroitesse** relative du marché… (Dans cet exemple, notez aussi que l'adverbe *relatively* se traduit par l'adjectif *relative*.)

Adjectif → verbe
- Nouveau MacBook **disponible** en trois couleurs → *New MacBook **comes** in three colours* (Note : on pourrait aussi traduire l'adjectif « disponible » par « available »; ce qui donnerait : « available in three colours ».)

Adjectif → adverbe
- Les participants sont restés là, **indécis**. → *The participants remained there, **undecidedly**.*
- *On the lake, there appeared the **occasional boat**.* → **De temps en temps**, sur le lac un **bateau**. (Notez l'absence de verbe en français.)
- *Lorraine is a fast walker* → Lorraine **marche** vite. (Notez aussi que *walker* (nom) devient un verbe (marche).)

Adverbe → adjectif
- *The breeze was coming **gently** from the Pacific.* → Une brise **douce** s'était levée du Pacifique. (Higgins Clark, Mary (1987). *Weep No More My Lady*. New York: Simon and Shuster. Traduction : Anne Damour (1988), Albin Michel)
- Utilisez un bocal qui ferme **hermétiquement**. → *Use a jar with a **hermetic** seal.*

Adjectif → proposition relative (relative clause, *en anglais*)
- *He made an **eyebrow-raising** remark.* → Il fit une observation **qui nous fit froncer les sourcils**.

Syntagme prépositionnel (complément du nom) + proposition relative → Adjective /adjectival noun + preposition + *structure synthétique*
- C'est une ville **de congrès** et **de séminaires** <u>qui a</u> **un hôtel de 500 chambres**. → *It is a **seminar** and **convention** city <u>with</u> a **500-room** hotel.*

Locution adjectivale → adjective (adjective phrase)
- Les étudiants ont offert au professeur Radotin des presse-livres **gravés à son nom**. → *The students gave Professor Radotin **personalized** bookends.* Variante : *engraved with his name.*

Adverbe → verbe (ou forme verbale)
- *They will **promptly** replace the item.* → Ils **s'empresseront** d'échanger le produit.
- *Customers **eventually** adapt.* → Les clients **finissent** par s'adapter.
- *He **merely** smiled.* → Il **se contenta** de faire un sourire.
- *We **nearly** fell.* → Nous **avons failli** tomber.
- Ils comprenaient **difficilement** cette situation. → *They **couldn't** understand this situation.*

Adverbe → forme nominale
- *They spoke **well** of you.* → Ils ont dit du **bien** de vous.

Adverbe → proposition
- « Bonne journée! – Vous **pareillement**! » → *"Have a nice day!" – "**The same to you!**"*
- ***Predictably**, they objected.* → **Comme on pouvait le prévoir**, ils s'y sont opposés.

Préposition → verbe
- *Household help was not allowed **into** the living room ...* → Les domestiques n'étaient pas autorisés à **entrer** dans le salon… (Margaret Atwood, *The Handmaid's Tale*)

Préposition → locution prépositive
- *Flights **to** London* → Vols **à destination** de Londres.
- *Flights **in** and **out of** Lester B. Pearson Airport* → Vols **à destination** et **en partance** de l'aéroport Lester B. Pearson.
- *The oil spill **off** Mexico* → La marée noire **au large du** Mexique.
- ***Across** the street* → **De l'autre côté** de la rue.

Adjectif possessif → article défini
- ***My** shoulder hurts.* → **L'**épaule me fait mal.
- *She opened **her** eyes.* → Elle a ouvert **les** yeux.
- *They fought in earnest, clenching **their** teeth and sweat pouring down **their** faces.* → Ils se cognaient pour de bon, dents serrées, visages en sueur. (Cet exemple est emprunté à Paillard et Chuquet (1987, p. 378).)
  Remarque : dans ces cas de figure, la conversion n'est pas facultative; elle est nécessaire car l'anglais particularise, par l'emploi du possessif, les parties d'un élément considéré comme indissociable (parties du corps, par exemple), ce qu'on appelle la possession inaliénable.

Article → article ∅ (effacement de l'article) et article ∅ → Article
- *Angela Merkel is **a** trained physicist.* → Angela Merkel est ∅ physicienne de formation.

Ici la transpostion relève des différences d'emploi de l'article.
Notez aussi *trained* (adjectif) → de formation (syntagme prépositionnel)

- C'est **une** bonne nouvelle. → *It's ∅ good news.* var.: *a bit/piece of good news*
- *I like trains, boats, and planes.* → J'aime **les** trains, **les** bateaux et **les** avions.
- *Do you take cream and sugar (with your coffee)?* → Tu veux **de la** crème et **du** sucre?

LA TRANSPOSITION DANS LE CAS DES *PHRASAL VERBS*

La traduction vers le français des *phrasal verbs*, appelés aussi verbes à particule, peut aboutir à des transpositions. L'ouvrage *The Concise Oxford Dictionary of Linguistics* (2007, p. 301) définit ainsi cette structure grammaticale :

1. Any combination of two or more words that is treated as, or as the semantic equivalent of, a verb: e.g. *to take umbrage* might be identified as a phrasal verb, equivalent to a simple verb as *to bristle*, in *They took umbrage at my suggestion*. Hence group-verb.
2. Specifically of a unit in English which is formed from a verb with the addition of a preposition or adverb that can variously precede or follow an object: e.g. *take up* in *I'll take up your offer, He took my offer up*. The second element is usually called a *particle…

Autrement dit, un *phrasal verb* est un verbe (ou syntagme verbal) qui intègre une particule qui peut être un adverbe ou une préposition. Généralement l'adverbe modifie le verbe et n'est pas autonome sur le plan syntaxique alors que la préposition marque une localisation et se trouve donc indépendante du syntagme verbal. Pour la traduction, il est important de connaître la nature de la particule (adverbe ou préposition) et de bien interpréter le sens de l'ensemble.

Exemples :
- *The owners shut **down** the downtown branch.* (adv.)
- *The hikers came **down** the hill.* (prep.)

Dans la traduction de ces verbes, le sens du verbe est généralement exprimé par un syntagme prépositionnel ou groupe prépositionnel, ce qui aboutit souvent à un chassé-croisé.

Particule → verbe/verbe → syntagme prépositionnel
- verbes décrivant un déplacement :
  a. *They sailed **away**.*

     Ils **sont partis** *à la voile*.
  b. *We **hurried through** the main entrance of the university.*

     D'un pas pressé, nous **avons franchi** les portes de l'entrée principale de l'université.
- verbes présentant des structures de type résultatif ou décrivant un processus :
  c. *That ink stain won't **wash out**. Use this magic product!*

     La tache d'encre ne **partira pas au lavage**. Voici un produit miracle!
  d. *He **kicked** the door **open**.*

     Il **a ouvert** la porte **d'un coup de pied**.
  e. *With the wind, the window **slammed shut**.*

     À cause du vent, la fenêtre **s'est fermée violemment**.

La microstructure du texte

Dans certains cas, la traduction porte surtout sur la particule adverbiale compte tenu du verbe ou du type de mouvement exprimé par le verbe.

    f. *They chatted the **morning away** with the other tourists.*
       Ils ont bavardé **toute la matinée** avec les autres touristes.
    g. *The director just stepped **out** (of the office).*
       Le directeur vient de **sortir** (du bureau).
    h. *I came **in** quite late last night.*
       Je **suis rentré** très tard hier soir.

Verbe simple → verbe à particule

En anglais, certaines particules servent à indiquer que l'action est terminée. Cet usage correspond à l'aspect perfectif (*completed action*) ou terminatif. Comrie (1976) fait remarquer que la notion d'aspect est souvent assimilée à des différences d'ordre sémantique.

L'aspect perfectif est renforcé par certaines particules.

    i. L'immeuble voisin **a été détruit** par le feu.
      *The building next door **was burned down**. (var.: burnt down)*
    j. Il **a déchiré** la copie et l'**a jetée**.
      *He **tore up** the sheet and **threw it away**.*
    k. À la vue des contrôleurs routiers, les conducteurs **ont ralenti**.
      *On seeing the highway patrol cars, the drivers **slowed down**. (var.: slowed up)*
    l. Quelques minutes plus tard, ils **ont accéléré**.
      *A few minutes later, they **sped up**.*
    m. Il est décidé de **biffer** le paragraphe 2 du texte.
      *It was decided to **strike out** paragraph 2 of the text.*

Dans certaines formulations de type injonctif (qui poussent à l'action ou donnent des ordres ou consignes), c'est l'adverbe qui porte la charge sémantique et donne souvent lieu à une transposition.

    n. Off to bed! → (Allez) Au lit!
    o. Down boy! → Couché!
    p. On with it! → On se remet au travail?

Exemples à l'intérieur d'un texte :

Housekeeping According to Garp
Garp and his children wore clean but rumpled clothes; Helen was a *smart dresser*, and although Garp did her laundry, he refused to iron anything. Helen did her own ironing, and *an occasional shirt* for Garp; ironing was the only task of conventional housewifery that Garp rejected. The cooking, the kids, the *basic* laundry, the cleaning up—he did them. The cooking, *expertly*; the kids, a little tensely but conscientiously; the cleaning up, a little *compulsively*. He swore at *errant* clothes, dishes and toys …

Les tâches ménagères selon Garp
Garp et ses enfants portaient des vêtements propres mais chiffonnés, tandis qu'Hélène **s'habillait avec élégance**. Si Garp acceptait de laver le linge de sa femme, il refusait par contre de repasser quoi que ce soit. Hélène faisait donc son propre repassage et y ajoutait **de temps en temps une chemise** pour Garp. Le repassage était la seule tâche ménagère traditionnelle que Garp refusât d'accomplir. La cuisine, les enfants, **l'essentiel** de la lessive, le ménage, tout cela, il s'en occupait : de la cuisine, **avec talent**; des enfants, de manière un peu tendue mais très consciencieusement; et le ménage **était pour lui une obsession**. Il pestait contre les vêtements, la vaisselle et les jouets **qui n'étaient pas à leur place**…

Source : John Irving (1979). *The World According to Garp*. New York: Pocket Books. pp. 246–247. (Cet exemple est emprunté à Chuquet et Paillard)

Comme on peut le constater, la transposition est un procédé très employé en traduction, le terme « procédé » étant en soi contestable, car il ne s'agit pas, dans la plupart des cas, de recettes à appliquer, mais bien plutôt d'exercices de maniement de la langue d'arrivée. Certaines de ces transpositions viennent spontanément sous la plume du traducteur, même d'un débutant. Mais il en est d'autres, moins évidentes, qu'il est bon d'étudier, ne serait-ce que pour prendre conscience du fait que l'on peut se permettre de telles modifications ou permutations, du moment que le sens — car bien sûr, tout est là – est conservé, mais aussi bien rendu, évident. « Ce que l'on conçoit bien s'énonce clairement », disait Boileau, or les transpositions ne visent que cela : clarifier tout élément du message qui, traduit littéralement, rendrait ambigu ou peu clair le sens du texte de départ. Transposer devient une seconde nature chez les traducteurs expérimentés.

La microstructure du texte

EXERCICE 112

Identifiez les transpositions correspondant aux mots en caractères gras en anglais.

1. *Register today (for the winter term)* → Inscription aujourd'hui (pour le trimestre d'hiver).
2. *Warehouse sale* → Vente d'entrepôt.
3. *They were **impatient** of his arrogance* → Ils supportaient mal son arrogance.
4. *We're **new** in the neighbourhood* (Annonce publicitaire d'une banque) → Nous venons d'arriver dans le quartier.
5. *Let's discuss this **over** a glass of wine* → Allons prendre un verre pour discuter de tout ça.
6. *With the **assistance** of her son, she could walk to the nearest bench.* → Aidée de son fils, elle a pu marcher jusqu'au banc le plus proche.
7. *We ask your attention **as we outline** the **safety** features of this aircraft.* → Nous sollicitons votre attention pour la présentation des mesures de sécurité propres à cet appareil.
8. *When not writing and translating, Ms. Clyne finds time for her hobbies which include gardening and working out.* → Outre **l'écriture** et **la traduction**, madame Clyne se livre à ses loisirs préférés qui comprennent le jardinage et l'entrainement physique.
9. *The Secretary General **reported** that a critical review has been made of the current system and a new strategy **implemented*** → Observation du Secrétaire général : Un examen critique du système actuel a permis l'élaboration d'une nouvelle stratégie.

EXERCICE 113

Identifiez les transpositions correspondant aux mots en caractères gras français.

1. Malala Yousafzai, **lauréate** du prix Nobel de la paix à 17 ans.
   Malala Yousafzai awarded Nobel Prize at 17.
2. La série *Un gars, une fille*, écrite, **coréalisée** et **interprétée** par Lepage…
   "Un gars, une fille," which Lepage wrote, co-directed, and co-starred in …

3. Bateau **en provenance** de la Libye disparu au large de l'île de Lampedusa.
    Boat from Libya disappears off Lampedusa.

4. Le jour de ses 100 ans, le pâtissier Auguste Soudre a reçu une boîte de cigares **offerte par** le Ritz-Carlton.
    On his hundredth birthday Auguste Soudre received a box of cigars from the Ritz.

5. **Se rencontrer** est un bon moyen de s'encourager les uns et les autres et d'avancer dans nos projets de recherche.
    Getting together is a good way to encourage each other and move ahead with our research projects.

6. À la **réouverture** des marchés boursiers lundi matin, les investisseurs demeuraient toujours incertains.
    When the markets opened on Monday morning, there was still uncertainty with investors.

7. Plus d'achats de voitures neuves; on passe un contrat de leasing avec une marque et on prend **continuellement** plaisir à conduire le modèle le plus récent.
    We no longer buy new cars; instead we lease them, and experience the continual enjoyment of driving the latest model.

EXERCICE 114

Traduisez les phrases suivantes en faisant au moins une transposition.

1. Originaire de Safi, dans l'ouest du Maroc, Khadija a quitté sa ville natale pour faire des études de géologie à Marrakech.

2. Ils avaient longuement réfléchi à cette question avant de se prononcer de façon définitive.

3. L'épicier a assommé son agresseur à coups de poing et à coups de pied.

4. À consulter sur place (documents en bibliothèque).

5. Nous livrons partout au Canada (entreprise d'équipement de télécommunication).

6. Des universitaires provenant de plusieurs pays sont réunis pour discuter de politiques éducatives.

7. La Caisse d'Épargne Normandie propose aux personnes en situation de fragilité bancaire un accompagnement individualisé.

8. Pour simplifier les procédures administratives. Il convient de noter

que treize pays membres auraient accepté de prendre part à ce premier exercice d'évaluation, à savoir les États-Unis, la Nouvelle-Zélande, le Canada, etc.

9. (Avis sur le site d'un monument religieux) Merci de respecter le silence qu'impose ce lieu.

10. Territoire britannique en terre andalouse, Gibraltar est toujours très proche du Royaume-Uni : pubs bien alignés, cabines téléphoniques rouges, portraits d'Élisabeth II, policiers britanniques... Mais l'âme espagnole demeure.

11. L'écrivain et chroniqueur au *Figaro littéraire* Yann Moix a fini par fermer son compte. « Twitter? Du vent commenté. Une manière d'être présent au monde sans y participer et d'entériner une société du caquetage, du commérage. »

EXERCICE 115

Traduisez les phrases suivantes en faisant au moins une transposition.

1. Flights to London were delayed because of the storm.
2. Turning off the main road, we took a tortuous road up to Chéchaouen.
3. They willingly shared ideas and opinions and collaborated with us on this project.
4. Tarifa, an attractive, laid-back town, a 30-minute ferry ride from Tangiers: This southern-most tip of Europe, where the Med meets the Atlantic Ocean, enjoys spectacular views of the Rif mountains of Africa across the water.
5. (Office safety bulletin): All too often, we mistakably assume that there are no hazards present in our office environment. Here are a few guidelines.
6. Our campaign and project objectives are reviewed annually, as well as on a rolling basis.
7. (Letter to the editor): I've been a subscriber to your magazine for years and am inspired by its pages.
8. The Air Transport Colloquium was hosted by ICAO, which is headquartered in Montreal.
9. Clifford was not inwardly surprised to get this letter. He had known for a long time she was leaving him. But he had absolutely refused any outward admission of it.

10. A June survey reveals more than 90 percent of university and high-school students admit to texting during class; and nearly half say it's easy to do so undetected.

11. Our longstanding leadership in our home market of Canada has provided us with a strong foundation to build on, both domestically and selectively in the U.S. and international markets.

6. Orientation bibliographique

ABRAMS, M.H. and Geoffrey HARPHAM (2014). *A Glossary of Literary Terms.* Eleventh edition. Boston: Wadsworth Publishing.

BALLARD, Michel (1987). *La traduction de l'anglais au français.* Paris : Nathan.

BALLARD, Michel (1999). *Les faux amis.* Paris : Ellipses Marketing.

BALLARD, Michel (2004). *Versus : La Version réfléchie – Des signes au texte.* Paris : Ophrys

BUISSERET, Irène de (1975). *Deux langues, six idiomes : manuel pratique de traduction de l'anglais au français : préceptes, procédés, exemples, glossaires, index.* [2ᵉ éd.] rév., augm., annot. et indexée par Denys Goulet (dir.). Ottawa: Carlton-Green Publishing Company.

CATFORD, J. C. (1965). *A Linguistic Theory of Translation.* Oxford: Oxford University Press.

CHUQUET, Hélène et Michel PAILLARD (1987). *Approche linguistique des problèmes de traduction. Anglais – français.* Paris : Ophrys.

COMRIE, Bernard (1976). *Aspect.* London: Cambridge University Press.

DELISLE, Jean (1980). *L'Analyse du discours comme méthode de traduction.* Ottawa : Éditions de l'Université d'Ottawa.

DELISLE, Jean. (2003). *La traduction raisonnée.* Ottawa : Presses de l'Université d'Ottawa.

DELISLE, Jean, Hannelore LEE-JAHNKE et Monique CORMIER (dir.) (1999). *Terminologie de la traduction.* Amsterdam/Philadelphia : John Benjamins Publishing Company.

DU BELLAY, Joachim (1967, ©1549). *La Défense et Illustration de la langue française,* dans *Les Regrets* et *Les Antiquités de Rome.* Édition établie par S. de Sacy. Paris : Gallimard.

ENCYCLOPEDIA BRITANNICA. URL: www.britannica.com.

FOREST, Constance et Denise BOUDREAU (©1998, 2007). *Dictionnaire des anglicismes Le Colpron.* Montréal : Éditions de la Chenelière inc.

GARNIER, G. (1985). *Linguistique et Traduction.* Paris, France : Paradigme.

GUILLEMIN-FLESCHER, J. (1981). *Syntaxe comparée du français et de l'anglais.* Paris, France : Ophrys.

KŒSSLER, Maxime (1975). *Les faux amis des vocabulaires anglais et américain.* Paris : Vuibert.

LAROSE, Robert (1989). *Théories contemporaines de la traduction*. Québec : Presses de l'Université du Québec.

LAURIN, Jacques (1975). *Corrigeons nos anglicismes*. Montréal : Éditions de l'Homme.

ROBERT, Paul. *Le Nouveau Petit Robert de la langue française 2009*. Josette Rey-Debove et Alain Rey (dir.). Paris : Les Dictionnaires Le Robert. URL : forseti.glendon.yorku. ca.ezproxy.library.yorku.ca/PR1_2009/. Date de consultation : le 15 novembre 2014.

MARCELIN, Jacques (dir.). (2006). *Grammaire de l'anglais*. Paris : Nathan.

MATTHEWS, P. H. (2007). *The Concise Oxford Dictionary of Linguistics*. Oxford: Oxford University Press.

McARTHUR, Thomas Burns and Feri McARTHUR (1992). *The Oxford Companion to the English Language*. Oxford: Oxford University Press.

PARTRIDGE, Eric. (1999). *Usage and Abusage*. Great Britain: Penguin Books.

QUIRK, Randolph, Sidney GREENBAUM, Geoffrey LEECH, Jan SVARTVIK and David CRYSTAL (1985). *A Comprehensive Grammar of the English Language*. London: Longman.

TESNIÈRE, Lucien (©1953, 1969). *Éléments de syntaxe structurale*. Paris : Klincksieck.

VAN RŒY, Jacques, Sylviane GRANGER et Helen SWALLOW (1988). *Dictionnaire des faux amis français-anglais*. Paris-Gembloux : Éditions Duculot.

VESLOT, Henri et Jules BANCHET (1973). *Les traquenards de la version anglaise*. Paris : Hachette.

VINAY, Jean-Paul et Jean DARBELNET (1958). *Stylistique comparée du français et de l'anglais*. Paris : Didier.

WALTER, Henriette (2001). *Honni soit qui mal y pense, l'incroyable histoire d'amour entre le français et l'anglais*. Paris : Éditions Robert Laffont.

La microstructure du texte

TROISIÈME PARTIE

Application à l'analyse de traductions

CHAPITRE 7

Schémas d'analyse

Au terme de ce survol des composantes de la macrostructure du texte et des spécificités des éléments qui en composent la microstructure, nous aimerions nous pencher maintenant sur la pratique de traduction de textes. Pour ce faire, il convient de montrer non seulement quelle place peut tenir l'analyse du texte de départ, mais aussi l'analyse des traductions. En effet, nous l'avons vu à de multiples reprises, l'acte de traduction touche plus que des mots car son produit doit s'intégrer au public récepteur, soit de la manière convenue dans le cahier des charges s'il s'agit d'un contrat de traduction, soit de la manière envisagée par le traducteur s'il s'agit d'une décision personnelle de faire connaître un auteur, une œuvre, des idées.

Pour ce faire, nous verrons d'abord ce qu'ont pu en dire quelques auteurs et proposerons des schémas d'analyse qui pourront varier selon que la traduction à faire est un travail universitaire visant le perfectionnement pédagogique du futur traducteur ou bien un travail professionnel rémunéré.

1. Le schéma linguistique de Vinay et Darbelnet (1958)

Les premiers auteurs à avoir étudié systématiquement l'analyse des traductions sont, pour la combinaison français-anglais, Jean-Paul Vinay et Jean Darbelnet dans leur ouvrage fondateur de la stylistique comparée. Ils proposent en effet, en conclusion de leur ouvrage, une série de traductions commentées (Vinay et Darbelnet, 1958, p. 280–303). Les commentaires suivent comme de bien entendu les critères qu'ils ont établis pour l'analyse et qu'ils nomment, à tort selon nous, « procédés de traduction ». En effet, il ne s'agit pas franchement de procédés de traduction mais plutôt de procédés d'analyse des traductions. Ces procédés sont au nombre de sept : l'emprunt, le calque, la traduction littérale, la modulation, la transposition, l'équivalence, l'adaptation. Le calque et la transposition sont de nature syntaxique tandis que l'emprunt, la modulation et l'équivalence seraient plutôt de nature lexicale. La traduction littérale et l'adaptation concernent aussi bien le lexique que la syntaxe. Nous avons vu l'emprunt et le calque au chapitre 6. Ils représentent bien souvent des fautes de langue ou de traduction, il ne faut donc y recourir que dans des cas limités à condition d'avoir des arguments pour le faire. La traduction littérale est le mot à mot qui peut convenir chaque fois que les deux langues utilisent une même manière pour exprimer la même chose mais dont on doit pouvoir se détacher chaque fois que les spécificités des langues considérées l'exigent. La modulation est l'utilisation d'un terme qui apporte au texte d'arrivée un changement d'éclairage. Certaines modulations sont figées et obligatoires car ne pas les faire aboutirait à l'incompréhension du lecteur du texte traduit, d'autres sont facultatives; le traducteur doit alors être à même de justifier leur emploi. La transposition est généralement nécessaire compte tenu des différences des systèmes linguistiques comme le célèbre chassé-croisé dont nous avons parlé au chapitre précédent. L'équivalence est, dans leur grille, une adaptation linguistique visant par exemple tout un proverbe ou des expressions idiomatiques qui ont le même sens mais sont exprimées différemment comme, par exemple, *birds of a feather flock together* qui doit être traduit par *qui se ressemble s'assemble*. Pas d'oiseau ni de plume dans le proverbe français mais l'idée est bien la même. Quant à l'adaptation, elle est essentiellement culturelle. Pour faire comprendre l'engouement des Québécois pour le hockey sur glace, on aura recours, en Amérique latine, par exemple, à l'engouement des Sud-Américains pour le football. C'est un procédé qui ne devrait être employé qu'avec parcimonie, surtout par des apprentis-traducteurs, si l'on ne veut pas prendre le risque de dénaturer le texte de départ.

D'autres « procédés » ont été ajoutés à ceux de Vinay et Darbelnet (1958) par la suite comme l'explicitation ou l'implicitation. L'explicitation consiste à rendre explicite, donc évidente et dénuée de toute ambiguïté, une information ou une phrase du texte de départ qui ne l'était pas. L'implicitation est le procédé inverse : il consiste à réduire le texte de départ en omettant ce qui semble superflu. L'explicitation va de pair avec l'étoffement qui consiste à rendre le message en plus de mots que dans le TD. Au contraire, l'allègement répond au principe d'économie en transmettant le message du TD en moins de mots.

EXERCICE 116

Dans la traduction ci-dessous, identifiez quatre procédés de traduction différents. Dites s'il y a, selon vous, des fautes de traduction aussi.

Generational Diversity

Many of the language professionals working in the industry in Canada were recruited to meet the demand created by the adoption of the Official Languages Act in 1969. In recent years, with the industry working hard to fill the gap that will be left as many of that group reach retirement age, a wave of Generation Y employees has entered the workforce. I recently heard a prediction that Generation Y members will soon account for 38 per cent of all employees. At the same time, the group that falls into the age range of 45 to 64 (often referred to as the baby boomers) continues to make up a significant percentage of the public service workforce. If you extrapolate these numbers to the language industry, you get the picture of a multigenerational workforce much like those in other sectors.

Le mélange des générations

Au Canada, bon nombre des langagiers salariés ont été recrutés pour répondre à la demande créée par l'adoption de la Loi sur les langues officielles en 1969. Dans les dernières années, l'industrie s'est attelée à combler la pénurie qu'engendre le départ à la retraite de ces langagiers. En effet, alors que ces derniers atteignent l'âge de la retraite, une vague de jeunes de la génération Y font leur entrée sur le marché du travail. Selon une prévision récente, les employés de la génération Y représenteront bientôt 38 % de la main-d'œuvre. Parallèlement, les employés âgés de 45 à 64 ans – les bébés-boumeurs – représentent toujours un fort pourcentage de l'effectif. Ces statistiques, qui sont le reflet de milieux de travail multigénérationnels, s'appliquent à tous les secteurs, y compris l'industrie de la langue.

Source : Travaux publics et services gouvernementaux Canada (Printemps/Spring 2011). « A Word from the CEO/Le mot de la PDG ». *L'Actualité langagière – Language Update*, Volume 8, n° 1.

EXERCICE 117

Dans la traduction anglaise du texte ci-dessous, identifiez les procédés d'implicitation et d'économie. Vont-ils systématiquement de pair avec des transpositions de nature grammaticale? Justifiez votre réponse.

Application à l'analyse de traductions

Un musée, c'est d'abord et avant tout un lieu qui conserve vivante la mémoire d'un patrimoine et le rend accessible à tous. Certes, un musée projette souvent une image de stabilité, pour ne pas dire immuabilité, d'autant plus que sa mission s'inscrit dans la longue durée. Par ailleurs, il faut reconnaître que l'architecture qu'on a longtemps privilégiée pour ce type d'institution, avec colonnades à l'antique et imposants frontons d'où les grands personnages de l'histoire, figés dans la pierre, observent le visiteur, a volontiers contribué à une vision stéréotypée du musée comme celle d'un temple de la culture d'où serait exclue la contemporanéité au profit de la permanence et d'une existence hors du temps (Landry, 2009, p. 13).

Museums are first and foremost designed to keep heritage alive and make it accessible to all. They often project an image of stability, if not immutability, particularly because of their long-term mission. What's more, the architecture that has long been preferred for these types of institutions—classical columns and imposing pediments from which important historical figures, frozen in time, observe visitors—has surely contributed to this stereotypical vision of the museum as a temple of culture that favours what is permanent and timeless over what is current.

Cette vision stéréotypée du musée ne plaît guère à ceux que l'on nomme « large public », c'est-à-dire une masse indifférenciée que l'on vise comme cible avec la volonté de rendre l'institution accessible à tous. La volonté de favoriser l'accès du musée au plus grand nombre est un choix idéologique. Mais il suppose que l'institution rende compte de cet effort comme de sa réussite. Le grand projet de démocratisation, qui est l'objectif principal de la majorité des politiques culturelles des musées, induit une obligation de résultats. Les institutions sont tenues, non seulement d'accueillir toujours un plus grand nombre de visiteurs, mais aussi de renouveler les modes de diffusion et de valorisation, comme de mettre en place des moyens éducatifs afin d'intéresser les profanes.

This stereotypical vision of museums is not attractive to the "general public"; that is, the undifferentiated mass to whom museums want to bring art. Making museums accessible to as many people as possible is a matter of ideology. Yet these institutions are expected to evaluate their success based on this criterion. The famous democratization of museums, which is the main aim of most cultural museum policies, begs results. Museums must not only attract an ever-increasing number of visitors but also find new ways to promote and showcase their content, like developing educational activities to grab the attention of the average citizen.

Source : Jason Luckerhoff, sous la direction d'Anik Meunier (2012). *La muséologie, champ de théories et de pratiques*. Presses de l'Université du Québec.

Si le schéma d'analyse des traductions de Vinay et Darbelnet (1958) met surtout l'accent sur l'identification des procédés et ne donne peut-être pas une vision exhaustive des possibilités du texte, la terminologie qu'ils ont choisi d'utiliser s'est imposée dans le métalangage de la traduction et sert toujours communément à la description des choix traductionnels. D'un point de vue pédagogique, elle est aussi efficace pour faire comprendre aux traducteurs débutants quelques-uns des moyens linguistiques qui s'offrent à eux pour rendre, dans le texte d'arrivée, les nuances du texte source.

2. Le schéma interprétatif

Dans les années 70-80, un autre modèle, largement influencé par l'expérience personnelle de Danica Seleskovitch en tant qu'interprète, se détache de l'analyse linguistique pour donner plus de place aux aspects cognitifs du travail de traducteur ou d'interprète. Parti de l'observation du travail des interprètes de conférence, ce schéma, créé par l'École Supérieure d'Interprètes et de Traducteurs de l'Université Sorbonne Nouvelle et enseigné dès le milieu des années 70 (Danica Seleskovitch, 1975; Danica Seleskovitch, Marianne Lederer, ©1984, 2001), fait ressortir l'importance de la compréhension. Dans leur ouvrage intitulé *Interpréter pour traduire,* les auteures soulignent en effet qu'on ne peut bien traduire que ce que l'on comprend, et seulement ce que l'on comprend. Les dictionnaires bilingues se révèlent alors insuffisants s'ils ne proposent que des « mots » pour traduire d'autres mots. Si l'on ne sait pas de quoi il s'agit, la longue liste des choix offerts par les dictionnaires comme équivalents d'un mot en particulier ne servira à rien. Le traducteur doit donc partir à la recherche du sens du texte, par-delà les mots. Pour obtenir une bonne traduction, il faut qu'il y ait une étape intermédiaire entre le texte original et sa traduction, celle de la déverbalisation. Autrement dit, en lisant le texte, on le comprend. On se souvient de son contenu en faisant abstraction des mots réels employés, contenu que l'on redonne dans une nouvelle langue au moyen de mots qui pourraient être très différents de ceux employés dans le texte de départ. Ce processus est expliqué à partir d'exemples par Florence Herbulot, de l'École de Paris également. Voici un de ces exemples (2004, p. 312) :

> Whether they admit it or not, most drivers react to a sudden emergency by slamming on the brakes in blind panic, hoping to stop before crashing. Unfortunately, in many cases the result is that the brakes lock—especially on wet roads—causing the car to skid right into whatever is in its way. Skidding tires will not steer.

Application à l'analyse de traductions

Le sens du début du paragraphe est clair : sous l'effet de la panique ou de la surprise, un conducteur a effectivement tendance à appuyer à fond sur la pédale de frein, avec pour résultat un dérapage non contrôlé qui aboutit généralement dans le décor.

C'est la courte phrase finale qui pose un problème. La traduction de ses termes techniques n'est pourtant pas difficile à trouver dans un dictionnaire. To skid : déraper; Tires : pneus; To steer : conduire.

Seulement, leur utilisation sur le plan des mots débouche sur une formulation qui n'est guère satisfaisante : « Des pneus qui dérapent ne conduiront/conduisent pas. » Même si l'on remplace conduire par diriger, cela ne fonctionne pas de manière satisfaisante.

En fait, que veut dire l'auteur? Qu'une voiture dont les pneus glissent sur la route, parce que ses roues sont bloquées par les freins, ne répond plus au conducteur, au volant.

Proposition :

Une voiture dont les roues se bloquent devient incontrôlable.

Ici, nous avons donc abouti à : To skid = bloquer; Tires = roues; et To steer = maîtriser, contrôler (répondre au volant).

Je peux vous assurer que vous ne trouverez jamais ces traductions dans un dictionnaire…

Cette théorie a trouvé une application pédagogique sous la plume de Jean Delisle (1980) qui, dans *L'analyse du discours comme méthode de traduction*, définit la recherche du sens du texte de la manière suivante :

En didactique de la traduction, l'explication de texte prend la forme d'une analyse du contenu du document original et de ses idiosyncrasies; cette analyse doit conduire à la compréhension la plus complète possible du sens. (p. *141*)

Et il ajoute que, parmi les rubriques d'un questionnaire d'analyse à établir, on pourrait trouver par exemple :

1) les clés du texte, c'est-à-dire tout ce qui le situe et en précise le cadre; 2) les connaissances non linguistiques nécessaires à sa compréhension; 3) le dépistage des sous-entendus et des allusions; 4) l'interprétation sémantique et stylistique de certains mots, syntagmes ou idiotismes.

Expliquer un texte n'est nullement le paraphraser, mais le découvrir en le lisant minutieusement afin de le comprendre jusque dans ses nuances les plus subtiles. À cette étape préliminaire, indispensable à toute véritable traduction, le traducteur scrute la valeur contextuelle des mots et pèse leur importance relative, décèle la cadence des phrases et l'aspect des verbes, évalue la couleur du style, débusque les sous-entendus et attribue un sens à des phrases qui, prises isolément, signifieraient souvent autre chose. En un mot, il associe des connaissances non linguistiques à un savoir linguistique; il pose un acte d'intelligence. (p. 141)

Le schéma interprétatif enrichit incontestablement la recherche sur le travail du texte. Toutefois, il ne prend que peu en compte le pourquoi des traductions. En effet, les textes, qu'ils soient originaux ou traduits, ne sont pas créés dans un vacuum, ils le sont toujours à une fin particulière. C'est ce que la théorie du skopos a tenté d'apporter à l'analyse des textes et de leurs traductions.

3. Le schéma fonctionnaliste du skopos

L'une des théories les plus riches pour l'analyse des textes et de leurs traductions nous est offerte par la *Skopostheorie* (théorie du skopos). Le mot *skopós* vient du grec et signifie « but » ou « finalité ». Créée par Hans Vermeer et Katharina Reiss dans leur ouvrage intitulé *Grundlegung einer allgemeinen Translationstheorie* (1978) (*Groundwork for a General Theory of Translation*, 1984), cette théorie met l'accent sur l'intention et sur les fonctions des textes, non seulement du texte de départ (TD) mais aussi du texte d'arrivée (TA). En général, les traducteurs débutants ont tendance à suivre de près le texte de départ et à traduire littéralement, mot à mot. Quoique cela soit acceptable souvent, cela peut aussi entraîner des formulations inadéquates, et même hilarantes, telle celle trouvée sur des vignettes de chemises : Made in Turkey – Fabriqué en dinde!

La théorie fonctionaliste du skopos conçoit la traduction comme un acte de communication ayant une finalité bien précise et devant produire un certain effet sur le récepteur du texte traduit. Le traducteur doit prendre en compte les objectifs attendus du texte dans la culture réceptrice. Partant de cette perspective, Christiane Nord (2005), nous l'avons vu en première partie de cet ouvrage, estime que le traducteur, en tant que professionnel de la communication, se doit de poser des questions sur les intentions du rédacteur du texte source, sur les objectifs du donneur d'ouvrage en faisant traduire ce texte, sur le contexte culturel de réception du texte en langue d'arrivée, parmi beaucoup d'autres (voir le tableau ci-dessous). En fonction des réponses obtenues, certains passages du texte source pourraient être modifiés, voire même éliminés dans le texte d'arrivée. Bien sûr, si le texte est simple et les communautés proches culturellement, il pourrait n'y avoir que peu de choses à modifier. En revanche, certains documents pourraient devoir se conformer à une certaine présentation, par exemple, dans le domaine juridique. Enfin, selon la finalité du texte d'arrivée, le texte de départ pourrait aussi être raccourci, ou même résumé, ou bien adapté à la culture réceptrice.

En somme, la version finale du TA est déterminée par son but et par le rôle qu'il est appelé à jouer dans la culture d'arrivée. Par ailleurs, il se pourrait que ce rôle soit différent de celui du TD. Ainsi, lorsqu'au début du XXᵉ siècle, la troisième plus grande vague de traduction a été lancée en Chine (la première ayant eu lieu dans les années 25-220 de notre ère pour la traduction des textes bouddhistes; et la seconde dans les années 1368-1644 pour la traduction de textes scientifiques et techniques, traduction réalisée notamment par des missionnaires), cette fois pour la traduction d'œuvres littéraires émanant de l'Occident, l'objectif avoué des instigateurs de cette grande vague était de comprendre ce qui faisait la réussite de l'Occident afin de pouvoir remédier aux problèmes auxquels la Chine faisait face depuis deux siècles, comme l'explique Rachel Lung (2004, p. 161) :

> Western culture and civilization became the objects of learning for the Chinese, and there was a strong demand for translation as a channel to understand the West, and as a self-strengthening tool in China.

Or l'objectif des écrivains occidentaux n'était pas didactique, et s'il l'avait été, ça n'aurait pas été pour instruire des lecteurs du bout du monde mais plutôt ceux de leur lieu d'origine. Cet exemple est sans doute extrême mais il sert à montrer que le texte traduit peut bien avoir des objectifs que les rédacteurs des textes sources n'ont jamais même imaginé. Dans un tel cas particulièrement, on voit bien quelle est l'importance du rôle joué par le traducteur : c'est lui qui doit comprendre, interpréter, puis rendre le message du texte source de manière qu'il soit compris de façon optimale dans la culture réceptrice. Pour Vermeer (1989, p. 236), le terme « optimal » signifie : « one of the best translations possible in the given circumstances ».

Comme le fait observer Kelly Washbourne (2010), la théorie du skopos propose une démarche fonctionnelle, plutôt que linguistique, de la traduction. Quant à Vermeer (1989), il affirme que c'est l'initiateur (le client) qui détermine prospectivement la fonction du texte traduit, et non le texte de départ ni l'auteur. Cette affirmation ouvre des perspectives d'analyse très intéressantes, notamment quand on considère la traduction de textes politiques comme la traduction en anglais des discours de René Lévesque pour le public anglophone canadien ou américain pendant ses premières années comme premier ministre du Québec (Pantis, 2013).

Dans la pratique quotidienne cependant, un grand nombre de textes traduits partagent les mêmes objectifs que leur texte source. Toutefois, l'approche fonctionnaliste choisit de focaliser son attention sur le texte d'arrivée et sur son public cible. En classe, il n'y a pas vraiment de public cible mais il est souhaitable d'en simuler un pour sensibiliser l'étudiant à cette dimension de la traduction à réaliser. Le tableau ci-dessous, adapté de Christiane Nord (2005), permettra de produire une analyse du texte source axée sur ce que l'on attend du texte d'arrivée.

ANALYSE TEXTUELLE ET SKOPOS

FACTEURS EXTRATEXTUELS	
Texte de départ (TD)	Texte d'arrivée (TA)
Qui propose le TD? (initiateur)	*Qui* propose le TA?
À *qui*?	À *qui*?
Pourquoi?	*Pourquoi*?
Au moyen de *quel* support?	Au moyen de *quel* support?
Dans *quel* contexte géographique et culturel?	Dans *quel* contexte géographique et culturel?
Quand?	*Quand*?
Pour *quelle* raison?	Pour *quelle* raison?
Dans *quel* but?	Dans *quel* but?
FACTEURS INTRATEXTUELS	
Quel est le sujet du texte?	*Quel* est le sujet du texte?
Quel est son contenu?	*Quel* est son contenu?
Comment est-il organisé?	*Comment* est-il organisé?
Contient-il des éléments nonverbaux, et, dans l'affirmative, *lesquels*? (photos, illustrations, etc.)	Contient-il des éléments nonverbaux, et, dans l'affirmative, *lesquels*? (photos, illustrations, etc.)

Application à l'analyse de traductions

À *quel* registre de langage se situe le lexique?	À *quel* registre de langage se situe le lexique?
Quels types de phrases sont utilisés? (style,…)	*Quels* types de phrases sont utilisés? (style,…)
Quelle est la tonalité du texte?	*Quelle* est la tonalité du texte?
EFFET	
Quel en est l'effet?	*Quel* en est l'effet?

Toutes ces questions, appliquées tant au texte d'arrivée qu'au texte de départ fournissent une photographie complète de l'ensemble du processus. Elles permettent au traducteur de faire un diagnostic complet des besoins de ses clients compte tenu du texte et du contexte. Certes, dans l'exercice quotidien de la traduction professionnelle, bien peu de traducteurs ont le temps de se livrer à un diagnostic aussi détaillé. Toutefois il serait bon que chaque traducteur se crée sa propre liste ou fiche de projet. Avec l'expérience, les traducteurs se posent ces questions presque instinctivement, mais pour les traducteurs débutants, il semble essentiel de passer par cette étape à chaque nouveau projet de traduction. C'est ce à quoi l'exercice de traduction commentée vise à vous préparer.

4. Orientation bibliographique

DELISLE, Jean (1980). *L'Analyse du discours comme méthode de traduction*. Ottawa : Presses de l'Université d'Ottawa.

HERBULOT, Florence (2004). « La Théorie interprétative ou Théorie du sens : point de vue d'une praticienne ». *Meta*. Vol. 9, n° 2, pp. 307–315.

LUNG, Rachel (2004). "The Oral Translator's "Visibility": The Chinese Translation of *David Copperfield* by Lin Shu and Wei Yi." *TTR : traduction, terminologie, rédaction*. Vol. 17, n° 2, pp. 161–184. URL : id.erudit.org/iderudit/013277ar. Date de consultation : le 12 mai 2014.

NORD, Christiane (2005). *Text Analysis in Translation*. Amsterdam/New York: Rodopi.

PANTIS, Ioana (2013). *Ideological Nuances in Levesque's 1977 Portrayal of Quebec Independence for Québécois and American Audiences*. Major Research Paper, MA in Translation Studies, York University.

SELESKOVITCH, Danica (1975). *Langage, langues et mémoire, étude de la prise de note en interprétation consécutive*. Paris : Minard Lettres modernes.

SELESKOVITCH, Danica et Marianne LEDERER (©1984, 2001). *Interpréter pour traduire*. Paris : Didier Érudition.

VERMEER, Hans (1978). *Grundlegung einer allgemeinen Translationstheorie*. Tübingen: Niemeyer.

VERMEER, Hans and Katharina REISS (1984). *Groundwork for a General Theory of Translation*. Tübingen: Niemeyer.

VERMEER, Hans (1989). "Skopos and Commission in Translational Action". Transl. Andrew Chesterman. In Lawrence Venuti (2004). *The Translation Studies Reader*. New York: Routledge, pp. 221–233.

VINAY, Jean-Paul et Jean DARBELNET (1958). *Stylistique comparée du français et de l'anglais*. Paris : Didier.

WASHBOURNE, Kelly (2010). *Manual of Spanish-English Translation*. Boston: Prentice Hall.

Application à l'analyse de traductions

Exemples d'analyses et exercices d'application

D'un point de vue pédagogique, l'exercice de traduction commentée est d'un grand intérêt car il sensibilise le futur traducteur à la nécessité d'une lecture attentive du texte de départ associée à la prise en compte du public récepteur. À l'étape initiale de cet exercice, nous aimerions proposer une méthode inspirée des schémas d'analyse présentés en chapitre 7 mais simplifiée. Par la suite, nous présenterons des exemples dont certains pourraient suivre une méthode moins conventionnelle quoique tout aussi efficace. Au fur et à mesure que l'on prend de l'expérience, chacun peut modifier sa méthode pour qu'elle réponde à ses besoins propres.

1. Résumé de la méthode

La méthode ci-dessous vise l'analyse du texte préalable à la traduction, analyse à la fois culturelle et linguistique.

Il s'agit de se poser les questions suivantes :

- *Qui* écrit? S'agit-il d'un journaliste, d'un savant, d'un romancier, d'un poète, d'un politicien, etc.?
- À *quoi* renvoie le texte? À quel domaine de spécialité (ou champ) appartient-il? À l'actualité, à l'anthropologie culturelle, à l'histoire, à la littérature, à la politique, etc.?
- *Où* se passe-t-il? Cherche-t-on à informer sur une situation, à créer un effet d'exotisme, à faire ressortir le pittoresque d'une région?

- *Pourquoi* a-t-on écrit ce texte? Il s'agit en effet d'identifier les intentions du texte ou de son auteur. Veut-on transmettre de l'information, convaincre le lecteur d'adopter la position prise dans le texte, vendre un produit?
- *Comment* l'auteur transmet-il son message?

1. De quel genre de discours s'agit-il? S'agit-il d'une prise de position (de type « éditorial »), d'un texte didactique (de type « manuel »), d'une description factuelle (de type « dissertation, essai ») ou fictive (de type « roman ou nouvelle »), d'un texte historique (roman ou étude), d'une œuvre poétique, d'un texte informatif (article de journal), d'une annonce publicitaire? Théoriquement, le genre de discours dépend des intentions du texte.

2. Quel est le ton adopté? Un ton sérieux et savant pour présenter une information bien documentée, précise? Une argumentation logique et systématique? Une description détaillée, poétique par exemple, renvoyant à de nombreuses allusions culturelles? S'agit-il plutôt d'un ton humoristique, faisant appel à des jeux de mots, à des images insolites, voire à l'argot?

3. À quel niveau de langue appartient ce texte?

Après avoir trouvé des réponses à ces diverses questions et des exemples dans le texte illustrant les réponses, il faut les organiser à l'intérieur d'un travail complet et cohérent, accompagné bien sûr de la traduction du texte et des justifications relatives aux choix terminologiques, lexicaux, syntaxiques retenus.

Une fois le travail préliminaire d'analyse du texte de départ réalisé, il est temps de traduire le texte. Prendre soin de noter et d'identifier systématiquement les difficultés de traduction que l'on rencontre. S'agissait-il d'un problème de culture générale (le sujet est nouveau pour vous), d'un problème purement linguistique (vous comprenez parfaitement le texte, mais vous ne parvenez pas à trouver d'équivalence satisfaisante), d'une modulation à réaliser, etc.? Vous devrez là encore réorganiser ces difficultés et expliquer comment vous en êtes arrivé à la solution que vous avez choisie.

La traduction commentée va se composer des diverses parties suivantes :

1. Le texte de départ choisi, en en indiquant de façon très précise les données bibliographiques : auteur, titre du texte, titre de la publication d'où il est tiré, lieu et date de publication, page, adresse du site Internet le cas échéant.

Application à l'analyse de traductions

2. L'analyse textuelle du TD.

3. La traduction que vous en proposez.

4. Votre commentaire des problèmes de traduction rencontrés et la justification de vos choix.

5. La bibliographie des ouvrages qui vous ont aidés à réaliser ce travail.

2. Exemples d'analyses

EXEMPLE 1 : TRADUCTION COMMENTÉE DE PUMPKIN SOUP (FOR THE SOUL)

Voici, à titre d'exemple, la traduction commentée d'une recette de cuisine, type de texte particulièrement intéressant du point de vue culturel. Parmi les difficultés que présente le texte que vous devrez traduire, n'oubliez pas de signaler les emprunts, les anglicismes, les faux amis, etc. En dehors des recettes de cuisine, les textes qui se prêtent bien à ce type d'exercice sont ceux qui ont le plus de références culturelles comme les textes publicitaires, les brochures touristiques, les chansons folkloriques, les contes, etc.

Introduction

TEXTE 42 : PUMPKIN SOUP (FOR THE SOUL)

Savory Pumpkin Soup in Pumpkin Tureen

- 1 large fresh pumpkin (about 12 inches in diameter)
- 2 1/2 cups fresh, cooked pumpkin or canned pumpkin
- 2 cups vegetable broth
- juice of two oranges
- 1/2 cup dry sherry or apple juice
- 1 small onion, chopped
- 1/3 cup diced celery
- 2 cloves fresh garlic, minced
- 1/2 tsp ground cinnamon
- 1 tsp ground cardamom
- 1/2 tsp ground coriander
- 1/2 tsp ground cumin
- 1/2 cup nonfat plain yogurt
- chopped fresh parsley for garnish

With a heavy knife, cut off top third of pumpkin. Scoop out seeds and strings and discard. Set aside pumpkin shell.

Puree cooked or canned pumpkin, vegetable broth, and orange juice in blender or food processor. Set aside.

In a large soup pot, heat sherry or apple juice over medium-high heat. Add onion, celery, and garlic and sauté until soft but not browned, about 10 minutes. Add spices; cook, stirring, 3 minutes. Add pumpkin mixture and bring to a boil. Lower heat to medium and simmer 10 minutes. Remove from heat; transfer 1 cup of soup to a small bowl and stir in yogurt. Return to pot and blend well.

Pour soup into hollowed-out pumpkin tureen. Garnish with chopped parsley.

Serves 6

Helpful hint: If desired, heat pumpkin shell in a 200 deg F oven for 10 to 15 minutes before adding soup. The heated shell will keep the soup warm for a longer period of time.

249 mots

Source : Image taken from www. coloringkids.org/halloween-witch/ hallween-witch-brew/. Accessed July 27, 2015. *Source*: Pumpkin Soup (for the Soul). URL: www.moonchild. ch/Halloween/Kitchen_Witch.html. Accessed July 27, 2015.

Analyse textuelle

Cette recette, issue comme mentionné plus haut d'un site consacré à l'Halloween, suit les règles habituelles à toute recette de cuisine : présentation des ingrédients suivie des instructions pour la réalisation de la recette. Si le langage est de niveau courant et le vocabulaire nécessairement concret, l'ensemble de la présentation et de l'expression contient une pointe d'humour transmise d'abord par l'illustration de la sorcière en train de faire sa « soupe », mais surtout par le choix du titre de la page, *Pumpkin Soup (for the Soul)*, allusion à la très célèbre série de livres intitulés *Chicken Soup for the Soul* de Jack Canfield et Mark Victor Hansen.

Or, cette série de livres n'avait pas pour objet de faire rire mais de faire réfléchir. Partant en fait d'une idée reçue selon laquelle le bouillon de poulet serait le meilleur remède à tous les maux, physiques et affectifs, idée plutôt répandue elle aussi dans les pays anglo-saxons, les auteurs de ces livres proposent des histoires « qui réchauffent le cœur et remontent le moral » (traduction de Denis Ouellet, 1997). La visée des auteurs est donc d'attirer l'attention du lecteur sur sa propre force spirituelle.

L'allusion à ces ouvrages a donc deux objectifs : faire rire en remplaçant le bouillon de poulet par de la soupe à la citrouille; et faire rire encore en jouant sur le mot « soul », lequel introduit une dimension spirituelle, qui représente d'une part l'idée philosophique du pouvoir de l'esprit sur l'individu, et d'autre part l'association de la fête de l'Halloween avec les esprits errants revenus hanter les vivants.

Les sites, fort nombreux, consacrés à l'Halloween sont pleins de ces illustrations de fantômes et de cette idée que l'Halloween est la fête des esprits. Mais quelle est l'origine de cette fête et quel lien peut-elle bien avoir avec la citrouille?

C'est dans un site en langue anglaise consacré à la tradition de l'Halloween que l'on peut trouver l'origine de cette fête. Contrairement aux idées reçues, le mot *Halloween* a été créé par l'Église catholique. Il s'agit d'une déformation du mot *All Hallows' Eve*, la veille de la fête de tous les saints, ou Toussaint que les catholiques célèbrent encore le 1er novembre de chaque année. La veille en était donc le 31 octobre, date toujours respectée de l'Halloween. Cette fête est venue se superposer à une autre, comme ça a été souvent le cas dans l'histoire. Cette autre fête, c'était, chez les Celtes d'Irlande, celle de la fin de l'été, pour eux aussi fin de l'année. Le 1er novembre était donc le nouvel an pour les Celtes d'Irlande. Jusque-là, les sources s'entendent. Pour les célébrations de la veille de ce Nouvel an, les hypothèses varient. On dit par exemple que les Irlandais croyaient que le dernier jour de l'année, tous ceux qui étaient morts pendant cette année cherchaient à revivre en prenant possession de l'esprit des vivants. La nuit du 31 octobre était donc consacrée à les repousser. Pour les tromper et leur faire croire qu'ils étaient eux-mêmes des esprits errants, les vivants s'habillaient en morts-vivants ou en fantômes et faisaient beaucoup de bruit pour les effrayer. Ils éteignaient leur feu pour rendre leur maison moins attirante.

Quant à la tradition de la *Jack-o'-lantern*, elle provient elle aussi d'Irlande. Un homme du nom de Jack, ivrogne notoire, aurait, semble-t-il, convaincu Satan de monter dans un arbre. Ensuite, il aurait gravé une croix sur l'écorce de l'arbre, forçant ainsi Satan à rester en haut de l'arbre. À sa mort, Jack, qui avait trompé ainsi bien du monde, ne fut pas admis au Paradis; mais il ne fut pas non plus admis en Enfer à cause du tour qu'il avait joué à Satan plus tôt. Satan lui donna simplement une braise dans un navet évidé en guise de lanterne et Jack fut condamné à errer ainsi pour l'éternité.

En 1840, de nombreux immigrants irlandais arrivèrent en Amérique du Nord, fuyant la famine qui sévissait dans leur pays. En Irlande, on utilisait des navets pour fabriquer les lanternes d'Halloween, mais en Amérique du Nord, les Irlandais trouvèrent que les citrouilles faisaient de bien plus belles lanternes. Ils les adoptèrent donc et c'est ainsi que la citrouille s'est trouvée associée à la fête de l'Halloween.

Traduction

TEXTE 43 : BOUILLON DE CITROUILLE (POUR L'ÂME) (1)

Marmite aux épices de sorcière (2)

Pour 6 personnes : (3)

- 1 grosse citrouille (environ 30 cm (4) de diamètre)
- 625 g (5) de chair de citrouille cuite (provenant d'une citrouille fraîche ou de conserves)
- 500 ml (6) de bouillon de légumes
- le jus de 2 (7) oranges
- 125 ml de sherry sec ou de jus de pomme
- 1 petit oignon, finement hâché (8)
- 150 g de céleri coupé en dés
- 2 gousses d'ail (9) écrasées
- une pincée (10) de cannelle en poudre
- 1 cuillérée à café ou 5 g (11) de cardamome en poudre
- 1 pincée (10) de coriandre moulue (12)
- 1 pincée (10) de cumin en poudre
- 125 ml de yaourt nature à 0 % de matières grasses
- Persil haché pour la garniture

À l'aide d'un couteau de boucher (13), couper (14) une calotte (15) à 1/3 du sommet de la citrouille. En enlever les graines et les filaments. Réserver (16) la citrouille ainsi préparée (17).

Application à l'analyse de traductions

Mettre la chair de citrouille cuite dans le mélangeur (18) avec le bouillon de légumes et le jus des oranges (19); réduire en purée, puis réserver.

Dans un grand faitout (20), faire chauffer le sherry ou le jus de pomme à feu mi-fort. Ajouter l'oignon, le céleri et l'ail et faire sauter jusqu'à ce qu'ils soient tendres mais sans les laisser colorer (21) (environ 10 minutes). Ajouter les épices. Continuer la cuisson 3 minutes sans cesser (22) de remuer. Ajouter la purée de citrouille et porter à ébullition. Baisser à feu moyen (23) et laisser mijoter 10 minutes. Retirer du feu. Mettre une louche (24) de soupe dans un petit bol et y incorporer le yaourt. Verser de nouveau dans le faitout en mélangeant bien.

Verser la soupe dans la citrouille évidée. Saupoudrer de persil haché.

Conseil : (25) Pour que la soupe reste chaude plus longtemps, faire chauffer la citrouille évidée à four très doux (26) pendant 10 à 15 minutes avant d'y verser la soupe. (27)

Source : Adapté de : www.moonchild.ch/Halloween/Kitchen_Witch.html

Commentaire

Compte tenu de l'allusion mentionnée plus haut, le titre (1) se devait de suivre une formulation proche du titre des livres auxquels il renvoie. En français, le terme « soupe » a été remplacé par « bouillon ». Un « bouillon » est en effet une préparation culinaire réalisée en faisant cuire des ingrédients dans de l'eau qui bout. On peut donc avoir des bouillons de légumes ou de viandes. Ici la citrouille cuit effectivement dans du liquide. De plus, le terme « bouillon » renforce l'image de la sorcière et des gros bouillons que l'on imagine dans sa marmite. Par ailleurs, certaines associations d'idées créées par le mot « bouillon » (bouillon de onze heures, boire le bouillon) m'ont paru convenir au thème de l'Halloween.

Quant au titre de la recette (2), il posait divers problèmes de traduction. Tout d'abord, l'emploi du terme *savory* risquait d'entraîner un contresens. Le premier sens de ce terme est « sarriette », variété de plante aromatique très prisée pour la préparation de plats méditerranéens. Or il n'y a pas de sarriette parmi les condiments proposés dans cette recette. Le terme est donc la forme américaine de *savoury*, terme moins spécifique que le précédent qui peut signifier « savoureux » mais aussi « épicé », etc. Le sens « épicé », par opposition à ce qui pourrait être « sucré », nous a semblé approprié puisqu'il y a effectivement de nombreuses épices dans la recette et qu'il n'y a pas de sucre. Puis nous avons utilisé non pas l'adjectif « épicé » mais le nom « aux épices » accompagné de la cuisinière – la sorcière – pour garder l'inspiration de l'Halloween. Ce faisant, nous avons fait une transposition.

Le titre anglais est beaucoup plus concret que le titre français : on nous rappelle qu'il s'agit d'une soupe à la citrouille (le mot apparaît trois fois dans les deux titres) et on y apprend aussi que la soupe sera présentée dans une citrouille. Il ne nous a pas semblé essentiel de rappeler qu'il s'agissait d'une soupe à la citrouille ni de dire comment elle serait présentée. Il nous a semblé préférable de faire une adaptation complète du titre en rapport avec l'illustration et l'imaginaire propres à l'Halloween.

Autre modification importante, mais cette fois, de présentation simplement, nous avons déplacé l'information *Serves* 6 (3) placée à la fin dans la recette anglaise car, dans les recettes françaises, elle se place, par convention, au même endroit que les ingrédients. La traduction « pour 6 personnes » est une modulation figée.

Les mesures représentent un problème particulier de cette traduction (4, 5, 6, 10, 11, 26). Conformément aux habitudes anglaises et nord-américaines, cette recette utilise des mesures renvoyant aux ustensiles utilisés (tasses, cuillères à thé) ou aux mesures anglaises (pouces). Là, la question se pose de savoir qui lira la traduction : un public canadien, nord-américain, sera probablement plus à l'aise avec les tasses et les cuillérées puisqu'il trouve dans les magasins des ensembles de mesures contenant précisément les mesures nord-américaines (1/4 cuillère à thé; 1/2 c. à thé, 1/2 tasse, 1 tasse, etc.). Un public européen sera très gêné par ces mesures perçues comme imprécises car il existe différentes tailles de tasses (tasses à café expresso, très petites; tasses de services, un peu plus grandes; tasses à thé, genre tasses nord-américaines; tasses déjeuners, encore plus grandes) et différentes tailles de cuillères (cuillères à sucre, plus petites que la cuillère à thé nord-américaine; cuillères à café, plus grandes que les cuillères à thé nord-américaines; cuillères à dessert; cuillères à soupe). Nous avons opté pour des mesures précises car elles peuvent être comprises par tout le monde : les Européens peuvent mesurer au moyen de leurs mesures sur lesquelles sont inscrites les quantités exactes (50 g, 100 g, etc) et les Nord-Américains savent que 250 ml, c'est une tasse et 125 ml une demie tasse. De plus, il fallait adapter l'unité à l'ingrédient : choisir des grammes pour les solides et des millilitres pour les liquides. Nous avons aussi choisi de convertir les pouces en centimètres puisque le Canada, comme la plupart des pays francophones, utilise le système métrique depuis longtemps déjà. Au Québec, l'usage est d'indiquer les deux types de mesure. Dernier point sur ce chapitre, il nous a semblé pertinent de traduire 1/2 c. à thé par « une pincée ». En effet, les cuisiniers du monde entier ne prennent-ils pas spontanément une pincée de ces épices quand les mesures sont si petites? Enfin, contrairement à la recette originale, nous n'avons pas donné d'indication de température au point (26) car cette température est sans importance : il ne s'agit pas de cuire mais de réchauffer. Tous les fours étant différents, l'indication « à feu très doux » permet à chacun de décider, en fonction de son propre four.

Au point (7), quoiqu'il s'agisse d'une traduction littérale, on aurait pu être tenté de traduire par « 2 oranges » ou par « jus d'orange ». Il nous a semblé ici que la précision n'était pas superflue : on utilise deux oranges fraîches dont on presse le jus, ce jus étant assez différent des jus achetés dans le commerce (moins sucré, non filtré, etc.).

Au point (8), l'ajout de « finement » se justifie par le fait que ce terme est presque constant dans les recettes françaises lorsqu'on parle d'oignons. C'est une sorte de collocation culinaire. Il nous a semblé que l'ajouter donnerait un caractère plus authentique à la recette traduite.

Au point (12), le choix du terme « moulu » pour les graines de coriandre nous a semblé convenir car celles-ci s'apparentent aux grains de poivre que l'on moud au moyen d'un moulin. La mouture n'est jamais aussi fine et poudreuse que pour la cannelle, la cardamome ou le cumin. On ne pourrait donc pas parler de poudre ici.

Il y avait peu de problèmes de vocabulaire dans cette recette :

- Au point (13), nous aurions pu choisir « gros couteau », mais il nous a semblé que « couteau de boucher » soulignait davantage la grosseur du couteau. Chacun sait que, pour couper une citrouille, il faut un couteau particulièrement costaud. L'expression « couteau de boucher » nous a donc paru plus appropriée.

- Au point (15), le terme « calotte » se justifie par le fait que c'est ainsi que l'on appelle le « couvercle » que l'on crée en coupant le haut de la citrouille. On pourrait dire que ce terme appartient au vocabulaire technique de la cuisine.

- Il en est de même du terme « réserver » au point (16), terme consacré pour « mettre de côté en attendant que l'on soit prêt à s'en servir ».

- *Soup pot* (20), ici, ne pouvait pas être traduit par « soupière » car une soupière est un récipient pour servir la soupe et non pour la faire cuire. Ce terme est donc une sorte de faux ami. Le « faitout » est, comme son nom l'indique, un ustensile qui sert à bien des préparations : soupes, pot-au-feu, ragoûts, etc.

- L'expression *soft but not browned*, si simple à comprendre, nous a donné quelques soucis : la couleur brune n'est pas appétissante dans une recette (à moins qu'on nous demande de laisser caraméliser un gâteau, par exemple), c'est signe de « brûlé » donc raté… Il fallait donc moduler : le terme « colorer », moins précis que « brunir » nous a semblé plus juste puisqu'il appelle à la vigilance du cuisinier et est souvent employé dans les recettes françaises.

- Au point (24), nous avons remplacé la tasse par une louche car, ici, ce n'est pas la mesure qui est importante mais le procédé : on ne pourrait pas mettre le yaourt directement dans la soupe bouillante car il risquerait de cuire par petits morceaux et on ne pourrait plus bien le mélanger. Il faut donc prendre un peu de soupe, la mettre dans un bol qui, déjà, la refroidit, et incorporer peu à peu le yaourt en veillant à ce qu'il ne cuise pas. Une fois le processus terminé, la soupe est tiède, il faut l'incorporer de nouveau avec précaution dans la soupe bouillante pour que le tout se mélange bien. C'est d'habitude une louche qu'on utilise pour mener à bien cette opération.

- Le point (25) est une modulation libre inspirée par les livres de cuisine, toujours pleins de « conseils » pour les cuisiniers débutants ou avertis.

Les quelques points qui restent sont des choix stylistiques pour la plupart : le point (19) est un rappel qu'il s'agit du jus des deux oranges mentionnées dans les ingrédients; le point (22) est un appel à la vigilance correspondant au *stirring* entre virgules et au milieu de la phrase du texte anglais; le point (23) est une recherche d'économie : on réduit « baisser le feu à feu moyen » à « baisser à feu moyen ». Le point (27) est une reformulation complète de cette dernière phrase pour en alléger le style et placer l'objectif visé en début de phrase, tournure plus habituelle en français.

Nous croyons que cette traduction rend justice au texte original en en transmettant à la fois l'information et *l'esprit* de l'Halloween.

Bibliographie

CANFIELD, Jack and Mark Victor HANSEN (1996). *Chicken Soup for the Soul.* Deerfield Beach, Florida: HCI.

CANFIELD, Jack and Mark Victor HANSEN (1997). *Bouillon de poulet pour l'âme.* Traduction de Denis Ouellet. Montréal : Édition Sciences et Culture.

MOONCHILD. *Halloween Page.* URL: www.moonchild.ch/Halloween/Kitchen_Witch. html. Accessed July 27, 2015.

Application à l'analyse de traductions

SAVEURS DU MONDE. *Lexique*. URL : http://www.saveursdumonde.net/toolbox/Tool-Boxarticleindex/termes-culinaires. Date de consultation : le 27 juillet 2015.

PANATI, Charles (1987). *Extraordinary Origins of Everyday Things*. New York: HarperCollins.

WILSON, Jerry. *History and Customs of Halloween*. URL : www.ufodigest.com/histo-ryofhalloween.html. Date de consultation : le 27 juillet 2015.

On peut aussi commenter des traductions d'articles savants dans un domaine de spécialité en suivant à peu près la même méthode. Dans ce cas, il convient d'expliquer le texte comme on le ferait à quelqu'un qui ne connaît pas du tout ce domaine. Pour ce faire, il s'agit non plus seulement de rechercher les éléments culturels du texte, mais surtout de se familiariser avec le sujet traité dans le texte. Une recherche documentaire doit alors s'ajouter à l'étape préparatoire à la traduction. L'exemple ci-dessous propose une traduction commentée du texte 20 présenté en première partie : « Leukemia drug may stop progression of MS symptoms ».

EXEMPLE 2 : TRADUCTION COMMENTÉE D'UN TEXTE MÉDICAL

Introduction

Le texte de départ choisi pour cette traduction commentée est un document de presse présentant un nouveau traitement pour la sclérose en plaques, une maladie très répandue au Canada pour laquelle il n'existe pas de traitement permettant aux malades de guérir définitivement. Nous présenterons dans un premier temps les caractéristiques principales de la maladie, puis le texte de départ suivi d'une analyse textuelle, de sa traduction et d'un compte rendu des difficultés rencontrées et des solutions choisies pour les résoudre.

Recherche documentaire/Mise en contexte

La sclérose en plaques (SEP ou SP) est une maladie neurologique, probablement auto-immune (les causes en restent très floues), qui se caractérise par la destruction progressive de la gaine protectrice des nerfs et du cerveau, la myéline. Elle se déclare surtout dans des populations jeunes (entre 15 et 40 ans). Les causes en sont mal définies mais on sait que les gens vivant dans les pays nordiques ou froids sont plus touchés que les populations d'Afrique ou d'Asie, par exemple, surtout dans la périphérie de l'équateur. Au Canada, 133 personnes sur 100 000 sont touchées par la maladie (Murphy, 2008), ce qui est un des taux les plus élevés du monde. D'autres hypothèses s'intéressent à la vitamine D (faible chez les personnes atteintes de SP et souvent déficiente dans les pays nordiques) (Bowling, 2009) et à la production de prolactine, une neurohormone très présente chez la femme enceinte. Or si les femmes sont trois fois plus touchées que les hommes par la sclérose en plaques, elles ne le sont pas lorsqu'elles sont enceintes. La prolactine aurait la capacité de régénérer la myéline, selon des chercheurs de l'Alberta (Radio-Canada, 2007).

La maladie se caractérise par une neuropathologie progressive : trouble de la vision (vision brouillée, vision double) quand le nerf optique est touché; trouble de la marche, perte de coordination des mouvements, voire paralysie; incontinence due à la perte de contrôle de la vessie ou de l'intestin. La maladie évolue le plus souvent par poussées suivies de rémissions (SP récurrente/rémittente), mais il en existe une forme à évolution progressive. Dans tous les cas, la maladie n'a aucun effet sur l'espérance de vie; c'est la qualité de vie qui est atteinte.

Actuellement la sclérose en plaques ne se guérit pas. Tous les traitements sont palliatifs et cherchent à en soulager les symptômes : grande fatigue, douleurs musculaires, troubles moteurs (difficulté à marcher, problèmes d'équilibre), troubles visuels et sensitifs (fourmillements dans les membres), etc. Une bonne hygiène de vie est recommandée, associée à un exercice léger (il faut éviter la fatigue). On recommande aux personnes atteintes de SP de continuer à travailler tout en aménageant le lieu de travail et en veillant à y réduire le stress au maximum.

Les médicaments les plus prescrits sont l'interféron bêta 1a et 1b, le glatiramère et la mitoxantrone. D'autres médicaments peuvent s'ajouter selon les symptômes, par exemple les antidépresseurs si le malade est déprimé. Le médicament mentionné dans le texte n'étant qu'à l'étape de l'expérimentation, il ne fait pas encore partie de la pharmacopée reconnue pour la maladie.

Texte de départ (voir Texte 20)

Analyse textuelle

Ce texte provient du site d'une chaîne de télévision privée de la région de Toronto : CTV. Cette chaîne appartient à un groupe, CTVglobemedia Inc. qui est le groupe multimédia le plus important du Canada. Il est propriétaire, outre de CTV, du *Globe and Mail*, qui est probablement le premier, voire le seul journal national du Canada. De plus, CTV Inc. possède et contrôle 27 chaînes de télévision dans diverses régions du Canada et possède des parts dans 32 chaînes spécialisées, dont TSN et CP24. CTVglobemedia possède aussi CHUM Radio Division, qui gère 34 chaînes de radio de partout au Canada, dont CHUM FM, qui est la plus importante chaîne à modulation de fréquences au Canada.

Le texte est une transcription d'un reportage présenté dans le cadre des rubriques de santé du téléjournal de CTV du 23 octobre 2008. Il s'agit donc d'un texte journalistique, bref (les rubriques sont brèves), informatif à l'intention de l'ensemble de la population canadienne, mais de niveau sûrement plus élevé que s'il s'était agi d'une rubrique pour CP24 par exemple. En effet, il s'agit d'un texte d'intérêt pour l'ensemble de la population canadienne puisque le taux de sclérose en plaques au Canada est l'un des plus élevés du monde. La présentation de la découverte des chercheurs anglais vise à informer, mais aussi à redonner espoir aux nombreux Canadiens touchés par cette maladie.

La nature du texte fait ressortir, presque à la manière des discours publicitaires, l'intérêt d'un médicament en cours d'expérimentation. C'est de l'information scientifique, non dépourvue d'un élément mercantile (on trace la voie à la vente d'un produit), à laquelle se mêle un espoir tout empreint d'empathie pour les malades en attente d'un remède miracle. Le ton est optimiste et les phrases sont rapides. Le texte comporte un certain nombre de termes spécialisés, ce qui augmente la crédibilité du message, même auprès d'auditeurs dont les connaissances pourraient être assez limitées dans ce domaine. Le niveau de langue est donc globalement courant, tendant vers le soutenu du langage scientifique.

Analyse des difficultés de traduction et justifications des solutions

LEUKEMIA DRUG MAY STOP PROGRESSION OF MS SYMPTOMS

*There is new hope for patients who suffer from multiple sclerosis, as a drug initially **developed** (1) to treat a form of leukemia **may** (2) stop the progression of the **debilitating** (3) neurological disease.*

Researchers from the University of Cambridge have found that alemtuzumab not only halts the advancement of multiple sclerosis (MS), but it may also restore some function lost by patients.

*MS is an autoimmune disease that causes the immune system to attack the **insulation** (4) that covers nerve fibres in the central nervous system.*

*This causes the nerves to **malfunction** (5) and then die off, which results in a number of physical and intellectual **disabilities** (6).*

*In the study, the drug reduced the risk of **developing disabilities** (1 et 6) by 71 per cent compared to the common drug treatment for MS, interferon beta-1a.*

*The study also found that many patients had fewer **disabilities** (6) three years after the beginning of the study.*

*The researchers found that the drug **shuts down** (7) the immune system and destroys a type of white blood cell that causes damage associated with the disease.*

*"**The ability of an MS drug to** (8) promote **brain repair** (9) is unprecedented," Alasdair Coles, one of the study's authors and a **lecturer** (10) at the University of Cambridge department of clinical neurosciences, said in a statement (11).*

*"We are **witnessing** (12) a drug which, **if given** (13) early enough, might effectively stop the advancement of the disease and also restore lost function by **promoting repair** (9) of the damaged brain tissue."*

*The study's findings **are published** (14) in* The New England Journal of Medicine.

While MS can occur at any age, it is most often diagnosed between the ages of 15 and 40 and is three times more likely to occur in women than in men, according to the MS Society of Canada.

Between 55,000 and 75,000 (15) Canadians suffer from MS.

There is no cure for the disease, though patients can expect to have a normal lifespan.

*"Alemtuzumab is the most promising **experimental** (16) drug for the treatment of multiple sclerosis," Alastair Compston, **lead study author** (17) and professor of neurology at the University of Cambridge, said in a statement. "We are hopeful that the phase three trials (18) will confirm that it can both stabilize (19) and allow some recovery of what had previously been assumed to be (20) irreversible disabilities."*

(1)　***develop*** : Le verbe *develop* a un champ sémantique différent de son cousin français « développer ». Par conséquent, il faut analyser le contexte avant de décider si l'on peut utiliser « développer » ou s'il faut utiliser un autre verbe. Selon *Le Robert*, « développer » signifie : « Faire croître; donner de l'ampleur à = accroître, amplifier, élargir. *Développer le corps par des exercices physiques.* »

Le mot se retrouve deux fois dans le texte :

- *a drug … developed to treat … leukemia*
- *the risk of developing disabilities*

Dans aucun des deux cas, le terme *développer* ne convient.

Le *Lexique analogique* (Dubé, 1989) peut certainement nous mettre sur une piste. Le sens dans la première phrase s'apparente à « créer », « concevoir » qui seraient des traductions acceptables : *un médicament créé/conçu pour traiter la leucémie…*

La deuxième phrase est plus difficile. Pour une maladie, le terme « contracter » vient à l'esprit, mais il ne convient pas pour une infirmité ou une invalidité. Le verbe « survenir » en changeant la phrase pourrait convenir : moins de risques que survienne une invalidité… Voir *Le Robert* : « 2 •Cour. Arriver, venir à l'improviste, brusquement. Personne qui survient quand on parle d'elle (cf. Quand on parle du loup*, on en voit la queue). Changements qui surviennent dans une société apparaître, se manifester, se produire. Quand survint la Révolution. Au moindre tracas qui survient = advenir, arriver, intervenir. Impers. S'il survenait un témoin = se présenter. » (Robert, 2009)

(2) *a drug **may** stop the progression of the disease:* Traduire *may* par « peut » est inexact. Il faut se souvenir que *may* signifie « pouvoir » dans le sens où il y a une « éventualité » pour que la chose arrive. C'est très restrictif. En français, « pouvoir » seul est beaucoup plus positif et transmet l'idée que l'on a finalement un remède. Or rien n'est encore certain. Ce *may* transmet donc l'idée d'une hypothèse, ce qui se rendrait en français par un conditionnel. On peut donc dire soit « un médicament pourrait enrayer la progression de la maladie » ou bien « un médicament enrayerait la progression de la maladie » ou bien la tournure impersonnelle choisie plus bas : il se pourrait qu'un médicament… enraye la progression de la maladie.

(3) ***debilitating*** : Le *Merriam-Webster' Medical Dictionary* en ligne donne la définition suivante : « *de.bil.i.tate. Transitive verb. Inflected form(s): -**tat.****ed**; -**tat.ing**: to impair the strength of <a body **debilitated** by disease>.* Le *Dictionary.com Unabridged based on the Random House Dictionary, © Random House, Inc.* 2009 donne ceci : « *de·bil·i·tate—verb (used with object), -tat·ed, -tat·ing. To make weak or feeble; enfeeble: The siege of pneumonia debilitated her completely. Origin: 1525–35; < L dēbilitātus (ptp. of dēbilitāre), equiv. to dēbilit-, s. of dēbilis weak + -ātus –ATE.* »

Donc il s'agit d'une maladie qui affaiblit considérablement le malade.

À « débilitant » *Le Robert* donne : « débilitant, ante [debilitã, ãt] adjectif. étym. •1581; de débiliter : Qui affaiblit. Un climat débilitant. Anémiant. *Fig.* Démoralisant. Une atmosphère débilitante. »

Le terme n'est donc pas un faux ami et peut être employé ici, même si d'autres traductions sont possibles : « invalidant, ante adjectif. étym. 1965; de invalider : Qui rend invalide. Maladie invalidante. Aussi handicapant. »

Pour trouver des synomymes, vous pouvez aussi vous rendre sur le site du CRISCO (www.crisco.unicaen.fr/cgi-bin/cherches.cgi) qui vous donne les choix suivants :

> « **débilitant** : affadissant, affaiblissant, amollissant, anémiant, découra-
> geant, démoralisant, dépressif, déprimant, désespérant, dissolvant,
> épuisant » et « **invalidant,** handicapant ».

Le Centre national de ressources textuelles donne pour « débilitant » :

I.– Part. prés. *de débiliter**.

II.– Adj. [En parlant d'une cause inhérente à un être ou d'un agent exté-
rieur] Ce qui diminue la force physique d'un être. *L'estomac est faible,
sans énergie : j'ai des sueurs nocturnes débilitantes* (Maine de Biran,
Journal, 1815, p. 35).

SYNT. Air, climat, froid, régime débilitant; atmosphère, chaleur débilitante; eaux débilitantes.

– Au fig. [*En parlant de ce qui compose l'état psychique d'un animé ou de ce
qui agit sur lui*] Ce qui décourage, qui démoralise. Passions débilitantes
(Tocqueville, *Anc. Rég. et Révol.*, 1856, p. 51). Émotions débilitantes
(Rolland, *Beeth.*, t. 1, 1928, p. 196). Sentiment débilitant (Mounier,
Traité caract., 1946, p. 585).

– Emploi subst., THÉRAPEUTIQUE. [En parlant d'un traitement ou
d'un remède] Qui produit une diminution de l'énergie musculaire. Un
débilitant.

Prononc. et Orth. : [debilitã], fém. [-ã:t]. Ds Ac. 1878 et 1932. Fréq. abs.
littér. : 36.

(www.cnrtl.fr/lexicographie/d%C3%A9bilitant)

Et pour « invalidant » :

II. – [Correspond à *invalide* I] *MÉD., rare.* Rendre invalide, inapte, de manière plus ou moins durable, à mener une vie active, en particulier une vie professionnelle normale, du fait d'une blessure, d'un accident, d'une maladie ou de l'âge. Synon. *handicaper. Accident qui invalide un enfant, un adulte* […]. *Cette maladie l'a invalidé à 100 %* (*Rob.* Suppl., 1970).
REM.

Invalidant, -ante, part. prés. adj. [Correspond à invalider II, en parlant d'une blessure ou d'une maladie]. *Tous les patients souffraient d'une asthénie rebelle parfois véritablement invalidante* (R. Schwartz, *Nouv. remèdes mal. act.*, 1965, p. 58).

Ces deux termes conviennent donc pour traduire *debilitating.*

(4) … *the* **insulation** *that covers nerve fibres* : Ni le mot « isolation » ni « isolement » que l'on trouve dans les dictionnaires ne peut traduire *insulation* ici. Le terme « isolant » que l'on trouve dans le domaine de l'électricité, est une piste intéressante car les influx nerveux sont de nature électrique et l'utilisation de métaphores électriques serait appropriée. On trouvera la solution définitive dans les articles recueillis à l'occasion de la recherche documentaire, par exemple des articles sur les fibres nerveuses ou sur la myéline. À titre d'exemple, prenons le site de Bruno Dubuc, de l'Université McGill, intitulé *Le cerveau à tous les niveaux* (www.lecerveau.mcgill.ca). Une section du site porte sur la myélinisation des axones dont la définition nous est utile : « La myélinisation des axones. L'axone revêt souvent une **gaine isolante** qui permet à l'influx nerveux de circuler plus rapidement. Cette gaine est faite d'une substance grasse, la myéline, formée par l'enroulement de la membrane d'une cellule gliale. »

(5) **malfunction** : Le *Merriam-Webster* nous donne : « Main Entry: mal-·func·tion. Pronunciation: (')mal-'f&[ng](k)-sh&n Function: intransitive verb: to function imperfectly or badly: fail to operate in the normal or usual manner *malfunctioning* of the nervous system—Edward Sapir> malfunction: *noun.* » (*Merriam-Webster's Medical Dictionary*, © 2002 *Merriam-Webster*, Inc.)

Termium nous donne : « dysfonctionnement, défectuosité, anomalie. » *Le Robert* spécifie que le terme dysfonctionnement s'emploie dans le domaine médical : « dysfonctionnement [disfõksjɔnmã] nom masculin. Étym. •1916; de dys- et fonctionnement. Méd. Trouble (insuffisance, excès…) dans le fonctionnement de (un organe, une glande…). Dysfonctionnement hépatique. »

(6) ***disabilities/developing disabilities*** : Définitions en anglais : « Main Entry: dis·abil·i·ty. Pronunciation: "dis-&-'bil-&t-E. Function: noun. Inflected Form: plural –ties. 1: the condition of being disabled 2: inability to pursue an occupation because of physical or mental impairment. » (*Merriam-Webster's Medical Dictionary*, © 2002 *Merriam-Webster*, Inc.)

« Disability: dis·a·bil·i·ty (dĭs'ə-bĭl'ĭ-tē) n. A disadvantage or deficiency, especially a physical or mental impairment that prevents or restricts normal achievement. » (*The American Heritage® Stedman's Medical Dictionary* Copyright © 2002, 2001, 1995.)

TERMIUM propose :

Incapacité CORRECT, FÉM. Déficience CORRECT, FÉM. Invalidité CORRECT, VOIR OBS, FÉM. Handicap À ÉVITER, MASC. DEF. : État d'une personne qui, en raison d'une déficience, ne peut accomplir certains actes ou exercer une activité d'une manière dite normale. Source, fiche 2, Définition 1 – incapacité. OBS. : incapacité : terme recommandé par le Comité d'uniformisation des règles de procédure civile dans le cadre du Programme national de l'administration de la justice dans les deux langues officielles (PAJLO). Source, fiche 2, Observation 1 – incapacité. OBS – invalidité : terme utilisé dans le cadre du Programme canadien de prêts aux étudiants (formulaires et documents) car il est employé dans la Loi fédérale sur l'aide financière aux étudiants.

Pour ce texte, nous retiendrons déficience dans le premier cas (description de la maladie) et invalidité (conséquence « sociale » de la maladie) dans le second. Et pour *fewer disabilities*, nous avons choisi un antomyme plus « valide » : trois ans après.

(7) ***shuts down*** *(the immune system)* : Ici, *shut down* signifie que le médicament empêche le système immunitaire de fonctionner, un peu comme s'il s'agissait d'un liquide et qu'il suffisait de « fermer le robinet » pour qu'il ne coule plus. Comment exprimer cette idée dans ce contexte? *Le Bescherelle des verbes anglais* (Quénelle et Hourquin, 1987, p. 66) indique que la particule « down » après un verbe a pour

sens une diminution, une réduction, jusqu'à un état d'anéantissement ou d'échec.

Le *Longman Dictionary of Contemporary English* donne les exemples suivants :

> shut down. phrasal verb. 1. if a company, factory, large machine etc. shuts down or is shut down, it stops operating, either permanently or for a short time: *Our local hardware shop has shut down.* shut something ↔ down. *An accident which resulted in two of the plant's nuclear reactors being shut down. The way to shut the machine down is to type EXIT.*

Le *Larousse anglais-français en ligne* donne comme équivalents : « shut down. transitive verb separable. [store, factory, cinema] = fermer. [machine, engine] = arrêter. [lamp] = éteindre. »

Si ces traductions ne nous satisfont pas, elles peuvent servir de points de départ : « fermer » et « éteindre » ne conviennent pas, mais à partir d'« arrêter », on pourrait sans doute trouver des synonymes susceptibles de convenir au contexte. Le CRISCO propose 117 synonymes :

> aborder, accoster, accrocher, achopper, ancrer, ankyloser, appréhender, arrimer, assoupir, assujettir, assurer, attacher, attirer, barrer, barricader, **bloquer**, borner, briser, buter, cacher, caler, calmer, captiver, capturer, cesser, circonscrire, clore, clôturer, coffrer, conclure, consolider, contenir, convenir, couper, couper la parole, cueillir, débrancher, décider, décourager, déposer, déterminer, dissoudre, écluser, emballer, embarquer, embarrasser, empêcher, empoigner, emprisonner, **endiguer**, engager, **enrayer**, entraver, établir, étancher, étouffer, **faire cesser**, faire traîner, fermer, finir, fixer, freiner, geler, immobiliser, incarcérer, intercepter, **interrompre**, **juguler**, limiter, louer, maintenir, mater, mettre à l'ombre, mettre fin à, mettre un frein, mettre un terme, modérer, mouiller, paralyser, piquer, poisser, prendre, prescrire, prononcer, quitter, ralentir, ramasser, rebuter, réfréner, régler, réprimer, réserver, résoudre, retarder, retenir, rompre, s'arrêter, s'assurer, s'emparer, saisir, se taire, souhaiter, soumettre, statuer, stopper, supprimer, suspendre, tarir, tempérer, temporiser, tenir, tenir en échec, terminer, torpiller, traiter, trancher, vouloir

Plusieurs termes pourraient convenir ici : bloquer, endiguer, enrayer, faire cesser, interrompre, juguler sont des pistes intéressantes. Il faut alors vérifier les définitions proposées. À « endiguer » on trouve : « Arrêter, interrompre.

Endiguer un flot de paroles. » À « interrompre », on trouve « arrêter dans son action » qui semble approprié à notre contexte. On pourrait donc dire que le médicament « interrompt le fonctionnement du système immunitaire ».

(8) ***The ability of an MS drug to*** : Le problème ici provient plutôt de la syntaxe. On ne peut traduire littéralement, d'autant qu'il faut transmettre le ton du médecin, chargé d'enthousiasme et d'espoir. Il faut donc faire une transposition et utiliser un verbe plutôt qu'un nom en français. On pourrait dire par exemple : « Le fait qu'un médicament puisse... » ou bien : « Qu'un médicament puisse... »

(9) ***brain repair/promoting repair*** : Normalement *repair* s'emploie pour des objets. Le *Longman* donne les exemples suivants : *repairs to the roads. His job is to make minor repairs on all the machines. The church tower is in need of repair.*

Pourtant, un livre entier traite de ce sujet (Stein et al., 1997) :

> Sixty years ago, the Nobel laureate Santiago Ramon y Cajal stated that "in the adult brain, nervous pathways are fixed and immutable; everything may die, nothing may be regenerated." Cajal's influence has been legendary—and conventional wisdom still holds that the human brain cannot repair itself. Today, however, remarkable discoveries from laboratories around the world offer a much more optimistic prognosis. In Brain Repair, three internationally renowned neuroscientists team up to offer an intriguing and up-to-the-minute introduction to the explosive advances being made in the research, technology, and treatment of brain damage.

Le site de la fondation *Brain Canada* peut venir à notre aide car leur site est bilingue et ils proposent un *Brain Repair Program*. Le site propose la traduction : « programme de régénération du cerveau ». À « régénérer », le TLFI de CRISCO nous donne, spécifiquement dans le domaine de la biologie :

BIOLOGIE

a) *[Le suj. désigne un être vivant, un organisme ou une de ses parties] Reconstituer un tissu, un organe, une partie détruite naturellement ou accidentellement.* Les leucocytes et les cellules des tissus […] régénèrent peu à peu la paroi de l'artère (Carrel, *L'Homme*, 1935, p. 239). Les Poissons régénèrent leurs barbillons, leurs nageoires, leur mâchoire inférieure (J. Rostand, *La Vie et ses probl.*, 1939, p. 69). Empl. pronom. Les

os se régénèrent. L'amputation des parties susceptibles de se régénérer chez différents animaux (Cabanis, *Rapp. phys. et mor.*, t. 1, 1808, p. 206).
– Empl. intrans. [Le suj. désigne un type d'être vivant] Avoir le pouvoir de reconstituer une partie détruite; avoir la faculté de régénération.

(10) ***lecturer*** : Cette difficulté est d'ordre culturel et sociologique. Au Canada, *lecturer* est le rang le plus bas de la hiérarchie universitaire. En général, les professeurs qui n'ont pas terminé leur doctorat sont embauchés à ce niveau. Puis, dès qu'ils reçoivent leur diplôme, ils deviennent *assistant professor*. Après quelques années, ils passent au rang d'*associate professor*, puis *professor*. Au Royame-Uni, c'est différent. Si vous allez sur le site de l'Université de Cambridge, vous verrez que Alasdair Coles est maintenant Senior Lecturer. Non seulement il avait déjà son doctorat à l'époque de l'article, mais sa notoriété a grandi et ses recherches ont abouti comme vous pourrez le constater si vous lisez sa page web de l'Université de Cambridge. Le *Dictionary of Education* précise :

lecturer
1. A generic term for a teacher in further or higher education. In further education there are three lecturer grades: lecturer, senior lecturer, and principal lecturer. In universities the grading continues to reader and professor (Wallace, 2009).

Sur la page de Cambridge qui le présente, on y indique qu'il est prêt à encadrer des étudiants au niveau du doctorat. Il s'agit donc d'un professeur à part entière, quelle que soit sa place dans la hiérarchie universitaire. Il faut donc utiliser ce terme qui est aussi un générique en français, que l'on soit débutant ou titulaire.

(11) ***said in a statement*** : Le *Oxford Dictionary of English Grammar* définit statement ainsi : « statement. 1. (In non-specialized usage.) A sentence or utterance that states or declares. » La formulation de l'article est un peu étrange. En principe, *a statement* serait plutôt quelque chose que l'on trouverait à l'écrit, or on sait que ce texte est une transcription d'un reportage télévisé. Le simple verbe « déclarer » nous semble convenir ici : « 2. Énoncer de façon expresse et plus ou moins solennelle ses idées, ses pensées, ses opinions ou ses sentiments. (TLFI, CRISCO) »

(12) **witnessing** : L'emploi du terme est intéressant. Quoiqu'il ne soit pas difficile à comprendre, trouver la bonne formulation en français n'est pas si simple car on ne peut pas traduire littéralement par : « Nous sommes les témoins » ou « nous pouvons témoigner ». Que font les chercheurs exactement? Ils font des expériences et ils observent. C'est en ce sens qu'ils peuvent se présenter comme les témoins du succès ou de l'échec de leurs expériences. Toutefois, il s'agit là d'une molécule qu'ils veulent nous présenter et pour laquelle ils sont en mesure de témoigner qu'elle pourrait considérablement améliorer la santé des malades. Ils la regardent comme un être indépendant qu'ils auraient sous les yeux et concluent de son intérêt. Une formulation de type : « Nous sommes en présence d'un médicament... » rendrait bien cette idée.

(13) **if given** : La difficulté est ici syntaxique. On ne peut pas dire en français « si donné... ». Il faut nécessairement étoffer et faire une proposition subordonnée complète : « s'il est donné/administré... ».

(14) **are published** : Problème de temps ici. On peut conserver la voix passive si on veut ou renverser la phrase et employer la voix active. Dans tous les cas cependant, il faut employer le passé en français alors que c'est le présent qui est employé en anglais. En effet, c'est une des différences de l'anglais et du français en matière de temps : en anglais, quand l'action touche au présent, on emploie le présent (ici, la publication a eu lieu dans le passé mais on en parle dans le présent, donc c'est le présent qu'on emploie), mais en français, on considère la date où l'article a été publié et on utilisera alors le passé composé : « ont été publiés ».

(15) **55,000 and 75,000** : Simple problème de conventions de l'écriture en français : la virgule qui indique les milliers en anglais est remplacée par une simple espace qui doit cependant être insécable : 55 000 et 75 000.

(16) **experimental drug** : Le *National Cancer Institute Dictionary of Cancer Terms* offre la définition suivante :

> « experimental drug. A substance that has been tested in the laboratory and has been approved by the U.S. Food and Drug Administration (FDA) for testing in people. Clinical trials test how well experimental drugs work and whether they are safe to use. An experimental drug may be approved by the FDA for use in one disease or condition but still be considered investigational in other diseases or conditions. Also called IND, investigational agent, investigational drug, and investigational new drug. »

Application à l'analyse de traductions

Le site *BioTop* (Dolisi, 2001) utlise le terme « médicament expérimental » dans sa description de l'évolution de l'épidémie due au virus ebola et c'est aussi la recommandation du *Grand Dictionnaire terminologique* (OQLF, 2014).

(17) **lead study author** : Cette notion est aussi culturelle et, en fait, plus nord-américaine qu'européenne. En Europe, s'il n'y a que deux auteurs, on considère que les deux ont contribué à peu près également au livre. S'il y a plus de deux auteurs, c'est souvent le premier cité qui est considéré comme l'auteur principal puisqu'on peut, dans les bibliographies, résumer tous les autres par un simple *et al.*

En Amérique du Nord, étant donné l'importance accordée à la publication des professeurs d'université, non seulement la solution européenne est considérée comme injuste, mais en plus, les revues demandent de plus en plus que soit précisée la contribution de chacun, comme l'indique l'article de la revue *Nature Physics* de 2009. Au Canada, les projets de recherche doivent indiquer qui est le chercheur principal (*principal investigator*). Cela se distingue en partie du *lead study author* puisqu'on pourrait bien imaginer que le chercheur principal, si, par exemple, sa connaissance de l'anglais écrit était limitée, pourrait confier à un collègue anglophone la rédaction du livre qu'il aurait lui-même conçu. La notion de qui serait alors l'auteur principal, le chercheur et concepteur du livre ou le rédacteur de celui-ci, reste donc confuse. Il nous semble que l'initiative de *Nature Physics* est malgré tout excellente car elle permet de reconnaître les contributions de chacun, même si celles-ci sont parfois difficiles à délimiter. On dira ici l'auteur principal de l'étude.

(18) **phase three trials** : Les essais cliniques suivent un protocol très strict que nous détaille le *Dictionary of Cancer Terms* :

Clinical Trial Phase
A part of the clinical research process that answers specific questions about whether treatments that are being studied work and are safe. Phase I trials test the best way to give a new treatment and the best dose. Phase II trials test whether a new treatment has an effect on the disease. Phase III trials compare the results of people taking a new treatment with the results of people taking the standard treatment. Phase IV trials are done using thousands of people after a treatment has been approved and marketed, to check for side effects that were not seen in the phase III trial.

Le site de terminologie médicale *BioTop* nous donne, à « essai clinique » : « essai de phase 1, essai de phase 2, essai de phase 3, essai de phase 4 ». L'usage est donc le même en français et en anglais, y compris en matière de nombre : on emploie parfois le singulier et parfois le pluriel dans les deux cas.

(19) ***stabilize*** : La meilleure définition que nous ayons trouvée pour ce mot dans le contexte médical est celle du *Grand Dictionnaire terminologique* :

> *stabiliser*
> Domaine médecine
> Auteur : Office québécois de la langue française, 2001
> Définition : Enrayer, chez une personne, l'évolution d'une maladie ou d'un état ou d'un processus pathologique.
> Anglais
> Auteur : Office québécois de la langue française, 2001
> Terme : stabilize

Nous avons choisi d'employer la définition plutôt que le terme pour qu'il n'y ait aucune ambiguïté en français.

(20) ***of what had previously been assumed to be*** (**irreversible disabilities**) : La difficulté est ici syntaxique puisqu'une traduction littérale serait d'une lecture plus que pénible : de ce qui avait été considéré auparavant comme des déficiences irréversibles.

On peut faire mieux! L'emploi de « on » et le déplacement de *deficiencies* comme antécédent, permettent le recours à une subordonnée relative, ce qui allège la formulation de la phrase : de déficiences que l'on croyait jusque-là irréversibles.

Traduction

> ### UN MÉDICAMENT CONTRE LA LEUCÉMIE POURRAIT ENRAYER L'ÉVOLUTION DES SYMPTÔMES DE LA SCLÉROSE EN PLAQUES.
>
> L'espoir renaît pour les patients souffrant de sclérose en plaques (SP). Il se pourrait en effet qu'un médicament créé au départ pour traiter une

forme de leucémie enraye la progression de cette maladie neurologique invalidante qu'est la SP. Des chercheurs de l'Université de Cambridge ont trouvé que non seulement l'alemtuzumab interrompt la progression de la SP, mais aussi qu'il pourrait rétablir certaines fonctions perdues par les patients.

La sclérose en plaques est une maladie auto-immune dans laquelle le système immunitaire attaque la gaine isolante recouvrant les fibres du système nerveux central. Ceci provoque le dysfonctionnement puis la détérioration complète des nerfs, ce qui entraîne un certain nombre de déficiences physiques et intellectuelles.

Au cours de l'étude, l'alemtuzumab a réduit de 71 % les risques que survienne une invalidité par rapport au médicament le plus courant contre la SP, l'interféron bêta 1a. De plus, trois ans après, de nombreux patients avaient retrouvé l'usage de fonctions antérieurement perdues.

Les chercheurs ont découvert que le médicament interrompt le fonctionnement du système immunitaire et détruit le type de globules blancs qui provoque les lésions associées à la maladie.

« Le fait qu'un médicament contre la SP puisse régénérer le cerveau est du jamais-vu » a déclaré Alasdair Coles, l'un des auteurs de l'étude, professeur au département de neurosciences de l'Université de Cambridge.

« Nous sommes en présence d'un médicament qui, s'il est administré suffisamment tôt, pourrait non seulement enrayer l'évolution de la maladie mais aussi restaurer certaines fonctions perdues en favorisant la reconstruction des tissus cérébraux lésés. »

Les résultats de cette étude ont été publiés dans la revue *New England Journal of Medicine*.

Selon la Société canadienne de la sclérose en plaques, bien que la SP puisse se déclarer à n'importe quel âge, elle est le plus souvent diagnostiquée entre 15 et 40 ans et est trois fois plus susceptible de se produire chez les femmes que chez les hommes.

Entre 55 000 et 75 000 Canadiens souffrent de SP.

Il n'existe pas de remède permettant de guérir cette maladie, même si les patients conservent une espérance de vie normale.

« L'Alemtuzumab est le médicament expérimental le plus prometteur pour le traitement de la sclérose en plaques, » a ajouté Alastair Compston, l'auteur principal de l'étude et également professeur de neurologie à l'Université de Cambridge. « Nous espérons que les essais qui seront menés à la phase 3 de l'expérimentation confirmeront que ce médicament peut à la fois enrayer la progression de la maladie et permettre la guérison au moins partielle de déficiences que l'on croyait jusque-là irréversibles. »

Conclusion

La traduction de ce texte nous a permis d'en apprendre beaucoup, non seulement sur la sclérose en plaques, mais aussi sur l'anatomie du système nerveux et sur la pharmacopée qui y est associée. Elle a mis en lumière également que, une fois les connaissances acquises sur le sujet lui-même, les difficultés de traduction sont le plus souvent liées à des problèmes de phraséologie et de syntaxe, les difficultés terminologiques étant quant à elles le plus souvent résolues rapidement grâce aux bases de données et dictionnaires spécialisés du domaine. Reste à mettre en pratique la formule de Boileau (1674): « Ce que l'on conçoit bien s'énonce clairement, et les mots pour le dire arrivent aisément », – ce qui n'est pas toujours aussi « aisé » qu'on le voudrait...

Bibliographie

BOWLING, Allen C. (2009). "Vitamin D and MS: Implications for Clinical Practice." *National Multiple Sclerosis Society Clinical Bulletin*. URL: www.nationalmssociety.org/Research/Research-News-Progress/Vitamin-D. Accessed July 27, 2015.

Brain Canada/La fondation neuro-Canada. Programme de régénération du cerveau. URL : www.braincanada.ca/fr/Programmes_regeneration_cerveau. Date de consultation : le 15 novembre 2014.

CENTRE NATIONAL DE RESSOURCES TEXTUELLES. URL : www.cnrtl.fr/lexicographie/. Date de consultation : le 15 novembre 2014.

CRISCO. *Dictionnaire électronique des synonymes*. Université de Caen Basse-Normandie. URL : www.crisco.unicaen.fr/cgi-bin/cherches.cgi. Date de consultation : le 16 novembre 2014.

CTV.CA NEWSSTAFF (2008, 23 octobre). URL : www.ctv.ca/servlet/ArticleNews/story/CTVNews/20081023/MS_drug_081023/20081023?hub=Health. Date de consultation : le 9 novembre 2009.

DOLISI, Georges (2001). *Bio-Top. Terminologie médicale*. URL : www.bio-top.net/. Date de consultation : le 15 novembre 2014.

DUBÉ, Jacques (1989). *Lexique analogique*. Secrétariat d'État du Canada. URL : www.btb.termiumplus.gc.ca/tpv2guides/guides/lex/index-fra.html?lang=fra&page=../introduction. Date de consultation : le 15 novembre 2014.

DUBUC, Bruno. *Le cerveau à tous les niveaux*. URL : lecerveau.mcgill.ca/flash/i/i_01/i_01_cl/i_01_cl_fon/i_01_cl_fon.html. Date de consultation : le 9 novembre 2009.

Application à l'analyse de traductions

GRAND'MAISON, F., Valérie MANSEAU et Marie-Michèle MANTHA. « Sclérose en plaques ». *Passeport Santé*. 25 mai 2004. http://www.passeportsante.net/fr/Maux/Problemes/Fiche.aspx?doc=sclerose_plaques_pm. Date de consultation : le 9 novembre 2009.

LAROUSSE. *Dictionnaire Larousse anglais-français*. URL : www.larousse.com/en/dictionaries/english-french. Date de consultation : le 15 novembre 2014.

Merriam-Webster's Medical Dictionary. URL : www2.merriam-webster.com. Accessed November 15, 2014.

MURPHY, Jessica (2008, 17 septembre). « Taux élevé de sclérose en plaques au Canada ». *La Presse canadienne*. URL : www.cyberpresse.ca/vivre/200809/19/01-672470-taux-eleve-de-sclerose-en-plaques-au-canada.php.

NATIONAL CANCER INSTITUTE. *Dictionary of Cancer Terms*. URL: www.cancer.gov/dictionary. Accessed November 25, 2014.

OFFICE QUÉBÉCOIS DE LA LANGUE FRANÇAISE. *Le grand dictionnaire terminologique*. URL : www.gdt.oqlf.gouv.qc.ca/. Date de consultation : le 16 novembre 2014.

PEARSON EDUCATION LTD. *The Longman Dictionary of Contemporary English*. URL : www.ldoceonline.com/dictionary/. Accessed November 16, 2014.

QUÉNELLE, G. et D. HOURQUIN (1987). 6000 *verbes anglais et leurs composés. Formes et emplois*. Québec : Hurtubise, p. 66.

RADIO-CANADA (Journal du 21 février 2007). URL : www.radio-canada.ca/nouvelles/Science-Sante/2007/02/21/001-Scleroseenplaques.shtml.

ONLINE DICTIONARY (2009). *Dictionary.com Unabridged*. Random House, Inc.

ROBERT, Paul. *Le Nouveau Petit Robert de la langue française* 2009. Josette Rey-Debove et Alain Rey (dir.). Paris : Les Dictionnaires Le Robert. URL : forseti.glendon.yorku.ca.ezproxy.library.yorku.ca/PR1_2009/. Date de consultation : le 15 novembre 2014.

STEDMAN, Thomas (2002). *The American Heritage Stedman's Medical Dictionary*. Boston: Houghton Mifflin Company.

STEIN, Donald, Simon BRAILOWSKY and Bruno WILL (1997). *Brain Repair*. Oxford-New York: Oxford University Press.

TARONI, Andrea (ed.). (2009). "What did you do? Nature Physics now requires a statement of authors' contributions to a paper." *Nature Physics*. Vol. 5, n° 369. URL: www.nature.com/nphys/journal/v5/n6/full/nphys1305.html. Accessed November 15, 2014.

TRAVAUX PUBLICS ET SERVICES GOUVERNEMENTAUX CANADA. *TERMIUM Plus*. Bureau de la Traduction. URL : www.btb.termiumplus.gc.ca/tpv2alpha/alpha-fra.html?lang=fra. Date de consultation : le 16 novembre 2014.

UNIVERSITY OF CAMBRIDGE. Cambridge Neuroscience. *Professor Alasdair Coles*. URL : www.colescambridge.org.uk/. Accessed November 15, 2014.

WALLACE, Susan (2009). *A Dictionary of Education*. Oxford: Oxford University Press. URL: www.oxfordreference.com. Accessed November 15, 2014.

EXEMPLE 3 : TRADUCTION COMMENTÉE EN ANGLAIS D'UN TEXTE EN FRANÇAIS

Les exemples qui suivent adoptent une approche mixte. Les textes proposés sont accompagnés de diverses indications (questions, commentaires, directives) servant à guider la traduction et à justifier les choix. Comme il s'agit, dans cette section, de traductions vers l'anglais, les indications et la discussion sont présentées dans cette langue.

Preamble

In Chapter 1, we described translation as "une activité carrefour" (Valentine, 1996). Translation is also a decision-making process. The decisions entail information-processing that intersects with linguistic, textual, sociocultural, and situational knowledge. In learning to translate, learners need to know, analyze, clarify, recall, compare and contrast, interpret, articulate, apply, imitate, negotiate, and even create (Valentine, 2013). The following questions, comments, and analysis demonstrate how these skill sets can be deployed.

TEXTE 44 : *DES ABEILLES CHEZ LES BLEUETS* (1)

Chaque printemps, 30 000 ruches sont acheminées par camion au Lac-Saint-Jean. Sans elles, **les producteurs québécois de bleuets** (2) **tomberaient comme des mouches** (3).

    Cinq travailleurs mexicains s'activent dans le champ (4). Ils sont **vêtus** (5) d'une sorte de **scaphandre** (6) blanc, **coiffés** (5) d'un **casque imposant** (6) doté d'un **filet protecteur** (6), et **leurs mains sont gantées** (5). **Le genre d'attirail que l'on s'attendrait à voir dans une centrale nucléaire** (6). Ils sont **enveloppés d'un nuage** (7) bourdonnant de petites travailleuses infatigables, étrangères elles aussi. « Nous ne serions pas en affaires sans les abeilles », **dit** (8) mon guide, Jean-Eudes Senneville.

    Au volant de son VUS, « le roi du bleuet » observe le chargement de 700 ruches à bord d'un semi-remorque garé sur le chemin menant à l'une de ses bleuetières. **Natif de Saint-Félicien** (9), au Lac-Saint-Jean, **l'homme de 71 ans** (10) est **tombé dans les bleuets** (11) tout jeune. À 17 ans, **il vendait ses premières boîtes** (12). Aujourd'hui, son entreprise, Les Bleuets sauvages du Québec, compte quatre usines de transformation au Québec et exporte la «petite perle bleue du Lac» dans 25 pays.

Les abeilles sont essentielles à son commerce. La fleur de bleuet porte à la fois les organes mâles et femelles, mais comme elle est autostérile, le pistil doit être fécondé avec du pollen venant d'une autre fleur de bleuet pour produire un fruit.

Les abeilles domestiques (13) sont à l'origine de 80 % de la pollinisation des **bleuetières** (14) de la région, **estime** (15) Jean-Eudes Senneville. Sans leur boulot, nous ne croquerions ni pommes, ni fraises, ni framboises, ni amandes, ni oignons, ni aubergines. **Plus d'une cinquantaine de fruits et légumes, en fait** (16). Des associations d'apiculteurs se plaisent à répéter qu'Albert Einstein **aurait énoncé** (17) que si l'abeille disparaissait, l'humanité **n'aurait** (17) que quatre années à vivre.

Des recherches ont montré cependant que dans de nombreuses régions, les populations d'abeilles sont en forte régression à cause de l'utilisation répandue des pesticides. **C'est donc dire** (18) que **pesticides et abeilles font mauvais ménage** (19).

Source: Adapted from Nicolas Mesly (1er mai 2013). « Des abeilles chez les Bleuets ». *L'actualité*. URL : www.lactualite.com/sante-et-science/environnement/des-abeilles-chez-les-bleuets.

Introduction

The ST article, *Des abeilles chez les Bleuets* can be classified as informative and factual. It was published in the French current affairs magazine *L'actualité* for a general readership.

Articles on the life of bees, their role and their importance are current "hot topics" that often appear in scholarly and lay publications. There is no dearth of information about bees and, as always, the translator should do some preliminary reading to become familiar with the relevant vocabulary and usage as well as phraseology.

As you know, the Internet is an invaluable tool for research and fact-finding, but its added role as a barometer of current usage should not be overlooked. As an example, let us take one of the key words in the text—*apiculteur*—for which dictionaries provide three translations. A recent Google query yielded 63,000 occurences of *apiculturist*, 275,000 of *apiarist* and 5,250,000 for *beekeeper*.

Although the statistics speak for themselves, it is still necessary to decide which is the appropriate term to be used in this context (general audience).

With regard to terminology, *Termium* (in The Language Portal/Le portail linguisitique) is another valuable reference tool for translators to find words, some of which have yet to appear in printed dictionaries. For example, in the article on bees from *L'actualité*, the verb *polliniser* is used four times. The *Nouveau Petit Robert* lists *polliniseur* and *pollinisation*, but not *polliniser*. In the *Collins-Robert*, the English verb to pollinate is translated as *féconder (avec du pollen)*. Looking in *Termium*, however, one finds *polliniser* for to pollinate. Furthermore, the dated entry (2013-04-10) shows that this is a very recent addition to the online corpus.

Exploring the Text—Rich Points

This exploration takes you through highlighted elements or segments of the entire text referred to as *rich points*. You will encounter specific questions and translation tasks related to the text. Rich points are defined as "those things that strike you with their difficulty, their complexity, their inability to fit into the resources you use to make sense out of the world. These things—from lexical items through speech acts up to extensive stretches of discourse—are called rich points" (Agar, 1991, p. 168). These points are rich, significantly so, "because of the intricate web of associations and connotations that they carry with them, webs that have few or only opaque corresponding echoes in one's native language, so that no easy translation is possible" (Agar, 1994, p. 232).

Exploration Exercise

(1) ***Des abeilles chez les Bleuets*** (title of text): In the prepositional phrase *chez les Bleuets*, the noun *Bleuets* written with upper case B should give pause for thought. Why is that so?

(2) ***... les producteurs québécois de bleuets***: An example of an expanded noun phrase. Consider a *tournure synthétique*, very typical of English usage, a feature discusssed in the section entitled *Noms composés et expansion du nom*. Locate another example of this feature further on in the text. How should the adjective *québécois* be translated?

(3) ***... tomber comme des mouches***: What figure of speech is contained in this expression? How should it be interpreted here and how would you translate it?

(4) ***Cinq travailleurs mexicains s'activent dans les champs***: This sentence contains two elements that require special attention: one relates to capitalization, the other to verb aspect. How will you deal with them?

(5) **vêtus, coiffés, gantées**: Note the sentence structure using a series of specific participial adjectives. For concision of style, try using a generic verb.

(6) **Le genre d'attirail...**: This construction is a type of appositive (that renames the items listed in the previous sentence) standing alone as a sentence. Should this construction be replicated in English? There is another example of this feature further on in the text. Locate it and decide how it should be handled.

(7) **Enveloppés** (d'un nuage): is very evocative. Can its English equivalent be considered?

(8) **Dire**: is a neutral verb. Can you think of options—stylistic choices—other than "say"?

(9) **Natif de Saint-Félicien**: Consider (among other options) a past participle for rendering *natif*.

(10) **L'homme de 71 ans**: Consider a *tournure synthétique*, very typical of English usage; again see the section entitled *Noms composés et expansion du nom*. As another option, consider using a single noun in English.

(11) **Tomber dans les bleuets**: What figure of speech is exemplified here? Think of an appropriate translation.

(12) **... il vendait ses premières boîtes**: Comment on the use of the *imparfait* here. Does it express the progressive aspect?

(13) **Les abeilles domestiques sont à l'origine...**: Does "domestic bees" work here?

(14) **bleuetières**: What is the correct translation for *bleuetières*?

(15) **... estime**: "Estimate" might not be appropriate here. Why?

(16) **Plus d'une cinquantaine de fruits et légumes, en fait**: Note this construction. How should it be attached to the rest of the text?

(17) **... Einstein aurait énoncé... l'humanité n'aurait que...**: Comment on the value of the two verb forms in these segments. Think of their translation.

(18) **C'est donc dire**: Note the function of this transitional expression (connecteur).

(19) **... pesticides et abeilles font mauvais ménage**: Note this observation embodying a fact based on experience. What term can be used to identify it? How is it presented here and how should it be translated?

Practice Excerpt 1

DES ABEILLES CHEZ LES BLEUETS (1)

Chaque printemps, 30 000 *ruches sont acheminées par camion au Lac-Saint-Jean. Sans elles,* **les producteurs québécois de bleuets** (2) **tomberaient comme des mouches** (3).

Cinq travailleurs mexicains s'activent dans le champ (4). *Ils sont* **vêtus** (5) *d'une sorte de* **scaphandre** (6) *blanc,* **coiffés** (5) *d'un* **casque imposant** (6) *doté d'un* **filet protecteur** (6), *et* **leurs mains sont gantées** (5). **Le genre d'attirail que l'on s'attendrait à voir dans une centrale nucléaire** (6). *Ils sont* **enveloppés d'un nuage** (7) *bourdonnant de petites travailleuses infatigables, étrangères elles aussi. « Nous ne serions pas en affaires sans les abeilles »,* **dit** (8) *mon guide, Jean-Eudes Senneville.*

Au volant de son VUS, « le roi du bleuet » observe le chargement de 700 *ruches à bord d'un semi-remorque garé sur le chemin menant à l'une de ses bleuetières.* **Natif de Saint-Félicien** (9), *au Lac-Saint-Jean,* **l'homme de** 71 **ans** (10) *est* **tombé dans les bleuets** (11) *tout jeune. À* 17 *ans,* **il vendait ses premières boîtes** (12).

Every fall, 30,000 beehives are transported by truck/trucked to Lac-Saint-Jean. Without them, Quebec blueberry producers would drop like flies.

A few Mexican workers are busy working /at work in the field. They are wearing large white suits, big hoods with protective veils, and gloves—the kind of gear one would expect to see/find in a nuclear power plant/station. They are surrounded by/enveloped in a buzzing cloud of tiny, tireless workers that also come from abroad. My guide, Jean-Eudes Senneville, points out, "We wouldn't be in business without (the) bees."

… Born in Saint-Félicien in Lac-Saint-Jean, the 71-year-old (man) has had a passion for blueberries/has had blueberries in his blood since childhood.

Source: Adapted from Nicolas Mesly. URL: www.lactualite.com/sante-et-science/environnement/des-abeilles-chez-les-bleuets.

Application à l'analyse de traductions

Analysis and discussion

During exploration, we looked at and were alerted to some of the difficulties. Let us follow the discussion below. Pause for thought:

(1) ***Des abeilles chez les Bleuets***: The French title refers to Lac-Saint-Jean inhabitants commonly called *les Bleuets* because the region is a big producer of blueberries. Cultural references—culture bumps—are seldom rendered literally, and in this case such an option would be inappropriate. Furthermore, place names are not usually translated. This reference—the reason for the capitalized B—is specific to French-speaking Quebec. Adaptation becomes necessary. And this requires some inventiveness and creativity. Here are some options:

- *Beekeeping in Lac-Saint-Jean*
  A prosaic choice, which sums up the gist of the text rather matter-of-factly.

- *Of Bees and Blueberries*
  A stylistic use of the preposition "of": eye-catching in initial position, as a synonym of "concerning" or "about," it elicits expectation from the reader. It is interesting to note that the title is modeled after John Steinbeck's seminal work, *Of Mice and Men*.

- *Busy Bees in Blueberry Land*
  This option encapsulates the idiomatic expression "as busy as a bee" and also conjures the literal image of *les travailleuses infatigables*. Blueberry Land is used as a metaphor to describe the Lac Saint-Jean Region and emphasize the importance of blueberry cultivation. Note also the substitution of Blueberry Land (the habitat) for les Bleuets (the inhabitants), an example of metonymy. Worth noting also is the alliteration produced by the repetition of the consonant "b," adding expressiveness to the title.

(2) ***Les producteurs québécois de bleuets***: The expanded noun phrase, *les producteurs québécois de bleuets*, can be transformed into a *tournure synthétique*, "Quebec blueberry producers," exemplifying the placement of several adjectives (in this case two) before the noun. This feature is referred to as "the piling up of modifiers" to the left of the head noun. Note that the adjective *québécois* becomes an adjectival noun (a noun used as

an adjective). Note also that "Quebec" can be written with or without the acute accent.

(3) ***tomberaient comme des mouches***: is recognizably a simile (*comparaison*). The corresponding equivalent is "would drop like flies" meaning "die in great numbers." In this context, the expression is also suggestive of hyperbole as it exaggerates the severity of the problems likely to occur in the absence of bees.

(4) ***Cinq travailleurs mexicains s'activent dans le champ***: We already know that Mexican must be written with a capital M. The verb *s'activer* will not be pronominal in English. It could be interpreted here as the inchoative aspect, expressing the beginning of an event, (A few workers are getting busy) or the continual aspect, expressing an on-going event (A few workers are busy working).

(5) ***vêtus, coiffés, leurs mains gantées***: Note also how the adjectives (past participles) have been blended into the text. The specific participial adjectives *vêtus* (used for clothing) and *coiffés* (head apparel) have been translated using the generic English verb "wear," whose generic counterpart in French is *porter*. Note also that *doté*, an adjective qualifying the noun *casque* is expanded to incorporate a preposition "with" (fitted with).

The items they are wearing should be in the plural: they are wearing large suits, big hoods, etc. English uses the plural where French uses the generic singular. "They are wearing a suit" seems to suggest they are all wearing the same suit. The expression "dressed in" doesn't apply to gloves; it does to clothing. In English, hands are in gloves, not gloves "on the hands."

(6) ***scaphandre, casque imposant, filet protecteur***: The *scaphandre* in French refers to a special suit either for astronauts or divers—a spacesuit or diving suit. It conjures up images of a large puffy suit covering the entire body (a coverall). Using the adjective *puffy*, however, would put undue emphasis on the suit and perhaps make the reader think of the Pillsbury dough boy (cultural North American reference). Because the original article is accompanied by pictures, the inflated aspect of the garment is clear to the reader. To find an accurate translation for the *casque imposant* and the *filet protecteur*, it is helpful to consult a website about protective clothing for beekeepers. One such site is that of The Honey Council of Canada.

(7) **enveloppés d'un nuage**: In English, a large group of flying insects (usually flies) is referred to as a cloud. This example is one of the collectives in English that is similar to French. The word swarm can be used for bees, but it is associated with their collective behavior as they leave the hive with a newly fertilized queen to establish a new colony.

Ils sont enveloppés: The options that come to mind are enveloped, surrounded or even wrapped. Their meanings overlap, which compounds the difficulty. Here is how the *Webster* defines them:

Envelop

1. to enclose or enfold completely with or as if with a covering
2. to mount an attack on (an enemy's flank)
   (URL : www.merriam-webster.com/dictionary/envelop)

Surround

1A: (1): to enclose on all sides: envelop *<the crowd surrounded her>* (2): to enclose so as to cut off communication or retreat: invest
  B: to form or be a member of the entourage of *<flatterers who surround the king>*
  C: to constitute part of the environment of *<surrounded by poverty>*
  D: to extend around the margin or edge of: encircle *<a wall surrounds the old city>* (URL : www.merriam-webster.com/dictionary/surround)

Wrap

1A: to cover especially by winding or folding
  B: to envelop and secure for transportation or storage: bundle
  C: enfold, embrace
  D: to coil, fold, draw, or twine (as string or cloth) around something
2A: surround, envelop
  B: to suffuse or surround with an aura or state *<the affair was wrapped in scandal>*
  C: to involve completely: engross—usually used with up
3: to conceal or obscure as if by enveloping
4: to enclose as if with a protective covering
   (URL : www.merriam-webster.com/dictionary/wrap)

Close scrutiny of the meanings points to envelop (1) and surround 1a (1) as being most appropriate to the context. Wrap conveys a more concrete, physical meaning.

The text personifies the bees, referring to them as foreigners. The adjective "foreign," sometimes "migrant," is often used to refer to workers (usually temporary) from other countries. Since the term "workers" already appears in the same text, it is perhaps stylistically elegant, but certainly not compulsory, to express the idea differently. What needs to be expressed is that the bees come from elsewhere.

(8) **dit**: The verb *dire* (to say) expresses a neutral point of view. Other stylistic choices are announces, points out, remarks.

(9) and (10) **Natif de Saint-Félicien, l'homme de 71 ans**: The noun *natif* can be translated as a past participle; *l'homme de 71 ans* is another example of an expanded noun phrase which can become fused into a compound form: the 71-year-old man. Another option is to fuse the two noun phrases – the introductory phrase and the appositive phrase (in this case, the phrase providing additional information about the phrase directly preceding it) into "the 71-year-old Saint-Félicien native."

(11) **tombé dans les bleuets**: is perhaps reminiscent of other expressions built around the verb tomber (*tomber dans les pommes, tomber dans le panneau, tomber dans le piège*) but with totally different meanings. In this context it evokes the situation of Obélix, the French comic strip character, who falls into the cauldron of magic potion as a little boy and is endowed with superhuman strength.

The sample translation offers two options:

- … has had blueberries in his blood: an inventive metaphor intended to convey the idea of the septuagenarian having grown up with blueberries as an integral part of his life.
- … has had a passion for blueberries: the verb "have" is not as expressive but the structure captures the general meaning.

Here is a third:

- … has been endowed with a passion for blueberries: the translation draws on the idea of endowment or infusion.

Application à l'analyse de traductions

Note the use of the present perfect, which makes explicit reference to the past from the perspective of the present, in other words, the present perfect denoting current relevance.

(12) ***il vendait ses premières boîtes***: The question here is whether the verb depicts a progressive or non-progressive event. In fact, it designates a complete event, not one in progress. It is a perfective imperfect, a stylistic use referred to by various names: the picturesque imperfect, the *imparfait pittoresque ou de reportage*. Gobbe and Tordoir (1986) term it the *imparfait historique ou de narration* (p. 340); they point out that "dans un récit, l'imparfait peut s'employer avec la valeur d'un passé simple." They provide the following illustrative example: "Quatre heures après, je prenais à l'aéroport de Dorval le premier avion pour New York (= ... je pris...)." (p. 340) The *imparfait* here depicts vividly a specific moment in the past, hence the choice of the preterite or simple past—instead of a progressive form—in English.

Practice Excerpt 2

Les abeilles domestiques (13) *sont à l'origine de 80 % de la pollinisation des **bleuetières** (14) de la région, **estime** (15) Jean-Eudes Senneville. Sans leur boulot, nous ne croquerions ni pommes, ni fraises, ni framboises, ni amandes, ni oignons, ni aubergines. **Plus d'une cinquantaine de fruits et légumes, en fait** (16). Des associations d'apiculteurs se plaisent à répéter qu'Albert Einstein **aurait énoncé** (17) que si l'abeille disparaissait, l'humanité **n'aurait** (17) que quatre années à vivre.*

*Des recherches ont montré cependant que dans de nombreuses régions, les populations d'abeilles sont en forte régression à cause de l'utilisation répandue des pesticides. **C'est donc dire** (18) **que pesticides et abeilles font mauvais ménage** (19).*

Honeybees account for 80% of the pollination in the local blueberry fields, according to Jean-Eudes Senneville. Without their work, there would be no apples, strawberries, raspberries, almonds, onions, or eggplants for us to eat. All told, the list includes some fifty fruit (types of fruit) and vegetables. Beekeeping associations are fond of quoting Einstein who apparently said/is claimed to have said that if bees disappeared/were to disappear, the human race would survive/live (for) only four years.

... This goes to show that pesticides and bees don't mix.

Source: Adapted from Nicolas Mesly: www.lactualite.com/sante-et-science/environnement/des-abeilles-chez-les-bleuets

Analysis

(13) **Les abeilles domestiques**: The *abeilles domestiques* are honeybees (*Apis mellifera*). This term must not be translated as domestic bees. One could think of them as *native bees*, but this translation is inaccurate because varieties of native wild bees exist that do not produce honey for human consumption.

(14) **bleuetières**: The *bleuetières* are blueberry fields. The translation given in *Collins-Robert* as *blueberry groves* is inaccurate because the low-bush berries grow on the ground and the high-bush berries grow on bushes, not trees, as the term *groves* would suggest. Background reading and research on this subject will clarify the matter.

(15) **estime**: The verb *estimer* has to be treated cautiously. Is the meaning to appraise, to assess, to evaluate, or to estimate? Is it to hold in esteem or to appreciate? Or is it simply *to consider*, or *to judge*, or *to reckon that*? In this example, we have no indication that Jean-Eudes Senneville is using scientific methods to evaluate how much pollinating is taking place in his fields. (The text from *L'actualité* is a general interest text). He is giving his opinion or impression. The verb *estimer* here corresponds to *consider*, *believe*, or *think*.

(16) **Plus d'une cinquantaine de fruits et légumes, en fait**: This is another example of a stand-alone appositive phrase. Although it is possible to write incomplete sentences in a text for special effect, the appositive is usually separated by a comma from the noun or member of the sentence to which it refers. It is preferable here to use an appropriate connector (equivalent to *en fait*) to combine the ideas being expressed.

(17) **aurait énoncé..., l'humanité n'aurait**: The past conditional in French is used to express a fact that has not been confirmed. Einstein presumably said that bees were essential for human survival, but this statement could

Application à l'analyse de traductions

be apocryphal. In the last part of the sentence, using survive rather than live emphasizes the peril involved in this situation.

(18) ***C'est donc dire***: *C'est donc dire* introduces a result.

(19) ***pesticides et abeilles font mauvais ménage***: *Faire mauvais ménage* (or *ne pas faire bon ménage*) is a figurative expression which signifies that cohabitation is difficult. Possible translations for this expression are "X" and "Y" (the two elements being referred to) don't mix or make strange bedfellows.

Bibliography

BEAUCHESNE, Jacques (2001). *Dictionnaire des coocurrences*. Montréal : Guérin.

COWIE, Anthony Paul, Ronald MACKIN and Isabell R. McCAIG (1983). *Oxford Dictionary of English Idioms*. Oxford/New York: Oxford University Press.

CANADIAN HONEY COUNCIL WEBSITE. URL: www.honeycouncil.ca. Accessed July 1, 2016.

DELAHUNTY, Andrew; Sheila DIGNEN and Penny STOCK (2001). *The Oxford Dictionary of Allusions*. New York: Oxford University Press. URL: philo.swu.bg/biblioteka/The%20Oxford%20Dictionary%20of%20Allusions%20(2001).2.pdf. Accessed July 15, 2016.

DUBOIS, Marguerite-Marie et al. (1973). *Dictionnaire français-anglais de locutions et expressions verbales*. Paris : Larousse.

DUNETON, Claude (1990). *La puce à l'oreille – Anthologie des expressions populaires avec leur origine*. Paris : Le Livre de Poche.

GERMA, Pierre (1987). *Dictionnaire des expressions toutes faites*. Montréal : Editions Libre Expression.

HENDRICKSON, Robert (2008). *The QPB Encyclopedia of Word and Phrase Origins*. New York: Checkmark Books.

HILL, Jimmie and Michael LEWIS (ed.) (1997). *LTP Dictionary of Selected Collocations*. London, England: Language Teaching Publications.

LAFLEUR, Bruno (1991). *Dictionnaire des locutions idiomatiques françaises*. Paris : Duculot.

MERLE, Jean-Marie (2001). *Linguistique contrastive et traduction : étude du conditionnel français et de ses traductions en anglais*. Paris : Ophrys.

REISS, Katharina (1981/2004). "Type, kind and individuality of text: decision making in translation." Translated by Susan Kitron. In Lawrence Venuti (2000) *The Translation Studies Reader*. New York: Routledge, pp. 168–179.

RIDOUT, Ronald and Clifford WITTING (1967). *English Proverbs Explained*. London: Pan Books.

SHUTTLEWORTH, Mark and Moira COWIE (1997). *Dictionary of Translation Studies*. Manchester: St. Jerome Publishing.

STILLAR, Glenn (1998). *Analyzing Everyday Texts—Discourse, Rhetoric, and Social Perspectives*. Thousand Oaks/London/New Delhi: Sage Publications.

VALENTINE, Egan (1996). *Traductologie, traduction et formation : vers une modélisation de la formation en traduction — l'expérience canadienne.* Thèse de doctorat inédite : Université de Montréal.

VALENTINE, Egan (2013). "Translator and Interpreter Training: Innovation, Assessment and Recognition". Conference, FIT 7th Asian Translators' Forum, Penang, Malaysia.

WEBBER, Elizabeth and Mike FEINSILBER (1999). *Merriam-Webster's Dictionary of Allusions.* Springfield, MA: Merriam Webster Inc. URL: jhqedu.com:1042/upload/books/Book1012/20140320054340185.pdf. Accessed July 15, 2016.

EXEMPLE 4 : ANALYSE EN ANGLAIS D'UNE NOTICE PUBLICITAIRE (*BLURB*) POUR UN LIVRE EN FRANÇAIS

Blurb for translation

The *Oxford English Dictionary* defines a blurb as a "brief descriptive paragraph or note of the contents or character of a book, printed as a commendatory advertisement, on the jacket or wrapper of a newly published book. Hence in extended use: a descriptive or commendatory paragraph." The term was coined by the American humorist Gelett Burgess, who is said to have "embellished a comic book jacket with a drawing of a pulchritudinous young lady whom he facetiously dubbed Miss Blinda Blurb." Similar to an abstract, usually 250–500 words long, the blurb summarizes the content of the book and highlights, even extolls, the virtues and qualities of the author providing their credentials, professional background, previous publications and interests. Dramatic quotes from the book, as well as testimonials and endorsements from critics or "experts" may also be included. The decision to buy a book is often based on the blurb so the text must appeal to the reader with a compelling discourse, sometimes presented in point form. The blurb is a type of text intended to inform as well as promote and sell. The expressions "judge/sell/tell a book by its cover" are very telling.

Blurbs exemplify the communication model AIDA used for creating marketing and advertising texts: **A: a**ttract **a**ttention; **I:** generate **i**nterest; **D: d**evelop desire; and **A:** call to **a**ction. An effective text attracts attention visually, captures the reader's interest using a vivid title or slogan, specific vocabulary, and then creates the desire to know more and subsequently acquire the product. The call to action from a blurb may be implicit but it is usually an invitation to try or buy.

In blurbs, the tone may vary according to the type of work. Note that "hard-sell" approaches generally appear on self-help books, which use enticing exhortations such as, "Buy this book and change your life forever" or "try this diet book and transform your body in 15 days—discover the new you!" Look at examples of blurbs online (on Amazon, for example). Book reviews in print media are often blurbs that have been slightly reorganized or refined.

Let us look at a few examples below that refer to an academic monograph.

TEXTE 45 : TEXTE DE PRÉSENTATION DU LIVRE *BONNES NOUVELLES*

Bonnes Nouvelles des Conspirateurs du futur

Il était une fois la France, un pays merveilleux par sa variété et la richesse de son patrimoine. En effet, l'espérance de vie a augmenté de quarante ans depuis 1900 et continue de progresser, et le niveau de vie a décuplé en un siècle! Pourtant, les Français sont pessimistes face à l'avenir. L'auteur, toujours à contre-courant des idées reçues, montre que :

- l'optimisme est justifié pour l'avenir de nos enfants;
- l'immigration est nécessaire, encore faut-il la réussir;
- la mondialisation et le développement durable vont dans le sens des relocalisations;
- il faut « penser local pour agir global » en mutualisant les bonnes pratiques;
- si la France d'en haut est empêtrée dans ses contradictions, la France des territoires entreprend et innove.

Bonnes Nouvelles n'est pas une fiction, mais un recueil de faits et

Source: Godet, Michel. (2012). *Bonnes Nouvelles des Conspirateurs du futur.* Paris : Les Éditions Odile Jacob, couverture du livre.

d'actes de quatorze « conspirateurs du futur », c'est-à-dire des hommes et des femmes de terrain qui, au-delà de toute attente et souvent dans des conditions difficiles, ont su rebondir à partir d'eux-mêmes et d'initiatives innovantes et ambitieuses. Le levier des projets et la force des liens sont capables de changer le monde et de permettre à chacun de devenir entrepreneur de sa vie.

Telle est la leçon contagieuse de **Bonnes Nouvelles**.

Michel Godet est professeur au Conservatoire national des arts et métiers, titulaire de la chaire de prospective stratégique. Il est aussi membre de l'Académie des technologies, du Conseil d'analyse économique et du comité directeur de l'Institut Montaigne.

Source : www.odilejacob.fr/catalogue/sciences-humaines/management-entreprise/bonnes-nouvelles-des-conspirateurs-du-futur_9782738125972.php. Date de consultation : le 15 juillet 2016.

Alternate versions for comparison

Here are two alternate blurbs referring to later editions of the same book. Since you may not have read the entire book, these versions might provide additional information to help better "situate" the text for translation.

VERSION 2

« Le titre de cet ouvrage, **La France des bonnes nouvelles**, est une provocation, au moment où le pays est à la peine et doit s'imposer sans doute plusieurs années de rigueur et d'austérité. Les contraintes de la mondialisation et de la financiarisation de l'économie sont les mêmes partout. Il n'empêche que le taux de chômage varie du simple au quadruple au sein des pays européens et aussi en France selon les territoires.

Nous avons rassemblé dans ce livre dix-huit histoires qui donnent envie de vivre et de conquérir l'avenir. Ces aventures sont généralement construites autour de projets où des individus isolés ont su partir d'eux-mêmes pour transformer leurs faiblesses en atouts et, à force de volonté et de ténacité, susciter l'adhésion et l'enthousiasme de leur environnement familial et local pour réussir. Elles prouvent qu'il suffit d'un peu de courage et de bon sens pour remettre le pays en marche avant. »

M. G., A. L., P. R.

Application à l'analyse de traductions

« Un livre d'un bout à l'autre passionnant et jamais ennuyeux. Il a aussi des vertus plus profondes. Sa force principale, son titre l'indique, est de porter à l'optimisme. On sort de cette lecture ragaillardi et réconcilié, sinon avec la vie en général, du moins avec l'économie. » Michel Rocard.

Michel Godet est professeur au Conservatoire national des arts et métiers, fondateur du Cercle des entrepreneurs du futur.

Alain Lebaube est un ancien journaliste du *Monde* et l'un des plus fins connaisseurs des initiatives et des questions d'emploi.

Philippe Ratte, normalien, est un jeune retraité actif de l'Unesco.

Source : www.odilejacob.fr/catalogue/documents/livres-politiques/france-des-bonnesnouvelles_9782738128294.php. Date de consultation : le 15 juillet 2016.

VERSION 3

Michel Godet publie, **La France des Bonnes Nouvelles** aux Éditions Odile Jacob, qui fait suite à son précédent ouvrage **Bonnes Nouvelles des Conspirateurs du futur** (2011). Dans ce livre résolument optimiste, il met en valeur dix-huit « bonnes nouvelles » : des aventures de femmes et d'hommes qui ont réussi à innover, à agir pour faire avancer leur territoire ou encore à développer leur entreprise.

Le nouvel ouvrage de Michel Godet présente des histoires concrètes qui montrent qu'il est possible d'améliorer sensiblement la situation de la France en s'inspirant des réussites locales. Les aventures humaines qu'il nous raconte sont celles d'acteurs de terrain qui concilient courage, ténacité et bon sens. Pour Michel Godet, notre pays foisonne d'individus volontaires, enthousiastes et créatifs, comme le montrent ces dix-huit histoires découvertes dans les territoires. « Il n'est de richesses que d'hommes éduqués, épanouis et porteurs de projets dans une société de confiance » : l'avenir doit donc être abordé avec optimisme…

Michel Godet est professeur au Conservatoire national des arts et métiers (Cnam), titulaire de la chaire de prospective stratégique. Il est aussi membre de l'Académie des Technologies, du Conseil d'analyse économique (CAE) et du comité directeur de l'Institut Montaigne.

Source : www.desideespourdemain.fr/index.php/post/2012/09/21/1068-godet#. VeggAixViko. Date de consultation : le 16 juillet 2016.

A few general comments

The blurbs are similar yet different. The initial blurb can be likened to the classic storytelling narrative framework of the fairy tale: it sets the scene by exposing the circumstances (the context), builds up with events—in this case, accomplishments—and wraps up with a denouement. It addresses the when, where, who, the problem and the resolution. As Zipes (2007, p. x-ix) observes, "fairy tales involve a quest ... their focus has always been on the struggle to find magical instruments, extraordinary technologies, or helpful people and animals that will enable protagonists to transform themselves and their environment to make the world more suitable." Such is the thrust of this blurb. The second blurb poses the problem, describes the work and presents the credentials of the author and his collaborators; the third describes the work, its essence and highlights the qualifications of the author. Essentially, the blurbs showcase the work, underline its salient features and spotlight the author and contributors. Among the terms used to extoll the book's virtues (which can be likened to the magic and enchantment typical of a fairy tale), one notes the following: *pas une fiction, faits et actes des conspirateurs du futur, leçon contagieuse, provocation, livre passionnant et jamais ennuyeux, livre résolument optimiste.*

Translation situation—Simulating the situation

French professor and economist Michel Godet has published a book titled *Bonnes Nouvelles* (2011). A testimony to his broad experience in regional development in France, the book sells well online and in bookstores, and especially wherever Professor Godet makes personal appearances. The blurb needs to be translated for an institute in Germany, where he will be speaking very soon in English. The Institute is part of a European network whose website often publishes material in German, English and French. *Bonnes Nouvelles* has not been translated into English, but the Institute would like an English version of the blurb for its website, the conference program, and promotional material. To perform the translation task, the suggested approach is to begin with the analysis framework provided below.

Application à l'analyse de traductions

Text analysis and skopos

Source Text (ST)	Target Text (TT)
EXTRATEXTUAL FEATURES	
Who transmits a text? Publisher (Publisher's PR Dept. and author may work together)	*Who* is to transmit a text? (Commissioner) German Economic Development Institute
To *whom*? Potential French-speaking readers of book, also reviewers	To *whom*? Conference attendees, members of the institute, visitors to the Institute's website
What for? Promotional text as well as blurb on back cover of book	*What* for? To attract attendees to the conference and showcase the author
By *which* medium? In print on book cover post-publication	By *which* medium? Printed flyers, newsletter, online posting
Where? On back of book and published material online and offline	*Where*? Online, in print at Institute or in press release or at conference site
When? When browsing in bookstores or surfing on the Internet	*When*? Prior to conference
Why? Promote author's ideas and enthusiasm in this book	*Why*? Promote the author – speaker
With *what* function? Capture readers' attention	With *what* function? Promote lecturer and event
INTRATEXTUAL FEATURES	
What (subject matter)? French economic situation and forward-looking regional development	*What* (subject matter)? French economic situation and forward-looking regional development
What (is said) (content)? Author's assessment of the situation, his position, and endorsement of the book	*What* (is said) (content)? Author's assessment of the situation, his position, and endorsement of the book

In *which* order (text organization)? Introductory paragraph (storytelling, narrative strategy); author's position (listed optimistic opinions); essence of the book; positive endorsement (denouement of story)	In *which* order (text organization)? Introductory paragraph (storytelling, narrative strategy); author's position (listed opinions); essence of the book; positive endorsement (denouement of story)
Using *which* non-verbal elements? Symbolic image (the local-global balancing act); bulleted enumeration structure (for highlighting author's optimism); cover image of the globe-bearing, future-bound funambulist is reflective of the content of the text	Using *which* non-verbal elements? Symbolic image; bulleted enumeration structure; adding a photograph of the speaker; using colour
In *which* words (vocabulary, register)? Generally informal ("courant" in French) but with some currently popular economic terms; author's neologism (Conspirateurs du futur)	In *which* words (vocabulary, register)? Informal; some currently popular economic terms; translation of the author's neologism (Conspirateurs du futur)
In *what* kind of sentences (style, …)? Short sentences (introduction); enumeration using short declarative sentences; developed paragraph describing the essence of the book (laudatory endorsement)	In *what* kind of sentences (style, …)? Short sentences (introduction); enumeration using short declarative sentences; developed paragraph describing the essence of the book (laudatory endorsement)
In *which* tone? Initial light-hearted oral storytelling tone in an otherwise serious text; positive and optimistic	In *which* tone? Initial light-hearted oral storytelling tone in an otherwise serious text; positive and optimistic
EFFECT	
To *what* effect? Attract attention of potential readers; incite purchase	To *what* effect? Inform potential audience; encourage attendance

Application à l'analyse de traductions

BONNES NOUVELLES POUR LES CONSPIRATEURS DU FUTUR (1)

Il était une fois (2) la France, un pays merveilleux par sa variété et la richesse de son patrimoine. **En effet** (3), l'espérance de vie a augmenté de quarante ans depuis 1900 et continue de progresser, et le niveau de vie a décuplé en un siècle! Pourtant, les Français sont pessimistes face à l'avenir.

L'auteur, toujours à contre-courant des **idées reçues** (4), montre **que** (5):
- l'optimisme est justifié pour l'avenir de nos enfants;
- l'immigration est nécessaire, encore faut-il la réussir;
- **la mondialisation** et **le développement durable** (6) vont dans le sens des **relocalisations** (6);
- il faut « **penser local pour agir global** » (7) en mutualisant les bonnes pratiques;
- si la France d'en haut *est empêtrée dans ses contradictions,* la France des territoires entreprend et innove.

Bonnes Nouvelles n'est pas une fiction, mais un recueil **de faits et d'actes** (8) de quatorze « **conspirateurs du futur** » (9), **c'est-à-dire** (10) *des hommes et des femmes de terrain* qui, au-delà de toute attente et souvent dans des conditions difficiles, *ont su rebondir à partir d'eux-mêmes* et d'initiatives innovantes et ambitieuses. Le levier des projets et la force des liens sont capables de changer le monde et de permettre à chacun de devenir entrepreneur de sa vie.

Telle est la leçon contagieuse de Bonnes Nouvelles. (11)

Questions and comments

(1) ***Bonnes nouvelles…***: Should the title be translated?

(2) ***Il était une fois…***: Notice the stock expression used to introduce a certain type of narrative, particularly fairy tales. Think about how it should be rendered. (Note also "pays merveilleux" in the same context).

(3) ***En effet***: Note this connector. Connectors are discourse markers that provide textual cohesion. Remember connectors are generally more frequent in French (revisit the section on connectors). Should this one be translated here?

(4) *idées reçues*: is an idiomatic expression. There are a few translation options here (go against the grain of popular thinking, or contrary to popular opinion …).

(5) … *que*: Lists and sequential enumerations must be presented consistently. The initial entries shoud be similar or identical (nouns, verbs, etc.)? Good style and readability dictate that each entry should be congruent with the introductory verb.

(6) *Mondialisation*: has entered all spheres. Globalisation is sometimes used in French, though, in principle, the meaning of the latter is different. *Développement durable* and *relocalisation* are also recognized terms and concepts used in economic texts. What are their English counterparts? Furthermore, *développement durable* refers to a concept often considered a "vacuous buzzword." What equivalent would you use here?

(7) « *Penser local pour agir global* »: When words are enclosed in quotation marks, one needs to determine whether such enclosures are quotes, the author's invention, neologisms, or just expressions.

(8) *Faits et actes*: A combination easily recognized as a binomial (conjoined expression or dyad). Is there a corresponding pair in English? Does the pair have to be replicated and reproduced in English or is there an idiomatic equivalent available?

(9) *Conspirateurs du futur*: is an interesting and rather expressive coinage by the author. How will you render this?

(10) *C'est-à-dire*: is a reformulation marker (*connecteur reformulatif*); should it be translated?

(11) *Telle est la leçon contagieuse de Bonnes Nouvelles*: Note the emphatic conclusion introduced by the anaphoric *telle,* which summarizes the ideas previously expressed.

SAMPLE TRANSLATION

Looking Ahead: Creators of the Future
Once upon a time there was a France, a wonderland with a rich, varied heritage. In fact, life expectancy has risen by 40 years since 1900 and has continued to rise while the standard of living has increased tenfold within one century! Yet, the French are pessimistic about the future.

Contrary to conventional wisdom, the author argues/asserts that:

Application à l'analyse de traductions

- Optimism for the future of our children is justified.
- Immigration is necessary, but only if successfully managed.
- Globalization and sustainable development foster (re-) localization.
- We must think locally and act globally by sharing good practices.
- While the French governing class is mired in contradictions, regional France is entrepreneurial and innovative.

Bonnes nouvelles (Creators of the Future) is not a work of fiction. It is a collection of facts and feats by 14 "conspirators of the future," men and women on the ground/in the trenches who, despite all odds, [and] in the face of adversity, managed to bounce back on their own/with innovative and ambitious initiatives. The leverage from projects and the power of relationships can change the world and enable each of us to become entrepreneurs of our own lives.

Such is the contagious/compelling lesson of *Bonnes nouvelles (Creators of the Future)*.

Analysis

(1) ***Bonnes nouvelles…***: Titles are not always translated, and when they are, they usually focus on a specific aspect of the work (as in movies and films, for example). In this case, *Good News* could be considered a valid option, as it can be perceived as an allusion to call to "proclaim the good news (gospel)," as expressed in verses of the Bible. However, given the optimism being expressed with regard to the future and the focus on the ingenuity of forward-looking individuals, *Looking Ahead: Creators of the Future* captures the essence of the message.

(2) ***Il était une fois…***: The fairy tale formula has been maintained in the translation as it retains the same role and function in both the ST and the TT (that of crafting an engaging introduction).

(3) ***En effet***: is used to express concurrence or acquiescence or to emphasize the truth of an assertion. Translating it here is necessary for text cohesion. In the section on connectors we saw instances where the transition word was unnecessary in English because the relationship within the sentence was implicit.

(4) ***Idées recues***: Two options are suggested. See page 369.

(5) **que...**: Lists and enumerations: Note the consistency of the entries.

(6) **Mondialisation...**: A few options were discussed under questions and comments. Sustainable development and (re)localization can be considered.

(7) « **Penser local pour agir global** »: a deliberate reversal of the terms of the slogan *Penser global, agir local*, originally used to encourage citizens take initiatives in their localities to contribute to global environment protection. This has become the mantra for the localization industry and is used in various contexts including the environment, education, business. The expression is set off in quotes to indicate that it is a coinage of which the readership is most probably aware.

(8) **Faits et actes**: This collocation (conjoined pair), reminiscent of its look-alike *faits et gestes* is used to sum up and metaphorize the experience of the creative and enterprising individuals whose stories are narrated and showcased in *Bonnes nouvelles*. In the section on *les cooccurrents*, it was seen that some cooccurrences are fixed lexicalized combinations based on usage or preference; they can be used to evoke affective, denotative, or stylistic meaning depending on the context. It is possible to replicate the combination *faits et actes* from the original French text, if we consider all its dimensions: *fait* refers to fact (a thing done; something that has actual existence) as opposed to fiction. Note that the author stresses the fact that his work is not one of fiction. Let us consider some of the combinations with fact: facts and figures, facts and findings, facts and features, facts and deeds. In this list, "facts and deeds" comes closest to the desired meaning but without the laudatory connotation of the word *actes* **in this context**. Another combination, "facts and feats," not mentioned in the list above, seems to express the meaning more effectively, as the word "feats" depicts acts of skill or ingenuity in reference to the individuals creatively carving out the future.

(9) **Conspirateurs du futur**: Conspirator is pejorative although it is used positively here to refer to individuals joining forces to shape or create the future. One option is to calque the title and use "Conspirators of the Future"; the other is, of course, to use the title suggested.

(10) **C'est-à-dire**: Since it functions as a reworder or reformulator, this expression can be replaced by a dash, a comma or a colon.

(11) **Telle est la leçon contagieuse de Bonnes Nouvelles**: The sentence conveys the conclusive tone of an operative text (Reiss, 2000), which seeks to persuade the reader to act a certain way. The anaphoric pronoun "such,"

referring to the situation just described—the entire preceeding paragraph—also replaceable by "this," constitutes an adequate translation of the ST.

Question:
Is the proposed translation suited to the context? Explain.

Bibliography

BEAUCHESNE, Jacques (2001). *Dictionnaire des coocurrences.* Montréal : Guérin.

COWIE, Anthony Paul, Ronald MACKIN and Isabell R. McCAIG (1983). *Oxford Dictionary of English Idioms.* Oxford/New York: Oxford University Press.

DELAHUNTY, Andrew, Sheila DIGNEN and Penny STOCK (2001). *The Oxford Dictionary of Allusions.* New York: Oxford University Press. URL: philo.swu.bg/biblioteka/The%20 Oxford%20Dictionary%20of%20Allusions%20(2001).2.pdf. Accessed July 15, 2016.

DUNETON, Claude (1990). *La puce à l'oreille: Anthologie des expressions populaires avec leur orgine.* Paris : Le Livre de Poche.

GUIDÈRE, Mathieu (2000). *Publicité et traduction.* Paris/Montréal : L'Harmattan.

HILL, Jimmie and Michael LEWIS (ed.) (1997). *LTP Dictionary of Selected Collocations.* London: Language Teaching Publications.

LAFLEUR, Bruno (1991). *Dictionnaire des locutions idiomatiques françaises.* Paris : Duculot.

REISS, Katharina (1981/2004). "Type, kind and individuality of text: decision making in translation." Translated by Susan Kitron. In Lawrence Venuti (2000) *The Translation Studies Reader.* New York: Routledge, pp. 168–179.

RIDOUT, Ronald and Clifford WITTING (1967). *English Proverbs Explained.* London: Pan Books.

SHUTTLEWORTH, Mark and Moira COWIE (1997). *Dictionary of Translation Studies.* Manchester: St. Jerome Publishing.

STILLAR, Glenn (1998). *Analyzing Everyday Texts—Discourse, Rhetoric, and Social Perspectives.* Thousand Oaks/London/New Delhi: Sage Publications.

WEBBER, Elizabeth and Mike FEINSILBER (1999). *Merriam-Webster's Dictionary of Allusions.* Springfield, MA: Merriam-Webster Inc. URL: jhqedu.com:1042/upload/books/Book1012/20140320054340185.pdf. Accessed July 15, 2016.

ZIPES, Jack (2007). *Fairy Tales and the Art of Subversion.* New York: Routledge.

3. Exercices d'application

La plupart des textes dans cette partie proviennent du chapitre sur la textologie. Traduisez-les après analyse du contexte.

EXERCICE 118

Traduction vers le français.

1. You've got $1,000 you don't need for, say, a year and want to earn income from the money until then. Or you want to buy a house and need to borrow $100,000 and pay it back over 30 years. It would be difficult, if not impossible, for someone acting alone to find either a potential borrower who needs exactly $1,000 for a year or a lender who can spare $100,000 for 30.

2. This year, we extended our leadership position and executed our long-term growth strategy while maintaining prudent risk management and disciplined cost control.

3. *When professors drone, students whip out their phone.*
   A recent survey by two Wilkes psychology professors found that more than 90 percent of students at the university admit to sending text messages during class.

4. While Thomas keeps his eyes peeled for illicit texters, Tindell said most professors are likely as clueless as she used to be about the ubiquity of in-class cell phone use.

5. The primary purpose of the medical record is to enable physicians to provide quality health care to their patients. It is a living document that tells the story of the patient and facilitates each encounter they have with health professionals involved in their care.

6. Alzheimer's disease (AD) is a chronic medical condition with symptoms that compromise patients' quality of life (QoL). The identification of the factor predicting QoL in AD is essential to develop more effective interventions. Recent research suggests that these factors could be different for the distinct informants.

7. *What is MS?*
   Many investigators believe MS to be an autoimmune disease in which the body, through its immune system, launches a defensive attack against its own tissues. In the case of MS, it is the nerve-insulating myelin that comes under assault. Such assaults may be linked to an unknown environmental trigger, perhaps a virus. Most MS patients experience muscle weakness and difficulty with coordination and balance. These symptoms may impair walking or even standing. There is currently no known cure for MS. However, there are a number of treatment options available.

Application à l'analyse de traductions

8. No one likes to imagine a lonely person whiling away the hours between meals. That's why superior residences provide a wide range of social activities to interest their "guests." Regular visits from groups of pre-school children several times a year are also much-anticipated events … there's nothing like a toddler to set seniors cooing!

9. Many people would agree that the concept of marriage—of two people officially and legally joining forces and resources to build a life together—is a good thing. After all, "life is hard," so why "go it alone"?

10. First, this blog has helped me connect with many people I would probably not otherwise have met: other researchers, of course, but also graduate students and non-academics from around the world. Over the last four years, several thousand people have visited the site.

EXERCICE 119

Recette à traduire (1) pour un public québécois (2) pour un public français européen. En quoi la traduction serait-elle différente selon le public visé?

Thai pumpkin soup

- 5 lb. pumpkin or squash, peeled and roughly chopped
- 4 tsp sunflower oil
- 1 onion
- 1 tbsp grated ginger
- 1 lemongrass, bashed a little
- 3-4 tbsp Thai red curry paste
- 1 can coconut milk
- 2 cups vegetable stock
- Lime juice and sugar, for seasoning
- 1 red chilli, sliced, to serve (optional)

Heat oven to 300-350 F. Toss the pumpkin or squash in a roasting pan with half the oil and seasoning, then roast for 30 mins until golden and tender.

Meanwhile, put the remaining oil in a pan with the onion, ginger and lemongrass. Gently cook for 8-10 mins until softened. Stir in the curry paste for 1 min, followed by the roasted pumpkin, all but 3 tbsp of the coconut milk and the stock.

Bring to a simmer, cook for 5 mins, then fish out the lemongrass. Cool for a few mins, then whizz until smooth with a hand blender, or in a large blender in batches.

Return to the pan to heat through, seasoning with salt, pepper, lime juice and sugar, if needed. Serve drizzled with the remaining coconut milk and scattered with chilli, if you like.

Source: Adapted from www.bbcgoodfood.com/recipes/775669/thai-pumpkin-soup. Accessed July 16, 2016.

EXERCICE 120

Traduction vers l'anglais.

1. Parcours Confiance Normandie. [Notre caisse d'épargne] propose un dispositif destiné à celles et ceux, clients ou non, dont les moyens sont souvent insuffisants pour obtenir un financement bancaire classique. Il s'agit principalement de personnes sans emploi, de bénéficiaires de minima sociaux, de travailleurs modestes ou bien confrontés à un accident de la vie (chômage, maladie, divorce).

2. « Twitter est une fenêtre sur le monde. Il faut juste savoir ce que l'on veut regarder et ce que l'on veut donner à voir de soi. Une manière d'être présent au monde sans y participer et d'entériner une société du caquetage, du commérage », fulmine-t-il. Frédéric Beigbeder est plus radical. Pas question de céder aux sirènes gazouilleuses.

3. C'est ainsi que se sont développés d'autres types de CLOM, comme celui où l'élève apporte sa contribution au cours ou encore celui qui intègre la notion de projet d'équipe. C'est ce qu'a fait l'Université de Lille 1 en France, qui connaît un taux de réussite élevé et moins de décrochage. Le collège francophone La Cité, en Ontario, connait également du succès avec ces types de CLOM.

4. L'une des approches que nous retiendrons ici est celle de la pédagogie ou classe inversée, dont nous avons déjà parlé dans ce blogue. Elle se rapproche des CLOM en ceci qu'une partie de l'enseignement est dispensée en ligne, sous forme, non pas de cours entiers, mais de courtes capsules éducatives qui seront ensuite appliquées en classe.

5. Laisse-moi te dire que j'étais contente en s'il-vous-plaît quand j'ai constaté que mon père avait une (petite) assurance-vie, avec tout ce que j'ai eu à payer par après... moi je trouve ça important.

6. Mon Barthes de l'époque le plus abîmé c'est les *Fragments d'un discours amoureux*, mais celui que j'ai osé acheter et lire le premier c'est *Le plaisir*

du texte. C'est seulement maintenant que j'y vois – et ça fait partie de ce sur quoi travaille Barthes dans ce livre – une quête probable de ma propre justification.

7. *Locavore ou distavore?*

Le terme « locavore » fait son entrée dans le *New Oxford American Dictionary* en 2007 ou 2008. Les locavores sont des personnes qui s'alimentent de produits dont l'origine géographique se situe à moins de 160 km de leur fourchette. Aux États-Unis comme au Canada et en Europe, le locavorisme gagne du terrain. Dans un article, le journaliste américain Joel Stein s'en prend à cette nouvelle mode « idiote ». Pour lui, « manger au XXIᵉ siècle comporte une part de voyage et de mélange des cultures ». En signe de protestation, il a concocté un menu avec des aliments qui ont tous parcouru au moins 4 800 km avant d'atterrir dans son assiette : du brie français, du saumon écossais, du bar chilien, des asperges péruviennes et de l'huile d'olive italienne. La réponse des locavores n'a pas tardé et les blogs ont recueilli de nombreux messages cinglants qualifiant de « stupide », de « myope acharné » et d' « imbécile » le journaliste distavore.

(Adaptation) www.femininbio.com/agir-green/actualites-et-nouveautes/etes-vous-locavore-ou-distavore-61431. Date de consultation : le 15 juillet 2016.

8. En fait, ce qui n'a pas changé à Tanger quatre-vingt dix ans après la première visite de Matisse, c'est la lumière. Matisse y a peint quelques-unes de ses toiles les plus importantes. Il était venu en Afrique (après tout on oublie que Tanger est la pointe nord extrême du continent africain) à la recherche du soleil et de sa lumière mais quand il débarque du Ridjani le 29 janvier 1912, il ne voit de cette ville ni le ciel ni la lumière. Des pluies torrentielles et qui vont durer tout un mois, l'accueillent. Pour un peintre qui a rêvé du ciel bleu et limpide, la déception est grande. Heureusement sa patience fut plus grande que son irritation. La lumière de Tanger, longtemps attendue et espérée, va l'habiter jusqu'à la fin de sa vie. Ce sera plus qu'un souvenir lumière. Ce sera une nouvelle vision du monde.

Source : Tahar Ben Jelloun, *Chambre* 35.

EXERCICE 121

TEXTE 46 : POURQUOI Y A-T-IL DU SUCRE DANS LE SEL?

Le sel de table est essentiellement constitué de chlorure de sodium (de 98 à 99 %) et peut contenir jusqu'à 2 % d'additifs, la plupart du temps des agents antiagglomérants qui empêchent la formation de grumeaux.

Au Canada, le sel de table doit obligatoirement être enrichi d'iodure de potassium à raison de 0,01 %. Cet ajout sert à la prévention du goitre. **On l'additionne aussi d'une quantité infime de sucre (0,04 % de dextrose) ou de sucre inverti afin de stabiliser l'iodure de potassium.**

Source : Shardayyy Photography / Flickr.

a. *Dans quelle catégorie de texte classifieriez-vous ce texte?*
b. *À qui s'adresse ce texte?*
c. *Traduisez les phrases en caractère gras.*

EXERCICE 122

The following text taken from a French magazine needs to be translated for a Canadian travel magazine. Without altering the content of the text, what slight adjustments would you make to adapt the text to the reader?

TEXTE 47 : À CAPRI... LE TIBERIO PALACE

Situé en plein cœur du village, le Tiberio Palace est l'un des hôtels les plus agréables de Capri. Sa déco délicieusement 50's et la gentillesse de son personnel en font un véritable paradis.

Vous voulez inviter votre moitié à partager un petit weekend romantique ensoleillé, sans stress? Vous aimez la nature? Vous adorez **les belles marques italiennes de mode** et la cuisine italienne? Alors oubliez l'Espagne (qui ne répond à aucun des critères précités), rayez la Côte d'Azur (trop peuplée). **Ce n'est pas la Corse non plus (pas assez fashion) ni la Croatie (trop touristique), encore moins la Grèce!** Quant au Maroc, à la Tunisie et à l'Egypte, voilà des pays beaucoup trop chauds… dans tous les sens du terme!

Sachez donc qu'il existe en Italie une petite île en face de Naples qui remplit toutes les conditions pour votre weekend en amoureux : Capri!

La nature est d'une beauté incroyable avec cette montagne de calcaire qui se jette dans le bleu profond de la mer Méditerranée qui ne ressemble à aucune autre. Les Italiens ont du goût pour tout ce qu'ils font jusqu'à la façon de servir le café et ils sont d'une gentillesse dont on n'a plus l'habitude à Paris. De plus, l'île possède des boutiques de mode et de produits de luxe partout. Véritable paradis à trois heures de Paris, bateau compris.

Lorsque vous arrivez en bateau à Marina Grande, quelqu'un vient chercher vos bagages pour les monter à l'hôtel. Sur la piazzetta, on est déjà dans l'ambiance. **À quelques minutes de marche, le Capri Tiberio Palace vous accueille** : c'est très chic, très méditerranéen, éclectique aussi, avec des touches d'exotisme. **Les soixante chambres et suites sont à tomber.** Certaines sont dotées de terrasses magnifiques **qui offrent des vues somptueuses.**

Source : d'après Laurent Blanc (juillet–août 2013). *IDEAT* (Idées-Design-Évasion-Architecture-Tendances). N° 102.

Text Exploration

a. Observation and analysis
Read the text below, then in a continuous text (i.e. not in point form) provide a pre-translation analysis based on the text analysis grid.

b. Identifying textual features
- How would you categorize this text?
- The introductory paragraph displays a striking rhetorical feature. Name that feature and briefly explain its role in the text.
- For each of the excerpts below, identify the syntactic or stylistic feature exemplified. Briefly (in one sentence) describe the feature you have identified.

1. *Situé en plein cœur du village, le Tiberio Palace est l'un des hôtels les plus agréables de Capri.*
2. *Véritable paradis à trois heures de Paris.*
3. *Sur la piazzetta, on est déjà dans l'ambiance.*
4. *L'île possède des boutiques de mode et de produits de luxe.*

c. Analyzing text production
Observe the following excerpt from original French text and the proposed English translation. Is this translation acceptable? Explain why with reference to **relevant** features including appropriateness to context, idiom, word choice, syntax, style or other textual considerations. Where relevant, comment on the transformations observed.

Excerpts	Proposed translation
Sachez donc qu'il existe en Italie une petite île juste en face de Naples qui remplit toutes les conditions pour votre weekend en amoureux.	Know now that in Italy a tiny island opposite Naples meets all the conditions for your romantic weekend getaway.
Lorsque vous arrivez en bateau à Marina Grande, quelqu'un vient chercher vos bagages pour les monter à l'hôtel.	On your arrival by boat at the Marina Grande, your luggage will be taken up to the hotel.

Application à l'analyse de traductions

d. Producing and assessing translation variants and options

Suggest two acceptable ways of translating the excerpt below and explain which of the two options is better and why. Note: "I like it better" is not a valid reason.

Excerpt

À quelques minutes de marche, le Capri Tiberio Palace vous accueille…

e. Translation

Translate the entire text and justify your translation of the highlighted segments. **Focus on a few segments**: for the following segments, follow the instructions indicated. Note that these are not the only options, but the ones requested here.

1. *les belles marques italiennes de mode*
   Use a « tournure synthétique » exemplifying the piling up of modifiers.
2. *qui offrent des vues somptueuses*
   Replace the relative clause with a prepositional phrase (example of transposition).

EXERCICE 123

Translate into English.

TEXTE 48 : ADIEU AU « SEXTO », BONJOUR À LA « TEXTOPORNOGRAPHIE »

Une actualité (1) qui va réjouir les puristes de la langue française : Le mot anglais « sexting » devient officiellement « textopornographie ». Le terme a été proposé par la Commission Générale de Terminologie et de Néologisme qui, depuis 1635, travaille à la préservation de la langue française. Elle avait déjà planché sur la traduction de hashtag, devenu *mot-dièse.* La Commission invente régulièrement des mots français pour des expressions courantes tirées de l'anglais ou d'autres langues. (2)

Pour ceux qui n'y sont pas familiers, le sexting consiste à s'échanger des messages et des images à caractère sexuel, voire pornographiques, par SMS, **sur** les réseaux sociaux ou **via** (3) des services de messagerie instantanée. Ses pratiquants sont majoritairement des adolescents et de jeunes adultes.

Les nouvelles technologies **apportent** (4) leur lot de nouveautés. Dès 2003, les nouveaux mots liés aux nouveaux usages d'Internet **sont apparus** (5) dans les débats de la Commission. **Par exemple, *e-mail* a été traduit par « courriel », *Lol* est devenu « MDR » (mort de rire).** (6)

Sophie Tonolo, éditrice de dictionnaires, affirme que c'est le ministère de la Justice qui a fait la suggestion de trouver un mot pour le « sexto » ou « sexting », car le phénomène survient de plus en plus souvent dans les cas judiciaires.

En France, les avis sont partagés. Il y en a qui approuvent le choix de la commission; d'autres se disent qu'on aurait tout de même pu choisir un mot plus coquin et sexy pour désigner cette activité. **Un twitto dira** : « *Tout de suite, ça fait moins envie* ».

Le nouveau mot français est également critiqué **à l'étranger**. Sur un site internet on pourra lire « …vraiment ? Vous êtes Français et vous ne pouvez pas penser à quelque chose de plus sexy que de coller les mots textes et porno ensemble? ». Quoi qu'il en soit, « Textopornographie » **rallonge la liste des courriels**, mot-dièse, vidéoagression, ordiphone, etc. qui apparaissent dans les documents officiels.

Reste à trancher « selfie ». Certains **auraient proposé** « autoportrait photographique ».

Sources : Tiré de Presse Citron (19 décembre 2013). URL : www.presse-citron.net/ne-dites-plus-sexting-dites-textopornographie/. *Le Monde.fr* (5 décembre 2013). URL : bigbrowser. blog.lemonde.fr/2013/12/05/mot-pour-mot-les-francais-arretent-le-sexting-pour-la-textopornographie/.

Here are a few signposts to alert you along the way:

1. Count or non-count in English (*dénombrable ou indénombrable*).
2. Note the sequence and combination of verb forms (tense and aspect) in this segment of the text.
3. Consider the possibility of using a single preposition to indicate the relationship expressed here.
4. What is the aspect of this verb in the translation? There are two options.
5. Is this the Present Perfect or Simple Past?

Application à l'analyse de traductions

6. Consider two different ways of translating this sentence: one long, the other shorter to express the idea of "traduit" and "devenu" using the same verb, for concision.

7. *Dira*: Does this form express the future here?

8. *À l'étranger*: needs to be explicated.

9. *Rallonge la liste*: Note a certain ambiguity or fuzziness here. The structure is elliptical; it lacks an element that is inferable but needs to be restored for an effective idiomatic translation.

10. Why is the *conditionnel passé* (past conditional) used here?

EXERCICE 124

Exercez votre esprit critique! Considéreriez-vous que le texte 49 est une traduction du texte 48? Justifiez votre réponse.

TEXTE 49 : TEXTOPORNOGRAPHIE: FRANCE CREATES ITS OWN WORD FOR "SEXTING"

The French government's top authority on language has once again expanded the country's lexicon with the unveiling of a brand new word: Textopornographie.

The English equivalent of "sexting," textopornographie refers to the sexually explicit digital messages sent between lovers (or those who hope to become lovers) via smartphone. These messages are also sometimes referred to colloquially by the French as "sextos."

A list of new terms released by *L'Académie française*'s General Commission on Terminology and Word Invention (La Commission Générale de Terminologie et de Néologisme) earlier this month also includes "accord prénuptial" (prenuptial agreement), "surtransposition" (gold plating), "vote nu" (empty voting), and "vidéoagression" (happy slapping), a British word for the controversial American knockout game.

France decided to add new words to its dictionary this month in an effort to protect the language from creeping English neologisms, as it has been doing for centuries.

Many have criticized the organization as France's "language police," but its work is surprisingly effective according to linguists—especially in the realm of technology, which is where English terms tend to bleed over most.

"In the domain of texting, French has shown itself particularly adaptable," said University of Surrey professor Carol Sanders to Metro last year. "Though briefly LOL was used, people now write MDR (mort de rire), and make maximum use of numbers, letters and symbols to text—CU becomes A+ (from à plus tard)."

Other terms that have been changed by the Académie in recent years include "courriel" (from email), "baladeur" (from Walkman) and most recently, "mot-dièse" (from hashtag).

No word yet on whether the French are developing a new term for selfie.

Source: Lauren O'Neil (December 19, 2013). "Textopornographie: France creates its own word for 'sexting." URL: www.cbc.ca/newsblogs/yourcommunity/2013/12/ textopornographie-france-creates-its-own-word-for-sexting.html.

EXERCICE 125

Choisissez un texte de la première partie et faites-en une traduction commentée.

EXERCICE 126

Traduisez la lettre suivante :

Ottawa
July 26, 2016

I write to express my utter dissatisfaction with Air Canada on my return trip to Ottawa from Miami on July 22 with my partner and our three-year old son.

To begin with, our Ottawa-bound flight via Toronto (AC1643) left Miami 3 hours late. We were not given any explanation. We missed our connecting flight (AC472), and after another five-hour wait, we were put on AC 440, which left 30 minutes late, and finally arrived in Ottawa at 9 a.m. instead of 1:30 a.m., as originally scheduled. To add to our EXTREME frustration, our luggage didn't make it. Today—*4 days later*—after several phone calls (July *23: 12* noon, *5* pm, *10* pm; July *24: 10* am, *3* pm; July *25: 11* am), lengthy waits and promises, our suitcases finally arrived. I know that delays are sometimes unavoidable but the airline has a responsibility to its customers. Our dream trip turned into a nightmare! In compensation for the inconvenience we suffered, I would like to request a reimbursement of 50% of the airfare we paid. I would like to think that Air Canada could live up to its motto: "Make each customer feel valued with our words. With our Actions." (www.aircanada.com/en/about/index.html)

I look forward to hearing from you.

Sincerely,
Satya Travella

4. Orientation bibliographique

AGAR, Michael (1991). "The biculture in bilingual." *Language in Society*. Vol. 20, n° 2, pp. 167–181.

AGAR, Michael (1994). "The intercultural frame." *International Journal of Intercultural Relations*. Vol. 18, n° 2, pp. 221–237.

GOBBE, Roger et Michel TORDOIR (1986). *Grammaire française*. Saint-Laurent, Québec : Éditions du Trécarré.

REISS, Katharina (1981/2004). "Type, kind and individuality of text: decision making in translation." Translated by Susan Kitron, In Lawrence Venuti (2004). *The Translation Studies Reader*. New York: Routledge, pp. 168–179.

VALENTINE, Egan (1996). *Traductologie, traduction et formation : vers une modélisation de la formation en traduction – l'expérience canadienne*. Thèse de doctorat inédite: Université de Montréal.

VALENTINE, Egan (2013). "Translator and Interpreter Training: Innovation, Assessment and Recognition." Conference, FIT 7th Asian Translators' Forum, Penang, Malaysia.

Conclusion

Au terme de ce voyage aux confins des modes d'expression de l'anglais et du français, il vous reste à vous exercer sans relâche à traduire sans trahir en mettant à contribution tout ce que vous avez pu apprendre ici et que vous apprendrez encore ailleurs. En effet, la conclusion qui s'impose ici est le proverbe anglais : « Practice makes perfect! » Reprenez les textes de la première partie et analysez-les selon des principes inspirés par les analyses de la troisième partie en tenant compte des conseils prodigués tout au long de la deuxième partie.

Cet ouvrage vise à être un tremplin pour l'apprentissage du métier de traducteur. C'est ensuite par une pratique raisonnée et assidue que vous parviendrez à maîtriser votre métier, ses ressources et ses méthodes. Avec créativité et confiance, vous pourrez alors les appliquer aux domaines qui vous intéressent, littérature, science, médecine ou droit, et vous épanouir dans une activité toujours renouvelée et enrichissante.

Nous espérons que notre livre sera pour vous le début d'une belle aventure.

Bibliographie générale

ABRAMS, M.H. and Geoffrey HARPHAM (2014). *A Glossary of Literary Terms*. Eleventh edition. Boston: Wadsworth Publishing.

AGAR, Michael (1991). "The biculture in bilingual." *Language in Society*. Vol. 20, n° 2, pp. 167–181.

AGAR, Michael (1994). "The intercultural frame." *International Journal of Intercultural Relations*. Vol. 18, n° 2, pp. 221–237.

ARMSTRONG, Nigel (2005). *Translation, Linguistics, Culture: A French-English Handbook*. Clevedon: Multilingual Matters.

ARRIVÉ, Michel, Françoise GADET et Michel GALMICHE (1986). *La grammaire d'aujourd'hui*. Paris, France : Flammarion.

AUBIN, Marie-Christine (2006). « Un dictionnaire analytique anglais-français des réalités culturelles ». *La tribune internationale des langues vivantes*. N° 41, novembre 2006, pp. 13–21.

AUBIN, Marie-Christine (dir.) (1995). *Perspectives d'avenir en traduction-Future Trends in Translation*. Winnipeg : Presses universitaires de Saint-Boniface.

AUBIN, Marie-Christine (1992). « Grammaire et vision du monde ». *Cahiers francocanadiens de l'Ouest*. Vol. 4, n° 1, Winnipeg : Presses universitaires de Saint-Boniface, pp. 29–39.

BAIN, Daniel, Jean-Paul BRONCKART et Bernard SCHNEWLY (1985). «Typologie du texte français contemporain». *Bulletin de CILA*. N° 41, pp. 7–43.

BAKER, Mona (2011). *In Other Words: A Coursebook on Translation*. Second edition. Abingdon/New York: Routledge.

BAKER, Sheridan and Lawrence GAMACHE (1998). *The Canadian Practical Stylist with Readings*. Don Mills, Ontario: Pearson Canada.

BALLARD, Michel (1987). *La traduction de l'anglais au français*. Paris : Nathan.

BALLARD, Michel (dir.) (1995). *Relations discursives et traduction*. Lille, France : Presses Universitaires de Lille.

BALLARD, Michel (1999). *Les faux amis*. Paris : Ellipses Marketing.

BALLARD, Michel (2004). *Versus: La Version réfléchie – Des signes au texte*. Paris : Ophrys.

BALLY, Charles (1909). *Traité de stylistique française*. Paris : Klincksieck.

BALZAC, Honoré de (1977). *César Birotteau*. Paris : Gallimard, Collection Pléiade, tome VI.

BALZAC, Honoré de (1977). *Illusions perdues*. Paris : Gallimard. Collection Pléiade, tome v.

BALZAC, Honoré de (©1835, n.d.). *Le Père Goriot*. Bibliothèque électronique du Québec. Collection À tous les vents, vol. XXX . URL : beq.ebooksgratuits.com/balzac/Balzac-39. pdf.

BALZAC, Honoré de (©1835, 1981). *Théorie de la démarche*. Paris : Gallimard. Collection Pléiade, vol. XII.

BARTHES, Roland (1973). *Le plaisir du texte*. Paris : Seuil.

BEEBY LONSDALE, Allison (1996). *Teaching Translation from Spanish to English: Worlds beyond Words*. Ottawa: Presses de l'Université d'Ottawa.

BELL, Roger (1991). *Translation and Translating: Theory and Practice*. London/New York: Longman.

BÉNAC, Henri (1994). *Dictionnaire des synonymes*. Paris : Hachette.

BENSON, Morton, Evelyn BENSON and Robert ILSON (1997). *The BBI Dictionary of English Word Combinations*. Amsterdam/Philadelphia: John Benjamins Publishing Company.

BOURDIEU, Pierre (1977). « L'économie des échanges linguistiques ». *Langue française*, numéro thématique *Linguistique et sociolinguistique*. Vol. 34, n° 1, pp. 17–34.

BOURDIEU, Pierre (1982). *Ce que parler veut dire*. Paris : Fayard.

BRAUNS, Jean (1981). *Comprendre pour traduire, perfectionnement linguistique en français*. Paris : la Maison du dictionnaire.

BROWN, Gillian and George YULE (1983). *Discourse Analysis*. Cambridge: Cambridge University Press.

BRUNET, Sylvie (1996). *Les mots de la fin du siècle*. Paris : Belin.

BUISSERET, Irène de (1975). *Deux langues, six idiomes : manuel pratique de traduction de l'anglais au français : préceptes, procédés, exemples, glossaires, index*. [2ᵉ éd.] révisée, augmentée, annotée et indexée par Denys Goulet (dir.). Ottawa : Carlton-Green Publishing Company.

BUSSI, Michel (2016). *Le temps est assassin*. Paris : Presses de la Cité.

CARROL, Lewis (©1871, 1999). *Through the Looking Glass*. New York: Dover Publications.

CATFORD, J. C. (1965). *A Linguistic Theory of Translation*. Oxford: Oxford University Press.

CHAROLLES, Michel (1978). « Introduction aux problèmes de la cohérence des textes ». *Langue française*. N° 38, pp. 7–41.

CHATILLIEZ, Étienne (1995). *Le bonheur est dans le pré*. Film.

CHOMSKY, Noam (1957). *Syntactic Structures*. The Hague/Paris: Mouton.

CHUQUET, Hélène et Michel PAILLARD (1987). *Approche linguistique des problèmes de traduction. Anglais – français*. Paris : Ophrys.

COMRIE, Bernard (1976). *Aspect*. London: Cambridge University Press.

CRYSTAL, David (2008). "2b or not 2b: David Crystal on why texting is good for language". *The Guardian*. URL: www.theguardian.com/books/2008/jul/05/saturdayreviewsfeatres. guardianreview. Accessed July 5, 2008.

CRYSTAL, David (2010). *The Cambridge Encyclopedia of Language*. New York: Cambridge University Press.

CRYSTAL, David (2012, March 4). "On quotatives (he goes)." URL: david-crystal.blogspot. ca/2012/03/on-quotatives-he-goes.html. Accessed July 9, 2016.

DE BEAUGRANDE, Robert and Wolfgang DRESSLER (1981). *Introduction to Text Linguistics*. New York: Longman.

DELAHUNTY, Andrew and Sheila DIGNEN (2010). *The Oxford Dictionary of Reference and Allusions*. Third Edition. Oxford: Oxford University Press.

DELISLE, Jean (1980). *L'Analyse du discours comme méthode de traduction*. Ottawa : Presses de l'Université d'Ottawa.

DELISLE, Jean (2003). *La traduction raisonnée*. Ottawa : Presses de l'Université d'Ottawa.

DELISLE, Jean, Hannelore LEE-JAHNKE et Monique CORMIER (dir.) (1999). *Terminologie de la traduction*. Amsterdam/Philadelphia : John Benjamins Publishing Company.

DU BELLAY, Joachim (1967, ©1549). *La Défense et Illustration de la langue française*, dans *Les Regrets* et *Les Antiquités de Rome*. Édition établie par S. de Sacy. Paris : Gallimard.

DUBOIS, Jean, Mathée GIACOMO, Louis GUESPIN, Christiane MARCELLESI, Jean-Baptiste MARCELLESI, Jean-Pierre MEVEL (2012, ©1994). *Dictionnaire de linguistique*. Paris : Larousse.

DUCROT, Oswald (1980). *Les mots du discours*. Paris : Minuit.

DUCROT, Oswald et Tzvetan TODOROV (1972). *Dictionnaire encyclopédique des sciences du langage*. Paris : Seuil.

ECO, Umberto (2007). *Dire presque la même chose : Expériences de traduction*. Paris : Grasset.

ÉDUCATION, ENSEIGNEMENT SUPÉRIEUR ET RECHERCHE QUÉBEC. URL : www1.education.gouv.qc.ca/progressionSecondaire/domaine_langues/francais/index. asp?page=communication, p. 6. Date de consultation : le 30 avril 2015.

ENCYCLOPEDIA BRITANNICA. URL: www.britannica.com.

ENGLISH GRAMMAR ONLINE. SMS English. URL: www.ego4u.com/en/chill-out/curiosities/sms-english. Accessed July 24, 2015.

FIRTH, J.R. (1957). *Papers in Linguistics* 1934–1951. London: Oxford University Press.

FOREST, Constance et Denise BOUDREAU (©1998, 2007). *Dictionnaire des anglicismes Le Colpron*. Montréal : Éditions de la Chenelière inc.

FRASER, Bruce (1999). "What are discourse markers?" *Journal of Pragmatics*, Vol. 31, pp. 931–952.

GARNIER, G. (1985). *Linguistique et Traduction*. Paris : Paradigme.

GEORGE, Elizabeth (2013). *Just One Evil Act*. New York: Dutton

GOBBE, Roger et Michel TORDOIR (1986). *Grammaire française*. Saint-Laurent (Québec) : Éditions du Trécarré.

GRÉVISSE, Maurice et André GOOSSE (1993). *Le Bon Usage*. Paris – Louvain-la-Neuve : Duculot.

GUILLEMIN-FLESCHER, J. (1981). *Syntaxe comparée du français et de l'anglais*. Paris : Ophrys.

GUIRAUD, Pierre (1970). *La stylistique*. Paris : Presses Universitaires de France.

HALL, Robert Anderson (1964). *Introductory Linguistics*. Lyndhurst, New Jersey: Chilton Books.

HARRIS, Thomas A. (1967). *I'm OK, you're OK*. New York: Avon Books.

HARRIS, Zellig S. (1952). "Discourse Analysis." *Language*. Vol. 28, n° 1, pp .1–30.

HARRIS, Zellig S. (1954). "Distributional Structure." *Word*. 10 (2/3), pp. 146–162.

HARRISON, Richard K. (1996). "Verb Aspects." *Journal of Planned Languages*. 24th edition. URL: www.invisiblelighthouse.com/langlab/aspect.html. Accessed July 26, 2016.

HERBULOT, Florence (2004). « La Théorie interprétative ou Théorie du sens : point de vue d'une praticienne ». *Meta*. Vol.9, n° 2, pp. 307–315.

HUDDLESTON, Rodney (1984). *Introduction to the Grammar of English*. Cambridge: Cambridge University Press.

HUMPHRYS, John (2007). "I h8 txt msgs: How texting is wrecking our language." URL: www.dailymail.co.uk/news/article-483511/I-h8-txt-msgs-How-texting-wrecking-language.html#ixzz4FLEtASLo. Accessed July 16, 2016.

JACQUES, Francis (2002). *De la textualité. Pour une textologie générale et comparée*. Paris : Maisonneuve.

JAKOBSON, Roman (1960). "Linguistics and Poetics." In T. Sebeok (ed.) *Style in Language*. Cambridge, MA: M.I.T. Press, pp. 350–377.

JAKOBSON, Roman (1963). *Essais de linguistique générale*. Trad. par Nicolas Ruwet, t.1 et 2. Paris : Éditions de Minuit.

JobBank USA. *Job Descriptions, Definitions Roles, Responsibility: Interpreters and Translators*. www.jobbankusa.com/career_employment/interpreters_translators/job_descriptions_definitions_roles_responsibility.html. Accessed March 3, 2017.

Journal Officiel de la République Française (2013, 5 décembre). « Vocabulaire du droit (liste de termes, expressions et définitions adoptés) ». *Lois et décrets*. JORF n°0282. URL : www.legifrance.gouv.fr/eli/jo/2013/12/5.

KELLY, Nataly and Jost ZETZSCHE (2012). *Found in Translation: How Language Shapes our Lives and Transforms the World*. New York: Penguin Group.

KINTSCH, Walter et Teun A. VAN DIJK (1975). « Comment on se rappelle et on résume des histoires ». *Langages*. N° 40, pp. 98–116.

KINTSCH, Walter et Teun A. VAN DIJK (1978). "Toward a Model of Text Comprehension and Production." *Psychological Review*. N° 85, pp. 363–394.

KLEIN-LATAUD, Christine (2001). *Précis des figures de style*. Toronto : Éditions du GREF.

KŒSSLER, Maxime (1975). *Les faux amis des vocabulaires anglais et américain*. Paris : Vuibert.

LAROSE, Robert (1989). *Théories contemporaines de la traduction*. Québec : Presses de l'Université du Québec.

LAROUSSE, Dictionnaires de français. URL : larousse.fr/dictionnaires/francais/textolo-gie/77628?q=textologie#76707. Date de consultation: le 5 juillet 2016.

LARSON, Mildred L. (1984). *Meaning-Based Translation: A Guide to Cross-language Equivalence*. Lanham: University Press of America.

LATIN, Danièle, Ambroise QUEFFELEC et Jean TABI-MANGA (1993). *Inventaire des usages de la francophonie : nomenclatures et méthodologies*. Paris : Éditions John Libbey Eurotext.

LAURIN, Jacques (1975). *Corrigeons nos anglicismes*. Montréal : Éditions de l'Homme.

LAUFER, Roger (1972). *Introduction à la textologie*. Paris : Larousse.

LEFEVERE, André and Susan BASSNETT (1997). *Constructing Cultures*. London: Multilingual Matters.

LEHMANN, Denis (1985). « La grammaire de texte : une linguistique impliquée ? ». *Langue française*. Vol. 68, n° 1, pp. 100–114.

LEPELLEY, René (1973). « Le vocabulaire des pommes dans le parler normand du Val de Saire (Manche) ». *Langue française*. N° 18, pp. 42-64.

LEPPIHALME, Ritva (1997). *Culture Bumps: An Empirical Approach to the Translation of Allusions*. Cleveland/Philadelphia/Toronto/Sydney/Johannesburg: Multilingual Matters.

LOFFLER-LAURIAN, Anne-Marie (1994). « Réflexions sur la métaphore dans les dicours scientifiques de vulgarisation ». *Langue française*. N° 101, *Les figures de rhétorique et leur actualité en linguistique*, pp. 72–79.

LONGACRE, Robert E. (1976). *An Anatomy of Speech Notions*. Netherlands: Peter de Ridder Press.

LONGACRE, Robert E. (1983). *The Grammar of Discourse*. New York: Plenum Press.

LUNG, Rachel (2004). "The Oral Translator's "Visibility": The Chinese Translation of *David Copperfield* by Lin Shu and Wei Yi." *TTR : traduction, terminologie, rédaction*. Vol. 17, N° 2, pp. 161–184. URL : id.erudit.org/iderudit/013277ar. Date de consultation : le 12 mai 2014.

MAINGUENEAU, Dominique (1991). *L'analyse du discours: introduction aux lectures de l'archive*. Paris : Hachette Université.

MALBLANC, Alfred (1944). *Pour une stylistique comparée du français et de l'allemand : essai de représentation linguistique comparée*. Paris : Didier.

MALI, Taylor (2002). *What Learning Leaves*. Newtown, CT: Hanover Press.

MARCELIN, Jacques (dir.). (2006). *Grammaire de l'anglais*. Paris : Nathan.

MATORÉ, Georges (1953). *La méthode en lexicologie*. Paris : Didier.

MATORÉ, Georges (©1941, 1967). *Le vocabulaire et la société sous Louis-Philippe*. Genève : Slatkine Reprints.

MATTHEWS, P. H. (2007). *The Concise Oxford Dictionary of Linguistics*. Oxford: Oxford University Press.

MEYLAERTS, Reine (2011). *Multilingualism as a challenge for translation studies*. Conference presented at Glendon College, York University, Toronto.

McARTHUR, Thomas Burns and Feri McARTHUR (1992). *The Oxford Companion to the English Language*. Oxford: Oxford University Press.

MEL'CUK, Igor (1997). *Vers une linguistique Sens-Texte, Leçon inaugurale*. Paris, Collège de France. URL : olst.ling.umontreal.ca/pdf/MelcukColldeFr.pdf.

MESSENGER, William E. and Jan de BRUYN (1995). *The Canadian Writer's Handbook*, Third edition. Scarborough, Ont: Prentice-Hall Canada.

MŒSCHLER, Jacques et Anne REBOUL (1994). *Dictionnaire encyclopédique de pragmatique*. Paris : Éditions du Seuil.

MOMHA, Martin (2011, 6 août). « La textologie : analyse du discours ou linguistique textuelle? » *Le modèle structuro-modulaire en textologie*. URL : martinmomha.canalblog.com.

MOUNIN, Georges (1978). « La traduction ». Dans Louis Guilbert, René Lagane et Georges Niobey (dir.), *Grand Larousse de la langue française*. Paris, France : Librairie Larousse. Vol. 7, pp. 6167–6172.

MUNDAY, Jeremy (2012). *Introducing Translation Studies: Theories and Applications*. London and New York: Routledge.

NEUBERT, Albrecht (1981). "Translation, Interpreting and Text Linguistics." *Studia Linguistica*. Vol. 35, n° 1–2, pp. 130–145.

NEUBERT, Albrecht (1982). "Text-Bound Translation Teaching." In Wolfram, Wiss and Gisela Thome (ed.), *Translation Theory and its Implementation in the Teaching of Translating and Interpreting*. Tübingen: Gunter Narr Verlag, pp. 61–70.

NEUBERT, Albrecht and Gregory SHREVE (1992). *Translation as Text*. Kent, Ohio and London, England: The Kent State University Press.

NEWMARK, Peter (1982). *Approaches to Translation*. Oxford: Pergamon Press Ltd.

NEWMARK, Peter (1988). *A Textbook of Translation*, New York : Prentice Hall.

NEWMARK, Peter (1991). *About Translation*. Clevedon: Multilingual Matters.

NIDA, Eugene A. and Charles R. TABER (1969). *The Theory and Practice of Translation*. Leiden: E. J. Brill.

NORD, Christiane (2005). *Text Analysis in Translation*. Second edition. Amsterdam/New York: Rodopi.

OGDEN, C. K. and I. A. RICHARDS (1923). *The Meaning of Meaning*. London: Routledge/Thoemmes Press.

OXFORD DICTIONARY ONLINE. url: www.oxforddictionaries.com/us/definition/american_english/idiom. Accessed July 12, 2016.

OXFORD ENGLISH DICTIONARY. Oxford: Oxford University Press.

PAPERBACK OXFORD ENGLISH DICTIONARY (2012). Oxford: Oxford University Press.

PARTRIDGE, Eric. (1999). *Usage and Abusage*. Great Britain: Penguin Books.

POULET, Georges (1950a). *Études sur le temps humain*. Paris : Plon.

POULET, Georges (1950b). *Études sur le temps humain : La Distance intérieure*. Paris : Plon.

POULET, Georges (1950c). *Études sur le temps humain : Le Point de départ*. Paris : Plon.

POULET, Georges (1961). *La métamorphose du cercle*. Paris : Plon.

PUBLIC WORKS AND GOVERNMENT SERVICES. *The Canadian Style*. TERMIUM Plus. URL: www.btb.termiumplus.gc.ca/tpv2guides/guides/tcdnstyl/index-eng.html?lang=eng. Accessed July 28, 2016.

QUIRK, Randolph and Sidney GREENBAUM (1977). *A University Grammar of English*. London: Longman.

QUIRK, Randolph, Sidney GREENBAUM, Geoffrey LEECH, Jan SVARTVIK and David CRYSTAL (1985). *A Comprehensive Grammar of the English Language*. London: Longman.

RAWSON, Hugh (1981). *Dictionary of Euphemisms & Other Doublespeak*. New York: Crown.

RAYNAUD, Fernand (1966). *Le 22 à Asnières*. Archives de l'Institut national de l'audiovisuel. Paris. URL : www.ina.fr/video/I06268515. Date de consultation : le 12 juillet 2016.

REISS, Katharina (1981/2004). "Type, kind and individuality of text: decision making in translation". Translated by Susan Kitron, In Lawrence Venuti (2004) *The Translation Studies Reader*. New York: Routledge, pp. 168–179.

REISS, Katharina (2002). *La critique des traductions, ses possibilités et ses limites : catégories et critères pour une évaluation pertinente des traductions* (Munich). Traduit de l'allemand par Catherine Bocquet. Arras : Artois Presses Universités.

REY-DEBOVE, Josette et Gagnon Gilberte (1998). *Dictionnaire des anglicismes*. Paris : Le Robert.

RIEGEL, Martin, Jean-Christophe PELLAT et René RIOUL (1994). *Grammaire méthodique du français*. Paris, France : Presses Universitaires de France.

ROBERT, Paul. (2004). *Grand dictionnaire de la langue française*. Paris : Le Robert.

ROBERT, Paul. *Le Nouveau Petit Robert de la langue française* 2009. Josette Rey-Debove et Alain Rey (dir.). Paris : Les Dictionnaires Le Robert. URL : forseti.glendon.yorku.ca.ezproxy.library.yorku.ca/PR1_2009/. Date de consultation : le 15 novembre 2014.

ROBERTS, Roda (1993). « La phraséologie : état des recherches ». *Phraséologie*. Actes du séminaire international (Hull, mai 1993), RINT, 10, pp. 36–42.

ROCHARD, Michel (2000). « L'interprétatif et le contrastif sont-ils solubles dans la logique? ». Extraits d'une contribution présentée au colloque de l'Association canadienne de traductologie, Edmonton. URL : perso.wanadoo.fr/michel.rochard/Methodologie/Edmonton.html. Date de consultation : 15 juillet 2014.

ROGIVUE, Ernest (1978). *Le musée des gallicismes*. Genève : Librairie au point du jour.

ROULEAU, Maurice (2011). *La traduction médicale. Une approche méthodique*. Montréal : Linguatech inc.

ROULET, Eddy, Laurent FILLIETAZ, Anne GROBET et Marcel BURGER (2001). *Un modèle et un instrument d'analyse de l'organisation du discours*. Berne : Peter Lang.

SANSOM, C. J. (2011). *Heartstone*. London: Main Market Ed.

SARTRE, Jean-Paul (1948). *Qu'est-ce que la littérature?* Paris : Seuil.

SAUSSURE, Ferdinand de (©1916, 1995). *Cours de linguistique générale*. Paris : Payot.

SELESKOVITCH, Danica (1975). *Langage, langues et mémoire, étude de la prise de note en interprétation consécutive*. Paris : Minard Lettres modernes.

SELESKOVITCH, Danica et Marianne LEDERER (2001, ©1984). *Interpréter pour traduire*. Paris : Didier Érudition.

SHAW, Harry (1970). *MacGraw-Hill Handbook of English*. New York: McGraw-Hill Companies.

SIMON, Sherry (2006). *Translating Montreal. Episodes in the Life of a Divided City*. Montreal: McGill-Queen's University Press.

SIMPSON, John and Jennifer SPEAKE (1993). *The Concise Oxford Dictionary of Proverbs*. Oxford: Oxford University Press.

SWIFT, Jonathan (1898). "Letter to a young Clergyman." In Temple Scott (ed.) *Writings on Religion and the Church*. London: George Bell & Sons. Vol. 1, ch. 7.

TATILON, Claude (2003). « Traduction : une perspective fonctionnaliste ». *La linguistique*. Vol. 39, n° 1, pp. 109–118.

TESNIÈRE, Lucien (1969). *Éléments de syntaxe structurale*. Paris : Klincksieck.

THE AMERICAN HERITAGE GUIDE TO CONTEMPORARY USAGE AND STYLE. URL: zourpri.files.wordpress.com/2014/01/the-american-heritage-guide-to-contemporary-usage-and-style-2005.pdf. Accessed February 29, 2016.

TOMACHEVSKI, Boris (1928). « L'écrivain et le livre. Esquisse de textologie ». Dans André Mikhailov (2007) *Textologie russe*. Paris : CNRS.

TRAVAUX PUBLICS ET SERVICES GOUVERNEMENTAUX CANADA. *Le guide du rédacteur*. TERMIUM Plus. URL : www.btb.termiumplus.gc.ca/tpv2guides/guides/redac/index-fra.html?lang=fra. Date de consultation : le 26 juillet 2015.

TROSBORG, Anna (ed.) (1997). *Text Typology and Translation*. Amsterdam/Philadelphia: John Benjamins.

VALENTINE, Egan (1996). *Traductologie, traduction et formation : vers une modélisation de la formation en traduction – l'expérience canadienne*. Thèse de doctorat inédite : Université de Montréal.

VALENTINE, Egan (2013). "Translator and Interpreter Training: Innovation, Assessment and Recognition." Conference, FIT 7th Asian Translators' Forum, Penang, Malaysia.

VALENTINE, Egan et Marie-Christine AUBIN (2004). *Stylistique différentielle et traduction*. Montréal : SODILIS.

VAN DIJK, T. (1972). *Some Aspects of Text Grammar*. The Hague: Mouton.

VAN RŒY, Jacques (1990). *French-English Contrastive Lexicology*. Louvain: Peeters.

VAN RŒY, Jacques, Sylviane GRANGER et Helen SWALLOW (1988). *Dictionnaire des faux amis français-anglais*. Paris-Gembloux : Éditions Duculot.

VANDEL, Philippe (1998). *Le Dico franco/français. Le livre décodeur*. Paris : Éditions Jean-Claude Lattes.

VERDONK, Peter (2002). *Stylistics*. Oxford: Oxford University Press.

VERMEER, Hans (1978). *Grundlegung einer allgemeinen Translationstheorie.* Tübingen: Niemeyer.

VERMEER, Hans and Katharina REISS (1984). *Groundwork for a General Theory of Translation.* Tübingen: Niemeyer.

VERMEER, Hans (1989). "Skopos and Commission in Translational Action." Translated by Andrew Chesterman. In Lawrence Venuti (2004) *The Translation Studies Reader.* New York: Routledge, pp. 227–237.

VESLOT, Henri et Jules BANCHET (1973). *Les traquenards de la version anglaise.* Paris : Hachette.

VIGNER, Gérard (1979). *Lire : du texte au sens.* Paris : Clé internationale.

VILLERS, Marie-Éva de (2003). *Le Multidictionnaire de la langue française.* [6ᵉ éd.] Montréal : Éditions Québec-Amérique.

VINAY, Jean-Paul et Jean DARBELNET (1958). *Stylistique comparée du français et de l'anglais.* Montréal : Beauchemin.

WALTER, Henriette (2001). *Honni soit qui mal y pense, l'incroyable histoire d'amour entre le français et l'anglais.* Paris : Éditions Robert Laffont.

WASHBOURNE, Kelly (2010). *Manual of Spanish-English Translation.* Boston: Prentice Hall.

WILLIAMS CAMUS, Julia T. (2009). "Metaphors of cancer in scientific popularization articles in the British press." *Discourse Studies.* Vol. 11, nᵒ 4, pp. 465–495.

WILLIAMS CAMUS, Julia T. (2009, July 20–23). "Variation of cancer metaphors in scientific texts and press popularisations." In Michaela Mahlberg, Victoria González Díaz and Catherine Smith (ed.) *Proceedings of the Corpus Linguistics Conference 2009 (CL2009).*

WILSS, Wolfram (1983). "Translation Strategy, Translation Method and Translation Technique: A Clarification of Three Concepts." *La Revue de phonétique appliquée.* Nᵒ 66/68, pp. 143–152.

WILSS, Wolfram (1985). "The Role of the Translator in the Translation Process." In G. M. Rose (ed.) *Translation Perspectives II: selected Papers 1984-1985.* Binghamton, New York: Translation Research and Instruction Program.